宗教学新论

唯真与求实

马克思主义宗教观中国化之探

卓新平 著

中国社会科学出版社

图书在版编目(CIP)数据

唯真与求实：马克思主义宗教观中国化之探 / 卓新平著. —北京：中国社会科学出版社，2020.4（2021.4重印）
（宗教学新论）
ISBN 978-7-5203-5649-7

Ⅰ.①唯… Ⅱ.①卓… Ⅲ.①马克思主义—宗教学—发展—研究—中国　Ⅳ.①A811.63

中国版本图书馆CIP数据核字（2019）第248352号

出 版 人	赵剑英
责任编辑	陈　彪
特约编辑	刘殿利
责任校对	王　龙
责任印制	张雪娇

出　　版	中国社会科学出版社
社　　址	北京鼓楼西大街甲158号
邮　　编	100720
网　　址	http://www.csspw.cn
发 行 部	010-84083685
门 市 部	010-84029450
经　　销	新华书店及其他书店

印刷装订	北京市十月印刷有限公司
版　　次	2020年4月第1版
印　　次	2021年4月第2次印刷

开　　本	710×1000　1/16
印　　张	26.25
插　　页	2
字　　数	378千字
定　　价	148.00元

凡购买中国社会科学出版社图书，如有质量问题请与本社营销中心联系调换
电话：010-84083683
版权所有　侵权必究

"宗教学新论"总序

宗教是人类社会及思想史上最为复杂和神秘的现象之一。人类自具有自我意识以来，就一直在体验着宗教、观察着宗教、思考着宗教。宗教乃人类多元现象的呈现，表现在社会、政治、经济、信仰、思想、文化、艺术、科学、语言、民族、习俗、传媒等方面，形成了相关人群的社会传统及精神传承，构成了人类文明和民族文化的重要部分，铸就了人之群体的独特结构和人之个体的心理气质。在人类可以追溯的漫长历程中，不难察觉人与宗教共存、与信仰共舞的史实，从而使宗教有着"人类学常数"之说。因此，对宗教的审视和研究就代表着对人之社会认识、对人之自我体悟的重要内容。从人本及其社会出发，对宗教奥秘的探究则扩展到对无限微观世界和无垠宏观宇宙的认知及思索。

于是，人类学术史上就出现了专门研究这一人之社会及灵性现象的学科，此即我们在本研究系列所关注的宗教学。对宗教的各种观察研究古已有之，留下了大量历史记载和珍贵的参考文献，但以一种专业学科的方式来对宗教展开系统的学理探究，迄今则只有不足150年的历史。1873年，西方学者麦克斯·缪勒（F. Max Müller）出版《宗教学导论》一书，"宗教学"遂成为一门新兴人文学科的名称。不过，关于宗教学的内涵与外延，学术界一直存有争议，目前对这一学科的标准表达也仍然没有达成共识。在宗教学的发展过程中，涌现出一大批著名学者，也形成了各种学术流派，并且由最初的个人研究发展成为体系复杂的学科建制，出现了众多研究机构和高校院系，使宗教学在现代社会科学及人文学科领域中脱颖而出，成绩斐然。20世纪初，宗教学在中国悄然诞生，一些文史哲专家率先将其研究视域扩大到宗教范围，以客观、中立、悬置信仰的立场和方法来重点对中国宗教历史问题进行探究，从而形成中国宗教学的基本理念及原则。随着中国现代学术的发展，宗教学不断壮大，已呈现出蔚为壮观之局面。

宗教学作为跨学科研究，其显著特点就是其研究视野开阔，方法多样，突出其跨宗教、跨文化、跨时代等跨学科比较的意趣。其在普遍关联的基础上深入探索，贯通时空，展示出其内向与外向发展的两大方向。这种"内向"趋势使宗教学成为"谋心"之学，关注人的内蕴世界及其精神特质，侧重点在于"以人为本"、直指人心，以人的"灵魂"理解达至"神明"关联，讨论"神圣""神秘"等精神信仰问题，有其内在的深蕴。而其"外向"关注则让宗教学有着"谋事"之学的亮相，与人的存在社会、自然环境、宇宙万象联系起来，成为染指政治、经济、法律、制度、社会、群体、国际关系等问题的现实学问，有其外在的广阔。而研究者自身的立足定位也会影响到其探索宗教的视角、立场和态度，这就势必涉及其国家、民族、地区、时代等处境关联。所以说，宗教学既体现出其超越性、跨越性、抽象性、客观性，也不可避免其主体存在和主观意识的复杂影响。在这种意义上，宗教学既是跨越国界的学问，也是具有国家、民族等担当的学科，有其各不相同的鲜明特色。除了政治立场、学术方法、时代背景的不同之外，甚至不同学派、不同学者所选用的研究材料、关注的研究对象也互不相同，差异颇大。由此而论，宗教学当然有着其继承与创新的使命，而我们中国学者发展出体现中国特色的宗教学自然也在情理之中。

基于上述考虑，笔者在此想以"宗教学新论"为题对之展开探讨，计划将这一项目作为对自己近四十年研究宗教学科之学术积累的整理、补充和提炼，其中会搜集自己已发表或尚未发表的学术论文，以及已收入相关论文集的论文和相关专著中的文论，加以较为周全的整合，形成相关研究著作出版，包括《经典与实践：论马克思主义宗教学》《唯真与求实：马克思主义宗教观中国化之探》《宗教学史论：宗教学的历史与体系》《宗教社会论》《宗教文明论》《宗教思想论》《世界宗教论》《中国宗教论》《基督教思想》《基督教文化》《中国基督教》《反思与会通》等；在马克思主义宗教观的指导下，梳理探究宗教学的历史和宗教学的体系，进而展开对世界宗教的全方位研究。其"新"之论，一在视野之新，以一种整体论的视域来纵观古今宗教研究的历史，横贯中外宗教学的范围；二在理论之新，即用中国特色社会主义理论的创新之举来重温马克思主义经典作家关于宗教之论，探究马克思主义宗教观在当代中国的新发展、新思路；三为方法之新，不仅批判性地沿用宗教学历史传统中比较科学、合理、行之有效的方法，而且对之加以新的考量，结合当代学术最新发展的成果来重新整合；四在反思之新，这就是重新审视自己以往的旧作，总结自己四十年之久宗教研究在理论与实践上的体悟、收获，以及经验和教训，在新的思考、新的形势下积极调试，增添新思和新言。当然，这一项目立足于思考、探索乃实情，而建构、创新则仅为尝试，且只代表自己一家之言，故此所谈"新论"乃是相对的、开放的、发展的，必须持有锲而不舍、止于至善的精神和毅力来继续往前开拓。由于这一研究项目涉及面广，研究难度较大，论述的内容也较多，需要充分的时间保证，也需要各方面的大力支持，故其进程本身就是不断得到合作、得到鼓励和支持的过程。

在此，作者还要衷心感谢文化名家暨"四个一批"人才工程领导小组将本课题列为"文化名家暨'四个一批'人才项目"计划！也特别感谢中国社会科学出版社在编辑出版本项目课题著作上的全力支持！

卓新平
2019 年 5 月

目 录

"宗教学新论"总序 …………………………………………… (1)
前言 …………………………………………………………… (1)

第一编 历史反思

第一章 中国共产党早期宗教理解及宗教政策 ………………… (3)
第二章 新中国成立以来关于宗教问题的三次论争 …………… (22)

第二编 理论创新

第三章 讲透"社会主义的宗教论"需要新思想 ……………… (49)
第四章 全面贯彻党的宗教工作基本方针 ……………………… (56)
第五章 "中国特色社会主义宗教理论"应该体现出的特色 …… (60)
第六章 积极引导宗教与社会主义社会相适应的理论创新 …… (64)
第七章 认真领会习近平总书记在全国宗教工作会议重要讲
　　　 话的意义 ……………………………………………… (71)
第八章 对全国宗教工作会议精神的学习及理解 ……………… (84)
第九章 坚持和发展中国特色社会主义宗教理论
　　　 ——学习习近平总书记在全国宗教工作会议上
　　　 的重要讲话 …………………………………………… (94)

第十章　当代中国宗教工作理论发展的全新里程碑……………（97）
第十一章　党的十九大对新时代宗教工作的指引 ……………（102）
第十二章　习近平总书记关于宗教工作的论述的重大现实
　　　　　意义 …………………………………………………（114）

第三编　积极引导

第十三章　论积极引导宗教的现实意义 ………………………（123）
第十四章　辩证看待，积极引导
　　　　　——学习习近平总书记在中央统战工作会议
　　　　　上的讲话 ……………………………………………（141）
第十五章　认真领会"四个必须"，深化"积极引导"意蕴 ………（145）
第十六章　积极引导宗教，做好四个"必须"……………………（153）
第十七章　积极引导宗教的关键在于"导" ……………………（163）
第十八章　积极引导宗教，防范极端思潮 ………………………（169）
第十九章　研究马克思主义宗教观，发展中国宗教学
　　　　　——纪念毛主席关于开展宗教研究重要批示
　　　　　50周年 ………………………………………………（177）
第二十章　研究世界宗教，促进人类和平
　　　　　——世界宗教研究所建所50周年感言 ……………（190）
第二十一章　必须关注如何正确认识宗教的问题 ……………（209）
第二十二章　正确认识宗教，善待宗教研究
　　　　　——回应《是什么"宗教观"、"宗教学"？
　　　　　兼论"学术神学"》………………………………（226）
第二十三章　坚持马克思主义无神论，开展科学的宗教研究
　　　　　——任继愈先生百年诞辰纪念会致辞 ……………（244）
第二十四章　保护公民信仰自由，促进宗教服务社会 …………（248）
第二十五章　科学宣传无神论，保护宗教信仰自由 ……………（258）

第四编　唯真求实

第二十六章　宗教文化与社会主义核心价值观 …………………（277）
第二十七章　以社会主义核心价值观促进民族团结、
　　　　　　宗教和谐……………………………………………（282）
第二十八章　中国核心价值观与宗教信仰 ………………………（291）
第二十九章　宗教文化与精神文明建设 …………………………（304）
第三十章　　推动宗教法治首先需要正确的宗教理解 …………（309）
第三十一章　论宗教信仰 …………………………………………（313）
第三十二章　民族主义、爱国主义与宗教信仰在中国 …………（326）
第三十三章　践行统战理论，做好宗教工作 ……………………（335）
第三十四章　落实《宗教事务条例》，依法管理宗教事务 ……（340）
第三十五章　中国宗教现状和未来发展方向 ……………………（343）
第三十六章　宗教工作对民族地区社会发展的现实意义 ………（363）
第三十七章　"走出去"文化战略与中国宗教的先行作用 ………（370）
第三十八章　从宗教和谐角度推动社会发展 ……………………（376）
第三十九章　以中华优秀传统文化为引领，推进我国宗教工作
　　　　　　发展…………………………………………………（384）
第四十章　　以科学发展观研究新兴宗教 ………………………（395）
第四十一章　发展中国特色的宗教学
　　　　　　——学习习近平在哲学社会科学
　　　　　　工作座谈会重要讲话有感 …………………………（401）

前　言

如何实现马克思主义宗教观的中国化，这是马克思主义在中国发展所面临的重大问题。中国共产党的宗教理论和宗教政策曾受到苏联的影响，因为马克思主义是通过"十月革命"所诞生的第一个社会主义国家苏联而传入中国的，在20世纪60年代之前，苏联的宗教理论及宗教政策在中国得到了一定程度的传播和应用。但苏联的社会主义理论及实践尝试没能保住世界上这在20世纪令人瞩目的第一个社会主义国家，20世纪末的东欧剧变给国际共产主义运动带来巨大损失和严峻考验，因此苏东之路尤其是其宗教政策对于中国现实探索有没有多少借鉴意义，很值得我们反思；而其过度打压宗教所带来的惨痛教训也值得我们警醒。尤其是苏联当时推行的宗教理论政策及其指导下的社会实践，给我们今天如何认识和治理宗教的工作带来了许多思考，我们应该对之认真研究，明断其利弊，总结其经验教训。

中国宗教学研究的现实关切，使我们必须关注自我的处境及发展前景，这种"中国意识""中国道路""中国自觉"和"中国风格"，必须要有对马克思主义宗教观中国化的探索，即研究总结中国特色的社会主义宗教理论，阐述中国共产党宗教理论及政策的形成与发展。这种分析总结当然没有任何外国经验可资参考，乃"前无古人"之探，自然会有其敏感和风险。但中国的宗教学绝非仅仅乃"书斋"之谈，而必须面对现实，关注现实问题，研究现实问题，并以其科学研究来帮助正确解决好现实问题。因此，探索马克思主义宗教观的中国化进程，梳理中国共产党的宗教理论、政策，分析其在处理宗教事务上的实践经验，这也是中国宗教学当仁不让的使命。

社会主义与宗教的关系问题，列宁时期及苏东时代与我国社会主义时期所共同面对的理论与策略包括两个层面，一是理论层面在哲学、意识形态意义上对唯物主义与唯心主义、无神论与有神论之关系的分析比较；毋庸置疑，二者之间的张力和对立是非常明显的。二是实践层面在政治、统一战线意义上如何处理好无产阶级政党及政权吸引、团结广大信教群众参加革命和社会主义建设的问题；非常清楚，二者之间则是充满弹性，有着巨大的灵活或回旋余地的；在这一层面把握好政策与策略就需要智慧，且极为重要。自中国共产党创立以来，就面对着错综复杂的民族宗教问题，而且这一问题从来就不是"小事"，与社会主义事业的成功与否休戚相关。因此，在中国共产党进行社会主义革命的"三大法宝"中，关涉民族宗教问题的"统一战线"就是其摆在第一位的"法宝"。实际上，中国共产党的"统一战线"理论与实践正是马克思主义宗教观中国化的典型体现之一，值得我们珍惜和流传。在当代中国社会处境及学术语境中，对马克思主义宗教观的中国化即中国特色的社会主义宗教理论有很多探讨和研究，但各种见解分歧很大，争议颇多，使之成为理论探究的敏感地带。其思想交锋频仍，争论批评尖锐，成为当今中国宗教学理论界的一大特色。此外，中国与以苏东地区的国情还有明显的不同之处，即中国的宗教理解及宗教的社会政治定位自"新文化运动"以来也有着巨大差异。例如有不少人包括一批知识精英认为中国本来没有宗教，故而与世界其他民族有着本质不同；中国社会由此有着极为独特和典型的"非宗教"情绪，有人认为中国根本就不需要宗教，所以宗教在中国并没有存在的必要。但对这种看法也一直存在尖锐分歧和长期争议。而20世纪苏东国家及其以前历史中的宗教背景则是非常明显的，其社会的宗教氛围也是非常浓厚的。这种文化即观念上的差异，使中国的宗教理解更比当时的苏东社会显得复杂。回顾中华人民共和国成立以来中国宗教理论及其理解的发展，70年来关涉宗教问题已经发生过多次论战，但每次争议和相关讨论对话虽然没有根本解决分歧，却都有力促进了中国社会的宗教理解，对中国共产党及政府的宗教政策的制定和贯彻执行，也起到了很好的参考借鉴作用。所以，我们主张学术研讨、争鸣中的"百花齐放、百家争鸣"，也应该尊重其中讲究学理、依据事实的任何一家之言。学术民主、思想自由、科学严谨，理应成为中国宗教学领域的常态，反映出中国宗教学者的风骨。

在上述学术研究及理论探讨中，笔者观察了宗教学相关学术理论的发展变迁，而且在自己四十多年的宗教学研究中，尤其是担任世界宗教研究所负责人的二十多年中，也因关注、探索中国宗教现实问题而被卷入了相关讨论、争议和对话，有时甚至乃处于风口浪尖，面对着强大压力，为此笔者也有一些相关的理论回应，留下了不少思索和论述。但这种"卷入"或"参与"也使笔者学到了许多东西，并由此得以不断调整、提高和完善自己的理论观点，从而使自己的人格、境界亦得到锻炼和提升。坦率而言，对于相关争议问题，笔者并没有采取躲避或回避的态度，而是敢于面对，迎难而上，与之商榷、交流、对话、沟通，即一方面积极、认真地倾听对方的观点，冷静研究其批评焦点之所指；另一方面则也进而回顾、辨析自己的论说，对于自己认为是正确的观点据理力争，坚持真理，绝不退让；对争论中所提出的重要问题及相关论点亦认真思考，反复推敲。这种学术争鸣上的锋芒毕露，并没有改掉自己与人为善的基本态度，而且也始终主张这些方面的讨论、商榷和争议只应该是在学术层面的，因为学术争鸣在笔者看来也是理论探索上止于至善之途，坚信真理越辩越明，故可坦然而行，保留住淡定和坚毅，不赞成对这些争论问题搞"上纲上线"。毛泽东在1957年访问莫斯科大学时曾说过一句名言，即"世界上怕就怕'认真'二字，共产党最讲认真"。中国宗教学的成功与否，中国特色社会主义宗教理论能否得到顺利发展，关键就在于讲不讲"认真"，为此我们在学术研究上要讲认真，在学术争鸣上也应该讲认真。这种认真也就是常言的所谓"认死理"精神，不让眼中掺了沙子。我们在中国宗教理论及工作实践上，正是需要这种坚持唯真与求实的精神，即要求我们坚持学术探讨、理论建构上的实事求是。从这种学术探讨的目的性来看，笔者主张在当前复杂的国际环境中首先要力争中华民族的团结和谐，方能实现中华民族伟大复兴的中国梦，因此就应该从各种争论的观点中找出最适合达到这种和谐、团结之目的的思想见解，对之加以中华民族如何最大化地获得当下整体利益的分析比较。中国最早的哲学家史伯在中华民族思想之原初就已经提出了他关于"和实生物，同则不继"的真知灼见，把"不同而和"视为社会稳定、民族团结的基础。我们今天在思想、信仰、精神追求等方面也很难达到绝对的同一，故而需要中华民族大家庭之内的宽容和包容，达成多元一体，正如一则热门广告语所言："大家好，才是真的好！"至少为了达至社会层面的安定团结，有机共构，我们也值得在学术探讨上助力旨在促进中华民族和谐发展之见。

为此，作为一家之言，笔者把自己多年来研究中国宗教理论与政策等现实问题的论文加以汇集梳理，并对之重新修改、补充和完善。论文所讨论问题的时间跨度从中国共产党创立以来的宗教理论一直到习近平总书记新时代中国特色社会主义宗教理论的最新探索，以便能够尝试勾勒出马克思主义宗教观中国化曲折而丰富的历程。目前自己虽然已经退居学术研究工作管理和理论探究的二线，但敝帚自珍，仍希望能以这些初步、稚嫩的探讨求教于大家，对当前宗教理论及政策的推敲和制定有某些参考，贡献于中国宗教学的建设与发展，以促进中国宗教学理论的逐步成熟，在实践中则体现出有益于实现我们民族团结、社会稳定、政治安全、人类和谐之目的的努力。习近平总书记最近号召我们哲学社会科学工作者要立足中国特色社会主义的伟大实践，提出具有自主性、独创性的理论观点，体现出中国特点、中国风格、中国气派的哲学社会科学创新体系，这就要求我们具有开拓精神，在新时代中国特色的哲学社会科学发展中应该勇于为学术创新、为时代明德、为民族谋福。因此，我们必须身体力行、义不容辞。基于对"认真"的执着，本文集故题记为"唯真与求实"，以表达坚持中国化的马克思主义宗教观、坚持开拓和推进中国特色社会主义宗教理论、保持实事求是开展学术研究最基本之科学态度的初心。

第一编　历史反思

第一章

中国共产党早期宗教理解及宗教政策

马克思主义宗教观的中国化是一个漫长而曲折的过程。继承和发扬马克思主义宗教观的中国共产党经历了由"推翻一个旧世界"的革命党到"建设一个新社会"的执政党这一重大历史转型，因此其在宗教理解及相关宗教政策的制定上也不是一成不变的，而是不断地随着时代发展和社会变革来调整自我的理论及政策，保持自己与时俱进，不断开拓创新的活力。因此，在回顾、总结马克思主义宗教观中国化的历程时，回溯、反思中国共产党的早期宗教理解及宗教政策，就有着独特的历史价值和重大的现实意义。

一　马克思主义最初在中国的传入

通常我们习惯说"十月革命一声炮响给中国送来了马克思主义"，这是指马克思主义理论体系的系统传入。而马克思主义在中国的思想萌芽及其被中国人所知，则早于"十月革命"，与中国当时被迫对外打开大门，以及随后"新文化运动"的爆发有密切关联。"鸦片战争"后，各种"西学"涌入中国，这些前所未闻的多元思潮形成了中国人尤其是中国知识分子的"头脑风暴"。而在这些学说、思想中，马克思主义也悄然而至。从目前所知的历史文献来看，马克思主义的表述最早出现于19世纪与20世纪之交的在华媒体，其中由上海广学会主办的《万国公报》于1899年分期刊登了英国进化论者颉德所著《社会的进化》一书,其《大同学》所载中文译文中最早提到了马克思及其《资本论》,文中指出:"试稽近代学派,有讲求安民新学之一家,如德国之马客思,主于资本者也。"这里所述"马客思"即中国最早就"马克思"的中文译名。

1898年"戊戌变法"失败后,梁启超逃往日本,在日本接触到刚传入日本的马克思主义即共产主义理论,随之开始向国内介绍马克思及其理论学说。1902年,梁启超在日本创办《新民丛报》,随之在上面发表文章说"麦喀士,日耳曼人,社会主义之泰斗也"。此处"麦喀士"即指马克思。他最早对马克思的学说加以介绍,并提到"共产主义幽灵"之说,故被视为传入马克思主义的第一个中国人。1904年,梁启超在《中国之社会主义》中专门论述了社会主义思潮,指出社会主义的基本思想就是"土地归公、资本归公,专以劳力为百物价值之源泉",并称颂社会主义是"近百年来世界之特产物","为将来世界上最高尚美妙之主义"。[①] 青年时代的毛泽东非常佩服梁启超对马克思主义的宣传介绍,并受梁启超创立《新民丛报》影响而于1918年建立了新民学会,积极参与宣传、传播马克思主义。

20世纪初,马克思主义在日本有大量传播,一些日本学者不仅翻译出版了马克思主义的相关著作,而且也撰写了他们自己的研究著作。他们的一些翻译和研究著述在此间亦先后被译成中文在中国出现。如日本社会主义先驱人物幸德秋水的《社会主义神髓》一书于1903年被中译出版,其中论及"马尔克斯与其友音盖尔同发表《共产党宣言书》,评论阶级战争之由来及其要终,并谓万国劳动者同盟以来,社会主义俨然成一科学,非若旧时空想狂热者也"[②]。文中"马尔克斯"即马克思,而"音盖尔"则是恩格斯的最早中文译名。幸德秋水的著作曾对中国共产党的创始人之一李大钊产生重要影响。在这一时期介绍马克思主义

[①] 梁启超:《中国之社会主义》,《新民丛报》第46—48号。
[②] 幸德秋水著,中国达识译社译:《社会主义神髓》,《浙江潮》编辑所,1903年。

的著译中，马克思还有"加陆·马陆科思"等中译名。

二 中国共产党创始人的宗教理解

马克思主义传入中国，也使马克思主义宗教观开始被中国人所认知。在中国共产党的早期领袖中，有不少人是当时著名的大学教授和思想非常活跃的知识分子，他们在接触和接受马克思主义的过程中，也明显注意并思考了宗教问题，表达了其最早的宗教理解。

（一）陈独秀的宗教理解

陈独秀作为"新文化运动"的发起者和五四运动的主要领导人，参与策划了中国共产党的创立，并当选为中国共产党的第一任中央局书记。陈独秀在宗教问题上有着自己的思考，他表明，自己不信仰宗教，指出"一切宗教，无裨治化，等诸偶像，吾人可大胆宣言者也。今让一步言之，即云浅化之民，宗教在所不废……"① 并认为宗教具有"骗人"的性质："天地间鬼神的存在，倘不能确实证明，一切宗教，都是一种骗人的偶像：阿弥陀佛是骗人的；耶和华上帝也是骗人的；玉皇大帝也是骗人的；一切宗教家所尊重的崇拜的神佛仙鬼，都是无用的骗人的偶像，都应该破坏。"② 但他认为宗教并非仅仅是否"信神"那么简单，因此主张应该对宗教加以全面研究。他指出，"宗教、非宗教底界说是什么？若以信神不信神为界说，那便未免过于简单了；因为信神不过是宗教性之一端，不是宗教性之全体"③。虽然他对各种宗教都持有否定态度，但强调认识宗教却要有自己的观点，这就是必须从其"全体"意义上来解读宗教，以能辨别宗教的真伪，即全体意义上的理解。

---

① 陈独秀：《宪法与孔教》，《陈独秀文集》第一卷，人民出版社 2013 年版，第 177—178 页。
② 陈独秀：《偶像破坏论》，《陈独秀文集》第一卷，第 312—313 页。
③ 陈独秀：《对于非宗教同盟的怀疑及非基督教学生同盟的警告》，《陈独秀文集》第二卷，第 253 页。

陈独秀在探讨宗教问题上表现出对儒教和基督教的特别关注，并对二者有着一分为二的分析评价，这在当时"打倒孔家店"否定儒教思潮和"非基督教运动"抵制基督教的氛围中极为独特。此外，他与梁启超同样也认为中国具有"非宗教国"之属性。

在对待儒教的态度上，陈独秀明确表示应打倒"孔教"，但又认为儒教思想也有其不可否认的价值。一方面，由孔子思想所表达的"礼教"所建立的君、父、夫三权一体的封建制度必须推翻；但另一方面，从孔子当时的社会需求来看却有其历史价值。"这一价值，在二千年后的今天固然一文不值，并且在历史上造过无穷的罪恶，然而在孔子立教的当时，也有它相当的价值。"① 而从无神论立场来看，陈独秀认为孔子的"第一条价值在于孔子非宗教迷信的态度"，因此，从中国现实变革而言，他强调要否定维护封建权威的儒家"礼教"，而保留孔子不语怪力乱神的科学思想。他说："所以孔子以后的礼和儒，都有特殊的意义，儒是以礼治国的人，礼是君权、父权、夫权三纲一体的治国之道，而不是礼节仪文之末。不懂得这个，便不懂得孔子。科学与民主，是人类社会进步之两大主要动力，孔子不言神怪，是近于科学的。孔子的礼教，是反民主的，人们把不言神怪的孔子打入了冷宫，把建立礼教的孔子尊为万世师表，中国人活该倒霉。"②

由此可见，陈独秀对儒教的理解主要基于其对"科学与民主"的强调，旨在凸显"赛先生""德先生"的价值。他为此指出，"人们如果定要尊孔，也应该在孔子不言神怪的方面加以发挥，不可再提倡阻害人权民主运动，助长官僚气焰的礼教了。不塞不流不止不行，孔子的礼教不废，人权民主自然不能不是犯上作乱的邪说：人权民主运动不高涨，束手束足意气消沉安分守己的奴才，只能够产生冯道、姚枢、许衡、李光地、曾国藩、郑孝胥、罗振玉，而不能够产生马拉、但顿、罗

---

① 陈独秀：《孔子与中国》，《陈独秀文集》第四卷，第 495—497 页。
② 同上书，第 505 页。

伯士比尔。"①

　　同样，陈独秀在表露出对基督教之褒的意趣时，也从社会政治角度对之有着相应的批评。陈独秀在1917年给《新青年》读者写的信中曾表示："吾之社会，倘必需宗教，余虽非耶教徒，由良心判断之，敢曰推行耶教，胜于崇奉孔子多矣。以其利益社会之量，视孔教为广也。"他强调说，"基督教底根本教义只是信与爱，别的都是枝叶，不但耶稣如此，《旧约》上开宗明义就说……所以信奉基督教或是反对者，都别忽略了这根本教义"②。他认为基督教奠立了西方人的文化素质，"支配西洋人心底最高文化，是希腊以来美的情感和基督教信与爱的情感"。他甚至以赞誉的口吻说道，"美与宗教的情感，纯洁而深入普遍我们生命源泉底里面。我主张把耶稣崇高的、伟大的人格和热烈的、深厚的情感，培养在我们的血里，就是因为这个理由"③。为此，他进而主张，"我们今后对于基督教问题，不但要有觉悟，使他不再发生纷扰问题；而且要有甚深的觉悟，要把耶稣崇高的、伟大的人格和热烈的、深厚的情感，培养在我们的血里，将我们从堕落在冷酷、黑暗、污浊坑中救起"④。但对基督教关于全能全善的上帝等教义，以及其宣扬的所谓神迹奇事，陈独秀则持否定态度，并将之作为旧信仰与新信仰来加以区别："基督教底创世说、三位一体说和各种灵异，大半是古代的传说、附会，已经被历史学和科学破坏了，我们应该抛弃旧信仰，另寻新信仰。新信仰是什么？就是耶稣崇高的、伟大的人格和热烈的、深厚的情感。"⑤他表明要否定、抛弃这种旧信仰，认为"我们终不能相信全善而又全能的上帝无端造出这样万恶的世界来。此外，耶稣一生的历史像降生、奇迹、复活等事，都没有历史和科学的证据使我们真实相信，这

---

① 陈独秀：《孔子与中国》，《陈独秀文集》第四卷，第508页。
② 陈独秀：《基督教与中国人》，《陈独秀文集》第一卷，第565页。
③ 同上书，第567、569页。
④ 同上书，第567页。
⑤ 同上书，第569页。

也是教义上的小小的缺点"①。他明确指出,"耶教所说,更是凭空捏造,不能证实的了。上帝能造人类,上帝是何物所造呢?上帝有无,既不能证实,那耶教的人生观,便完全不足相信了"②。

陈独秀支持当时青年学生发起的"非基督教运动",但对其"非基"言论却有所保留,表示:"对于一切腐败的反动派随着时论攻击基督教,觉得很可笑;但是对于学生界的非基督教运动,却十分赞同,其理由如下:(一)因为基督教教义的缺点。(二)因为使徒之虚伪。(三)因为诞生奇迹及复活均过于非科学。(四)因为教会仇视压迫异己。(五)因为教师说教以利害威胁人者多。(六)因为新旧教在中国都有强大的组织。(七)因为教会仍然在农村袒护吃教的恶徒。(八)因为青年会有结托权贵富豪猎人敛钱种种卑劣行为。(九)因为教会设种种计划想垄断中国教育权。(十)因为教会学校对于非教会学生强迫读经祈祷及种种不平等的待遇。"③ 尤其是对基督教会依仗"不平等条约"而充当西方列强的殖民工具表示愤慨,谴责"各国的基督教教会都祈祷上帝保佑他们本国的胜利,各基督教的民族都同样的压迫远东弱小民族,教会不但不帮助弱小民族来抗议,而且做政府殖民政策底引导"④。

综合其对宗教的各种评价,陈独秀提出了其著名的以科学取代宗教的主张。在他看来,"人类将来真实之信解行证,必以科学为正轨,一切宗教,皆在废弃之列……宗教道德法律皆属之……若夫礼拜耶和华……皆只行之一国土一时期,绝非普遍永久必然者……反之,宗教之能使人解脱者,余则以为必先自欺,始克自解,非真解也。真能决疑,厥惟科学。故余主张以科学代宗教,开拓吾人真实之信仰,虽缓终

---

① 陈独秀:《基督教与基督教会》,《陈独秀文集》第二卷,第221页。
② 陈独秀:《人生真义》,《陈独秀文集》第一卷,第272页。
③ 陈独秀:《对于非宗教同盟的怀疑及非基督教学生同盟的警告》,《陈独秀文集》第二卷,第254页。
④ 陈独秀:《基督教与基督教会》,《陈独秀文集》第二卷,第222页。

达"①。当时中国进步知识分子并不看好宗教，相继提出各种对宗教的取代之方，而陈独秀以科学代宗教的主张，与蔡元培以美育代宗教的主张尤其引人注目，且有相得益彰之效。但在坚持自己主张的同时，陈独秀也表达了宗教信仰自由的思想，认为"无论何种主义学说皆应许人有赞成反对之自由"②。他还进而解释说，"所谓宗教信仰自由者，任人信仰何教，自由选择，皆得享受国家同等之待遇，而无所歧视……今再让一步言之。或云佛、耶二教，非吾人固有之精神，孔教乃中华之国粹……今再让一步言之。或谓儒教包举百家，独尊其说，乃足以化民善俗"③。由此可见，中国共产党的理论家从最初就已经注意到了宗教信仰自由的问题。

（二）李大钊的宗教理解

李大钊对马克思主义理论有着系统的研究，明确主张用历史唯物主义和阶级斗争的理论来分析研究宗教。他认为宗教是为剥削阶级服务的，是以"神权"来保护剥削压迫者的特权，所谓宗教的博爱故而极为虚伪。基于这一立场，李大钊积极参与了20世纪初与"非基督教运动"密切关联的"非宗教运动"，对宗教加以明显的否定和反对："人类本是进化的，宗教偏说人与万物，天造地设。人类本是自由平等的，宗教偏要束缚思想，摧残个性，崇拜偶像，主乎一尊。人类本是爱好和平的，宗教偏要党同伐异，引起战争，反以博爱为假面具骗人。人类本是好生乐善的，宗教偏要诱之一天堂，惧之以地狱，利用非人的威权道德。"④

不过，李大钊在坚持其反宗教态度的同时，也表示人类社会应该享有宗教自由："我们对于背反科学原理的迷信的宗教，不论它是中国

---

① 陈独秀：《再论孔教问题》，《陈独秀文集》第一卷，第197—198页。
② 陈独秀：《论信教自由》，《非宗教论》，罗章龙编，巴蜀书社1989年版，第71页。
③ 陈独秀：《宪法与孔教》，《陈独秀文集》第一卷，第178页。
④ 《北京非宗教大同盟宣言》，张钦士辑《国内近十年之宗教思潮》，燕京华文学校，1927年，第193页。

的，外国的，一律反对。对于影响所及较为普遍的宗教，尤其反对。信仰一种宗教，固然是他们的思想自由，不信仰一切宗教，亦是我们的思想自由。他们信仰一种宗教的人，可以有组织同盟，作他们的宣传运动的自由。我们不信仰一切宗教的人，亦有组织同盟，作我们的宣传运动的自由。"① 在此李大钊对"宗教信仰自由"亦比较强调，反对对这种自由加以限制和干涉，他说，"信仰自由，也决不许稍加限制。盖信仰一种宗教，乃在求一安身立命之所，出于人类精神上自然要求，非可以人为之力施以干涉也……儒、释、道、回、耶，杂然并传，含容甚广，是信仰自由之原理，已为吾先民所默契"②。可以说，宗教信仰自由也是一种天赋人权。

尽管李大钊持"一律反对宗教"的态度，其对宗教仍有科学、冷静的分析：

首先，李大钊关注宗教的起源和发展，其阐述体现出其唯物史观的立场和方法。他认为，宗教作为一种精神现象并非孤立的存在，而与人类社会的物质、经济发展变迁有着密切关联。"人类社会一切精神的构造都是表呈构造，只有物质的经济的构造是这些表呈构造的基础构造……物质既常有变动，精神的构造也就随着变动。所以思想、主义、哲学、宗教、道德、法制等不能限制经济变化物质变化，而物质和经济可以决定思想、主义、哲学、宗教、道德、法制等等。"③ 这是物质存在决定意识，经济生产决定精神思想发展的典型表达。根据马克思主义的基本原理，李大钊认识到宗教是人类社会发展的产物，其性质有着社会物质经济状况的影响和制约。

其次，宗教作为意识形态也会对其相关社会产生反作用，在此也与人类文明发展和社会进步有一定关联。李大钊指出，"犹太教、儒教、

---

① 李大钊：《非宗教者宣言》，《李大钊全集》第四卷，人民出版社2013年版，第79页。
② 李大钊：《宪法与思想自由》，《李大钊全集》第一卷，第405—406页。
③ 李大钊：《物质变动与道德变动》，《李大钊全集》第三卷，第134页。

回教、佛教、耶教等五大宗教的教义，曾于人类进步以很深的影响，亦是不可争的事实"。在此，李大钊当然也注意到宗教的这种精神影响有着对人们思想的禁锢、束缚和麻醉作用，因而比较突出宗教的消极社会功能。

再次，李大钊在分析宗教作用的两面性时，一方面指出宗教作为被压迫民众反抗社会剥削压迫的工具，而在一些重大的历史事件上显现，有利于被统治阶级的社会反抗和革命；另一方面也强调宗教在这种历史变革中最终体现的还是消极作用和不利影响。李大钊以太平天国运动来举例说："他们的宗教感念，在好的方面减少了狭隘的人种的仇视，在坏的方面，遮蔽了帝国主义者凶恶的真相，埋没了这次革命的反帝国主义性。"① 太平天国对宗教的利用也是其最终失败的主要原因之一，"太平党人虽然知道鸦片是帝国主义者麻醉中国人民的毒物，而不知宗教亦是帝国主义者麻醉中国民族的东西，其作用与鸦片一样。他们禁止了鸦片，却采用了宗教，不建设民国，而建设天国，这是他们失败的一个重要原因"②。很明显，李大钊主要强调了宗教的消极作用，这在当时他所处的社会状况中是很容易理解的。尽管如此，李大钊也没有根本否认宗教积极作用的存在，例如他在论及佛教的忏悔思想时就承认，对佛教有较透彻体悟的人"对于罪恶的本质和自己堕落的生活，都有一层深严而且透彻的认识。以后任是罪恶怎样来诱惑他，他绝不会再上当了"③。

最后，李大钊强调反对宗教也要讲究方式方法，不能采取强迫手段。在他看来，对宗教的"一律反对"，主要是针对宗教中的迷信部分和违背常识的部分。之所以反对宗教，"是因为宗教不能探求真理，无论什么问题最后都说成是依靠所谓神的力量或佛的力量去解决的缘故。

---

① 李大钊：《孙中山先生在中国民族革命史上之位置》，《李大钊全集》第五卷，第128页。

② 同上。

③ 李大钊：《李大钊文集》上，人民出版社1984年版，第200页。

因此我们反对宗教的目的,并不是像某些人所想象的那样单单是反对基督教,而是反对阻碍人类进步的所有宗教……所以宗教是向人们宣传廉价的妥协性的东西,它妨碍彻底探求真理的精神,是人类进步的巨大障碍,因而我们必须竭力加以反对"①。而反对宗教的方法,则是采取以理服人之策,以说服教育来使人们摆脱宗教的影响。李大钊说,"我们反对宗教的运动,不是想靠一种强有力者的势力压迫或摧残信仰一种宗教的人们,乃是想立在自由的真理之上阐明宗教束缚心灵的弊害,欲人们都能依自由的判断,脱出他的束缚与蒙蔽"②。由此而论,摆脱宗教的精神控制也只能靠讲道理、摆事实,而不可"靠一种强有力者的势力压迫和摧残"。从中国共产党创立的初期,已经基本上确定了"不以行政命令消灭宗教"的策略规定。

(三) 瞿秋白的宗教理解

瞿秋白早年受佛教思想影响较大,曾"因研究佛学试解人生问题,而就有菩萨行而为佛教人间化的愿心"③。他对宗教的关注在一定程度上则受李大钊唯物史观的影响,因此他对宗教的思想观念加以否定,而对宗教产生的社会基础却高度重视。他指出:"宗教最粗浅的意义便是信仰鬼神及天堂、地域。然而宗教是社会劳动的产物。"④ 宗教的观念是虚幻的,但宗教的产生及其存在则有着实实在在的社会基础。

对于宗教理想与社会主义现实追求,瞿秋白在读了李大钊发表的《美利坚之宗教新村运动》一文后曾于 1920 年初写过其感受及评价,谈了他自己对这类宗教新村的见解和批评。他认为社会主义是基于现实社会生活的政治理想,从而与宗教之乌托邦迥异。尽管宗教乌托邦有着

---

① 李大钊:《宗教妨碍进步》,《李大钊全集》第四卷,第 81 页。
② 李大钊:《非宗教者宣言》,《李大钊全集》第四卷,第 79 页。
③ 瞿秋白:《饿乡纪程》,《瞿秋白文集·文学编》第一卷,人民文学出版社 1985 年版,第 25 页。
④ 瞿秋白:《社会科学概论》,《瞿秋白文集·政治理论编》第二卷,人民出版社 1988 年版,第 577 页。

美好的愿望和善良的初衷，但如果不转向现实、扎根于现实社会本身则不会成功。具有乌托邦性质的宗教新村最终之所以失败，就在于其脱离现实、逃避社会。他根据李大钊对上述宗教新村的描述和研究而谈了自己的分析及见解，认为"新村运动不外两种目的：（1）因为受现在社会的压迫苦痛，要想逃出去另创一个社会。（2）因为不满意现在社会的现状，要想本着一种理想的主义去实验"①。但这种充满宗教意味的实验性新村最终都失败了，其原因就在于这种充满幻想、不接地气的宗教意趣，以一种宗教理想来建立新村者，其先天性不足就是他们脱离实际，回避社会实践，而执着于虚幻、空洞的宗教观念及其愿景，因此，"我们由它的成败因果看来，似乎创立新村、组织新村的人，他们的意志，他们的理想和因理想的组织制度，与新村的存在、消灭、兴盛、衰落都很有关系"②。摒弃乌托邦的幻想，则应回到历史现实之中，瞿秋白认为与之不同的选择就是马克思主义所体现的历史派，"我以为历史派的——马克思主义派的直接运动不可少的。……此其间一步有一步中的直接、间接对于劳动阶级有利益的"③。只有丢掉幻想，投身于历史现实中的实践，才是理想得以实现的真正出路。

值得一提的是，瞿秋白在担任中国共产党的领导职务后曾直接参与了制定我党正确对待宗教、解决宗教问题的政策纲领，如在1923年为中共三大起草的《中国共产党党纲草案》中，瞿秋白提出了关于我党对待宗教问题的两个原则，一是"限制外国国家或个人在中国设立教会"，二是"实行义务教育，教育与宗教绝对分离"。④这两大原则今天在中国宗教坚持独立自办、不受外来势力支配，以及宗教与教育相分离的政策中仍然得以保留和坚持。

---

① 瞿秋白：《读〈美利坚之宗教新村运动〉》，《瞿秋白文集·政治理论编》第一卷，人民出版社1987年版，第60页。

② 同上书，第59页。

③ 同上。

④ 瞿秋白：《中国共产党党章草案》，《瞿秋白文集·政治理论编》第二卷，人民出版社1988年版，第119页。

（四）恽代英的宗教理解

恽代英把宗教视为人类认识上出现的"弊端",并表明了自己的无神论立场。他说:"吾虽述有神之说如左,然吾究主张无神者也……然吾观于以往之历史,则宁以为无神。"① 在恽代英看来以往宗教中看似神秘、难以理解的现象,现在或将来都可以通过科学来解释清楚:"昔之以为有神者,在今日已有一部分可以科学解释之,有安知今之所以为不有神者,在他日不更有一部分亦可以科学解释之,或竟全部分尽可以科学解释之乎?"② 即使暂时无法解释的现象,恽代英认为仍不可盲信,而应该持有"怀疑"的态度,以免陷入一种"错知"之中。按照宗教的思维,人把问题的解决交给了"异己"之他者,而非其自我的承担;这就典型表现在宗教的"笃信"之上,宗教徒无论是信仰天神,还是信仰圣贤,都是将自己托付给了"异己"的外在力量,从而失去了自我,缺乏人的主体性。

虽然宗教信仰的对象是虚幻的,而宗教在现实社会中的存在却是真实的。为此,恽代英探讨了宗教的起源问题,并提出了宗教起源的"六因素"说。他指出,"就我所能想得及的,可以说宗教的起源,不外于下列六因,(一)起于恐怖。原始人震惊于宇宙的神威而向宗教寻求免祸。(二)起于希望。希望老天能赐人们以力量。(三)起于误认。原始人不能区分有生命与无生命的东西。(四)起于误解。将不可解释的自然现象误解成鬼神。(五)起于美感。感叹于山水日月的浩美。(六)起于想象。想象出一个理想的世界并称之为神。以上所说六种,有起于本能的情感,有起于智识的暧昧。起于本能的情感的,今人与古人恰是一致。例如赞美祈祷的事,虽痛恨宗教的,有时不知不觉间仍然会做了出来。起于智识的暧昧的,今人虽远胜于古人,但因一方人智有所穷尽,一方情感多所诱引,所以虽大哲学家大科学家,每仍跳不出宗

---

① 恽代英:《新无神论》,《恽代英全集》第一卷,人民出版社 2014 年版,第 11 页。
② 同上书,第 12 页。

教藩篱。"① 在其宗教理解中，宗教涵括拜物教、泛神教，以及各大宗教，而其探究宗教的视域也使之关注到世界宗教学的发展。例如，恽代英对西方宗教学者史密斯、马利特、塞缪尔·莱恩、安德里·兰等人的著述都有涉猎，并对他们的观点做出了自己的独特评说。

在宗教消亡问题上，恽代英持有比较乐观的想法，没有意识到宗教发展的长期性。在他看来，"今日已为宗教之末日矣，而一般学者，顾于此古董之宗教，不忍遽尔抛弃……'信仰'二字，吾人虽不必十分排斥，亦大可不更加提倡矣……吾甚愿其一读此篇，恍然知宗教之价值，在今日且不足道，而悟于其所主张国教之非也。"② 在此，宗教与信仰被其等同理解，且有贬义之涵。至于宗教为何会很快消亡，恽代英则说："一切传说的神迹，既然一天天证明是误解是附会，宗教至少有部分不可信，而且是一大部分不可信，这是已经证明没有疑义的事。那便剩余的小部分，纵然用物质科学解说得令人不能满意，亦决不能以这便反证宗教的终不灭绝。"③ 恽代英不仅从认识论上指出了宗教会随物质科学解释的增多而逐渐减少，而且对这种物质条件的变化也有社会变迁的关联。应该承认，这种宗教会很快消亡的想法，在中国共产党的宗教理解历史上也曾占有一定地位。

（五）毛泽东的宗教理解

毛泽东很早就对宗教产生了兴趣，尤其比较关注对佛教等中国传统宗教的探究。在青年时期，毛泽东非常注重梁启超的思想。而在创立中国共产党之后，毛泽东则更多地运用历史唯物主义和辩证唯物主义来探究并界说宗教，注意中国共产党宗教政策的正确把握。例如，毛泽东在发动湖南农民运动时，发现在农村有许多农民信教，并深受封建迷信的影响，敬神拜鬼、崇拜祖先等现象非常普遍。对此，毛泽东主张要进行

---

① 恽代英：《我的宗教观》，《恽代英全集》第四卷，第 446—447 页。
② 恽代英：《论信仰》，《恽代英全集》第一卷，第 278—281 页。
③ 恽代英：《我的宗教观》，《恽代英全集》第四卷，第 454 页。

耐心、长期的思想教育和启发工作，不要操之过急，对消除这些敬拜现象也要"引而不发跃如也"，让农民自己觉悟后自觉自愿地去消除，切不可越俎代庖。毛泽东明确指出，"菩萨是农民立起来的，到了一定时期农民会用他们自己的双手丢开这些菩萨，无须旁人过早地代庖丢菩萨。共产党对于这些东西的宣传政策应当是：'引而不发，跃如也。'菩萨要农民自己去丢，烈女祠、节孝坊要农民自己去摧毁，别人代庖是不对的。"①

毛泽东在发展中国共产党的统一战线理论及推进其实践上作出了重大贡献，极力主张尽可能多地团结群众，广交朋友，要使我们的朋友越多越好，使我们的敌人越少越好。而且，毛泽东还强调一定要学会分清敌我，指出"谁是我们的敌人？谁是我们的朋友？这个问题是革命的首要问题"②。毛泽东对1937年李达发表的《社会学大纲》中对宗教的分析有过非常仔细的研读，开始论及宗教与唯心主义、宗教与民族关系、宗教与社会主义等问题。除了从社会经济角度分析宗教，毛泽东还特别注意从文化视野来看待宗教，很早就提出了宗教是文化的看法，认为应该从传统文化的视角来认识宗教。

在中国社会主义革命与建设的进程中，毛泽东一贯主张坚持宗教信仰自由的政策。毛泽东指出，"根据信仰自由的原则，中国解放区容许各派宗教存在。不论是基督教、天主教、回教、佛教及其他宗教，只要教徒们遵守人民政府法律，人民政府就给以保护。信教的和不信教的各有他们的自由，不许加以强迫或歧视"③。这一点已经成为中国共产党宗教政策的一个最基本原则，也是其他策略的基础和出发点。

毛泽东还特别关心宗教研究，对中国宗教学的学科发展起到了关键作用。20世纪60年代，毛泽东提出要用马克思主义的基本方法即历史唯物主义和辩证唯物主义来研究宗教，指出要对影响世界广大人口的三

---

① 《毛泽东选集》（合订本），人民出版社1967年版，第33页。
② 同上书，第3页。
③ 同上书，第993页。

大宗教进行系统研究。正是在毛泽东的直接关怀和指示下，中国科学院于1964年成立了世界宗教研究所，从而使中国宗教学的学科建构得以奠立，使中国的宗教研究不断得以发展壮大。

三　中国共产党宗教政策的建立

中国共产党宗教政策的最早推出，曾在一定程度上受到苏联宗教理论及共产国际政策指导的影响。此后在中国共产党宗教政策的发展中，则随着中国社会主义革命的成功和社会主义建设的展开而不断完善。必须承认，相关宗教政策的制定和执行在历史进程中也出现过反复，尤其在"文革"前、"文革"中，对宗教的认识也影响到宗教政策的制定和落实。这里重点探究中华人民共和国成立之前中国共产党宗教政策的形成和基本建立，为整个中国共产党宗教理论及宗教政策的发展完善之研究提供其历史依据及学术基础。

受苏联宗教理解及其理论的影响，加以中国近代史上西方基督教受"不平等条约"保护而参与了西方列强对中国的政治及文化侵略，中国共产党在形成其宗教政策的初期对宗教基本持否定态度，尤其是表达出对基督教的反对。例如，1922年5月中国社会主义青年团在其一大通过的决议案中就指出："基督教因其为现时资本主义、帝国主义的最有势力的工具，所以是我们必然要反对的。非基督教团体所做的，正是我们所欲做的。非宗教的团体反对一切宗教，因为宗教是桎梏思想，并且在历史上看来是常与旧势力结合的东西。反对宗教，使青年思想自由而趋于革命的路途。"[①] 据相关史料透露，20世纪20年代初的中国"非基督教运动"及"非宗教运动"实际上曾受到共产国际的影响和指导。共产国际还于1923年5月给中共三大指示说，"没收寺庙土地并将其无

[①] 《"一大"前后中国共产党第一次代表大会前后资料选编》（一），人民出版社1985年版，第44页。

偿交给农民"①。1926年11月共产国际在《关于中国问题的决议案》中也要求"没收属于反对军阀的寺院地产"。在这种氛围中，中共中央于1931年六届四中全会上对宗教有着负面定性，而宗教界人士则被视为"封建制度的附属品，是革命的对象"。

尽管有这种政治上和思想价值观上对宗教的负面认知，共产国际对宗教问题也意识到其复杂性和敏感性，从政教关系、团结信教群众的角度提醒中国共产党应该注意妥善处理好宗教问题，如1931年共产国际在给中共中央的来信中就强调，"关于宗教团体，寺庙等所有的土地，各地方党部与苏维埃机关要根据当地农民的意志解决这个问题（不要伤害农民的宗教感情）"②。为此，中国共产党最初制定宗教政策时特别留意政教分离和防止伤害群众宗教感情等问题。1931年11月，《中华苏维埃共和国宪法大纲》就突出了"绝对实行政教分离的原则"。

在土地革命和抗日战争时期，广大宗教界人士和信教群众对中国共产党的拥戴和支持，为中国共产党制定服务于革命斗争的宗教政策提供了现实依据和实施的可能性。1934年1月颁布的《中华苏维埃共和国宪法大纲》规定，在苏维埃政权领域内，工人、农民、红军战士和一切劳苦大众及其家属，不分男女、种族、宗教，在苏维埃法律面前一律平等；中华苏维埃政权以保证工农劳苦民众有真正信仰自由为目的，绝对实行政教分离原则。《大纲》同时也指明，一切苏维埃公民都有反宗教宣传的自由，帝国主义的教会只有在服从苏维埃法律时才会允许其存在。这一期间中国共产党开始专门研究民族宗教问题，并为此建立了相关政策研究室。此时对宗教的评价不再是简单否定，而是有着比较深入的社会及政治分析，如对伊斯兰教的分析就指出，"伊斯兰教对回回民族，不只是简单的宗教信仰，伊斯兰教兴起于反对异族侵略与内部压迫的环境中，它富有反抗的精神，教义中还包含着社会的、文化教育的以

---

① 《中共中央文件选集》第1册，中共中央党校出版社1989年版，第586页。
② 《中共中央文件选集》第7册，中共中央党校出版社1991年版，第762页。

至政治的制度之规约"①。1936 年 5 月，毛泽东签署发表的《中华苏维埃中央政府对回族人民的宣言》专门论及对待回族的民族宗教政策，宣布"根据宗教信仰自由的原则，保护清真寺，保护阿訇"。所以说，坚持宗教信仰自由，对合法宗教实施保护，是中国共产党很早就已确定的基本方略。

综合来看，这一时期对宗教的分析和宗教政策的制定，通常都会关注上述两个方面。例如，1936 年 4 月藏族红色政权波巴政府通过的《关于喇嘛和喇嘛寺暂行条例》规定政教分离，不允许宗教干预行政、教育和司法，但喇嘛个人享有参政的权利。该条例宣布废除宗教特权和宗教压迫剥削制度，同时每人都有信仰和不信仰喇嘛教的自由，僧侣也有还俗的自由。该条例颁布了十条规则："1. 保护喇嘛和喇嘛寺以及经书佛像"；"2. 喇嘛寺土地不没收，可以出租"；"3. 信教自由，不得强迫信教。已当喇嘛的有还俗的自由"；"4. 喇嘛不得干涉政府行政，但喇嘛个人有参加政权的权利"；"5. 喇嘛有出外念经自由，但报酬得由群众自愿"；"6. 喇嘛及喇嘛寺有经商的自由，但不得用大斗小称与高利盘剥"；"7. 喇嘛及喇嘛寺枪支，必须在政府登记，领取使用证"；"8. 喇嘛修理寺庙及举行斋醮时，不准派差、派款或估要财物，但群众自由乐捐，政府不禁"；"9. 法律面前无论僧侣一律平等。喇嘛犯法一样依法处理，执法之权属于政府"；"10. 喇嘛寺堪布由喇嘛寺全体喇嘛公推，经当地政府呈请中央（波巴）政府批准授职"。② 1940 年，毛泽东在《新民主主义论》中指出："共产党员可以和某些唯心论者甚至宗教徒建立在政治行动上的反帝反封建的统一战线，但是决不能赞同他们的唯心论或宗教教义。"③ 1941 年，《冀鲁豫边区保障人民权利暂行条例》也规定，人民均有抗日言论、出版、集会、结社、信仰的自由，但汉奸及汉奸嫌疑除外。这些政策都体现出原则性与灵活性的有机结

---

① 《中共中央文件选集》第 12 册，中共中央党校出版社 1991 年版，第 371 页。
② 参见龙敬儒《宗教法律制度初探》，中国法制出版社 1995 年版，第 132—137 页。
③ 《周恩来统一战线文选》，人民出版社 1984 年版，第 164、667 页。

合，具体问题具体分析，宽严适度，恰到好处。

1935年12月，中国共产党在《关于目前政治形势与党的任务决议》中说明，会对具有外国背景的宗教势力采取不同的政策，反对日本在华宗教势力，但会宽容和保护其他国家在华宗教。1942年2月，中国共产党还具体对西方传教士网开一面，指出他们"有许多人在华已有多年的历史，同时和自己的本国还保持着密切的联系，他们可以成为加强中国与英美等国国际关系的桥梁。对于他们，我们应尽一切力量加以尊重和爱护，使他们对于抗战事业能多所协助"①。这些政策的制定不再仅从世界观、认识论的角度来考虑，而更多是一种政治分析及举措。1936年，中共中央发布的《抗日人民阵线宣言》等文件也确定，"不管我们相互间有着怎样不相同的主张与信仰……我们都是大中华民族的子孙，我们都是中国人，抗日救国是我们的共同要求"，承认"在宗教界……实在有很多觉悟与爱国之士"②。可以说，中国共产党在宗教问题上以"讲政治"为主，这一思路在中国新民主主义革命时期就已确立。

1949年9月30日，中国共产党邀请社会各界人士参加的第一届全国政治协商会议代行全国人大职责，在会议发表的《中国人民政治协商会议共同纲领》中规定：中华人民共和国人民有思想、言论、出版、集会、结社、通信、人身、居住、迁徙、宗教信仰及示威游行的自由。这一《共同纲领》具有临时宪法的性质，由此奠立了新中国公民有宗教信仰自由的宪法原则。

综上所述，在中华人民共和国成立之前，中国共产党已经注意到宗教工作的重要性，其论述既有在思想意识形态层面对宗教有神论、唯心论的剖析和批评，也有在社会政治层面对宗教界的团结合作和对宗教积极因素的发掘，其统一战线的思想不仅涉及国内宗教界，也有抗战等时期在国际范围对宗教人士的统战举措。在红色政权所辖地区，中国共产

---

① 参见何虎生《中国共产党的宗教政策研究》，宗教文化出版社2004年版，第32页。
② 《中共中央文件选集》第11册，第18、85页。

党明确了宗教信仰自由的政策，但也强调对宗教社团、宗教场所及宗教人士的有效管理。这些基本思想元素，为中华人民共和国成立后理论界、学术界所形成的对宗教的各种理解和态度，埋下了意味深长的伏笔。

第二章

新中国成立以来关于宗教问题的三次论争

中华人民共和国成立后，中国共产党统一战线的理论与实践在宗教工作上得以延续，宗教界人士和信教群众被团结起来共同参与社会主义建设。随着中国共产党从领导新民主主义革命、推翻一个旧世界的革命党成为领导全国人民从事社会主义建设、进入一个新时代的执政党，马克思主义宗教观的中国化进入了一个全新的历史阶段。如何在社会主义社会认识宗教，怎样理解宗教与社会主义的关系，这是列宁提出来却没有完成的任务。根据中国政局的根本变化和中国共产党掌握了政权这一社会转型，周恩来1950年6月25日在全国政协会议上曾明确指出，"列宁在1909年曾经说过宗教就是鸦片，这是革命时期的口号。现在我们有了政权，可以不必强调宗教就是鸦片，而要尊重其民族的信仰。"[①]在新中国理论界的发展及建树上，1950年《社会主义与宗教》和《宗教问题选辑》得以出版，其内容主要是介绍列宁关于社会主义与宗教关系的相关论著和苏联出版的一些宗教研究的文章，以及恩格斯、斯大林和当时中苏学者关于宗教的论述。为此，1950年10月18日的《人民日报》还发表《两本马列主义论宗教的书》一文来专门推介这两部著作。1954年，人民出版社出版《马克思恩格斯论宗教》一书，1956年，唐尧在《哲学研究》发表《马克思列宁主义与宗教问题》的长文。

---

① 罗广武编著：《新中国宗教工作大事概览》，华文出版社2001年版，第7页。

进入20世纪60年代以后，相关研究增多，不同观点的分歧也逐渐浮现。中华人民共和国成立70年来，关于宗教问题的讨论基本没有间断，有时甚至形成争辩的高潮，引起普遍关注。不过，对于一些基本问题的认知迄今仍没有达到统一和共识，这也体现出中国社会主义初级阶段的理论及实践特色。当然，这些争辩也深化了人们对马克思主义宗教观的理解和对中国宗教问题的认识，使人们有了更开阔的视野和更全面的思考。认真、冷静、客观、科学地看待这些讨论，基于学术领域的观点争鸣和理论商榷，无疑会促进中国宗教学理论的成熟，也有助于马克思主义宗教观中国化的进程，即新时代中国特色社会主义宗教理论体系的创立。

一 20世纪60年代关于宗教与迷信的论争

中华人民共和国成立以来，关于宗教理解有几次重大讨论或争论。最早的一次发生在20世纪60年代，当时中国学术界主要围绕"宗教"与"迷信"、如何理解"宗教是人民的鸦片"等关键问题展开了一场大讨论。牙含章于1959年至1964年在一些报刊发表了几篇系列文章，对相关问题提出了他的观点和论证。对此，游骧、刘俊望于1963年在《新建设》第9期发表"马克思列宁主义宗教观的几个问题"一文，又于1964年在《红旗》杂志发表"正确认识和处理宗教问题"的论文，这些文章对牙含章的观点做出回应，提出了不同看法，阐述了他们对马克思主义宗教观的解释。在他们看来，恩格斯在《反杜林论》中"一切宗教都不过是支配着人们日常生活的外部力量在人们头脑中的幻想的反映，在这种反映中，人间的力量采取了超人间的力量的形式"这段论述就是关于宗教的经典定义，而马克思关于"宗教是人民的鸦片"这一论断则是对宗教本质的界定。

在他们看来，宗教作为"幻想的反映"显然就是一种典型的"意识形态"的表现，它虽属于"精神世界"的问题，起源却是社会根源。只有这种社会性才是最重要的，因此必须从人的社会物质条件中去寻找宗教的真正根源；而在阶级社会中，社会力量的压迫乃是宗教存在与发展的主要根源。他们认为,宗教的这种根源决定了宗教自始至终具有"鸦片"的性质,所有宗教是"鸦片",因此对社会主义也只能起消极作用。这是中国理论界最早把马克思主义宗教观集中理解为"宗教鸦片论"的表达。所以,他们认为,在社会主义社会执政的无产阶级政党必须加强思想教育,逐步削弱宗教的影响、促成其尽早消亡,因为宗教不是永恒的,只要使产生宗教的根源消失,宗教就必然消亡。

针对上述观点,牙含章于1964年2月24日在《文汇报》发表"有关宗教几个理论问题的理解"一文,随后又将他此前发表的相关论文汇集成书,于1964年题名《无神论和宗教问题》出版,从而引起了中国理论界的进一步注意和更广泛的讨论。牙含章在此作了比较冷静的分析,认为马克思所言"宗教是人民的鸦片"不是泛指,而是根据当时德国的情况所专指,因此"不是说的一般宗教,更不是讲原始社会的宗教,而是论述当时德国无产阶级面临的革命任务",从马克思提出这一语境来看是针对19世纪欧洲社会,"具体说是指当时德国的宗教而言"。这种解释显然就注意到了马克思所言宗教的时空背景问题。牙含章在此有针对性地分析了马克思这一定论的上下文关联。对牙含章的这一阐述,梁浩、杨真于1965年在《新建设》上撰文提出批评,文章题目以"宗教从来就是人民的鸦片"而明确表达了其观点,宣称"宗教一贯是人民的鸦片"、"一切宗教都是人民的鸦片"、任何地方及任何时期的宗教都起着"麻醉人民"的作用。这一对牙含章的反驳之基本倾向是将马克思主义宗教观归结为"宗教是人民的鸦片"这一论断,以此强调宗教在本质上是反动的、落后的,从而形成了当时对宗教基本上负面的看法。颇值得深思的是,持这一批评牙含章观点的作者中有人后来却完全改变了主张,在改革开放初期关于宗教是否为"人民的鸦片"之再次争论中成为不同意"宗教鸦片论"观点的主要辩者之一。

在20世纪60年代的争论中,牙含章还有引起人们极大兴趣的其他之论,这就是他有关"宗教"与"迷信"之关系及区分的说法。针对"宗教和迷信是一回事,世界上的一切迷信都是宗教"的观点,他提出了"宗教是迷信,但并不是一切迷信都是宗教"的论点,①即认为宗教要更为精致一些,要高于许多低俗的迷信。为此,他反对把宗教普泛化,不同意将任何迷信现象都归之于宗教。牙含章主张具体分析,而不是简单泛论宗教的这些阐述,在理论界进一步引起了关于究竟什么是"马克思列宁主义宗教观"的激烈讨论。

二 20 世纪 80—90 年代关于宗教是否为鸦片之争

自 1978 年中国进入改革开放的发展以来,对马克思主义宗教观的认识和探究进入更为全面的展开之历史时期。1979 年,任继愈在《哲学研究》发表"为发展马克思主义的宗教学而奋斗"的论文,成为这一时期这一研究的标志性开端。此时,关于马克思所言"宗教是人民的鸦片"这一论断究竟应该如何理解,仍然是当时中国学术界讨论最多、争论也最为激烈的焦点,对这一问题的理解,中国学术界迄今仍然未达共识。1982 年,中共中央印发了 19 号文件,专门阐述关于社会主义时期宗教问题的基本观点和基本政策,文件没有特别提出马克思关于"宗教是人民的鸦片"的论点,而是说"剥削阶级需要利用宗教作为麻醉和控制群众的重要精神手段"。②然而,针对"宗教是否为鸦片",中国学者在 20 世纪 80 年代仍然展开了一场大讨论,这成为继 20 世纪 60 年代那场争论之后的第二次大争论,而争论的核心问题就是如何理解马克思关于"宗教是人民的鸦片"这一表述。由于南方与北方学者的主要观点明显不同,加之南方与北方刊物所载文章也有不同态度之倾向,故有"南北论争"或"南北关于鸦片之争"的说法,甚至也被宗教学界戏称为"第三次鸦片战争"或"南北鸦片战争"。当然,这种差异只是相对的,因为北方一些学者及相关杂志也发表了与南方主流观点相同的文章。

---

① 牙含章:《无神论和宗教问题》,上海人民出版社 1979 年版,第 133 页。
② 《新时期宗教工作文献选编》,宗教文化出版社 1995 年版,第 55 页。

这一时期的代表性论文按照其发表的时间顺序包括谦学的"从宗教与鸦片谈起"（1980），赵朴初的"对宗教方面的一些理论和实践问题的认识与体会"（1981），张继安的"学习马克思关于宗教的几个基本理论问题"（1982），吕大吉的"试论宗教在历史上的作用"（1982）、"马克思主义宗教观的形成和发展"（1985）和"论列宁的宗教观"（1986），徐如雷的"宗教是社会主义社会的上层建筑"（1985），赵复三的"究竟怎样认识宗教的本质"（1986），宗尧的"试析马克思青年时期对宗教的认识发展——兼谈对'宗教是鸦片'的理解"（1986），江平的"认真学习马克思主义宗教理论和党的宗教政策"（1986），俞朝卿的"再论宗教的本质和社会作用"（1987），吕大吉的"关于宗教本质问题的思考"（1987），以及罗竹风主编的《中国社会主义时期的宗教问题》（1987）等。这些文章观点鲜明、对立明显，但各自都宣称是对马克思这一论断的基本理解和理论诠释。

对于如何理解"宗教是人民的鸦片"这一论断，在这场争论中形成两大观点，一种观点认为"宗教是人民的鸦片"之表述是马克思主义关于宗教本质的定性之说，另一种观点则认为这种说法只是马克思的比喻之说，不能作为其对宗教的定性之论，更不能将之拿到当代中国来简单套用。

持前一种观点的一些学者坚持认为，"宗教是人民的鸦片"这一说法乃马克思"概括了宗教的本质，说明了宗教的社会作用"，指出"宗教就如同人们吸食了鸦片以后所产生的幻想一样，人们妄图在这些幻想中得到暂时的安慰"。[①] 江平强调，虽然不能把马克思主义宗教观仅仅归结为"宗教是人民的鸦片"，但马克思此言的确是马克思主义宗教观的重要组成部分，即列宁所概括的"基石"，对此绝不可动摇；否定了"宗教是人民的鸦片"，就没有马克思主义完整的宗教观；即使在社会主义时期，只要宗教还存在，"宗教是人民的鸦片"之说就没有过时，

---

① 张继安：《学习马克思关于宗教的几个基本理论问题》，《世界宗教研究》1982年第4期。

第二章 新中国成立以来关于宗教问题的三次论争

只不过宗教的麻醉作用在范围和程度上与阶级社会不同。因此，虽然不应强求宗教界和信教群众接受马克思主义世界观，却不可赞成用马克思主义去适应或满足宗教徒的宗教信仰，更不能用宗教的观点来解释马克思主义。[①] 尽管如此，这些学者也承认精神鸦片在本质上不可与物质鸦片简单等同，应该客观看待在现实社会中宗教的镇痛和麻醉作用；解决宗教问题的根本在于解决宗教之所以产生的社会问题，如果这些社会问题仍然存在，作为其反映的宗教当然也会继续存在。他们认为，虽然不能把马克思主义宗教观仅仅归结为"宗教是人民的鸦片"，但这一论断已被列宁视为马克思主义在宗教问题上"全部世界观的基石"，因此不能动摇。这里所触及的问题可以分为三个层面，一是关于宗教究竟是不是"鸦片"，二是对这一"鸦片"比喻究竟应该如何来理解，三是在中国当代把宗教仍说成"鸦片"究竟是否合适。为此，参与争论的各方表达出各种不同的理解。

吕大吉当时曾指出，马克思关于"宗教是人民的鸦片"这一论断实际上包括三方面内容：一为宗教是人们在"颠倒的世界"所需要的安慰，也为其辩护提供了普遍根据；二为宗教只能给人民以"幻想的幸福"，因而只是给人们精神锁链以"虚幻的花朵"来掩饰；三为宗教指人们在现实苦难中的"表现"和"抗议"，这种"抗议"在形式上看似有积极作用，但实质上并无积极意义，因为它无助于抗议者的真正解放，其"抗议"所起的作用仍是作为"精神鸦片"而麻醉人民。不过，在这次争论后，吕大吉等人重新反思了自己的认知和对马克思主义宗教观的理解，他承认，"否认宗教是麻醉剂的一方，其思想开放的程度无疑更大一些，对极'左'路线的批判更尖锐一些"，并认为"论争的实际效果应该说是积极的，因为尽管双方对马克思的这句话各有不同的解释，但都反对过去那种极'左'的理解，为全面理解宗教的社会功能提供了新的论证。这场论争，既是宗教学术领域思想解放的产物，

[①] 参见江平《认真学习马克思主义宗教理论和党的宗教政策》，《红旗》1986年第9期。

也为宗教研究的思想理论的进一步解放作了准备"。① 吕大吉从此认为对马克思主义理论不仅要跟着说，更要继续接着说，从而在其后的研究中提出了不少创新的观点及见解。

持后一种观点的一些学者则认为，马克思这一论断并不是对宗教的定义，也不是对宗教本质的断言，马克思在此更没有对宗教加以简单否定和批评。赵朴初指出，"宗教是人民的鸦片"之说法并不创始于马克思，在马克思之前和同时，宗教界和一些反宗教的批判者都曾借用鸦片或麻醉剂来比喻宗教，而当时鸦片多被认为是一种镇静剂而不是毒品，马克思讲"宗教的苦难既是现实苦难的表现，又是对这种现实苦难的抗议"，实际上表达了马克思对劳动人民的深切同情，因此"笼统地提出'自人类社会划分阶级以来，宗教就成了统治阶级用来麻醉人民的鸦片烟和维护剥削阶级的精神支柱'，而不对具体的宗教和教派在特定的历史条件下所起的作用进行具体分析，这是违背马克思主义的，不符合历史本来面貌"。② 这些学者认为，从马克思整个行文语气来看，其对信教群众的同情和理解跃然纸上。马克思分析了产生宗教的根源，而且指明其根源本身在社会，指出宗教反映了人类经济、政治和社会现实，因此对宗教的批判"已经结束"，马克思这种表述的实质是"社会批判"及其相关的政治、经济、法律批判。至于"鸦片"这种表述，在马克思之前欧洲就已有许多学者，包括宗教人士用鸦片来比喻宗教，并非马克思的发明，如基督教布道家克伦玛、思想家海涅、黑格尔、费尔巴哈等人都用过类似表达。也就是说，马克思借用"鸦片"来论宗教，只是顺便借用了当时已经流行的比喻，主要是对鸦片镇痛治病功能的承认。但这种"鸦片"之说则不能不顾及其应用的时空背景而直接用到中国，因为"这同后来视鸦片为毒品有一个时代的差距。而十九

---

① 中国社会科学院世界宗教研究所：《宗教研究四十年》（上册），宗教文化出版社2004年版，第17页。

② 参见赵朴初《对宗教方面的一些理论和实践问题的认识与体会》，中央党校《理论动态》1981年第1期。

世纪中叶以来的中国人,经历的第一次奇耻大辱就是鸦片战争。痛恨鸦片,视之为西方殖民主义用以毁灭中华民族的毒剂,这种认识和由此引起的强烈感情反应是很自然的"[1]。此外在当代中国,其社会基础、社会制度都发生了根本变化,"如果把宗教的本质简单地说成是'鸦片',就会认定它对人们只有'麻醉作用',从而闭眼不看它在历史上起了各种不同的作用的复杂情况,也不看今日我国各民族绝大多数宗教徒,在中国共产党领导下,和广大人民一道建设社会主义的事实"[2]。实际上,"人民的鸦片"在马克思著作的德文原文"das Opium des Volks"之本义是指人民自己制造和使用、属于其自身的麻醉品,而不是别人制造了毒品来强加给人民的。

基于上述考虑,这些学者认为在中国社会主义时期已不能再强调"宗教是人民的鸦片",因为如果继续承认这一"鸦片"论,那么按照马克思这一论述的内在逻辑,则实际上把我们的社会主义社会也等同于和旧社会一样的"颠倒的世界",并对我们的现存制度和我们的人民也推出负面的评价。罗竹风指出,"鸦片"基本上是对宗教在阶级社会中一定条件下所起消极作用的形象化比喻,而历史上宗教的作用会因时代及社会条件的不同而不同,故而不能一律用"鸦片"来概括,更不可用"鸦片"来说明社会主义时期宗教的作用。他也总结说,通过这次讨论,"我们更加感到在坚持以马克思主义为指导的原则下,一切从实际出发,是把研究工作推向深入的重要途径"[3]。此外,在当代中国国情中不能再用"鸦片"比喻来界定宗教至少还有两种原因,一是要看到中国社会制度的变化,二是要看到中国人在经历了"鸦片战争"后用"鸦片"来形容宗教在人们心理上的承受能力。此后,学术界开始思考并使用"宗教是文化"的表述。

---

[1] 参见赵复三《究竟怎样认识宗教的本质》,《中国社会科学》1986 年第 3 期。
[2] 同上。
[3] 罗竹风主编:《中国社会主义时期的宗教问题》,上海社会科学院出版社 1987 年版,第 173 页。

在这场争论基本结束十多年之后，潘岳于2001年12月16日在《深圳特区报》发表"马克思主义宗教观必须与时俱进"一文，表达了他对上述"鸦片论"的理解，认为把马克思主义宗教观归纳为"鸦片论"，源自列宁将"宗教是人民的鸦片"视为"马克思主义在宗教问题上全部世界观上的基石"这一思想，并感到这种见解对人们认识宗教是一种"不幸"，因为列宁的解释结果把马克思关于"人民对宗教的需要"的表述变为对"统治阶级利用宗教麻醉人民"的批判了。从列宁开始强调必须与宗教做斗争，这是后来社会主义国家包括中国制定宗教政策的基本依据，由此而出现了思想僵化和政策失误。潘岳的见解当时在宗教界和媒体有一定影响。但也有人批评潘岳的观点过于偏激，尤其是他认为列宁把"宗教是人民的鸦片"作为马克思主义在宗教问题上全部世界观上的"基石"是一种"不幸"之表述过于轻率。在这种争论中，人们对马克思的说法及列宁的理解显然有着较大的分歧。而这实际上也充分说明，对马克思主义宗教观之理解上的分歧并没有消弭，相关讨论或争鸣还会长期持续下去。

三 当前宗教研究中的争论

进入21世纪以后，关于宗教理解和马克思主义宗教观的认知上的争论没有减少，反而更加活跃，也更为尖锐，这说明中国宗教学发展和马克思主义宗教观的探究正如火如荼，高潮迭起，反映出其研究的勃勃生机和兴旺发达。在形式上与前两次争论的最大不同，就是本次争论的园地更大，方式更多，尤其是网络时代给争论者采取微博、微信等现代传媒手段来展开争议、发表见解提供了技术支撑，使之观点传播更为快捷，舆论影响更为深广。鉴于网络参与争论文章的学术水平及其规范性方面的问题，在此不多考虑名噪一时但有嫌浅乱的网络论争，而以评说近期在正式报纸杂志上已经公开发表的文章为准。对于前两次争论，笔者是其文献阅读者或近距离观察者，其中参加争辩的许多学者都是我熟悉的老师或认识的学界前辈，故颇有贴近感。特别是当前仍在延续的争论，则因自己的学术观点和行政职务而"被"参与其中，不可推脱。这种"被参与"也使笔者感受更深，故此亦会有更多的着墨。综合来看，目前的相关争论主要围绕如下一些问题来展开：

1. 马克思主义宗教观与无神论的关系

马克思主义宗教观是马克思主义理论体系的重要组成部分，是马克思主义在宗教认识及宗教研究上的具体体现，这是我国宗教学发展与众不同的一个重要标志。科学地研究和运用马克思主义宗教观，是中国宗教研究领域对坚持马克思主义指导的贯彻落实。因此，突出和强调马克思主义宗教观正是中国宗教学界在宗教工作及研究领域对马克思主义指导的坚持。近年来，中国社会科学院世界宗教研究所每年都组织一次全国规模的马克思主义宗教观研讨会，相继出版了多卷研究马克思主义宗教观的论文集，不少学者也相继推出了研究马克思主义宗教观的个人专著和文集，特别是在中央组织的马克思主义基础理论研究工程即经典作家的基本观点研究中设立了马克思主义宗教观的专项研究，有力推动了从资料搜集、原著翻译到专文及专题探讨的系统研究，形成了马克思主义宗教观研究的繁荣景象。但对什么是马克思主义宗教观及其与无神论的关系，以及对马克思主义宗教观与马克思主义整体理论体系的有机关联等问题上也出现了分歧。

2014 年，《马克思主义研究》第 3 期发表了《是什么"宗教观"、"宗教学"？兼论"学术神学"》一文，对 2013 年 8 月 6 日《中国民族报》发表的《科学研究马克思主义宗教观　发展中国宗教学》等文章提出批评和商榷。批评者认为后文在相关马克思主义宗教观的研究中"排除了科学社会主义运动实践"。而后者在其回应中则指出，无论是马克思主义理论体系的整体，还是马克思主义宗教观，都包含着科学社会主义的丰富内容，因而并没有也不可能对这一重要实践加以排除。批评者希望"马克思主义宗教观的研究"不能"由某些人独占"，回应者表示希望能有越来越多的人深入、系统、认真地研究马克思主义的宗教观，推出其研究成果和真知灼见。而且，马克思主义宗教观与马克思主义无神论乃有机共构，二者不可人为分割。所以，马克思主义宗教观是中国宗教学界都应该而且必须研究的,对马克思主义关于宗教的论述之理解上的不同认识和见解可以讨论、辩论,真理越辩越明,这有利于科学地阐述马克思主义宗教观,对当代中国马克思主义宗教观的研究也会多有建设性的推动。

在论及马克思主义宗教观与无神论的关系上,有人认为无神论是马克思主义的基础和基本原理,而无神论研究需与宗教学研究相分离。但不同的观点则认为马克思主义的基础和基本原理仍应该是历史唯物主义、辩证唯物主义,马克思主义无神论与以往的无神论虽有继承的关系,但本质有别,且更加体现的是其发展;而且,马克思主义无神论也应该属于马克思主义宗教观的研究范围,不可将二者截然分开,马克思主义论宗教或无神论都是相互关联的。因此,二者的关系是有机共构,不是完全分开,各自分头发展的。由此而论,无神论研究与宗教学研究亦自然关联,彼此之间并不对立,更没有必要以无神论之名来批判当前中国的宗教学研究。"无神论研究是中国宗教学的有机组成部分,必须推动和加强",因为"中国宗教学以马克思主义为指导,自然涵括科学无神论的学术研究"。[①] 至于如何开展和加强无神论的研究,使"科学无神论"避免成为"濒危学科",其突破和加强则,一要集中力量对以往无神论资料加以搜集、整理,形成系统研究资源;二要全面开展中外无神论历史的研究,总结以往的经验教训;三要提高"无神"之论的理论深度和学术蕴涵,积极适应当今世界相关讨论的话语、处境,能够真正做到有话语权,有中国特色,让人心服口服;四要服从党和国家积极引导宗教与社会主义社会相适应的大局,更多注意无神论研究的理论及学术水平的提高,有助于我们和谐社会的构建。

此外,有学者对当前所触及的林林总总的各种无神论也有具体分析,认为当代中国的理论认识及社会实践不能仍然停留在过去的"朴素无神论"和"战斗无神论"这一较低水平及其历史阶段上,而应该提倡符合中国国情的"温和无神论",坚持体现出马克思主义理论体系

[①] 见《中国民族报》2013 年 8 月 6 日第 6 版。

的"科学无神论"。针对个别人对当前宗教学的批评，以及个别批评者甚至认为不必研究无神论史，而只需集中精力推动无神论批判的观点，相关讨论则进入认识无神论与有神论之关联和区别的关键之处，即二者所针锋相对、直接面对的"神"论问题。只有涉及指称或宣示"神"之有、无，才能构成有神论与无神论的分殊，使二者泾渭分明、不会混淆。如果认为没有神而不研究其"神论"，则会将"无神论"理论蕴涵抽空而使之根本"无论"，其架构的空洞化或内容的虚化实际上会给无神论带来釜底抽薪的后果。回应方强调，"神论"之究是无神论与有神论作为理论学说存在之基本或根本，其理论体系若要守住其根基，就必须保留并研究其核心蕴涵，有的放矢地讨论"神"之有无及其意义涵盖。这里，宗教学研究当然也是讲无神论的，切不可把宗教学等同于有神论，故而坚持中国宗教学要研究无神论，并将之视为"中国宗教学的有机组成部分"；同样，无神论研究也需与宗教研究密切结合，故而不可越俎代庖地取代宗教学；此外，如果无神论根本不去讨论"神"，不去"论神"何谓"无神"，如果"无"所好"论"，那么其本身的命题表达也都成了问题。

在对"科学无神论"的理解上，有人认为，"近代西方的无神论思潮，由于它具有鲜明的反封建主义制度和批判神学的性质，被称为'战斗无神论'；因为它吸取近现代自然科学的成果，以科学的精神和科学的方法为武器，对科学发展起着推动作用，所以又被称为'科学无神论'"[1]。也就是说，这种观点所理解的科学无神论即近代西方的无神论思潮。而另一方对这种说法却表示了明显不同的意见，因为"科学无神论"只有以历史唯物主义、辩证唯物主义为立场、方法和根基的马克思主义无神论才能够代表，而近代西方无神论包括其开端的"战斗无神论"乃多种多样，参差不齐，其中不少"战斗无神论者"后来又重返宗教，而且其代表也多为唯心论者，其他近代西方无神论如费尔巴哈的人本主义无神论、尼采的虚无主义无神论，以及萨特的人道主

---

[1] 见《科学无神论》（第一辑）"前言"，中国社会科学出版社2015年版。

义无神论等,则都不可与马克思主义无神论相等同,故而也不可称为"科学无神论"。因此,在宣传无神论上,也必须是科学宣传,突出马克思主义无神论的宣传,而不能将所有无神论都笼统等同于马克思主义无神论。相关的无神论可以得到系统、深入的研究,而涉及无神论的宣传则必须科学地展开,对之乃有着特定的涵括。科学宣传无神论,应该包括以下几个方面:

第一,必须大力宣传的理应是马克思主义无神论,而马克思主义无神论自然是马克思主义宗教观的重要构成,因此对二者的论述和应用需要有机关联。全国宗教工作会议精神明确指出,共产党员要做坚定的马克思主义无神论者,在强调无神论时明确说明所强调的是马克思主义无神论,这与其他无神论者是有明显区别的。

第二,对战斗无神论等其他无神论只能批判性审视和吸纳,而不是无条件地接受或向社会毫无保留地推出。宣传介绍历史上的无神论很有必要,不过,应该看到历史上无神论的情况也颇为复杂,既有唯物主义的无神论,同样也有唯心主义的无神论,无神论并不与唯物论天然等同;而无神论从其历史发展演变来看也经历了早期的朴素无神论或原始无神论,欧洲启蒙运动和法国大革命时期的战斗无神论、马克思主义的科学无神论,以及近现代以来虚无主义的无神论和存在主义的无神论等思潮。对此,必须加以科学鉴别和正确选择。

第三,马克思主义认为无神论宣传必须提高其理论水平,应对自己的无神论身份保持低调,因此马克思主义经典作家并不自称为无神论者。马克思在论及无神论宣传的方法时特别强调要提高理论层次,应站在哲学的高度来看问题。因此,无神论宣传必须提高理论水平,增添学术蕴涵,有理有节,把握好分寸。如果把反宗教的举措和无神论宣传搞得过度则会适得其反。要了解把握好宗教存在的社会根源及时代背景,弄清楚人类宗教发展和无神论发展的历史及规律,加大对自然科学史和哲学社会科学史的系统探究,并对其最新进展及发现积极跟进和及时把握,这些都是加强和扩大无神论宣传的重要内容,尤其应该在我们党内和涉及青少年的公共学校及其国民教育中大讲特讲。所以,这种宣讲是科学的宣讲，有其丰富的内涵，而不是光喊空洞口号。

第四，科学宣传无神论只能用"纯粹的思想武器，而且仅仅是思想武器"，"用我们的书刊、我们的言论"来对宗教有神论展开批评，而且这种宣传还必须服从党的政治任务、社会主义发展的要求，掌握好尺度、把握好其分寸。所以，我们在新的形势下有效开展无神论宣传，就必须科学进行，要加强对无神论本身系统而深入的研究，弄清其基本内容，有知识蕴涵，且要使之符合我们党构建中国和谐社会的新任务的需求。

有的批评者认为宗教学就是神学，因此其学科性质在国民教育和公共教育中就成了问题。而回应者则指出，虽然西方宗教学最初是来自基督教神学，甚至曾被一些神学院校所保留，但西方宗教学后来逐渐脱离神学而成为人文社会科学的独立学科，而且在学术立场、观点、方法上已与神学有了本质区别，宗教学的这种"脱离"和"独立"乃不争之事实。对此，回应者强调有必要重新回到宗教学之源端来认识、思考，首先看看宗教学创始人如缪勒的所思所想，以及其对宗教学最初、最基本的构设。在现实发展中，这种"宗教学"甚至在西方也越来越远离教会的掌控和考量，其学科定位基本上与传统"神学"无关，学术研究的"独立性"则越来越强，"西方宗教学的历史正是它从基督教神学中分离、解放出来的历史。在今天西方许多大学中，宗教系或其宗教学专业乃在神学院系之外独立存在，而宗教学领域的国际性组织'国际宗教史协会'及其在各国的相应机构，都基本上没有上述'认信神学'或'教会神学'的色彩"[①]。

特别是在中国，宗教学从一开始创立就是完全脱离宗教界而孕育于学术界的独立学科，其先驱学者基本上是 20 世纪初中国学界翘楚，其学科建制也是基于独立于宗教的高等院校和研究机构。1963 年年底，毛泽东主席亲自建议成立世界宗教研究所来专门从事宗教研究；2016

---

① 金泽、邱永辉主编：《中国宗教报告（2008）》，社会科学文献出版社 2008 年版，第 151、147—148 页。

年5月17日,习近平总书记在全国哲学社会科学工作座谈会上发表重要讲话,指出"要加快完善对哲学社会科学具有支撑作用的学科,如哲学、历史学、经济学、政治学、法学、社会学、民族学、新闻学、人口学、宗教学、心理学等,打造具有中国特色和普遍意义的学科体系"。在这些具有支撑作用的重要学科中,习近平总书记专门提到了宗教学,这是对长期从事宗教学研究学者的极大鼓励,是对致力于这一学科发展的明确肯定,从而为中国学界努力创建具有中国特色的宗教学指明了方向,提供了动力。由此,关于宗教学的定位问题在中国应该已经基本得到解决。

2. 积极引导宗教还是批判否定宗教

这一争论实际上是中华人民共和国成立以来前两次争论的延续。对宗教性质的认识和宗教与社会关系的判断,会决定对宗教究竟是倡导"积极引导"还是加以批判否定。有人强调宗教的负面性质,故认为对宗教的基本点应该是批评而不是引导,是否定而不是肯定;在2015年中央统战工作会议之前,有人建议慎提对宗教的积极引导和发挥宗教人士在经济建设中的积极作用等,而应对宗教的负面作用加以防范、未雨绸缪。此外,持这种观点的人此前也不同意"把马克思主义称之为'信仰'",反对"信仰中国之说"。党的十八大以后情况则有所变化,十八大报告明确指出:"对马克思主义的信仰,对社会主义和共产主义的信念,是共产党人的政治灵魂,是共产党人经受住任何考验的精神支柱。"习近平总书记也强调共产党员要"始终保持对马克思主义的坚定信仰,对共产主义和中国特色社会主义的坚定信念"。习近平总书记还在2015年2月底明确提出了"人民有信仰,民族有希望、国家有力量"这一表述,对中国人需不需要信仰做出了极为清楚的回答。[①] 这里非常明确地使用了"信仰"这一表述。此后,对这种"信仰"表述不再有明确反对,但仍有文章辩解说,信仰只有对宗教而言才是"本义",而政治对之仅是"转义"而已,其意蕴仍然是否定对信仰的正面

---

① 见《习近平谈治国理政》,外文出版社2014年版,第15、323页。

表述，认为信仰之说本质还是基于宗教，故而不宜对之加以正面表达。但"人民有信仰"这种表达，显然不只是说"宗教信仰"，其意蕴自然也涵括"政治信仰""文化信仰"等。另一种观点则认为要正面、积极地看待社会主义中国的宗教问题，宗教的性质基于其存在的社会，宗教对于社会的依附使我们必须根据具体的社会状况来界定宗教、评说宗教。因此，社会主义中国的宗教与西方资本主义的宗教，以及旧中国封建、半封建半殖民时代的宗教乃本质有别。按照历史逻辑，什么样的社会就会产生什么样的宗教，宗教不可能与其社会存在相脱节，而势必反映这一社会。但这种说法却被批评为"好社会产生好宗教"的"错误观点"，而对中国社会主义社会究竟会产生什么性质的宗教，批评者却回避回答，其解释要么语焉不详，要么干脆对社会主义中国存在的宗教也彻底加以否定。但在这种"否定"中，许多理论问题和现实问题也就出现了。

2015年5月18—20日召开了中央统战工作会议，习近平总书记在重要讲话中提出民族、宗教工作是全局性工作，宗教工作的本质是群众工作，要全面贯彻党的宗教信仰自由政策，依法管理宗教事务，坚持独立自主自办原则，积极引导宗教与社会主义社会相适应；而且，积极引导宗教与社会主义社会相适应就必须坚持中国化方向，必须提高宗教工作法治化水平，必须辩证看待宗教的社会作用，必须重视发挥宗教界人士作用，引导宗教努力为促进经济发展、社会和谐、文化繁荣、民族团结、祖国统一服务。

习近平总书记在全国宗教工作会议上重申了坚持党的宗教工作基本方针，而且这一方针的目的和意义就在于积极引导宗教。习近平总书记专门阐述了"导"之辩证法，很有启迪意义。这一基本方针是我们党坚持马克思主义宗教观，从我国国情和宗教具体实际出发，汲取正反两方面经验制定出来的。宗教工作具有特殊重要性，其政策性强、敏感度大、影响面广，受到普遍关注。党的宗教工作基本方针就是针对这一错综复杂的局面实事求是、审时度势、与时俱进而提出来的，体现出其时代性、现实性、理论性和可操作性，受到人们的积极关注，也获得普遍好评。因此，我们今天要想真正做好宗教工作，就必须对之要一以贯之地坚持，并维护其整体性和系统性，体现出其宏观把握、综合治理的特色。

在"积极引导宗教"上也涉及对宗教教义、神学思想如何评价、是否需要引导的问题。为此，对宗教持否定、负面看法的批评者强调要"批判神学"，认定宗教教义是唯心论的，因此必须加以否弃。但从积极引导宗教的具体落实来看，从其社会存在及其和谐关系而言，对于宗教教义及其"神学"却不能全盘否定和摒弃。简单的逻辑推论在此仍需面对复杂的社会现实，而且一切得从实际出发。为此，也有人坚持应对宗教教义加以有利于社会主义社会，符合社会主义道德、中华优秀传统文化的引导和解释，并推动符合中国国情社会主义、改革创新时代发展的"神学建设"，因为"神学"是对宗教教义的系统阐述，而宗教教义中也有积极因素，不可完全否定。批评者则对此坚决反对，认为这不符合"逻辑"，坚持宗教"神学"与"积极弘扬"没有"因果关系"。对此，回应者则指出，"胡锦涛同志曾明确地要求我们'积极弘扬宗教教义中扬善抑恶、平等宽容、扶贫济困等与社会主义社会道德要求贴近的积极内容。'神学就是对其宗教教义的系统阐述，由此而论其中亦有积极内容，故而不可全盘否定，却可相应地积极弘扬"[①]。其认为这里面的逻辑关系非常简单、明晰，进而强调，胡锦涛同志还告诉我们要"更多地从积极方面来看待宗教，肯定宗教在促进社会和谐方面有积极作用"，并指出这种认识及看法"是一个最新的根本的飞跃"。回顾"研究宗教、批判神学"之关联，毛主席当年在其批示中提出的"批判神学"主要是从学理层面所言的，与之同写好世界史、哲学史、文学史之论相结合，故此并非纯政治意义上完全否定性的批判。自丁光训主教发起"中国神学建设"以来，"神学"在中国改革开放新形势下则有了中国宗教在教义理论上积极适应中国当代社会的蕴涵，因而这种

[①] 见《科学研究马克思主义宗教观　发展中国宗教学》一文，《中国民族报》2013年8月6日第6版。

"神学建设"就一直得到我们党和政府的肯定和支持。如果完全、彻底、根本地否定宗教中的教义和神学，那么积极引导宗教，特别是引导宗教与我们的社会主义社会相适应，则可能成为一句空话，在实际中也不再会有任何实质的可操作性。

在是否应该及如何积极引导宗教问题上争议最为尖锐的，是涉及列宁所提及的宗教信徒究竟能否入党的问题。2016年的报刊上发表有多篇批评允许宗教信徒入党之观点及对之回应的文章，参考批评者认为允许信徒入党这"根本行不通"，而且如果有一个宗教信徒入党且没有放弃其宗教信仰，则实质上会改变共产党唯物主义、无神论的"性质"，故此这种"允许"在"逻辑"上说不通、在"实践"上也行不通。从基本出发点来看，批评者从理论上考虑共产党的唯物主义"性质"、政治上担心信教者入党可能会对我们党加以"掌控"，在其结构上造成不利的变化等，这种思路当然是可以理解的，也确实值得深入思考其利弊之所在。但这里需要认真探究的是共产党的理论性质并非朴素的唯物主义和简单的战斗无神论，而乃历史唯物主义和辩证唯物主义，以及有着周全考虑的马克思主义科学无神论，其蕴涵丰富，意义高远，在处理现实实际问题时也充满睿智。这样，对宗教问题的具体面对及其辩证处理，就能够运用更多的智慧，在政策与策略上有更灵活的选择，也有着更大的回旋空间。根据列宁非常直白而清晰的论述，显然在比较特殊的情况下允许宗教信徒入党并非当今中国"个别学者"的主张，而乃在经典作家的阐释中有根有据，有例可查，在中国革命的实践中也有不少明证，故此并非"宗教信徒入党就是党员信教"的关系，这一逻辑千万不可被颠倒来推断。本来列宁和周恩来已经讲清楚了这一问题，而且其论述今天仍然可以在他们公开发表且仍在发行的文献书籍中很容易找到。但因这一问题提出来之后所导致的种种混乱和困惑，故此显然很有必要重温并认真说明这一源自列宁的说法，以及得到过周恩来肯定的做法；如果脱离列宁、周恩来的这些论述来对之坚决禁止，强行推论其与共产党性质的抽象"逻辑"关联，则可能有失公允、偏离事实，无法科学解释其客观实在、历史真实，故而仍然需要回到原典，对之加以如实的澄清和客观的说明。列宁在谈及无产阶级政党与宗教、社会主义与宗教的关系时说得非常清楚明确，在此可以重温如下一些振聋发聩的精辟论述："我们在我们的党纲中没有宣布而且也不应当宣布我们的无神论。因此，我们没有禁止而且也不应当禁止那些还保存着某些旧偏见残余的无产者靠近我们党。"①"不禁止基督教徒和信奉上帝的人加入我们的党"②；"如果有一个司祭愿意到我们这里来共同进行政治工作，真心诚意地完成党的工作，不反对党纲，那我们就可以吸收他加入社会民主党，因为在这样的条件下，我们党纲的精神和基本原则同这个司祭的宗教信念的矛盾，也许只是关系到他一个人的矛盾，只是他个人的矛盾，而一个政治组织要用考试的方法来检验自己成员所持的观点是否同党纲矛盾，那是办不到的。"③ 在新中国成立初期，周恩来也曾明确指出，"有些政策要结合少数民族地区的特点加以贯彻，不能拿一个政策来解决所有的问题。如维吾尔族人，觉得共产党好，有的要求加入共产党，但他的宗教信仰一时又不愿放弃，我们便可以允许他加入，在政治上鼓励他进步，在思想上帮助他改造，否则会影响他前进。照顾少数民族地区的特点，并不是失掉立场，对少数民族，首先要在政治上使他们求得解放，然后在经济上和文化上再帮助他们发展，稳步前进。"④ 这些表述所解说的思想其实乃清楚无误的。如果今天仍然承认列宁、周恩来的见解是正确的，那么在理解共产党的性质上批评者所言上述"逻辑"就不应该成立，而且其批评者在其文章中所坚决否定的情况在真实"实践"上也是可以行得通，并一直在实行的。必须看到，迄今在政治上、学术上并没有任何权威说法否定了革命导师列宁，以及周恩来的上述见解，在今天公开出版的列宁文集和周恩来文集也没有对上述文字做任何删改，而对此零星的否定思潮更没有获得任何权威性肯定。鉴于当

---

① 《列宁专题文集：论辩证唯物主义和历史唯物主义》，人民出版社2009年版，第223页。
② 同上书，第221—222页。
③ 《列宁专题文集：论无产阶级政党》，人民出版社2009年版，第177—178页。
④ 《周恩来统一战线文选》，人民出版社1984年版，第164页。

前国际社会主义空前复杂的状况和我国进入新时期之后社会转型所面对的新问题，对这一讨论加以回顾反思，及时澄清这一疑问的焦点所在，把握好我国宗教工作的发展方向和社会主义宗教理论的开拓完善，还是非常值得一探的。

批评者认为"宗教信徒入党"与"党员信教"在"逻辑"上是"同一回事"，据此这种主张及做法就违背了我党的"政治原则和纪律"。但实际上这两者是不可等同的，因为二者有着完全相反的价值取向和逻辑关系："党员信教"是走向宗教世界观，其走向即一种倒退，而且显然违背了党的纪律。这里有一个时间顺序，如果已是共产党员，那么必须坚持"共产党员不能信教"这一铁的纪律，此时已绝不许可听任其退步，不允许倒退到宗教中找寻其精神慰藉或归宿。而"宗教徒入党"却是其从对宗教的精神依属走向共产主义世界观，这当然是一种进步的选择；这是指在特殊情况下从宗教信徒中发展党员的考虑及策略，其时间和逻辑顺序与前面所论及的情况乃截然不同、恰恰相反。一般情况下宗教信徒当然应该先放弃其宗教信仰，由此从宗教信徒转向共产党员；但这在现实中并非绝对的，因为在特殊情况下，如果相关宗教信徒在其他条件已经符合共产党员的标准时，出于其时空处境的特殊需要则也可相应保留其宗教信仰或其身份而被共产党所吸纳；对此列宁和周总理都说得非常明确。这即表明了在政治信仰上共产党对信教者的积极吸引和后者中积极分子心向共产党的意向及选择，由此形成积极的双向互动和呼应。而在这一过程中，对宗教信徒的转化工作及相关需要，则留下了足够的空间和时间。故此，在上述两种情况中二者方向不同、时间不能错位，且理想迥异，毫无逻辑等同关系可言。此外，如果将之理解为"同一回事"，那么该如何去解释中国共产党统战理论及实践在历史上曾经吸纳宗教信徒加入党组织这些事实呢？又如何去评说我们党和政府在宗教工作上理论与实践的一致呢？以及应如何使我们的统战理论之充分发挥与党的组织纪律的严格执行统一协调呢？所以说，在实践层面已经非常智慧地具体解决了的问题，没有必要再用"看似合理"却实际空洞的论说及其本本主义的"逻辑"来推翻。在此，该问题妥善而正确的解答，对我们的理论与实践应该是有百益而无一弊的。

　　此外，对这种批评的回应还可以历史事实来证明，事实胜于雄辩，历史洞若观火。从空洞的逻辑上来抽象推论，认为如果只要有一个信教者在加入共产党时及之后并没有放弃其宗教信仰，那么这就已经改变了我党性质的说法，在实践逻辑和历史事实上都不成立。从中国革命及中国共产党统一战线的历史实践来看，吸纳宗教信徒入党有许多实例，其中有的信徒在入党时的确已经放弃了自己的宗教信仰，但也有信徒在入党时并没有放弃其宗教信仰却也是事实。而按照批评者的逻辑，只要有一例信徒入党没有放弃其宗教信仰的实情则就在"逻辑"意义上已经"改变"了党的"性质"，那么这一"逻辑"就无法面对党的统战工作历史的"事实"了。例如，毛泽东早在红军革命时期就发展了基督徒、福音医院院长傅连暲入党，指出基督徒成为共产党员很有教育意义、很有说服力。傅连暲在毛泽东的建议下于1932年将其福音医院改名为中央红色医院，成为中央红军第一个正规医院；他本人也于1938年入党。傅连暲在参加革命的初期并没有放弃自己的基督教信仰，其信仰的改变在参加革命后也经历了较长的过程。而抗战时期穆斯林参加革命、组织回民支队抗日，其中许多人当时很明显并没有放弃其伊斯兰信仰，而其领袖马本斋亦于1938年入党；其建立的回民支队中就有随军阿訇，其第一任随军阿訇曹奎最后也为革命而英勇献身。此外，解放战争时期佛教徒、有密宗金刚上师之位的吴立民也在湖南解放前夕入党，并为湖南和平解放作出了重要贡献，后来他曾长期担任中共湖南省委统战部副部长一职。此外，基督教牧师董健吾、冯玉祥将军的随军牧师浦化人也都是在1927年前后被共产党所吸引而入党，投身革命事业的，他们的宗教徒身份当时也没有放弃，却在中国共产党最艰苦的时期加入了党，他们在入党后仍担任牧师教职，并积极掩护国民党统治区的共产党员及进步人士脱离国民党的虎口，将其转移到安全地带。此外，有宗教信徒身份而参加革命并且后来入党的还包括许世友、包尔汉等人。这些党员基督徒为中国人民解放事业作出了重要贡献，这些都是有事实和史料可查的。而这些事实则充分表明了我党吸收党员对政治标准的首选和对宗界积极靠拢我党人士的开放态度。从中国共产党的历史来看,宗教信徒中杰出人才的入党在实际上是行得通的,对我们社会主义革命和建设事业有益有利,而且这种实践也没有根本改变共产党的性质,而是符合历史唯物主义及其科学辩证方法的。

相关的史实在纪念红军长征的记载中也得以披露,如在电视纪录片《长征》中,其"民心所归"专集谈到在我党民族宗教政策和统一战线实践的感染下有藏传佛教的小喇嘛桑吉悦希参军入党,后被毛主席取名为"天宝"的故事;有在与朱德九次见面谈话后成为红军和共产党忠诚朋友的格达活佛,他不顾个人安危挺身而出保护上百名红军伤病员,并为西藏的解放献出了自己的宝贵生命;有回民穆斯林集体参加红军、肖福祯阿訇担任绥靖回民苏维埃政府主席并入党的记载;当时曾称肖福帧为"红军中的阿訇",他于1935年带领120名回族青年参加红军,组建起红军的回民独立连,而这些回民红军大多英勇牺牲。这些感人事迹充分说明宗教信徒热爱、拥戴共产党,自然也可以被共产党所吸纳。共产党在此并没有排拒宗教,更没有坚持不允许宗教信徒入党,而且当时毛泽东还亲自为驻地穆斯林写过"清真寺"匾额。此外,著名宗教领袖赵朴初、丁光训、傅铁山等也是与我党肝胆相照、荣辱与共、长期合作的亲密朋友,他们都积极参加了中国社会主义革命和建设事业,受到我党的尊重、信教群众的拥戴,作出了非常重要的贡献。在复杂的历史现实中,对共产党员的理解不是抽象、空洞的,而要在鲜活的社会政治现实中去见证。在第一次国共合作时期,有一些共产党员为了党的利益和革命事业需要而在保留其中共党员身份的同时又以个人名义加入了国民党,以便实质性推动国共合作;其政治需要是首选的,而没有人纠缠这些共产党员是否不该加入唯心论的政党,更没有人会想到这有可能改变共产党的"唯物主义性质"。

共产党员作为先进分子和社会精英只能是社会群体中的极少数人,这对于宗教信徒入党而言也是同样道理,而且人数会更少。虽然宗教信徒入党属于非常特殊的情况,但这种情况毕竟过去有、现在依然也还存在,我们的报道甚至还曾经提到宗教团体中党组织的存在,因此其党员存在也就不言而喻了。所以说，不仅在以列宁、周恩来为代表的无产阶级革命家的理论中，而且在中国共产党的革命实践中，宗教信徒可以入党都是不争的事实，这也是公开的，并没有隐瞒的情形，其在逻辑上、实践上也都是行得通的，这属于中国共产党的大统战手笔、大智慧展现，迄今也没有放弃。如果今天有人觉得应该放弃允许宗教信徒入党的策略，那么就得想清楚如何回应列宁、周恩来的上述之说，如何解释中国共产党与之相关的历史实践，以及如何处理好当前复杂的现状，协调好我们执政党与宗教团体的关系，因此也就应该首先就这一问题展开对其历史与现实实事求是的科学调研，并与我党组织部门、统战部门和宣传部门等有关部门从理论宣传及实际策略上都进行联合调查、共同研究，分析利弊，然后再提出科学可行的建议，以便达至在此问题上理论及实践两个方面都更为理想的可能改变，而不可无视事实、撇开前因后果就急忙简单地对相关见解或论点加以指责和否定。民族宗教无小事，这首先需要我们党的有关部门如组织、统战、宣传等机构进行相应的联合调研，弄清历史，了解现状，认真研究，谨慎考虑，三思而后行。毛泽东主席曾经特别强调，"政策和策略是党的生命，各级领导同志务必充分注意，万万不可粗心大意"①。在革命战争时期，老一辈无产阶级革命家曾经总结经验教训说，"不怕蒋介石有美援，只怕蒋介石有'左'援"②。现在，国际上有政治上的敌对势力和宗教上的极端主义公开宣扬宗教与共产党是"根本对立"的、"泾渭分明"的、"格格不入"的、"不可调和"甚至"水火不容"的，企图以此把二者关系打成解不开的"死结"，把信教群众拉过去与我党及我们的社会主义分道扬镳、公开对立；而彻底否定宗教信仰者在思想上、政治上可以与我党靠拢、认同，从而在内心、根本上否定宗教的说法和做法也只可能产生把信教群众推向我党对立面的危险结果。对之，我们一定要冷静、谨慎，弄清究竟哪一种选择更有利于我们团结广大信教群众，更有益于我们当

---

① 《毛泽东选集》（合订本），人民出版社1967年版，第1193页。
② 参见《刘伯承军事文选》，战士出版社1982年版，第547页。

前社会主义事业的顺利发展,明确我们目前的首要任务、最先选项。其实,在中国思想文化传统中,在这种政治考虑上早就有在社会实际上达成的"和谐""团结"及"统一"要远远"高于"空洞抽象的"正义"和脱离实际的想象"正确"之权衡比较,有着"君子和而不同""以和为贵""求同存异"等中华优秀文化传统所留下的社会智慧。在中国当代改革开放以来,更有"一国两制"的大手笔及其辉煌成就。这一切都是建基于怎样才会在社会政治实际中对于我们社会主义事业事实上更为有利这一根本考量,列宁、周恩来在此都是很好的榜样和典范。因此,我们应该学习革命导师和老一辈无产阶级革命家的睿智和胸怀,发扬这种能使"民心所归"的革命优秀传统,看到宗教界确有紧跟共产党、全力参加社会主义革命和建设的领袖及精英人士,尤其在绝大多数群众都信教的民族及边疆地区从事党的基层组织建设更要实事求是,讲究策略,因实际需求而做到原则性与灵活性的有机结合,真正团结广大信教群众,使之从内心真诚拥护、热爱共产党;由此既可尽可能地团结最大范围的众多群众,又可体现党的领导全方位的覆盖。在与敌对势力争夺群众的争斗中,我们必须要有占位意识、大局思考。对信教群众的积极引导和促其精神信仰上的转化——我们需要有独特的思考、耐心和策略,并应发扬革命战争年代的优良传统,"不忘初心",继续这种革命传统,在今天建设新时代中国特色社会主义的新形势下继续团结吸引广大宗教信徒在社会政治上心向共产党、投身党领导的社会主义建设事业,特别是在改革开放的今天对具有2亿人数这一巨大信教群体也不能绝对关闭党的大门,而需做积极引导和转化工作,要有长期性的思想准备,不可操之过急,以便能够在中国特色社会主义社会的处境中充分、有效地体现党的全方位领导。对此,我们应该是"四两拨千斤",而不可"费力不讨好"。必须看到,这些问题如何解决,将决定今后中国宗教的状况及走势,也会影响到中国社会发展的整体格局,故需慎之又慎。

综合而论,上述问题不仅是一种理论探讨要解决的,更是社会现实所迫切需要及时解决的。宗教的存在除了其思想意识,更为醒目的还有其社会建构,即必须看到社会中的宗教是社会组织的存在、政治力量的存在。对于这种与社会密切关联的宗教存在,我们必须在社会意义上争取促成并保持其和谐共存、和平共处,在政治意义上做好对宗教的积极引导和科学管理工作,在精神意义上则要达到一种人心所向,有着我们团结一统的共识。为了达到这种目的和效果,究竟是应把宗教"推出去"还是"拉进来",其答案应该已经一清二楚了。

在对马克思主义宗教观中国化的理论理解及其实践探索中,自然会遇到不少理论难点和社会焦点问题,就是在将来也仍然会有很多分歧和争辩,还需要不断地摸索和开拓,认真地研究和商榷,这都是非常正常的现象。对于某些看似敏感的问题不应该回避或听任其保持一种模糊之状,而必须本着学术公平、百家争鸣的态度来深入讨论、科学分析,使之得以稳妥解决和及时澄清,不留理论盲区和社会隐患。而这些讨论、争议自然也会拓展我们的思路、深化我们的认识、提高我们的警惕。因此,只要本着唯真求实的精神,真正认真地研究马克思主义经典作家的理论与实践,科学、正确地联系实际,实事求是,摆事实、讲道理,有机结合中国国情和 21 世纪的世情来开展我们的宗教工作,我们就能够妥善、正确地解决好这些问题,使马克思主义宗教观的中国化能够顺利走上"人间正道"。

"道路是曲折的,前途是光明的。"

第二编　理论创新

第三章

讲透"社会主义的宗教论"需要新思想

"社会主义的宗教论"探究是我们当代理论界的一个大课题。马克思主义经典作家对宗教的理解,在于把宗教及其起源和发展置于整个社会的经济发展之中去分析,并根据宗教借以产生和存在的历史条件来说明。其关键就在于以宗教的社会本质论来取代其抽象本质论,以历史唯物主义来反对历史虚无主义。对于马克思、恩格斯在其社会经济条件和历史发展背景下对"宗教"的精辟论述,我国理论界和学术界在思考"社会主义的宗教论"时非常关注的有如下两点。

一是如何认识宗教的本质。

马克思主义经典作家虽然对宗教的本质有过许多论述,却没有专门对宗教做出过定义,因此,我国的宗教研究者长期以来都习惯将恩格斯在《反杜林论》中所说的一段话视为马克思主义对"宗教"的定义:"一切宗教都不过是支配着人们日常生活的外部力量在人们头脑中的幻想的反映,在这种反映中,人间的力量采取了超人间的力量的形式。"[①] 这种理解基于对恩格斯这一表述的层次分析,认为其在内容上及形式上都比较符合宗教的本质,由此可以较为清楚地洞观宗教本质、确立宗教定义。在这一经典表述的理论层次中,其核心层次是把信仰"支配着

---

① 《马克思恩格斯文集》第9卷,第333页。

人们日常生活的外部力量"作为宗教的独特思想观念，其外在层次是把"幻想的反映""超人间的力量"作为宗教的典型表现形式，其关联层次则是把"支配着人们日常生活"作为"人间的力量""超人间化"、变为陌生可怕的"外部力量"这一宗教异化的社会原因。恩格斯对宗教的表述并没有过于强调宗教的组织形式或社会建构形态，这与当时西方学术界的认知氛围基本上是相吻合的，其宗教理解体现了"内涵大、外延小"的特色，而当时方兴未艾的西方宗教学关于宗教的认知也与之大体一致。这种思维传统及其认知格局，在今天西方的理论界、学术界仍得以保留。

在思考"社会主义的宗教论"时，一些当代中国学者则认为应强调对宗教的社会理解，因为宗教并不单纯是个人对某种超人间、超自然力量的信仰崇拜，而更是某种与社会结构密切相关的、表现为集体行为的社会力量和社会存在形式。在当代中国宗教学发展中，宗教社会学的影响尤为突出，使人们在理解宗教上有更多的社会学考量，如吕大吉先生在构设其宗教学理论时就曾指出："恩格斯的这个论断在揭示宗教观念的本质上是很科学的，不足之处只在于它没有涉及宗教还是一个包含诸多因素的社会现象和社会体系，因而它不能作为关于宗教的完整定义。"为此，吕大吉基于恩格斯的上述表述而加以补充，提出了自己对宗教的如下定义："宗教是把支配人们日常生活的外部力量幻想地反映为超人间、超自然的力量的一种社会意识，以及因此而对之表示信仰和崇拜的行为，是综合这种意识和行为并使之规范化的社会体系。"[1] 在吕大吉的这种表述中，宗教的界定被划分为两种因素、四个层次，即宗教的内在因素和外在因素，其内在因素包括宗教的思想观念和感情体验这两个层次，其外在因素则为宗教的行为活动和组织制度这两个层次。宗教的内在因素指宗教意识，而其外在因素则为宗教形体。与恩格斯的宗教理解相一致，宗教的思想观念在这里是其结构体系的核心所在，处

---

[1] 吕大吉：《关于宗教本质问题的思考》，《中国社会科学》1987年第5期，第95、96页。

在最深层，它亦包括宗教的情感和体验。吕大吉先生进而阐述了处于中层的宗教崇拜行为和信仰活动，以及处在最外层的宗教组织与制度。吕大吉先生的这种"宗教"定义比较具体，其特点是内涵大、外延小，反映出中国学者对宗教的界定不如西方学者那样宽泛。在中国的认知语境中，只有具有组织形态、群体共在的宗教建构才被视为严格意义上的"宗教"。正是在这种思想理解和认知语境中，中国人比较强调"宗教信仰"与"宗教"有别，前者只是思想层面的，而后者则涵括更广，把宗教言行、宗教活动、宗教组织等都包括在其之内。这里，"信仰"乃抽象的、模糊的、弥漫的、想象的，看不见、摸不着而无其"实定性"。为此，对中国传统社会所留存的组织建构不强或不完备的民间宗教，则更喜欢用"民间信仰"这种模糊程度更大的用语来表达。然而这种理解之不足，就是忽略了还有许多"弥散性"宗教形态的存在，这在中国如民间宗教等尤其如此，弥散性宗教与建构性宗教形成对应，我们不可熟视无睹。最近因为海外学者杨庆堃提出"建构性"与"弥散性"这两种宗教类型而引起国内学者的热烈讨论。承认这种弥散、分散性宗教在中国社会的存在，也应该成为我们研究中国宗教的特点之所在。这样，刻意强调宗教的社会"建构性"并依此来给宗教下定义，显然也没有穷尽对宗教本质的理解。对此，我们在理解宗教上仍然有着理论创新的空间。

二是如何看待宗教的社会作用。

对此，我国许多宗教研究者倾向将马克思在《〈黑格尔法哲学批判〉导言》中的一段名言看作马克思对宗教社会作用的评价。马克思说："人不是抽象的蛰居于世界之外的存在物。人就是人的世界，就是国家，社会。这个国家，这个社会产生了宗教，一种颠倒的世界意识，因为它们就是颠倒的世界。"① "宗教里的苦难既是现实的苦难的表现，又是对这种现实的苦难的抗议。宗教是被压迫生灵的叹息，是无情世界

---

① 《马克思恩格斯文集》第 1 卷，人民出版社 2009 年版，第 3 页。

的情感，正像它是无精神活力的制度的精神一样。宗教是人民的鸦片。"① 这段论述被许多人看作马克思主义对于宗教本质及其社会作用的基本观点和态度，甚至有人视此为马克思关于宗教的定义。但在思考"社会主义的宗教论"时，中国学者也碰到了上述论述的时空关联问题，因为这一论断是马克思针对19世纪欧洲资本主义社会中某种宗教特别是德国基督教的情况具体而言，而当时劳动人民处于被压迫的境地，而无产阶级政党则肩负着"推翻一个旧世界"的重任；与之相呼应，当时的宗教在欧洲当地或是被统治阶级作为安慰或安抚老百姓的工具，或是被作为被压迫者反抗当时剥削制度的旗帜。所以说，"宗教是人民的鸦片"这一判断包含有非常具体的社会内容和阶级含义。而我们20世纪下半叶以来的中国已经处于社会主义社会发展时期，如果把中国现存宗教情况与马克思在其时代、地点对宗教的判断对号入座，那么就会在理论逻辑上和社会现实中使我们陷入不可避免且极为难堪的两难选择，无法讲清社会主义的宗教问题。马克思的这番论说有着非常清楚的前因后果，因变果异，如果不顾因已变而仍保持并强调由前因所引起之果，则会失之毫厘，谬以千里。这种尴尬即陷入了或彼或此都说不通的窘境，如果不承认宗教存在的社会经济和阶级根源已发生了根本改观，由此同情宗教以"消极"之态所表达的愿望，所追求的解救，同意它的"叹息""感情""表现"和"抗议"，则可能把我们自己的国家和社会推入其作为"颠倒的世界""现实的苦难""无情世界"和"无精神活力的制度"之宗教社会存在关联或其推理的逻辑结果。因为按照马克思主义的理论推断，宗教本身没有"本质"，其"本质"乃"人的本质""社会本质"，反映了人的"社会关系"的总和，而"反宗教的斗争间接地就是反对以宗教为精神抚慰的那个世界的斗争"②，对宗教的批判实质是对其得以产生的"苦难世界"的批判。必须承认，在马克思主义论"宗教"的语境中，这种对"社会""阶级""人的世

---

① 《马克思恩格斯文集》第1卷，人民出版社2009年版，第4页。
② 同上书，第3页。

界"的分析总是放在首位的,也是最根本的。很明显,马克思这里的"宗教批判"为虚、"社会批判"为实,哀其悲惨、怒其不争;其立意更多是以对宗教的"同情""遗憾"来揭示其改造社会之主题,表明其推动社会革命之决心。而在这种逻辑关联中,宗教与社会的关系不能被拆开或割断,人们无法"否定宗教"却"肯定社会",因为马克思明确表示其"同情宗教",但否定产生这种宗教的社会,并要以无产阶级革命来推翻这种万恶的旧社会。而如果我们要强调我们国家社会制度已经根本改变了这种人间惨景而达到了普遍的正义、公平,消除了宗教存在的社会基础,那么这种反映"不好社会"的宗教则自然失去其作用而会不断减少、削弱,甚至日渐消失。然而,宗教在社会主义中国的继续存在和明显发展,尤其是中国改革开放以来的迅速增加,完全是一个不争的客观现实,以上述脱离时空关联而机械僵化的理解,则无法说通或解释清楚。若单纯说宗教不好,则在逻辑上无法避免间接上对其社会的否定和批判。因此,要发展"社会主义的宗教论",那么在运用马克思主义经典作家的宗教观时就不能生搬硬套,而必须"与时俱进"。只有在这种继承和发扬上提出符合中国实际的新思想,才可能讲透"社会主义的宗教论"。

列宁在无产阶级掌握政权的尝试中,真正提出了"社会主义与宗教"这一全新命题。在苏维埃社会主义革命期间,列宁对"宗教"的理解,也是与彻底批判和推翻剥削阶级的统治这一政治斗争相联系的。因此,列宁提出"宗教是人民的鸦片,——马克思的这一句名言是马克思主义在宗教问题上的全部世界观的基石"[1]。其前提在于列宁将"宗教"理解为旧社会的残余,认为"宗教对人类的压迫只不过是社会内部经济压迫的产物的反映",而随着这种压迫制度的消失,宗教也就会自然消亡。正是在创建世界上第一个社会主义国家的革命实践中,列宁首次提到了"社会主义"和"宗教"的关系问题。在这种关系中,他强调了两个基本原则:其一,"就国家而言,我们要求宗教是私人的

---

[1] 《列宁专题文集:论无产阶级政党》,第 171—172 页。

事情……国家不应当同宗教发生关系，宗教团体不应当同国家政权发生联系。任何人都有充分自由信仰任何宗教，或者不承认任何宗教，就是说，像通常任何一个社会主义者那样做一个无神论者"①。其二，"对于社会主义无产阶级的政党，宗教并不是私人的事情。我们的党是争取工人阶级解放的觉悟的先进战士的联盟。这样的联盟不能够而且也不应当对信仰宗教这种不觉悟、无知和蒙昧的表现置之不理"②。"对我们来说，思想斗争不是私人的事情，而是全党的、全体无产阶级的事情。"③列宁以其天才的预见和深远的前瞻性而看到了社会主义与宗教之关系的重要性，并提出了在社会主义条件下如何对待宗教问题的一些初步思考，其中有许多闪光思想和大胆见地，但由于列宁去世较早而未能深入、具体地进一步发掘，留下了不少疑问和遗憾。列宁去世后，社会主义与宗教这一问题在苏联和东欧一些社会主义国家都没有解决好，基本上是以一种"敌对的"或"敌意的"态度来看待和处理宗教，结果自然是对宗教的不断打压。这种宗教政策实际上将宗教推到了其对立面，导致宗教力量的外化、他化和异化，甚至以"地下化"而成为其潜在的对抗力量，不可能与其社会协调或适应。我们虽然知晓列宁在对待宗教时对其价值层面是持否定态度，却也要看到他在社会层面上则有对宗教问题的高度重视及灵活处理。我们应该学习列宁在对待宗教问题时原则性与灵活性的有机结合、科学运用，从而较为顺利地继续探究"社会主义的宗教论"这一大课题。

在中国社会主义革命和社会主义建设的实践中，"社会主义的宗教论"成为我们马克思主义理论建设和中国特色马克思主义宗教观发展不可回避而必须努力推动的议题。长期以来，中国共产党的宗教理解和宗教政策有两大侧重：一是在社会、政治层面与宗教界开展了统一战线、协商合作，提出了"政治上团结合作，信仰上相互尊重"的基本

---

① 《列宁专题文集：论辩证唯物主义和历史唯物主义》，第 220 页。
② 同上书，第 221 页。
③ 同上书，第 221—222 页。

原则，从而在中国现代社会发展中团结了众多信教群众；二是在思想、理论层面对宗教意识和思潮展开了批判，从而对有神论、唯心论在哲学及意识形态层面加以否定。这看似悖论，不过，在当代中国改革开放时期的社会主义实践中，中国共产党更多从社会和谐方面突出对宗教的积极引导，并看到中国历史上宗教文化传统作为中华优秀传统文化的有机构成而与社会主义核心价值观的可能关联。基于宗教存在的长期性、宗教问题的复杂性，中国改革开放以来的马克思主义宗教观获得了重要理论突破，人们对"宗教"的理解亦越来越深入、真实和正确。当代中国面对的关键问题，仍然是如何认识和处理好社会主义社会的宗教问题。如果将宗教存在的长期性放到认识宗教问题"最根本"的位置上来，深刻分析、研究宗教存在的长期性、宗教问题的群众性、国际性、民族性和特殊复杂性，并对之提出"新思想、新论断、新概括"，那么，我们就能讲透"社会主义的宗教论"，稳妥、科学地解决好社会主义与宗教的关系问题。

（原载《宗教工作的理论与实践》，宗教文化出版社2003年版，本处有较大调整。）

第四章

全面贯彻党的宗教工作基本方针

中国共产党的宗教工作随着党的十七大的胜利召开，已经进入一个新的阶段。党的十七大继往开来、发展创新的一个重大突破，就是根据全球化发展的新趋势和我国改革开放以来的新形势，确立了党的宗教工作基本方针。党的十七大报告和新修改的党章都首次写入"全面贯彻党的宗教工作基本方针"。这充分说明我们党高度重视宗教问题和宗教工作，坚持将马克思主义宗教观与我国国情相结合，为我们进一步做好新形势下的宗教工作提出了指导思想，指明了前进方向。可以说，党的宗教工作基本方针的推出，是我党在宗教认知发展上和解决宗教问题的工作上非常重要的理论创新。

胡锦涛同志指出，要"全面贯彻党的宗教工作基本方针，发挥宗教界人士和信教群众在促进经济社会发展中的积极作用"；"促进政党关系、民族关系、宗教关系、阶层关系、海内外同胞关系的和谐，对于增进团结、凝聚力量具有不可替代的作用"。在十七大确定的新党章中，"全面贯彻党的宗教工作基本方针，团结信教群众为经济社会发展作贡献"被写入了"总纲"。这些重要论断是马克思主义宗教观之"中国特点"的具体体现，充分说明我们党对宗教存在的长期性、宗教问题的群众性和特殊的复杂性有着深刻的认识，对我国宗教工作的实践有着重要的指导意义。我们要按照党中央的要求，切实推动宗教健康发展，积极引导宗教与我国社会主义社会相适应，充分发挥宗教在促进社会和谐发展中的积极作用。

　　党的宗教工作基本方针是我们党在处理宗教问题、开展宗教工作的长期实践中逐步形成并达到完善的。这一基本方针就是"全面贯彻党的宗教信仰自由政策，依法管理宗教事务，坚持独立自主自办的原则，积极引导宗教与社会主义社会相适应"。其丰富的科学内涵和有机相连的整体构思，反映出马克思主义宗教观在我国的最新发展和系统表述，是我们党对宗教工作长期实践经验的高度概括和科学总结。宗教信仰自由政策是我们党宗教政策基础所在，体现出我们党关心群众利益、维护基本人权、尊重多元信仰、促进和谐共存的胆识和气派。依法管理宗教事务是我们党坚持依法治国方略的具体体现，说明我们党在处理宗教问题上坚持民主法治，坚持在宗教事务管理上保护合法，制止非法，确保宗教活动有序进行。坚持独立自主自办原则表明我们党坚决维护国家主权，捍卫民族尊严。唯有如此，方能使广大信教群众增强维护国家和民族利益的责任感与使命感，我国宗教方能摆脱外国势力控制。积极引导宗教与社会主义社会相适应则是我们党继承和发展马克思主义宗教观，根据我国国情和社会主义实践而提出的新创见。其特点是以"适应""引导"来积极调整宗教与社会主义的共存关系，推动和谐社会及和谐文化的建设。我们必须正确理解与把握宗教在社会主义社会的长期存在，使宗教在促进社会和谐上发挥积极作用，团结宗教界人士和广大信教群众为我国经济社会发展作贡献。总之，要在宗教工作中贯彻落实科学发展观，就必须全面贯彻落实党的宗教工作基本方针。

　　党的十七大胜利闭幕后不久，中共中央政治局在2007年12月18日就安排了以"当代世界宗教和加强我国宗教工作"为内容的集体学习，使积极贯彻党的十七大精神在宗教工作上得到进一步体现。胡锦涛同志在主持学习时发表了重要讲话，更加详细、全面、系统地谈到了我国当前宗教工作的现实意义和重要性。胡锦涛同志指出，"正确认识和处理宗教问题，切实做好宗教工作，关系党和国家工作全局，关系社会和谐稳定，关系全面建设小康社会进程，关系中国特色社会主义事业发展。我们要从这样的战略高度，充分认识做好新形势下宗教工作的重要性";"在新的历史条件下,我们要坚持马克思主义的立场、观点、方法,全面认识宗教在社会主义社会将长期存在的客观现实,全面认识宗教问题同政治、经济、文化、民族等方面因素相交织的复杂状况,全面认识宗教因素在人民内部矛盾中的特殊地位,努力探索和掌握宗教自身的规律,不断提高宗教工作水平"。这一重要讲话非常透彻地说明了当前我国宗教工作的任务和特点,同时也为宗教研究指明了方向。

党的宗教工作基本方针的落实,需要宗教研究在理论上和实践上的积极配合。可以说,我国宗教学正面临一个难得的发展机遇,也会迎来许多新的挑战。在新形势下,我们对党的十七大精神和胡锦涛同志重要讲话的贯彻落实,首先应体现在对马克思主义宗教观的认真学习和重新认识上,并使之在不断中国化的过程中展示中国特色和时代精神,由此构建马克思主义宗教观的中国理论体系和思想学说。为此,我们既要有思想传承,也必须理论创新,在马克思主义经典作家所开辟的正确道路上继续往前走,并使之有新的拓展。其次,我国宗教学在全球化的发展中应是一个开放体系,善于吸收世界宗教学的优秀成果和科学方法,"海纳百川、有容乃大",在学习和比较中异军突起,独树一帜,体现出中国风格和中国特色。这样,我国宗教学在基础理论和学科体系建设上将会有更大的发展和出现质的突破。此外,我国宗教学还必须关注并参与"积极引导宗教与社会主义社会相适应",注重实践,联系实际,深入一线,发现新情况,提供新思路,解决新问题。这样,我们的宗教研究就应该调整"学究式""书斋式"的传统模式,面向现实问题,理论研究与对策研究并重,以正确的理论指导实践,用科学的方法解决问题,积极为党和政府的现实宗教工作建言献策,发挥好思想库和智囊团的重要作用。宗教学可以其知识积累、历史观照来服务于现实工作中对宗教问题的正确对待及处理,在对之是"引"还是"堵"、是"拉"还是"推"、是"管"还是"打"、是"团结"还是"放弃"等选择上做出客观、正确的判断。在党的十七大精神和胡锦涛同志重要讲话的指引下,宗教工作势必获得更多的重视,而我国的宗教学同样也获得了重要的发展机遇。作为宗教研究工作者,我们应结合宗教在当代社会中呈现的复杂现象来探究宗教的本质，洞观其发展走向，抓住其内在规律，正确认识宗教的存在根源及其社会意义，由此达到理论认知和研究上的升华与突破。我们要抓住这大好时机，促进宗教学的理论创新和发展突破。而这种理论与实践的有机结合，也势必会使我们的宗教研究获得丰硕成果，使我国的宗教学迈上一个全新台阶，迎来更加光明的前景。

（原载《中国社会科学院院报》2008 年 1 月 17 日第 1 版）

第五章

"中国特色社会主义宗教理论"
应该体现出的特色

坚持马克思主义宗教观"中国化"的重要发展，就是要创立符合中国国情和时代需求的"中国特色社会主义宗教理论"。这种"创立"则典型体现出中国宗教工作上的理论创新。那么，"中国特色"应该体现出哪些特色呢？我们认为至少应该包括如下一些方面：

第一个特色就是应该坚持马克思主义历史唯物主义和辩证唯物主义的立场观点，结合中国社会主义社会这一基本国情，基于其社会存在来分析看待作为其意识形态之一的中国当前宗教现象，对之有客观正确的评估。这一宗教理论对中国宗教的评价应该反映中国当代社会现实，而不是仍然保持基于1949年前的中国社会或19世纪的欧洲社会所分析得出的宗教认知。这一新的宗教理论体系中的宗教认识必须实事求是，与时俱进、与社会共进，立足于中国社会主义社会。

第二个特色就是应该坚持中国共产党的统一战线理论，搞好新时期的统一战线工作，体现出对今天中国宗教界的"政治上团结合作，信仰上相互尊重"，既看到政治信仰与宗教信仰有一定的社会关联，也要分清其基本区别，从而与宗教界人士坦诚相待、肝胆相照，尽可能地团结广大宗教界，发挥其在促进经济社会发展中的积极作用。统一战线是中国共产党的重要"法宝"，留有许多成功的经验，带给我们不少很有价值的启迪；因此，在中国共产党关于宗教的理论探讨上，其统一战线理论特色应该大书特书，得以弘扬。

第三个特色就是必须坚持群众路线，把广大信教群众作为我们的基本群众来看待，将之视为我们可以依靠的基本力量来拉近，而不是将之看作异己力量来疏远，为此必须真正领会和努力做到"宗教工作的本质是群众工作"这一基本要求，真正把广大信教群众当作我们的基本群众来看待。我们理应认识到，在当今中国社会的建构中，信教群众也是其基本组成，绝不可将之边缘化或另类化。

第四个特色就是要承认宗教文化是中华传统文化的有机构成，我们在倡导社会主义核心价值观时应该接地气，弘扬中华优秀传统文化，其中就包括对中国宗教文化的正确认识，以及对其积极因素的发挥和弘扬。中国特色社会主义理应包括中华文化特色，其宗教理论自然要有对中国传统文化中的宗教信仰之冷静分析和积极引导。所以，要认清中国宗教的中华文化定位；从文化视域来看宗教，在中国社会氛围中尤其要加强。

第五个特色就是要"全面贯彻党的宗教信仰自由政策"，充分尊重公民的宗教信仰自由，而不能以任何理由或借口来歧视、敌视宗教信仰者。我们的宗教理论应该体现出这种公民意识，要有全球审视的"大观"、中国发展的"大局"、涵容团结的"大气"，从法律的根本要求上来推动这一政策的落实，反复强调必须尊重公民信仰或不信仰宗教的基本权利，真正维护好我们国家宪法的权威。

第六个特色就是"依法管理宗教事务"，基于宪法精神和相关行政法规来将宗教"拉进来管"，而不能把宗教"推出去乱"，即对宗教事务要加以管理而不是放任自流，但这种管理必须依法，必须尊重宗教信仰者的基本权益，为此要健全我们的管理体系，搞好"内涵式"管理与"外延式"管理的有机结合。其"内涵式"管理关键在于爱党爱国爱教的宗教人士之培养，使之真正发挥作用、负起责任，使宗教界内部有我们自己可以信靠的领袖和精英人士，使宗教界人士成为我们的自己人。宗教界人士对社会主义祖国的热爱，则逻辑必然地应该热爱坚持社会主义道路的执政党。只有这种"内涵式"管理才能有效进入宗教教义、教规领域，从而能够积极防范和及时消除宗教极端主义与宗教保守主义的影响，使宗教积极适应社会发展和进步，能够与时俱进。而"外延式"管理则应把重点放在宗教立法问题的思考、宗教事务条例的完善、宗教管理干部的培训上岗等。总之，不能对宗教事务胡管、乱管，或按自己的好恶来随心所欲。对待宗教不是个人情感喜欢或不喜欢的问题，而必须基于党的事业发展和社会全局来冷静思考、科学研究。我们必须加强管理，我们也必须科学管理。中国政府对宗教的管理有着悠久历史，有其专门的管理机构，有中国自己的政治文化传统，这一传统不应被抛弃，而应对之改造型扬弃和继承发扬，这也是我们中国特色。

第七个特色就是"坚持独立自主自办的原则"，中国的宗教当然要体现中国特色，与境外的宗教是有区别、有不同的，包括我们的政治背景不同、社会制度不同、经济基础不同、意识形态不同、文化传统不同等。这些不同则提醒我们对中国的宗教要区别对待，意识到因其社会存在、经济基础的不同所决定的，因而与境外宗教的意识形态也明显不同，故此不能将今天中国宗教与境外宗教混同。只有这样才能有效坚持我们中国的宗教真正独立、自主自办。独立自主自办的基础即中国宗教是我们中国社会自身的宗教，其意识形态属性反映的是我们自己的社会存在及改革开放以来的经济基础，如果将中国宗教意识与其中国社会存在相脱节，则既无其独立，也难以自办。因此，中国宗教的"中国"意识及其自办意愿和决心，也属中国特色。

第八个特色就是"积极引导宗教与社会主义社会相适应"，这是我们对宗教的基本态度，而且是唯一正确的态度。党的宗教工作基本方针的重点和核心就是对宗教的"积极引导"，就是承认中国的宗教是完全可以与中国的社会主义社会相适应的，承认中国宗教文化是可以融入我们社会主义核心价值观的，承认中国政教关系是能够达到和谐共处的。"积极引导"就是把宗教拉到我们自己身边，使之成为我们的基本力量和社会有机构成。"积极引导"就应该让社会对宗教脱敏，让社会以正常心态来看待并对待宗教。对党员在信仰方面的教育与要求应该基于党的组织建设和组织纪律的规定来展开，了解其政治信仰的意义，突出政治信仰特色。至于有神、无神之理论争论则本是思想认识层面的恒久常态，应该保持其开放性和对话性，有着理论探索和学术对话的长期准备，但不要将之引入社会政治层面，避免由此造成与宗教信仰者的分殊及分道。我们应该尊重宗教信仰，但仍可高扬我们的政治信仰，其中亦可体现对宗教的积极引导。可以说，"积极引导"是我国新时期宗教工作的康庄大道，会迎来光明前景。如果放弃或不真正履行"积极引导"，我国宗教工作就会走向歧途，我们也可能陷入宗教矛盾冲突的多事之秋。

总之，对待宗教，不同的社会及政治力量都会有想法，也都会对之加以运用，"树欲静而风不止"。对之是争取还是放弃，是拉还是推，会有不同的作用，产生不同的结果。中国特色社会主义的宗教理论应该深刻认识到宗教对我们的文化战略意义，简单而言，就是争取其对内起稳定和谐作用，对外起扩大中国文化影响、抵制负面干涉的作用，在世界不同文化中起对话、沟通作用，这样就能使我们自己越来越强大、稳固，而境外存有的敌对势力及不利因素也会越来越弱化、分化。

"中国特色社会主义宗教理论"应该以一种大智慧来充实、完善我们的宗教认识及相关政策，体现其理论与实践的和谐统一，反映同时代和国情的与时俱进。在实现中华文化伟大复兴的"中国梦"之努力中，我们发展这一宗教理论，就是要稳妥处理好宗教文化的定位，促进宗教软实力的参与，借此理顺我们社会文化与宗教的关系，消除以往的张力和对峙，使宗教真正成为我们社会文化的有机构成，与我们的社会政治和谐相融，在我们的社会建构中清晰自然，从而能够发挥其正能量、正功能，使宗教积极参与共同塑造我们的文化自我、形成我们的文化自知和自觉。所以，这一理论发展任重道远、前景光明。

（本文为会议发言讨论稿，未曾全部刊发。）

第六章

积极引导宗教与社会主义社会
相适应的理论创新

自我国社会主义发展进入改革开放的新时期以来，我们党和政府宗教工作的一个重大突破，就是提出并实践了积极引导宗教与社会主义社会相适应的新理论。特别是在进入 21 世纪的这些年来，对宗教的积极引导和宗教适应我国新时期的社会发展都取得了巨大成就，由此形成了当代中国民族团结、宗教和谐、社会稳定的大好局面。

回顾这段历史，我党对宗教积极引导的新构思可以追溯到 20 世纪的最后 10 年。虽然此前曾有过相关的构想或探索，却并不十分清晰明显。在 1990 年 7 月 14 日《中共中央关于加强统一战线工作的通知》中，我党首次非常明确地提出"要引导爱国宗教团体和人士把爱教和爱国结合起来，把宗教活动纳入宪法和法律的范围，同社会主义制度相适应"[1]。这种"相适应"的新构思随之得到了进一步的强调，1991 年 2 月 5 日《中共中央、国务院关于进一步做好宗教工作若干问题的通知》中再次旗帜鲜明地强调要"动员全党、各级政府和社会各方面进一步重视、关心和做好宗教工作，使宗教同社会主义社会相适应"[2]。对照以往认为宗教不属于社会主义社会、会与社会主义发展格格不入、

---

[1] 《新时期宗教工作文献选编》，宗教文化出版社 1995 年版，第 178 页。
[2] 同上书，第 220 页。

只会在社会主义社会中被逐渐淘汰并最终消失的传统观点,"使宗教同社会主义社会相适应"的这一新构思预示着我党在宗教工作上的重大理论突破,其实践亦具有划时代的意义。

宗教与社会主义社会相适应,并不只是宗教界的单向行动,而必须有着党和政府的积极引导。为此,我党对之也有着相应的理论说明。1991年1月30日,江泽民在《保持党的宗教政策的稳定性和连续性》中提出了正确处理宗教问题、做好宗教工作的双向互动。"一方面,从我们党和政府来说,要坚定不移地贯彻执行尊重和保护公民宗教信仰自由的权利、保护正常的宗教活动、保护宗教界的合法权益这样一些长期不变的基本政策;另一方面,从宗教界来说,要坚定不移地拥护中国共产党的领导,拥护社会主义,坚持独立自主自办教会的原则,坚持在宪法、法律、法规和政策规定的范围内开展宗教活动。"[①] 这样,积极引导宗教与社会主义社会相适应的系统理论逐渐形成,并随之发展为新时期党的宗教工作的基本方针。1993年11月7日,江泽民在《高度重视民族工作和宗教工作》的报告中发表了中国共产党在解决好中国当代宗教问题上著名的"三句话":"在宗教问题上我也想强调三句话:一是全面、正确地贯彻执行党的宗教政策,二是依法加强对宗教事务的管理,三是积极引导宗教与社会主义社会相适应。"[②] 显然,这段论述说明我党对宗教加以"积极引导"的思想已经初具规模,其基本构想为我们党和政府在新世纪的宗教理论和宗教工作的新发展奠定了重要基础。

刚刚进入21世纪,我党在宗教工作上就有了关键性的进展,形成了重大理论突破。2001年12月10日,江泽民《在全国宗教工作会议上的讲话》中在上述"三句话"后加上了"坚持独立自主自办的原则",并在2002年11月8日发表的党的十六大报告中形成了"全面贯彻党的宗教信仰自由政策,依法管理宗教事务,积极引导宗教与社会主

---

① 《新时期宗教工作文献选编》,宗教文化出版社1995年版,第210页。
② 同上书,第253页。

义社会相适应，坚持独立自主自办的原则"① 这"四句话"。这样，前有的思想达到了综合、系统化，并得到更为精准、周全的表述，以积极引导宗教与社会主义社会相适应为核心观念的党的宗教工作基本方针从而得以真正形成。

这种对宗教"积极引导"的思想，既实事求是，又充满辩证发展的精神，有效地使宗教对社会主义社会的积极适应落到了实处。江泽民指出，"这种适应，并不要求宗教信徒放弃有神论的思想和宗教信仰，而是要求他们在政治上热爱祖国，拥护社会主义制度，拥护共产党的领导；同时，改革不适应社会主义的宗教制度和宗教教条，利用宗教教义、宗教教规和宗教道德中的某些积极因素为社会主义服务"②。值得注意的是，这里明确提出在宗教教义、宗教教规和宗教道德中也存在有"积极因素"，从而使宗教不仅可以适应社会主义社会，也有适应社会主义思想的可能。这种适应在社会层面包括"宗教界人士和信教群众要遵守国家的法律、法规和方针政策"，"宗教活动要服从和服务于国家的最高利益和民族的整体利益"；在思想层面则指要"努力对宗教教义作出符合社会进步要求的阐释"，③"宗教界人士要努力挖掘和发扬宗教中的积极因素，为祖国统一、民族团结和社会发展多作贡献"。④ 以前在论及宗教与社会主义的关系时仅仅承认其在社会政治层面的团结合作，而在信仰层面则只是达到一种相互尊重，并没有这种在思想认知上的积极发掘。从"积极引导"到对宗教教义、教规和道德中"积极因素"的正面承认，彰显出思想解放、理论突破的重要蕴涵。

中国共产党第十七次全国代表大会正式确立了党的宗教工作基本方针："全面贯彻党的宗教信仰自由政策，依法管理宗教事务，坚持独立

---

① 江泽民：《全面建设小康社会，开创中国特色社会主义事业新局面——在中国共产党第十六次全国代表大会上的报告》，人民出版社 2002 年版，第 33 页。
② 《新时期宗教工作文献选编》，宗教文化出版社 1995 年版，第 254—255 页。
③ 《江泽民论有中国特色社会主义（专题摘编）》，中央文献出版社 2002 年版，第 376 页。
④ 同上书，第 371 页。

自主自办的原则,积极引导宗教与社会主义社会相适应。"这一基本方针的确立在我党宗教工作理论及实践上具有深远的历史意义和重大的现实意义。从此,我党关于宗教工作的审视更加全面、更为科学。胡锦涛在党的十七大所作的报告中首次系统论及"全面贯彻党的宗教工作基本方针",明确指出"全面贯彻党的宗教工作基本方针,发挥宗教界人士和信教群众在促进经济社会发展中的积极作用",并将宗教关系作为新时期的五大关系之一,说明"促进政党关系、民族关系、宗教关系、阶层关系、海内外同胞关系的和谐,对于增进团结、凝聚力量具有不可替代的作用"。而且,在新修改的党章中,"全面贯彻党的宗教工作基本方针,团结信教群众为经济社会发展作贡献"也被写入"总纲"的内容。这种理论充实和政策完善,使我们党和政府的宗教工作得以提升和健全,体现出与时俱进的飞跃发展。

面对当代世界发展的新形势和宗教存在的新格局,党中央加强了宗教工作上的理论学习和政策研究。在中共中央政治局2007年12月18日以"当代世界宗教和加强我国宗教工作"为内容的第二次集体学习上,胡锦涛指出,"正确认识和处理宗教问题,切实做好宗教工作,关系党和国家工作全局,关系社会和谐稳定,关系全面建设小康社会进程,关系中国特色社会主义事业发展。我们要从这样的战略高度,充分认识做好新形势下宗教工作的重要性"。"在新的历史条件下,我们要坚持马克思主义的立场、观点、方法,全面认识宗教在社会主义社会将长期存在的客观现实,全面认识宗教问题同政治、经济、文化、民族等方面因素相交织的复杂状况,全面认识宗教因素在人民内部矛盾中的特殊地位,努力探索和掌握宗教自身的规律,不断提高宗教工作水平。"[①]这些阐述说明我们党和政府对宗教工作的高度重视和对宗教问题的积极面对。胡锦涛为此特别强调,全面贯彻党的宗教工作基本方针,发挥宗教界人士和信教群众在促进经济社会发展中的积极作用,这是对做好新形势下宗教工作的"根本要求";而做好信教群众工作则是宗教工作的

---

① 引自《人民日报》2007年12月20日第1版。

"根本任务"。从"根本"性上来看待并推动宗教工作，在我们的理论认知上史无前例，振聋发聩。而这两个"根本"已经非常透彻地说明了我国当前宗教工作的任务和特点，为我们指明了努力的方向。可以说，这种表达凸显出宗教工作在我党群众工作中的重要定位。

宗教工作与我们的经济发展和社会进步有着密切关联。与积极引导宗教与社会主义社会相适应的"党的宗教工作基本方针"直接呼应及互动的，则是中国共产党提出要发挥宗教在促进经济社会发展与社会和谐方面的积极作用，由此使"积极引导宗教与社会主义社会相和谐、与构建社会主义和谐社会相适应"落到实处。以往的宗教审视及评价主要都是从"消极"方面来看待宗教的存在与发展，而现在则转向"更多地从积极方面来看待宗教"。这种宗教定位的调整乃与中国社会发生的变化有机呼应，是对马克思主义社会存在决定社会意识、社会意识反映并反作用于社会存在这一基本原理和方法的辩证运用。也就是说，这一调整正是基于对我们社会的观察来分析社会上存在的宗教，将宗教与社会存在结合起来加以整体性意义上的重新审视。胡锦涛指出，"在我国社会政治生活领域，要正确认识和处理政党关系、民族关系、宗教关系、阶层关系、海内外同胞关系。将宗教关系列入五大关系之一、将信教群众作为可以主动发挥作用的一方，更多地从积极方面来看待宗教，肯定宗教在促进社会和谐方面有积极作用，这是一个最新的根本的飞跃。表明我们共产党人虽不信仰宗教，但更加全面地认识宗教的社会作用，具有充分的自信，能带领信教群众积极为构建和谐社会作贡献"[1]。这种阐述已经说得非常透彻，而正是通过这种积极引导，既可以"使信教群众在全面建设小康社会的宏伟目标下最大限度地团结起来"[2]，也可以"积极弘扬宗教教义中扬善抑恶、平等宽容、扶贫济困

---

[1] 胡锦涛：《不断巩固和壮大统一战线，共同建设中国特色社会主义》，《人民日报》2006年7月13日。

[2] 同上。

第六章 积极引导宗教与社会主义社会相适应的理论创新

等与社会主义社会道德要求贴近的积极内容"①。中国共产党这里再次明确指出在"宗教教义"中也有"积极内容",从而为在思想理论层面对宗教的积极引导提供了可能。这种对宗教的积极评价让人感到耳目一新,视域开阔,我们必须认识到这是中国共产党在中国特色社会主义宗教理论建设上的积极开拓和独特创见,其立场、观点理应继续坚持和发展。虽然仍有人对这种"积极引导"和对宗教"积极作用"的承认流露出怀疑或犹豫,但其内蕴的实际问题已经涉及中国特色马克思主义宗教观当前能否与时俱进,关涉我们对宗教究竟是拉还是推的战略选择,故而对我国社会今后的稳定及发展极为重要、非常关键。因此,我们对党和政府对宗教"积极引导"和对其"积极作用"的有效发挥这两个"积极"方面的创新不容置疑、必须坚持。

对宗教积极引导的指导思想在理论阐述上正不断充实和完善。中国共产党第十八次代表大会从"巩固和发展最广泛的爱国统一战线"方面阐述了与宗教的和谐对中国社会主义建设发展的重要。胡锦涛在党的十八大报告中指出,"统一战线是凝聚各方面力量,促进政党关系、民族关系、宗教关系、阶层关系、海内外同胞关系的和谐,夺取中国特色社会主义新胜利的重要法宝。"党的十八大重申了"全面贯彻党的宗教工作基本方针,发挥宗教界人士和信教群众在促进经济社会发展中的积极作用"② 这一指导思想。习近平总书记对之分析评价说,"党的十八大是在我国进入全面建成小康社会决定性阶段召开的一次十分重要的大会,是一次高举旗帜、继往开来、团结奋进的大会,对凝聚党心军心民心、推动党和国家事业发展具有十分重大的意义"。在以习近平同志为核心的党中央领导下,党的十八大召开以来,积极引导宗教与社会主义社会相适应的基本方针得到了多次强调和坚定不移的执行。

---

① 《胡锦涛接受第十一世班禅的拜见》,《人民日报·海外版》2005年2月4日。
② 胡锦涛:《坚定不移沿着中国特色社会主义道路前进,为全面建成小康社会而奋斗——在中国共产党第十八次全国代表大会上的报告》,人民出版社2012年版,第29、30页。

2015年5月召开的中央统战工作会议，标志着积极引导宗教与社会主义社会相适应这一新构思在理论阐释上达到了新的高度。习近平总书记在此次会议的重要讲话中，提出民族、宗教工作是全局性工作，指出宗教工作的本质是群众工作，重申了要全面贯彻党的宗教信仰自由政策，依法管理宗教事务，坚持独立自主自办原则，积极引导宗教与社会主义社会相适应这一党的宗教工作的基本方针。这里，习近平总书记还特别强调，要积极引导宗教与社会主义社会相适应，就应该做好四个"必须"，这就是必须坚持中国化方向，必须提高宗教工作法治化水平，必须辩证看待宗教的社会作用，必须重视发挥宗教界人士作用，引导宗教努力为促进经济发展、社会和谐、文化繁荣、民族团结、祖国统一服务。习近平总书记在关于宗教工作的系列讲话中所突出的基本思想，就是要我们积极引导宗教，并在这种积极引导中做好上述"四个必须"，以能努力完成"促进经济发展、社会和谐、文化繁荣、民族团结、祖国统一"这"五大任务"。这些重要阐发既有理论高度又接中国地气，给我们展现出高瞻远瞩的宏大景观和意味深长的发展思路。所以说，我们做好宗教工作，关键就在于积极引导宗教、依法管理宗教、坚持宗教中国化方向的发展。而要将这种精神真正贯彻落实，则需要我们做好群众工作，"干在实处，走在前列"，尤其是需要我们重视和发挥宗教界人士的积极作用，看到人的关键性，关注人的主体性，调动人的能动性。积极引导宗教与社会主义社会相适应的新构思，表明了党中央在新时期对待宗教的真正态度，其阐述、论证则是中国共产党在当前世情及中国处境中对马克思主义宗教观的重大思想推进和理论贡献，其开拓和创新意义深远，由此而有了我们在世纪之交，尤其是进入21世纪以来宗教工作的辉煌成就和走向未来的巨大潜力。

（原载《中国宗教》2016年第4期）

第七章

认真领会习近平总书记在全国宗教工作会议重要讲话的意义

全国宗教工作会议于2016年4月22日至23日在北京召开，习近平总书记在会上发表了重要讲话。这次全国宗教工作会议距上次会议约有15年之久，反映出这些年来党和政府在保持、延续党的宗教工作基本方针的基础上在宗教工作理论上的新突破，在宗教工作实践上的新进展。江泽民同志在2001年全国宗教工作会议上论及宗教问题的特性，概括以往对宗教"五性"的论说而浓缩地提出宗教存在的长期性、群众性和复杂性问题，并特别指出"最根本的是宗教存在的长期性"，预见宗教的消亡"可能比阶级和国家的消亡还要久远"；此外，在2001年召开的全国宗教工作会议上正式形成了以"四句话"为经典表述的党的宗教工作基本方针。在最近召开的这次全国宗教工作会议上，习近平总书记则明确提出，我们要在新形势下坚持和发展中国特色社会主义宗教理论，认真贯彻党的宗教工作基本方针，分析我国宗教工作形势，研究其面临的新情况新问题，从而全面提高宗教工作水平。这是党中央对宗教问题最新、最全面的阐述，在观察视野、理论高度上都有了与时俱进的重大突破。我们认真学习领会习近平总书记在全国宗教工作会议上的重要讲话，应该有如下一些方面的思考。

一 领会全国宗教工作会议的重大意义

在新形势下召开全国宗教工作会议的目的，是为了更好组织和凝聚广大信教群众同全国人民一道，为实现"两个一百年"奋斗目标、实现中华民族伟大复兴的中国梦而奋斗。这次会议对当前国内外宗教形势有一个基本评估，对党的宗教工作的重要意义有专门的阐述。综合来看，会议的重大意义体现在如下几个层面：

1. 宗教问题始终是我们党治国理政必须处理好的重大问题。宗教问题关系到国际时局、政局，亦与中国社会现实存在及发展紧密关联。当前国际形势中宗教因素凸显，宗教问题处理妥否的后果给人们留下深刻印象。宗教关涉到世界和平、社会稳定、民族团结、国家统一、民众和谐等方面。一些国家和地区因为没有及时处理好民族宗教问题而进入了多事之秋、陷入了恶性循环，带来了惨痛教训。我国历史上也有起因于民族宗教问题的冲突、动乱和战争，形成灾难性后果。比较国际发展、借鉴历史之镜，提醒我们在处理宗教问题上必须慎之又慎，不可掉以轻心，防范因为小错而导致大乱。为了维护我国当前的大好局面，保持社会稳定，我们党和政府从长期可持续发展来思考宗教问题的意义，将之作为治国理政上的重要考量，并对正确处理好宗教问题相应有着长期性、系统性、综合性的举措。

2. 宗教工作在党和国家工作全局中具有特殊重要性。对此，习近平总书记重要讲话在论及这种重要性时谈到了四个关系，一是关系中国特色社会主义事业发展，这里包含着宗教工作的科学开展，做好宗教工作是我们当前社会主义事业的有机构成；二是关系党同人民群众的血肉联系，宗教信仰者也是我们的基本群众，宗教工作是重要的群众工作，涉及我们党和政府与群众的关系问题，因此必须做好这一工作；三是关系社会和谐、民族团结，因为宗教是社会的子系统之一，并与不少民族有着传统关联，做好宗教工作是防范社会动乱、民族分裂的重要保障之一；四是关系国家安全和祖国统一，做好宗教工作是防止境外敌对势力利用宗教对我渗透、分裂祖国的重要屏障，我们维护国家安全、保持祖国统一也必须在宗教工作上多下功夫。

3. 对我国当前宗教工作形势做出了基本评估，认为这一形势总体是好的，体现在如下四个方面，一是党的宗教工作基本方针得到贯彻，这是我党过去15年来在宗教工作的指导思想上取得的重大成果，从其最初提出到得以贯彻落实则充分说明我们党指导宗教工作的方针政策已日渐成熟，达成共识；二是党同宗教界的爱国统一战线不断巩固，团结广大信教群众是党的统一战线工作的重要内容，这个统一战线有着悠久的传统，今天在新形势下仍然得以保持和延续，其对于社会稳定与和谐也至关重要；三是宗教工作法治化明显加强，在全面依法治国的大环境下，依法管理宗教乃是依法治国的有机构成，相关法律法规得以不断完善，宗教界的法治观念也在不断加强；四是宗教活动总体平稳有序，我国宗教形势基本稳定，宗教活动的开展也有条不紊，处于正常之状。因此，实践证明我们党关于宗教问题的理论和方针政策是正确的，值得进一步坚持和强调。

4. 重申坚持党的宗教工作基本方针，这一基本方针是我们党坚持马克思主义宗教观，从我国国情和宗教具体实际出发，汲取正反两方面经验制定出来的。宗教工作具有特殊重要性，其政策性强、敏感度大、影响面广，受到普遍关注。党的宗教工作基本方针就是针对这一错综复杂的局面实事求是、审时度势、与时俱进而提出来的，体现出其时代性、现实性、理论性和可操作性，受到人们的关注，也获得普遍好评。因此，我们今天要想真正做好宗教工作，就必须对之要一以贯之地坚持，并维护其整体性和系统性，体现出其宏观把握、综合治理的特色。

5. 坚持宗教信仰自由政策，落实我国宪法保护宗教信仰自由的原则精神，尊重公民信教与不信教的自由及相关宗教选择，保障广大信教群众的合法权益。会议精神强调，宗教信仰自由政策的坚持与落实，其出发点和落脚点就是要最大限度把广大信教和不信教群众团结起来，使全国人民同心同德、齐心合力地参与中国特色的社会主义建设事业。

6. 清楚阐明积极引导宗教与社会主义社会相适应的意义及目的，

其中包括五大方面，一是要引导信教群众热爱祖国、热爱人民，认识到祖国利益高于一切，人民利益大于一切，从而自觉维护祖国统一，维护中华民族大团结，将之作为根本利益来保护、维系，坚决做到在任何时候、任何事情上都要服从服务于国家最高利益和中华民族整体利益；二是要坚决拥护中国共产党领导、拥护社会主义制度，坚持走中国特色社会主义道路；中国的宗教姓"中"、姓"社"，必须与社会主义相适应，融入社会主义社会之中，坚定不移地走爱党爱国爱教的发展道路；三是积极践行社会主义核心价值观，让这一核心价值观来影响、指导中国的宗教存在与发展，并与之结合而积极弘扬中华文化，使落实核心价值观引导中国宗教能够接地气，努力把宗教教义同中华文化相融合；四是使宗教界坚持遵守国家法律法规，自觉接受国家依法管理，做好宗教活动遵法守法，在法律许可的范围内开展活动；五是积极引导广大信教群众投身于改革开放和社会主义现代化建设，与全国人民一起共同为实现中华民族伟大复兴的中国梦而贡献力量。

这次会议对今后全国宗教工作具有决定性的指导意义，因此我们必须透彻领会会议的精神，并按照这一指导精神来开展我们的宗教工作及宗教研究。

二　全力发展中国特色社会主义宗教理论

习近平总书记在全国宗教工作会议的重要讲话中指出：在新形势下，我们要坚持和发展中国特色社会主义宗教理论。这为我们理论工作者坚持马克思主义宗教观的中国化，形成中国特色社会主义宗教理论体系指明了方向，提出了任务，因而在我们今天马克思主义宗教观及其中国化的研究中也具有重大理论意义和现实意义。

中国共产党对马克思主义宗教观的学习运用大致经历了三个阶段：第一阶段主要是系统学习马克思主义宗教观的经典表述，弄清楚马克思主义对宗教的真正理解和根本评价，以及了解马克思主义宗教观的时空背景，在此基础上尝试运用马克思主义宗教观来观察、解决中国的宗教问题。毛泽东、周恩来等老一辈无产阶级革命家已经开始实事求是地以马克思主义宗教观来具体分析、解决中国宗教问题，既坚持原则，又根据马克思主义的基本原理和方法来灵活运用，提出了不少真知灼见，有很多非常实际且极为管用的举措，也解决了许多现实问题。在今天看来，他们的观点和举措都仍然值得我们思考、学习和坚持。在新的形势发展进程中，我们至少也要做到决不能在中国老一辈无产阶级革命家已有成功实践的现实方略及举措上倒退。第二阶段是探索马克思主义宗教观的中国化发展。这主要是中国改革开放以来的新探索、新进展。多届党中央及党的领导人都非常关注宗教问题，制定了许多符合中国国情的宗教工作文件，探讨了宗教"五性"问题，尤其对宗教的长期性有特别的强调和思考，提出了依法管理宗教的具体措施，并逐渐推出了积极引导宗教与社会主义社会相适应的党的宗教工作基本方针。这样使马克思主义宗教观的基本理论和方法之应用在当代中国得以真正接地气、有实效，特别是在实践中积累了丰富的经验，开始形成马克思主义宗教观的中国意识、中国元素。第三阶段则是要真正形成系统、厚重的中国特色社会主义宗教理论。对此，习近平总书记在这次全国宗教工作会议上的重要讲话乃是吹响了集结号，发出了动员令，是我们今后宗教理论工作的使命和任务，党和政府及其所属的研究机构和高校的宗教研究者更是义不容辞。

通过初步学习全国宗教工作会议精神，综合来看，中国特色社会主义宗教理论至少应该从如下五个方面来展开探讨：

1. 中国特色社会主义宗教理论体系建设要坚持用马克思主义的立场、观点、方法来认识和对待宗教，坚持以辩证唯物主义和历史唯物主义两大基本原理来实事求是地具体分析当前我国宗教与社会存在的关系，遵循宗教发展和宗教工作的规律对之展开深入研究，积极、稳妥地处理好宗教领域的各种问题。是否能真正领会及运用马克思主义宗教观的基本理论和基本方法来观察、分析，并科学、有效和具有积极结果地解决我国当前的宗教问题，是检验我们能否形成中国特色社会主义宗教理论的试金石。

2. 中国特色社会主义宗教理论体系建设要注意积极引导宗教与社会主义社会相适应。没有"积极引导"则很难让宗教适应社会主义社会，而如果宗教不愿或根本不能适应我们的社会，就会缺乏建立中国特色社会主义宗教理论的实践基础。社会主义与宗教这一问题，是创立第一个社会主义国家的列宁就曾特别关注并尝试稳妥加以解决的问题，但列宁只是提出了问题，并没有机会去有效实践；而其天才般的想象和预见，实际上却已触及如何有效或积极引导宗教适应新生的社会主义社会的问题。我们今天应该冷静分析列宁的系列思想，针对我国的现实情况做出真能积极引导宗教与社会主义社会相适应的决策和举措来。所以说，如何积极有效地引导宗教与我们今天的社会主义社会相适应，是建设中国特色社会主义宗教理论的一个大课题。

3. 中国特色社会主义宗教理论体系建设要支持我国宗教坚持中国化方向，要看到中国宗教中所蕴含的中国文化要素及其对世界文明积极因素的融合，努力把宗教教义同中华文化相结合，对之做出符合中华优秀传统文化的阐释，并促成宗教在参与今天中国文化建设中自我革新、完善和升华。运用历史唯物主义来分析宗教与中国社会文化发展的关系，必须立于历史现实而不可搞历史虚无主义的臆测。中国文化的起源及发展没有也不可能彻底脱离宗教，那种"中国无宗教"之说缺少历史依据。我们今天文化发展也不可能根本与过去的传统剥离开来。所以，尊重历史、尊重文化，同样也必须正视和尊重作为其有机构成的宗教。如果既根本否定宗教又彻底否定中国文化的过去，那么让我国宗教坚持中国化方向则会步履维艰、困难重重、没有可能。

4. 中国特色社会主义宗教理论体系建设要辩证地、积极地评价宗教，使宗教能够不断增加正能量，最大限度发挥积极作用、克服消极因素，不断革新、与时俱进。其实这一点在今天中国社会现实中是最困难的，人们往往容易对宗教的积极评价只是虚晃一枪而马上会有对宗教的实质否定和消极对待，其结果只能是让宗教界人士因得不到真正理解、客观评价而失望消沉，与我们主流社会及主流意识渐行渐远，自觉或不自觉地不得不退入"隔都"而最终成为另类、异类。

5. 中国特色社会主义宗教理论体系建设要以一种大统战的积极思维来看待、协调好与宗教关联的各种关系。中国共产党的统一战线理论过去是克敌制胜的三大法宝之一，起过行之有效的积极作用。这种"统战"的实效在于"统战者"的真诚、实在，为此才用肝胆相照、荣辱与共来表述。"统战"需要双向互动，即引导加回应。如果只是一方的居高临下、颐指气使，另一方的屈就服从、违心应对，那么"统战"的生命力就会终结。所以，我们要认真想好新时期、新形势下的统战工作及其特点，三思而行，有备而来，在宗教领域真正实效地做好当今的统战工作。

中国特色社会主义宗教理论体系的建设既是当前我们党的建设的重要内容，也是我们社科理论、学术领域的光荣任务。这一理论体系的建成将会彻底实现马克思主义宗教观的中国化、完善我们今天建立起来的中国特色社会主义理论体系。

三 认真体会积极引导宗教的关键在"导"

习近平总书记指出：做好党的宗教工作、把这一基本方针坚持好，关键是要在"导"上想得深、看得透、把得准，做到"导"之有方、"导"之有力、"导"之有效，牢牢掌握宗教工作主动权。这是我们党对如何积极引导宗教与社会主义社会相适应第一次如此辩证、透彻的表述，从方向上、方法上解决了究竟应该怎样积极引导的问题，因而体现出高瞻远瞩的政治睿智和脚踏实地的执政谋略。这种智慧之"导"涉及如下各个层面：

1. 提出并强调"中国特色社会主义宗教理论"是"导"之指向

对此，习近平总书记强调要坚持用马克思主义立场、观点、方法来认识和对待宗教，遵循宗教和宗教工作规律，深入研究和妥善处理宗教领域各种问题，结合我国宗教发展变化和宗教工作实际，不断丰富和发展中国特色社会主义宗教理论，用以更好指导我国宗教工作实践。于此，一要有正确的指导思想，提供引领上的可靠保障；二要摸清宗教存在及发展的规律,以便宗教工作能有的放矢;三要认清宗教的流动性辩证发展,以变应变、与时俱进,联系实际、创新发展,不搞形而上学,不能僵化保守、故步自封。

2. 重申"我国宗教坚持中国化方向"是"导"之原则

在积极引导宗教与社会主义社会相适应上,一个重要的任务就是支持我国宗教坚持中国化方向。这种"坚持"必须要有实际举措,要对宗教界动之以情、晓之以理,引起信教群众的共鸣和共识。为此,一要用社会主义核心价值观来引领和教育宗教界人士和信教群众,弘扬中华民族优良传统;而中华优秀传统文化则是中国社会主义核心价值观的文化基础和历史根源。二要用团结进步、和平宽容等观念引导广大信教群众,这种团结、宽容是一种境界崇高的真诚和善于交往的艺术,是治国理政所需要的气魄和策略;三要支持各宗教在保持基本信仰、核心教义、礼仪制度的同时,深入挖掘教义教规中有利于社会和谐、时代进步、健康文明的内容,对教规教义做出符合当代中国发展进步要求、符合中华优秀传统文化的阐释。这一指导思想显然以对宗教的积极评价和对宗教思想教义的相对肯定为前提,其中实现了社会主义原则、中国文化传统及宗教思想去伪存真、去粗取精的积极扬弃这种三位一体的有机结合。只有这样,才可能实现有力、有效之"导"。

3. 构建积极健康的宗教关系是"导"之实施

根据习近平总书记的重要讲话及会议精神,我们可以理解其中涵括我国究竟有哪些宗教关系以及如何处理好这些关系这两大方面。我国的宗教关系包括五大关系:一是党和政府与宗教的关系,其中党和政府起着决定作用;二是社会与宗教的关系,在此需要宗教与社会积极的双向互动;三是国内不同宗教之间的关系,其妥善处理即和平共处、相互尊重、积极对话、和而不同,防范出现其中一教独大的现象;四是我国宗教与外国宗教的关系,这就要求独立自办、各不隶属、友好交往、互不干涉;五是信教群众与不信教群众的关系,这也需要求同存异、和谐共融,在个性中找出共性,为共同利益、共同目标而携手共进。要想真正促进宗教关系和谐,那么这些关系都要处理好。

至于如何处理我国宗教关系，则有两大原则必须坚持。一是必须牢牢把握坚持党的领导、巩固党的执政地位、强化党的执政基础这个根本。在社会主义中国，共产党的领导统摄一切，是国家综合治理之纲，其中当然包括对宗教界的领导和指导。这种治国理政的模式与1949年前的中国及19世纪的欧洲是根本不同的，对其区别、原因则值得仔细研究。二是必须坚持政教分离。这里分为宗教和政府两个方面：从宗教方面来说必须坚持宗教不得干预行政、司法、教育等国家职能实施，宗教纯为"私人"的事务，而宗教团体则是"完全自由的、与政权无关的志同道合的公民联合体"①。从政府方面来说则要坚持政府依法对涉及国家利益和社会公共利益的宗教事务进行管理，这主要是社会、政治层面的管理，其中包含四项任务：一要提高宗教工作法治化水平，用法律规范政府管理宗教事务的行为；二要用法律调节涉及宗教的各种社会关系，依法处理关涉这些关系的纠纷。这前两项任务是针对政府管理宗教事务、宗教关系时的法律要求及约束；三要保护广大信教群众合法权益，维护宪法保障宗教信仰自由的法律权威；四要深入开展法治宣传教育，教育引导广大信教群众正确认识和处理国法和教规的关系，提高法治观念，让教规自觉服从国法。这后两项任务则是关涉政府如何依法来管理宗教、积极引导信教群众服从和遵守国家法律法规。

4. 加强宗教团体建设是"导"之关键

这里，会议精神对宗教团体有新的定位，体现出对马克思主义宗教观的继承和发展，具有突破和开创性意义。这一新的定位即明确说明宗教团体是党和政府团结、联系宗教界人士和广大信教群众的桥梁和纽带，清楚表述要为他们开展工作提供必要支持和帮助。加强宗教团体建设是如何积极引导宗教与社会主义社会相适应的关键之处，我们应该将之建设成为通畅的桥梁和结实的纽带，而绝不可使之瘫痪为断桥散带。

---

① 《列宁专题文集 论辩证唯物主义和历史唯物主义》，人民出版社2009年版，第220页。

习近平总书记谈到了加强宗教团体建设要做好五项工作，这是宗教"内涵式"管理的关键所在：一是尊重和发挥他们在宗教内部事务中的作用，即由宗教团体出面来管理好宗教内部的工作、理顺其内在关系。二是努力建设政治上可信、作风上民主、工作上高效的高素质领导班子。这说明宗教领袖的培养首先是政治上可信，必须使其与我们党同心同德；而要做到这点则必须将宗教领袖拉过来使其真正成为我们的自己人，而不能以任何理由将之推出去使其成为异己人士、离心力量。如何做好这一工作至关重要，需要认真研究，更需政治智慧。三是支持宗教界搞好人才队伍建设，这种人才建设则要坚持政治上靠得住、宗教上有造诣、品德上能服众、关键时起作用这四项用人标准。这种用人标准同样告诉我们，宗教界人士完全可以成为我们党和政府的自己人，而其宗教信仰及其知识理论也不必然就与我们的政治原则和思想意识绝对相矛盾，否则"政治上靠得住、宗教上有造诣"放在一起就很难讲得通。四是要坚决抵御境外利用宗教进行渗透，防范宗教极端思想侵害。只有积极有效地把宗教拉过来，使宗教在我们的视域和把握之内，才可能有效抵御渗透、防范极端思潮、打击非法活动。五是要高度重视互联网宗教问题，这一工作是网络时代使然，"互联网＋"必须加上我们对网络宗教活动的有效监管和掌控，在互联网上大力宣传党的宗教理论和方针政策，传播正面声音，消除杂音。

5. 各级党委的高度重视是"导"之保障

习近平总书记要求各级党委要把宗教工作纳入其重要议事日程，认清宗教工作与全局工作的紧密关联。这是敏锐地看到，在新形势下宗教工作范围广、任务重，因此各级党委要提高处理宗教问题的能力，既要全面推进，有普遍性布局，也要重点突破、以点带面。宗教情况错综复杂、宗教变化跌宕起伏，所以要结合时空处境关联来观察分析各宗教的具体情况，抓住其主要矛盾，解决其突出问题，以做好重点工作来推进全局工作，有纲举目张、四两拨千斤的执政能力。为了加强这种能力，一是要加强学习党关于宗教问题的理论和方针政策，加强学习宗教基本知识，做到知己知彼、有备无患，所以要把党关于宗教问题的理论和方针政策纳入干部教育培训计划，使各级干部尽可能多地掌握好。这就意味着干部管理宗教工作必须培训上岗，做到真懂实干，有效高效，故而需要有科学性、知识性人才储备。二是要建立健全强有力的领导机制，做好对宗教工作的引领、规划、指导、督察。对此，习近平总书记说得非常具体，指出统战部门要负起牵头协调责任，宗教工作部门要担负起依法管理责任，而其他有关部门及工会、共青团、妇联、科协等人民团体则要齐抓共管，共同做好宗教工作。这样，宗教工作就成为党、政、人民团体等齐抓共管的整体工程、系统工程。三是要广泛宣传党关于宗教问题的理论和方针政策，宣传与正确处理宗教问题相关的法律法规，加强宗教方面宣传舆论引导。除了各级党的组织要普遍抓好宗教工作之外，特别是在宗教信众多、宗教工作任务重的地区，党的地方基层组织更要切实做好宗教工作，加强对信教群众的工作。

这里，习近平总书记也重申了党的政治纪律，明确了党的政治信仰与宗教信仰的本质区别，即共产党员要做坚定的马克思主义无神论者，要严守党章规定，坚定理想信念，牢记党的宗旨，而绝不能在宗教中寻找自己的价值和信念。同样，也要加强对青少年的科学世界观宣传教育，引导他们相信科学、学习科学、传播科学，树立正确的世界观、人生观、价值观。

总之，这一积极引导关键在"导"的辩证思想及政治智慧从理论和实践上进一步凸显了党的统战工作的优秀传统和当下意义，旨在顺应形势发展、时代更新而在爱国主义、社会主义旗帜下同宗教界结成新时期的统一战线，体现出我们党处理宗教问题的鲜明特色和政治优势。为此，习近平总书记强调了党的统战精神，指出对信教群众要坚持政治上团结合作、信仰上相互尊重，多接触、多谈心、多帮助，以理服人，以情感人，通过解决实际困难吸引人、团结人。这再一次充分说明，宗教工作的本质就是群众工作、统战工作，而其核心意义就是最大限度地团结广大群众，使我们的朋友越多越好、敌人越少越好。

四　做好对全国宗教工作会议精神的贯彻落实

党中央高度重视这次全国宗教工作会议，绝大多数政治局常委出席了会议。李克强总理在主持会议时强调了习近平总书记重要讲话的现实意义和前瞻意义，这就是从党和国家事业发展全局的战略高度科学地分析了宗教工作面临的形势和任务，深刻阐明了宗教工作的一系列重大理论和实践问题，并就新形势下加强和改进宗教工作做出了全面部署，因而具有重大指导意义。李克强总理希望大家全面理解、深刻领会、深入研讨习近平总书记的重要讲话，提高大家的思想认识。因此，认真学习、贯彻落实习近平总书记的重要讲话精神，是思想上、政治上与以习近平同志为核心的党中央保持高度一致的要求。

李克强总理要求各地区各部门要充分认识宗教工作在党和国家全局工作中的特殊重要性，认真学习落实习近平总书记重要讲话精神，全面贯彻党的宗教工作基本方针，更好把握宗教自身规律，不断提高宗教工作法治化水平，增强做好宗教领域重点工作的针对性和有效性，团结引导宗教界和广大信教群众，增进社会和谐，共同为实现中华民族伟大复兴的中国梦而努力奋斗。

时任全国政协主席的俞正声同志作了总结讲话，在其总结中也特别强调，习近平总书记的重要讲话是从党和国家事业发展全局的战略高度来科学分析宗教工作面临的形势和任务，为此而明确提出了中国特色社会主义宗教理论，深刻阐述了宗教工作的一系列重大理论和实践问题。这些深刻、独到的阐述标志着我们党对宗教问题和宗教工作的认识达到了新的高度，因而是指导我们做好新形势下宗教工作的纲领性文献。

俞正声同志指出，认真学习贯彻会议精神，其关键就是深入学习领会习近平总书记重要讲话精神，准确把握坚持宗教工作基本方针的关键所在，深入领会讲话中关于宗教问题的新思想、新观点、新要求，切实把思想和行动统一到讲话精神上来。为此，俞正声同志提出了六个深刻理解：

1. 要深刻理解宗教工作的特殊重要性，更加积极主动地做好新形势下宗教工作；

2. 要深刻理解宗教工作的本质是群众工作，善于用群众工作的思路和办法开展工作；

3. 要深刻理解我国宗教的社会作用，最大限度发挥宗教的积极作用，最大限度抑制宗教的消极作用；

4. 要深刻理解坚持我国宗教中国化方向，不断提高宗教与社会主义社会相适应的广度和深度；

5. 要深刻理解构建积极健康的宗教关系，使宗教关系和谐真正能落到实处；

6. 要深刻理解提高宗教工作法治化水平，依法正确处理宗教领域各种矛盾和问题。

俞正声同志在总结中最后强调：各地区各部门要切实抓好会议精神的贯彻落实，加强学习宣传，切实解决问题，落实工作责任，确保中央精神和要求落到实处。

根据党中央的上述指示精神，随着全国宗教工作会议的召开，我们当前的首要任务就是认真学习、领会、贯彻党中央、习近平总书记关于宗教问题的最新指示精神。在全国宗教工作会议召开之前，我国理论界、学术界对宗教问题和宗教工作有过广泛的讨论，提出了积极而具有建设性的见解和建议，也有过不同观点及意见的商榷或争论，这些都是正常的学术现象和学术争鸣。但我们从今以后则应该端正我们的认识、调整我们的思路，与党中央保持高度一致，以习近平总书记在全国宗教工作会议上的重要讲话精神为指导而不断努力，积极推进中国特色社会主义宗教理论体系建设，迎来中国宗教工作和宗教研究发展的全新局面。

（原载《世界宗教研究》2016年第3期）

第八章

对全国宗教工作会议精神的学习及理解

习近平总书记关于宗教问题及宗教工作有着系统、科学的论述，是我们做好宗教工作的指导思想。特别是在全国宗教工作会议（2016年4月22日至23日）上，习近平总书记做出了重要指示：提出在新形势下，我们要坚持和发展中国特色社会主义宗教理论，全面贯彻党的宗教工作基本方针，分析我国宗教工作形势，研究我国宗教工作面临的新情况新问题，全面提高宗教工作水平，更好地组织和凝聚广大信教群众同全国人民一道，为实现"两个一百年"奋斗目标、实现中华民族伟大复兴的中国梦而奋斗。这一重要指示是我们新时代中国特色社会主义宗教工作的新的思想指导和行动纲领。因此，系统、深入地学习和科学、准确地把握全国宗教工作会议精神，是我们当代宗教学研究的当务之急。

一 全国宗教工作会议的核心精神

1. 宗教工作在党政工作中的定位

宗教工作在中国共产党整体工作的定位在这次全国宗教工作会议上得以明确，习近平总书记指出，宗教问题始终是我们党治国理政必须处理好的重大问题，宗教工作在党和国家工作全局中具有特殊重要性，关系中国特色社会主义事业发展，关系党同人民群众的血肉联系，关系社会和谐、民族团结，关系国家安全和祖国统一。这一定位之高，要求我们必须高度重视宗教工作，将之作为党政工作的重点之一来抓好。对以往宗教工作，习近平总书记在此亦给予充分肯定，指出我国宗教工作形势总体是好的，党的宗教工作基本方针得到贯彻，党同宗教界的爱国统一战线不断巩固，宗教工作法治化明显加强，宗教活动总体平稳有序。实践证明，我们党关于宗教问题的理论和方针政策是正确的。对以往宗教工作的肯定，澄清了一些模糊认识，对我们认清方向、正确判断形势非常及时，对我们继续沿着这一正确方向阔步前进也是极大的鼓舞。

2. 必须坚持党的宗教工作基本方针

在全国宗教工作会议上，习近平总书记重申了党的宗教工作基本方针的重要性，强调做好宗教工作，必须坚持党的宗教工作基本方针，指出党的宗教工作基本方针是我们党坚持马克思主义宗教观，从我国国情和宗教具体实际出发，汲取正、反两方面经验制定出来的。这一基本方针由四个层面所构成，其核心要义就是积极引导宗教与社会主义社会相适应。

"全面贯彻党的宗教信仰自由政策"，这是对党的宗教政策最基本原则及中华人民共和国宪法基本精神的肯定和重申。中国共产党自建党以来，就确定了宗教信仰自由的基本原则；自1954年以来，中华人民共和国颁布的四部宪法除"文革"期间的第二部宪法受到极"左"思潮的影响之外，都强调了对中华人民共和国公民宗教信仰自由的尊重和保护。

"依法管理宗教事务"是对宪法保障公民宗教信仰自由的落实，体现依法治国的重要精神，强调对宗教事务的管理必须依法、合法、守法，不可违背宪法精神和相关法律法规条例。

"坚持独立自主自办的原则"则是对中华人民共和国主权的宣示，强调中国宗教不受境外任何势力的干涉或掌控。这也是我国宗教坚持中国化方向的原则基础。

上述这三个层面是党的宗教工作的基本举措及管理内容，而"积极引导宗教与社会主义社会相适应"则是我党宗教工作的目的，及由此而力争达到的理想效果。对于宗教要不要积极引导，过去曾有一些争议，党中央对党的宗教工作基本方针的重申和对积极引导的强调，有着一锤定音的重大意义。

3. 理解宗教工作的本质是群众工作

信仰宗教的群众是不是我们的基本群众，宗教问题是人民内部矛盾还是敌我矛盾，以前有人曾有糊涂认识。而敌视信教群众的思想和做法，也会给我们党和政府的工作造成极大干扰，给我们社会主义事业的发展带来意想不到的阻挠和损失。在这次全国宗教工作会议上，习近平总书记明确指出，实行宗教信仰自由政策，出发点和落脚点是要最大限度把广大信教和不信教群众团结起来。积极引导宗教与社会主义社会相适应，是要引导信教群众热爱祖国、热爱人民，维护祖国统一，维护中华民族大团结，服从服务于国家最高利益和中华民族整体利益；拥护中国共产党领导，拥护社会主义制度，坚持走中国特色社会主义道路；积极践行社会主义核心价值观，弘扬中华文化，努力把宗教教义同中华文化相融合；遵守国家法律法规，自觉接受国家依法管理；投身改革开放和社会主义现代化建设，为实现中华民族伟大复兴的中国梦贡献力量。这些重要阐述把相关问题已经说得极为清楚，在对待信教群众的占位上也有着明确表态。因此，把信教群众看作我们的基本群众，宗教工作就是做群众工作，处理宗教问题乃处理人民内部矛盾，这些清晰的划分至关重要，能为我们今后处理好宗教问题把好关，指引明确的方向。

二　习近平总书记论宗教的基本要点

1. 提出"中国特色社会主义宗教理论"

习近平总书记强调，要坚持用马克思主义立场、观点、方法认识和对待宗教，遵循宗教和宗教工作规律，深入研究和妥善处理宗教领域各种问题，结合我国宗教发展变化和宗教工作实际，不断丰富和发展中国特色社会主义宗教理论，用以更好指导我国宗教工作实践。这是对马克思主义经典作家关于宗教理论适应中国国情的有机结合和辩证发展，体现出马克思主义宗教观的中国化及创新发展，因而既接当代中国的地气，又能与世界在 21 世纪新的发展与时俱进。中国特色社会主义宗教理论的提出是结合中国宗教的实际和中国宗教工作的实践而得以奠立的，是最新版的马克思主义宗教观理论体系，因而是理论联系实际在新时代党的工作中的一个典范。

2. 重申"我国宗教坚持中国化方向"

习近平总书记特别指出，积极引导宗教与社会主义社会相适应，一个重要的任务就是支持我国宗教坚持中国化方向。要用社会主义核心价值观来引领和教育宗教界人士和信教群众，弘扬中华民族优良传统，用团结进步、和平宽容等观念引导广大信教群众，支持各宗教在保持基本信仰、核心教义、礼仪制度的同时，深入挖掘教义教规中有利于社会和谐、时代进步、健康文明的内容，对教规教义作出符合当代中国发展进步要求、符合中华优秀传统文化的阐释。我国宗教坚持中国化方向，体现出鲜明的爱国意识和强烈的中华人民共和国公民的责任感，也是对我们国家主权意识的宣示，对我国宗教的独立自办指明了方向。而对坚持中国化方向的具体落实，一是要积极弘扬中华优秀传统文化，使我国宗教得到中华悠久、丰富文化的滋润、熏染；二是要与时俱进、跟上时代发展，积极适应改革开放的当代中国社会。

3. 要构建积极健康的宗教关系

中国的宗教关系究竟涉及哪些方面，过去并无清晰的勾勒。在这次会议上，习近平总书记对我国宗教关系有着具体而客观的分析：在我国，各种宗教关系概括而言包括：（1）党和政府与宗教的关系，（2）中国社会与宗教的关系，（3）国内不同宗教之间的关系，（4）我国宗教与外国宗教之间的关系，（5）信教群众与不信教群众的关系。为此，要想真正促进宗教关系的和谐，那么这些关系都要处理好。

针对这些复杂情况，习近平总书记还提出了处理好我国宗教关系的如下具体举措：

其一，必须牢牢把握坚持党的领导、巩固党的执政地位、强化党的执政基础这个根本，党的领导是处理好各种宗教关系的关键所在。这也就要求我们党的各级领导都要高度重视并积极抓好宗教工作。

其二，必须坚持政教分离，这种"分离"在中国社会处境中则有着比较具体的内容：

（1）坚持宗教不得干预行政、司法、教育等国家职能实施；在这些领域，政、教明显有别，不可相混淆。

（2）坚持政府依法对涉及国家利益和社会公共利益的宗教事务进行管理；而在这种管理中，一要提高宗教工作法治化水平，用法律规范政府管理宗教事务的行为；二要用法律调节涉及宗教的各种社会关系；三要保护广大信教群众合法权益，深入开展法治宣传教育，教育引导广大信教群众正确认识和处理国法和教规的关系，提高法治观念。在此，则明确宣示国法大于教规，任何宗教的规定、规矩都必须服从、遵守国法。

4. 要加强宗教团体建设

特别值得注意的是，这次全国宗教工作会议对宗教团体的定性、定位在理解上有明显的创新性发展，对之有如下界说："宗教团体是党和政府团结、联系宗教界人士和广大信教群众的桥梁和纽带"，也就是说，宗教团体与我们党和政府是有关联的，是"相关"而不是"无关"。但在社会主义国家没有成立、无产阶级政党没有掌权的政教关系中，列宁却认为"这些团体应当是完全自由的、与政权无关的志同道合的公民联合体"①。从这次全国宗教工作会议上对宗教团体的如上界说，就已经充分说明新中国的政教关系与以往是本质不同的，因此要正确对待宗教团体在我们社会中的作用，发挥其积极性，要为他们开展工作提供必要的支持和帮助，而决不可把宗教团体看作异于我们党和政府的另类，不要在我们的社会中出现"断桥""飘带"等不利于党和政府密切联系信教群众的现象。

具体而言，在加强宗教团体建设上，一要尊重和发挥他们在宗教内

---

① 《列宁专题文集　论辩证唯物主义和历史唯物主义》，人民出版社2009年版，第220页。

部事务中的作用，二要努力建设政治上可信、作风上民主、工作上高效的高素质领导班子，三要坚持用政治上靠得住、宗教上有造诣、品德上能服众、关键时起作用的标准来培养宗教界的领军人物，支持宗教界搞好人才队伍建设。从中国共产党对宗教界人才队伍建设的高度重视来看，我们的党和政府并没有把中国社会中的宗教看作"另类"或"异己"力量，而是把其宗教团体视为能够协助党和政府做好宗教工作的有力助手。在建设宗教团体领导班子、培养宗教精英及领袖人才上，亦有我们党和政府的关心和指导。

此外，加强宗教团体建设还需要坚决抵御境外利用宗教进行渗透，防范宗教极端思想侵害宗教团体及信教群众。这也体现了我国宗教坚持独立自办、坚持中国化方向的基本原则。

在信息时代、网络时代这种新形势下，我们党和政府已经意识到宗教传播与发展的新途径、新方法，这是宗教存在与发展前所未有的新状态。因此，习近平总书记在其论述中还专门提到要高度重视互联网宗教问题，强调应该注意在互联网上大力宣传党的宗教理论和方针政策，传播正面声音。

5. 各级党委要高度重视，把宗教工作纳入重要议事日程

习近平总书记明确指出，新形势下，宗教工作范围广、任务重，既要全面推进，也要重点突破。要结合各宗教情况，抓住主要矛盾，解决突出问题，以做好重点工作推进全局工作。为此，习近平总书记特别强调，各级党委要提高处理宗教问题能力，把宗教工作纳入重要议事日程，及时研究宗教工作中的重要问题，推动落实宗教工作决策部署。这一思想明确了各级党委在宗教工作中的重要职责，为了做到敢抓会管，习近平总书记要求各级党委及党员干部要加强对党关于宗教问题的理论和方针政策的学习，加强对宗教基本知识的学习，把党关于宗教问题的理论和方针政策纳入干部教育培训计划，使各级干部尽可能多地掌握。这种学习非常重要，所以党组织要抓好两个方面的培训学习，一是党员干部特别是主管宗教工作的同志相关学习教育工作，二是宗教界骨干人员的培训教育。党政干部只有懂政策、有知识，才会防止不愿管、不敢

管、不会管或胡乱管的现象发生。而宗教界人士也只有深入了解我们党的政策和国家相关法规，才能真正做好爱国爱教，积极适应当代中国的社会主义社会。习近平总书记在此指明宗教工作要建立健全强有力的领导机制，有一支精干的从事宗教工作的干部队伍，这样来做好对宗教工作的引领、规划、指导、督察。

为了抓落实，习近平总书记要求党政机关对宗教工作应该有着明确的分工合作：其中统战部门要负起牵头协调责任，形成组织宗教工作的核心，宗教工作部门则要担负起依法管理责任，做好具体管理工作；各有关部门及工会、共青团、妇联、科协等人民团体要齐抓共管，共同做好宗教工作。这些机构从事宗教工作的基本内容就是：要广泛宣传党关于宗教问题的理论和方针政策，宣传与宗教相关的法律法规，加强宗教方面宣传舆论引导。习近平总书记还特别提醒，党的基层组织特别是宗教工作任务重的地方基层组织，要切实做好宗教工作，加强对信教群众的工作。

6. 指明宗教工作的宣传教育内外有别，各有侧重

这种宣传教育应该分为三个层面来展开，一是在党内，我们要进行马克思主义无神论教育，强调严守党章规定，坚定理想信念，牢记党的宗旨。共产党员不能信仰宗教。二是对于青少年，我们要加强对青少年的科学世界观宣传教育，引导他们相信科学、学习科学、传播科学，树立正确的世界观、人生观、价值观。三是对待信教群众，其宣传教育的重点则应落实统战工作、群众工作的基本精神，尊重其宗教信仰，搞好政治上的团结合作。

7. 凸显出统战工作的意义

这次全国宗教工作会议也是对我党统战理论及实践的一次深化。习近平总书记根据我党统一战线工作的理论与实践（"统一战线"是我党所总结的统一战线、武装斗争、党的建设这"三大法宝"之首），进一步强调要保持并发扬这一"法宝"，指出在爱国主义、社会主义旗帜下，同宗教界结成统一战线，是我们党处理宗教问题的鲜明特色和政治优势。中国新民主主义革命取得成功的重要经验之一，就是我党统一战

线理论与实践的卓越体现。而在社会主义社会中，我们从事社会主义建设这一伟大事业，同样需要我们坚持并发扬革命战争年代行之有效、取得成功的统战理论与实践。在新时代的新形势下，我们对宗教界仍然要坚持政治上团结合作、信仰上相互尊重，对信教群众要多接触、多谈心、多帮助，在宗教工作中要以理服人，以情感人，并通过解决实际困难来吸引人、团结人。

三 学习落实习近平总书记关于宗教系列论述的重要意义

在认真学习、贯彻落实习近平总书记关于宗教工作重要论述及其核心精神上，有关中央领导也有着具体指导，而且还特别强调，各地区各部门要充分认识宗教工作在党和国家全局工作中的特殊重要性，认真学习落实习近平总书记重要讲话精神，全面贯彻党的宗教工作基本方针，更好把握宗教自身规律，不断提高宗教工作法治化水平，增强做好宗教领域重点工作的针对性和有效性，团结引导宗教界和广大信教群众，增进社会和谐，共同为实现中华民族伟大复兴的中国梦而努力奋斗。这就体现了对宗教工作要全党重视、齐抓共管的基调。中央领导指出，习近平总书记关于宗教工作的重要论述，从党和国家事业发展全局的战略高度，科学分析了宗教工作面临的形势和任务，明确提出了中国特色社会主义宗教理论，深刻阐述了宗教工作的一系列重大理论和实践问题，标志着我们党对宗教问题和宗教工作的认识达到了新的高度，是指导我们做好新形势下宗教工作的纲领性文献。中央领导的指示精神，体现出全党对宗教工作的高度重视。而且，这种重视不只是理论意义上的提升，更重要的还是实践工作中的落实。

为此，根据中央指示精神，我们在学习、贯彻习近平总书记关于宗教的论述上，关键要做到"两个深入"：一要深入学习领会习近平总书记重要讲话精神，准确把握坚持宗教工作基本方针的关键所在；二要深入领会讲话中关于宗教问题的新思想新观点新要求，切实把思想和行动统一到讲话精神上来。这里，进一步强调了坚持党的宗教工作基本方针的重要意义，强调在宗教理解及宗教工作上要有创新思维、开拓精神。

而要真正把握好习近平总书记关于宗教的科学论述，按照中央领导的精神指导，则必须做到如下六个深刻理解：

一是深刻理解宗教工作的特殊重要性，当前处于改革开放深入发展之际，社会转型使我国宗教亦出现了一些新情况、新问题，面临前所未有的新挑战和新机遇，为此我们要更加积极主动地做好新形势下的宗教工作。

二是深刻理解宗教工作的本质是群众工作，信教群众是中国社会人民群众的有机构成，与所有群众一样有其社会存在的共性，但也有其信仰领域的特性，对之我们应该善于用群众工作的思路和办法来开展工作，必须密切联系群众、在对待信教群众上更需特别关心群众。

三是深刻理解我国宗教的社会作用，最大限度发挥宗教的积极作用，最大限度抑制宗教的消极作用。这两个"最大限度"充满辩证意义，其中最大限度发挥宗教的积极作用则是首要的、主要的，只有充分发挥其积极作用，才能有效减少其消极作用。

四是深刻理解坚持我国宗教"中国化"方向，不断提高宗教与社会主义社会相适应的广度和深度；坚持"中国化"方向，就是要有中国文化自知、自觉的意识，就应积极适应中国特色的社会主义，达到与之有机共融。

五是深刻理解构建积极健康的宗教关系，使宗教关系和谐真正能落到实处。为此，我们的宗教工作不是形成紧张的宗教关系、不是要扩大与宗教的张力，导致一种病态或不正常的关系，而是要朝着构建积极健康的宗教关系这一方向来努力，对此应该抓落实，有举措，体现出其实际效果。

六是深刻理解提高宗教工作法治化水平，依法正确处理宗教领域各种矛盾和问题。这也就是重申依法管理宗教，做宗教工作要学法、懂法、用法、依法，维护法律的权威和尊严，这样才能将宗教治理有效拉上法制化建设、依法治理的轨道。对待宗教问题，不仅政府主管部门要懂法、依法，而且还应对整个社会广大民众进行法律知识教育，使之在对待宗教问题上有着清醒的法律意识。

随着全国宗教工作会议的召开，我们的宗教工作已经进入了一个新时代。所以，我们要切实做好对习近平总书记关于宗教重要论述的贯彻落实，加强学习宣传，切实解决问题，落实工作责任，确保习近平总书记的重要思想真正得以深入学习、落到实处。中国宗教在当代中国社会已随着改革开放的深化而正被人们重新认识、重加评价。不可否认，由于当今开放世界的多元性和复杂性，中国宗教的当代走向也不是单一的，而乃多元的，其社会作用的如何发挥也基于其"处境化"的适应、"中国化"的坚持。因此，我们一定要结合世情、国情，深入学习和贯彻落实习近平总书记关于宗教的科学论述，突出对宗教的积极"引导"，认识到关键在"导"。

全国宗教工作会议召开后，习近平总书记以及相关中央领导在党的十九大、全国人大第十三次会议上都重申了对宗教的积极引导和发挥宗教界人士的积极作用。我们当前的首要任务就是要认真学习领会、贯彻落实习近平总书记关于宗教问题的最新指示精神，以此为指导而不断努力，在宗教领域抓好关键少数，团结绝大多数，打击极端少数，以实事求是、创新发展的精神来真抓实干，迎来中国宗教工作发展的全新局面。

第九章

坚持和发展中国特色社会主义宗教理论
——学习习近平总书记在全国宗教工作会议上的重要讲话

习近平总书记在全国宗教工作会议的重要讲话中指出：在新形势下，我们要坚持和发展中国特色社会主义宗教理论。这为我们理论工作者坚持马克思主义宗教观的中国化，形成中国特色社会主义宗教理论体系指明了方向，提出了任务，因而具有重大理论意义和现实意义。

第一，中国特色社会主义宗教理论体系建设要坚持用马克思主义的立场、观点、方法来认识和对待宗教，坚持辩证唯物主义和历史唯物主义两大基本原理来实事求是地具体分析当前我国宗教与社会存在的关系，遵循宗教发展和宗教工作的规律对之展开深入研究，积极、稳妥地处理好宗教领域的各种问题。在此，马克思主义宗教观的中国化发展至关重要，而我们党的宗教工作基本方针就是结合中国国情来坚持马克思主义宗教观的重要成果。我们今后仍需要理论联系实际地来认真研习马克思主义宗教观和马克思主义无神论，根据中国国情来有的放矢、创新发展。因此，我们必须有机结合我国宗教发展变化和宗教工作的实际来不断丰富和发展中国特色社会主义宗教理论体系，巩固成果、勇于开拓，形成对我国宗教工作实践的正确指导。

第二，中国特色社会主义宗教理论体系建设要注意积极引导宗教与社会主义社会相适应。习近平总书记强调，其关键是要在"导"上想得深、看得透、把得准，做到"导"之有方、"导"之有力、"导"之有效，这样才能真正掌握宗教工作的主动权。这种积极引导就包括用社会主义核心价值观来引领和教育广大宗教界人士和信教群众，使其拥护中国共产党领导、拥护社会主义制度，坚持走中国特色社会主义道路，做到爱党爱国爱教的有机协调、和谐共融。所以说，在当代中国，不能让宗教脱离社会主义，而应该积极主动地把宗教拉进来使之适应我们的社会发展并为社会作贡献。宗教与社会主义社会相适应，就是使信教群众热爱祖国、热爱人民，维护祖国统一，维护中华民族大团结，最大限度地把广大信教和不信教群众团结起来，共同服从服务于国家最高利益和中华民族整体利益。由此而论，中国宗教当然应该遵循，并能积极践行社会主义核心价值观；我们不可根本否认宗教信仰价值，而有必要支持各宗教在保持基本信仰、核心教义、礼仪制度的同时，深入挖掘教义教规中有利于社会和谐、时代进步、健康文明的内容，对教规教义做出符合当代中国发展进步要求的积极解释，充分体现出这种积极引导。

第三，中国特色社会主义宗教理论体系建设要支持我国宗教坚持中国化方向，要看到中国宗教中所蕴含的中国文化要素及其对世界文明积极因素的融合，努力把宗教教义同中华文化相结合，对之做出符合中华优秀传统文化的阐释，并促成宗教在参与今天中国文化建设中自我革新、完善和升华，使宗教增强中国意识、不断扩大其朝向中国价值、中国精神的向心力、凝聚力，自觉而积极地弘扬中华文化、弘扬中华民族优良传统，使宗教成为中国社会、中华文化的有机构成。

第四，中国特色社会主义宗教理论体系建设要辩证地、积极地评价宗教，使宗教能够不断增加正能量，最大限度发挥积极作用、克服消极因素，不断革新、与时俱进。为此，我们应该客观分析宗教的历史与现状，深刻理解我国宗教的社会作用和文化意义。对此，习近平总书记曾经指出，"宗教不仅是一种社会意识形态，还是一种特殊的文化现象。比如，浩如烟海的宗教典籍，丰富了传统历史文化宝库；智慧深邃的宗教哲学，影响着民族文化精神；深刻完备的宗教伦理，强化了某些道德规范的功能；异彩纷呈的宗教艺术，装点了千姿百态的艺术殿堂；风景秀丽的宗教圣地，积淀为旅游文化的重要资源；内容丰富的宗教礼仪，演变为民族风情的习俗文化。"① 这种对宗教的文化审视和积极评价是我们做好宗教工作的重要基础和有利前提，在看待社会主义社会的宗教上尤为必要。

第五，中国特色社会主义宗教理论体系建设要以一种大统战的积极思维来看待，协调好与宗教关联的各种关系。从做好宗教工作的重要意义来看，习近平总书记指出宗教工作在党和国家工作全局中都具有特殊重要性，其工作的质量及成效会直接关系到中国特色社会主义事业发展，关系到党同人民群众的血肉联系，关系到社会和谐及民族团结，关系到国家安全和祖国统一。而宗教的横向联系及关系则包括宗教与党和政府的关系、宗教与社会的关系、国内不同宗教之间的关系、我国宗教与外国宗教的关系，以及信教群众与不信教群众的关系等。要达成宗教关系的和谐，只有处理好这些关系才能真正做到，才会促进并实现宗教的社会和谐。而其正确处理则应坚持党的领导和坚持政教分离，前者立足于巩固党的执政地位和强化党的执政基础这个根本，而后者在政府方面要坚持依法管理宗教、提高法治化水平、开展法治宣传，保护信教群众合法权益，认识到宗教工作的根本是群众工作，以法律调节宗教社会关系；而宗教方面则须坚持宗教不得干预行政、司法、教育等国家职能的实施，必须提高信教群众法治观念，正确认识和处理好国法和教规的关系，主动自觉地使教规服从国法。

总之，随着全国宗教工作会议的召开，我们当前的首要任务就是认真学习、领会、贯彻党中央、习近平总书记关于宗教问题的最新指示精神，以此为指导而不断努力，积极推进中国特色社会主义宗教理论体系建设，迎来中国宗教工作发展的全新局面。

(原载《中国社会科学报》2016年4月26日第1版)

---

① 习近平：《干在实处，走在前列——推进浙江新发展的思考与实践》，中共中央党校出版社2006年版，第264页。

第十章

当代中国宗教工作理论发展的全新里程碑

习近平总书记在全国宗教工作会议上的重要讲话，分析了当前国内外宗教形势，肯定了党和政府关于宗教问题的理论和方针政策，指出了我国宗教工作的最新状况，强调了以积极引导宗教与社会主义社会相适应为主旨的党的宗教工作基本方针，重申了宗教工作之本质乃群众工作及统战工作的独特意义，阐述了中国特色社会主义宗教理论的全新构思。这一回顾、观察和前瞻系统全面，其理论思考深刻、敏锐、智慧。可以说，以习近平总书记重要讲话所集中体现的全国宗教工作会议精神，代表着当代中国宗教工作理论发展全新的里程碑。

自中国实行改革开放以来，中国共产党坚持理论联系实际、理论与时俱进的原则，结合中国国情和当代世界时情，实事求是地研究中国宗教问题、创造性地运用马克思主义宗教观，并使之获得"中国化"的创新发展。党中央于1982年正式发布的《关于我国社会主义时期宗教问题的基本观点和基本政策》，是改革开放初期指导我国宗教工作的纲领性文件，其特点是重新梳理关于宗教问题的认知、系统提出对于宗教怎么看、怎么办的新见解，特别是对中国社会主义时期的宗教存在加以客观、冷静的分析评价，有着许多解放思想、与时俱进的新提法，故而标志着新时期中国宗教工作理论发展上的第一次突破性进展。江泽民在2001年全国宗教工作会议上关于宗教问题的报告（后来公开发表时题为《论宗教问题》）则代表当代中国宗教工作理论发展的第二次飞跃，其特点是概括以往对宗教"五性"的论说而浓缩地提出宗教存在的长期性、群众性和复杂性，指出"最根本的是宗教存在的长期性"，宗教的消亡"可能比阶级和国家的消亡还要久远"，并逐步形成以"四句话"为经典表述的党的宗教工作基本方针。这一报告的独特之处还在于系统阐述了进入21世纪之后中国宗教工作的基本任务，其中特别强调了做好宗教工作的重要性和党对宗教工作的坚强领导。此后，胡锦涛在2007年中央政治局组织以"当代世界宗教和加强我国宗教工作"为题的集体学习上也发表重要讲话，并专门提出了当代中国宗教工作极为关键的两个"根本"，即全面贯彻党的宗教工作基本方针、发挥宗教界人士和信教群众在促进经济社会发展中的积极作用，是对做好新形势下宗教工作的"根本要求"，而做好信教群众工作则是宗教工作的"根本任务"。其理论突破则体现在结合积极引导宗教与社会主义社会相适应而正视并肯定了宗教界人士和信教群众在社会经济建设中的积极作用，不再仅从消极层面看待宗教。

党的十八大以来，习近平总书记发表了关于宗教的系列讲话，在许多方面都显示了突破性的理论进展，特别是对宗教蕴含的文明、文化意义表达了前所未有的强调，有着对宗教文化的积极评价。习近平总书记指出在培育和弘扬社会主义核心价值观时要立足中华优秀传统文化，并将这种传统提到了"固有的根本""精神命脉"之高度。习近平总书记充分肯定了五千多年的中华文明，认为其"积淀着中华民族最深刻的精神追求，代表着中华民族独特的精神标识，为中华民族生生不息、发展壮大提供了丰富滋养"。因此，中华优秀传统文化是我们民族的"根"和"魂"，我们决不可抛弃，而必须很好地传承和弘扬。这样，习近平总书记就将继承包括宗教文化在内的中华优秀传统文化与弘扬社会主义核心价值观有机结合起来。在习近平总书记关于宗教的系列论述中有许多结合中国实际的精辟表达，给人推陈出新、振聋发聩之感。随着这些系列表述的发表，中国特色社会主义宗教理论已经呼之欲出。

在最近召开的全国宗教工作会议上，习近平总书记对坚持和发展中国特色社会主义宗教理论进行了全面而系统的阐述，充分体现出中国共产党在新时期关于宗教理论的中国特色和中国道路，因此代表着当代中国对马克思主义宗教理论的开拓性、创新性发展，展示出巨大的理论进展和突破，具有在当代中国宗教工作理论发展上全新里程碑的意义。

中国特色社会主义宗教理论体系有两个基本支撑点：一是对来自西方的经典马克思主义宗教观的继承与弘扬，这里体现出中国对世界优秀思想文化海纳百川般的吸纳和涵容；二是对中国社会特色和文化传统的体认与实践，在此则清楚表达出中国问题意识和中国道路之探。习近平总书记首先强调中国特色社会主义宗教理论要坚持用马克思主义的立场、观点、方法来认识和对待宗教，坚持运用辩证唯物主义和历史唯物主义两大基本原理来结合中国实际、解决中国问题；因此，马克思主义宗教观在中国的应用及其"中国化"遂成为我们今天学习和运用马克思主义宗教观的基本立足点。对马克思主义宗教观必须有原典研习，弄清其理论系统整体及其时空处境意识，明白其看到的是什么问题、要想解决的根本问题究竟在哪里。但仅有这种基础学习还远远不够，其基本精神及原理的掌握对我们而言主要是为了实事求是地具体分析当前我国宗教与社会存在的关系，找出解决宗教问题科学、正确、可行的办法。具体而言，习近平总书记抓住了中国特色社会主义宗教理论体系建设的关键，这就是要注意积极引导宗教与中国社会主义社会相适应，而这种积极引导则必须在"导"上想得深、看得透、把得准，做到"导"之有方、"导"之有力、"导"之有效。这些精湛表述及其深刻寓意是对马克思主义宗教观中国化的重要贡献，是中国特色社会主义宗教理论鲜活表述的点睛之笔。在积极引导宗教上，中国共产党作为执政党具有主导权，因而必须牢牢掌握宗教工作的主动权。在这种积极引导的主次关系上，习近平总书记有着明确、清晰的说明。这一表态立场坚定，毫不含糊，指出了党和政府义不容辞的责任。

习近平总书记进而论述了积极引导宗教与社会主义社会相适应的具体内容，包括用社会主义核心价值观来引领和教育广大宗教界人士和信教群众，使其拥护中国共产党领导、拥护社会主义制度，坚持走中国特色社会主义道路等。这里，积极引导有着明确的政治定位和政治态度，表明社会主义社会的理论及实践范畴包括其制度、道路、指导思想和价值体系等都与引导宗教相关，所以不能让宗教脱离社会主义，当代中国宗教必须在这种积极引导下做到爱党爱国爱教之共存。一方面，党和政府应该发挥其主导性和主动性，积极把宗教拉进来使之适应中国社会主义社会并为社会发展建设作贡献。而引导宗教与社会主义社会相适应的目的，就是使广大信教群众增加向心力、凝聚力，真心、真正与不信教群众团结起来，消除隔阂、和谐共融，共同维护祖国统一和民族团结，齐心服从服务于国家最高利益和中华民族整体利益。因此，这种引导必须积极、热情、真诚、有效。另一方面，中国宗教信众也应当主动遵循、积极践行社会主义核心价值观，理直气壮地表明其公民身份和国家主人翁意识，体现出社会主义社会之宗教的中国特色。由此而论，我们需要这种彼此积极呼应的双向努力、互相协调；其有效之途就在于我们不应将宗教作为另类或异己的社会存在，而必须使之脱敏、回归正常；在社会意识及精神价值上也不可以完全根本地否认宗教信仰价值，而必须对之持扬弃之态，使之发扬其精华、淘汰出糟粕，涤除落后、保守、迷信因素，争取与时俱进、不断升华。所以，习近平总书记非常睿智地指出，要用团结进步、和平宽容等观念引导广大信教群众，支持各宗教在保持基本信仰、核心教义、礼仪制度的同时，深入挖掘教义教规中有利于社会和谐、时代进步、健康文明的内容，对教规教义做出符合当代中国发展进步要求的积极阐释，主动靠近并适应社会主义核心价值观。

中国特色社会主义宗教理论体系建设要接地气，完成其从西方马克思主义经典话语到中国意识、中国精神、中国道路和中国话语的华丽转身，创新发展。为此，习近平总书记在这一理论体系构设中明确主张要支持我国宗教坚持中国化方向，体现中国宗教理论的中国特色。当然，中国特色所意蕴的不是自我封闭或夜郎自大，而是天覆万物和海纳百川，体现出其包容、涵括而汇聚成的博大精深、海阔天空。中国特色社会主义宗教理论是应由中国共产党人完成的马克思主义之中西合璧、时空结合；而中国宗教中既包含中国文化要素，也融合优秀世界文明成果。对此，习近平总书记一直关注宗教的文化理解及文化建设，主张对之加以一种文化哲学的审视，看到宗教"是一种特殊的文化现象"，其"浩如烟海的宗教典籍，丰富了传统历史文化宝库；智慧深邃的宗教哲学，影响着民族文化精神；深刻完备的宗教伦理，强化了某些道德规范的功能；异彩纷呈的宗教艺术，装点了千姿百态的艺术殿堂；风景秀丽的宗教圣地，积淀为旅游文化的重要资源；内容丰富的宗教礼仪，演变为民族风情的习俗文化"。[①] 显而易见，宗教的文化意义及价值立刻直呈眼帘，一下子就让人感到其鲜活之态。这种对中国宗教参与中国文化建设的自觉意识和积极提倡，可以使宗教有效参与中华文化传统的传承和当代中国文化的建设，主动弘扬中华文化、弘扬中华民族优良传统，有助于中华文化发扬光大、走向世界。

以习近平总书记重要讲话所代表的全国宗教工作会议精神，系统提出了中国特色社会主义宗教理论的构想、框架和体系，为我们描绘了中国宗教工作未来发展的美好蓝图。这一具有新的里程碑意义的文献指明了我们今后理论探索和工作实践的方向与道路，让我们为之而齐心协力、共同努力。

（原载《中国宗教》2016 年第 6 期）

[①] 习近平：《干在实处，走在前列——推进浙江新发展的思考与实践》，中共中央党校出版社 2006 年版，第 264 页。

第十一章

党的十九大对新时代宗教工作的指引

党的十九大胜利召开，对我国宗教工作亦提出了非常明确的指导精神，这是在新时代发展之通盘考虑布局中对宗教问题的科学思考和英明决策，具有重要理论意义和实践价值，必须认真贯彻落实。为此，有必要对我国宗教工作这一重要发展加以探讨，通过学习体会、透彻领悟来紧跟党的十九大精神对新时代宗教工作的指引。

党的十九大将习近平新时代中国特色社会主义思想确立为党的指导思想，具有重大的理论意义和非常独特的时代意义。在时代背景的分析上，党的十九大明确指出，中国特色社会主义经过几十年来改革开放的飞速发展和所取得的巨大成就，已经进入了一个"新时代"。这一对我国发展新的历史定位体现出我们的自知和自信。"新时代"的表述具有非常丰富的蕴涵，其本质是指我们党和国家的伟大事业要"承前启后、继往开来、在新的历史条件下继续夺取中国特色社会主义伟大胜利"[1]。"新时代"昭示着党的十八大以来我们党和国家出现的巨大历史性变革，揭示出我们的社会矛盾发生了明显变化，即"已经转化为人民日益增长的美好生活需要和不平衡不充分的发展之间的矛盾"[2]，这种对我国当前社会矛盾之转化的清晰判断，展示出我们党的理论创新在进入

---

[1] 《党的十九大报告辅导读本》，人民出版社2017年版，第11页。
[2] 同上。

新时代、面向中国当下社会问题而深入思考时所取得的重大突破，也为我们分析新时代的中国宗教问题提供了重要指导和新的启迪。我们应该敏锐地捕捉到这一新信息的深刻蕴涵，认真思考当今中国宗教与社会的关系、宗教信徒与人民群众的内在关联。特别值得指出的是，我们应该理解到这一问题的理论突破乃至关重要，其核心要点就是我们要自觉意识到，以习近平同志为核心的党中央在如何坚持和发展中国特色社会主义、实现中华民族伟大复兴上提出了对于治国理政极为关键的新理念新思想新战略，其中也涵括对宗教问题新的战略思考。这些承前启后、创新发展的思想见解，体现出我党在重大理论认知上的转型和升华，而其根本标志就是习近平新时代中国特色社会主义思想的创立，其重要组成部分当然也包括习近平中国特色社会主义宗教理论，这代表着马克思主义在当代发展的新飞跃，体现出当前马克思主义中国化的最典型特征，也标识了马克思主义宗教观中国化的最新成果。

一 "新时代"对宗教的科学认知

"新时代"这一表达要求我们对当前的时情、国情有科学而正确的判断和认识。这一认知也包括对当下中国宗教及其世界关联的科学认识。根据党的十九大精神来解读，"新时代"标志着中华民族在历经磨难、艰苦奋斗之后迎来了从站起来、经富起来而到达强起来的伟大飞跃，其飞跃体现在方方面面，需要我们多层面、全方位地观察和把握。强大起来的中国社会之宗教，更加彰显其"独立自办"的特点，有着坚持"中国化"发展的成就。宗教在中国不再是依附于外来势力而存在的社会现象，而是与社会主义中国社会有着积极的适应和密切的结合，形成国强教立的特色发展。这与1949年中华人民共和国成立前后中国宗教的处境明显不同。而且，"新时代"更是让我们看到了中华民族全面而伟大复兴的光辉前景，使全国人民包括广大信教群众对中国的未来发展充满信心。我们所取得的成功说明科学社会主义在21世纪的中国达到了突飞猛进，中国以其强大的生机活力证明了社会主义的康庄大道无限光明，在全世界非常鲜明地高高扛起了社会主义的大旗，其中也彰显出社会主义与宗教的关系得到了正确而妥善的处理，与时俱进地圆满回答了一百多年前列宁所提出的社会主义与宗教、无产阶级政党与宗教的关系问题。这些成功使当代世界社会主义发展有着鲜明的中国特色，中国不仅解决了当代社会主义应如何发展的问题，中国还进而为全人类的健康发展、为世界发展中国家的现代化走向提供了中国道路、中国智慧和中国方案。当今世界许多国家和地区并没有妥善处理好民族宗教问题，国际社会出现的乱象就与民族宗教矛盾的激化直接有关。因此，民族宗教关系在中国"风景这边独好"的局面也会引起世界的瞩目，亦给人类在民族宗教问题上达到和谐带来了重要启迪，提供了可行路径。

面对"新时代"的特点及要求，需要我们保持并发扬对宗教的科学认知。当前我们的主要目标和根本任务就是"决胜全面建成小康社会，进而全面建设社会主义现代化强国"，就是积极推动"全国各族人民团结奋斗、不断创造美好生活、逐步实现全体人民共同富裕"；这对于中华民族命运共同体的建设而言就是要求"全体中华儿女勠力同心、奋力实现中华民族伟大复兴中国梦"，而对于共同构建人类命运共同体来说，则是使"我国日益走近世界舞台中央、不断为人类作出更大贡献"[1]。因此，对宗教的理解及我们宗教工作的努力方向就应该朝着这一目标和任务，我们所强调的是对包括信教群众在内的全体中华儿女、全国各族人民的团结，是我们全体人民的生活富裕、精神愉快。在处理好民族宗教问题上，我们要防范"分"、力主"合"，中华儿女无论属什么民族、无论有什么信仰，大家都要"像石榴籽一样紧紧抱在一起，共同团结奋斗、共同繁荣发展"[2]。

在理论创新和突破上，"新时代"则体现出中国共产党的理论成熟及升华，其典型标志就是习近平新时代中国特色社会主义思想的奠立。

---

[1] 《党的十九大报告辅导读本》，人民出版社2017年版，第11页。
[2] 同上书，第39页。

这一思想体系蕴涵丰赡、博大精深，代表着马克思主义在当代的最新发展，体现出我党指导思想的又一次与时俱进、继往开来。而习近平中国特色社会主义宗教理论则是习近平新时代中国特色社会主义思想的有机构成，同样意义深远、蕴涵深刻。当然，这一思想内容是党和人民改革开放、建设发展之实践经验和集体智慧的结晶，其社会主义宗教理论代表着马克思主义宗教观的中国化和中国共产党关于宗教问题的理论发展及思想创新，尤其是具有改革开放以来中国社会主义发展的时代意义和时代特色，是其实践积累和理论创见。习近平新时代中国特色社会主义思想体系不仅为我们在新时代努力推进党和国家伟大事业发展提供了思想指南，而且在世界范围内开辟了马克思主义的新境界，推动了马克思主义的新飞跃。习近平中国特色社会主义的宗教理论，代表着马克思主义宗教观在新时代的升华和飞跃。

回顾中国当代改革开放约四十年的历程，我们清楚地认识到，习近平新时代中国特色社会主义思想正是习近平同志为核心的党中央在中国改革开放的实际中不断摸索、积累发展而来，其亮点特别体现出习近平同志在党的十八大以后所提出来的新思想、新观点和新论断。其中，习近平同志对宗教问题就有其独立的思考和深邃的洞见，起到振聋发聩的引领作用。其思想体系从理论与实践的有机结合上系统阐述了我们在新时代应该如何坚持及发展中国特色社会主义的问题，其中也涵括如何处理好当代中国社会主义社会的宗教问题。习近平同志系统提出了我们在新时代坚持和发展中国特色社会主义的总目标、总任务和总布局，科学说明了实现这一总目标、完成这一总任务的具体战略布局、相关步骤、发展方向、采用方式、潜在动力、所需条件、政治保证等问题；而宗教工作则必须服从并服务于这一总的布局、任务和目标。我国宗教工作虽有其独特性和复杂性，但在其整体上仍是上述总目标、总任务和总布局的有机构成，是从属于此并为之服务的。因此，只有结合这一总目标、总任务和总布局来看我们的宗教工作，才能找准方向、走对道路，也才会取得真正的成功和成就。所以说，习近平同志在新时代形成的这一思想为中国特色社会主义理论思想充实了新的内容、注入了科学蕴涵，其对宗教存在的审视、宗教问题的处理及宗教工作的开展都有独到见解、体现出不凡匠心和睿智，并推出了在当今中国社会科学合理、行之有效的系列举措，开创出全新局面，由此在宗教工作方面也彰显出这一中国特色社会主义思想体系的时代特色、理论特色、实践特色、民族特色。习近平同志结合中国实际及其改革开放以来的新情况、新发展而审时度势、考虑周全，提出了其对宗教问题的独特见解和新锐洞观，其厚重的理论、智慧的思索、成果显著的实践，值得我们全面学习、系统梳理。探究习近平同志关于宗教问题的透彻分析、高远洞见，是我们宗教研究者在新时代的新课题、新任务，我们义不容辞，而且时不我待。通过学习、体悟、弄清习近平同志的中国特色社会主义宗教理论，则会帮助我们系统把握、全面领会习近平新时代中国特色社会主义思想；其体态完备、涵括广泛、目标明确、路线清晰、方法科学、理论深邃、高屋建瓴、高瞻远瞩等特色均在科学看待和正确处理宗教问题上得以充分体现。可以说，习近平中国特色社会主义宗教理论就突出展示出其时代之"新"，体现了中华民族优秀思想文化之鲜明"特"色。

二 中国特色社会主义宗教理论的点睛之笔

在习近平新时代中国特色社会主义思想这一博大精深的科学理论体系中，有着习近平新时代中国特色社会主义思想的宗教观等理论构成，亦体现出习近平同志对我党统一战线理论思想在新时代的科学继承与创新发挥。这是我们从事宗教研究工作的重要指南和根本性指导思想。在过去一段时间中，我国学术界、理论界乃至整个社会层面曾有过关于如何评价宗教、进行宗教工作和宗教学研究的复杂讨论，引起普遍关注，甚至一度出现了主张排挤、否定、打压宗教、抵制对宗教积极引导的错误观点。而党的十九大胜利召开，习近平同志代表党中央所作的十九大报告的公开发表，使这些问题都得以澄清，宗教工作及宗教研究的目标、方向亦得以清楚的确定。这一积极发展对于我们今后宗教工作及研究的顺利推进也提供了重要指引、方向和动力。

第十一章　党的十九大对新时代宗教工作的指引　107

在党的十九大报告中,习近平同志对我国改革开放新时代所开展的民族宗教工作给予了充分肯定,并且给出了"爱国统一战线巩固发展,民族宗教工作创新推进"的积极评价,并强调"要根据新的实践"① 来对包括"宗教"在内的各方面工作"做出理论分析和政策指导,以利于更好坚持和发展中国特色社会主义"②。而特别值得一提的是,则是习近平同志在十九大报告中专门对新时代宗教工作提出了明确要求,即"全面贯彻党的宗教工作基本方针,坚持我国宗教的中国化方向,积极引导宗教与社会主义社会相适应"③。而党的宗教工作的基本方针即"全面贯彻党的宗教信仰自由政策,依法管理宗教事务,坚持独立自主自办的原则,积极引导宗教与社会主义社会相适应"。显然,习近平同志在宗教工作上突出和强调了积极引导宗教与社会主义社会相适应的基本思路和原则立场,认为"做好宗教工作,对于密切党同人民群众的血肉联系,推动三个文明建设,加强民族团结和保护社会稳定都有着不容忽视的重要意义。我们必须认真学习马克思主义宗教观,充分认识宗教的长期性,锲而不舍、深入细致、反复耐心地做好宗教工作"。"我们必须站在政治和全局的高度,充分认识宗教问题的特殊复杂性,积极稳妥地做好宗教工作。"④ 这里,我们必须深刻体会习近平同志在做好宗教工作时所论及的深入细致、反复耐心、积极稳妥等重要表述。习近平同志为此还特别指出,做好党的宗教工作、把这一基本方针坚持好,关键是要在"导"上想得深、看得透、把得准,做到"导"之有方、"导"之有力、"导"之有效,牢牢掌握宗教工作主动权。可以说,做好宗教工作的根本定位,就是积极引导,这是习近平中国特色社会主义宗教理论的点睛之笔。

根据习近平新时代中国特色社会主义思想的宗教观,宗教问题始终

---

① 《党的十九大报告辅导读本》,人民出版社2017年版,第4页。
② 同上书,第18页。
③ 同上书,第39页。
④ 习近平:《干在实处,走在前列——推进浙江新发展的思考与实践》,中共中央党校出版社2006年版,第262页。

是我们党治国理政必须处理好的重大问题。正因为如此,所以宗教工作在党和国家工作全局中才具有特殊的重要性。习近平同志深刻地洞见到宗教工作的独特意义,指明这一问题能否正确处理,关系到中国特色社会主义事业发展,关系到党同人民群众的血肉联系,关系到社会和谐、民族团结,关系到国家安全和祖国统一。宗教工作从其面对的信教群众而言,其实质是群众工作。在十九大修改后的党章中,非常明确地阐述了党和群众的关系问题,指出"我们党的最大政治优势是密切联系群众,党执政后的最大危险是脱离群众。党风问题,党同人民群众联系问题是关系党生死存亡的问题。党在自己的工作中实行群众路线,一切为了群众,一切依靠群众,从群众中来,到群众中去,把党的正确主张变为群众的自觉行动"①。为此,"共产党员必须同党外群众亲密合作,共同为建设中国特色社会主义而奋斗"②。中国共产党有近9000万党员,但在13亿之多的中国人口中毕竟是少数精英,故必须团结广大党外群众,其中约2亿信教群众当然是其密切团结合作的重点对象,而在中国港澳台地区及海外华人总量约1亿人口中的大多数也具有宗教信仰,这些人群对于中华民族复兴和中华民族命运共同体的建设必不可少,因此对之加强团结乃至关重要,这是"巩固和发展最广泛的爱国统一战线"的要素。这里,新党章同样要求"全面贯彻党的宗教工作基本方针,团结信教群众为经济社会发展作贡献"③。

宗教工作从其接触到的文化传承来看,其关键在于文化理解。习近平同志指出,"文化是一个国家、一个民族的灵魂。文化兴国运兴,文化强民族强。没有高度的文化自信,没有文化的繁荣兴盛,就没有中华民族伟大复兴"④。正确对待中国传统宗教文化,也涉及文化自信的问题,我们不能把宗教文化从中华文明发展中彻底剥离出去,宗教文化在

---

① 《中国共产党章程》总纲,人民出版社2017年版,第20页。
② 同上书,第23页。
③ 同上书,第16页。
④ 《党的十九大报告辅导读本》,人民出版社2017年版,第40页。

人类文明历史发展中具有重要地位,在中国历史文化中也不例外,这一反思对于我们正确处理好宗教与文化的关系问题非常重要。习近平同志在十九大报告中再次重申,"人民有信仰,国家有力量,民族有希望。要提高人民思想觉悟、道德水准、文明素养,提高全社会文明程度"①。而我们今天中国特色的社会主义文化,正是"源于中华民族五千多年文明历史所孕育的中华优秀传统文化,熔铸于党领导人民在革命、建设、改革中创立的革命文化和社会主义先进文化,植根于中国特色社会主义伟大实践"②。在这种文化建设上,我们则必须"坚持百花齐放、百家争鸣,坚持创造性转化、创新性发展,不断铸就中华文化新辉煌"③。而且,中华文化乃"海纳百川、有容乃大"的发展,因此也理应"加强中外人文交流,以我为主、兼收并蓄"④,"尊重世界文明多样性,以文明交流超越文明隔阂、文明互鉴超越文明冲突、文明共存超越文明优越"⑤。对待宗教文化,我们同样应持正确的态度,认识到其文化传承、文化交流、文化象征、文化符号、文化品牌、文化遗产和文化精神的价值与意义,看到中外宗教文化交流对中华文明发展的促进及提升,以及中华文化对包括宗教文化在内的世界优秀文化的涵括及熔铸,以此"深入挖掘中华优秀传统文化蕴涵的思想观念、人文精神、道德规范,结合时代要求继承创新,让中华文化展现出永久魅力和时代风采"⑥。

　　根据改革开放以来宗教发展的综合分析,我国宗教工作形势总体而言是好的,这就突出表现在党的宗教工作基本方针得到贯彻,公民宗教信仰自由得到保障,党同宗教界的爱国统一战线不断得到巩固,宗教工作法治化也明显加强等各个方面,由此使我国宗教活动总体平稳有序。

---

① 《党的十九大报告辅导读本》,人民出版社2017年版,第42页。
② 同上书,第40页。
③ 同上书,第41页。
④ 同上书,第43页。
⑤ 同上书,第58页。
⑥ 同上书,第42页。

这一大好局面的形成来之不易，弥足珍贵，我们应该全力维系和巩固，特别是在当前复杂的国际环境中更值得我们保持民族团结、宗教和顺、社会稳定的理想状态。当然，也应该承认局部地区因受境外影响还存在个别负面影响，我们必须高度警惕。为此，习近平同志在十九大报告中也特别强调要"严密防范和坚决打击各种渗透颠覆破坏活动、暴力恐怖活动、民族分裂活动、宗教极端活动"①。

实践证明，我们党关于宗教问题的理论和方针政策是正确的。党的十九大精神重申，做好宗教工作，必须坚持党的宗教工作基本方针，党的宗教工作基本方针是我们党坚持马克思主义宗教观，从我国国情和宗教具体实际出发，汲取正、反两方面经验制定出来的，其突出的核心就是强调对宗教的积极引导，使之主动适应中国特色的社会主义社会。所以，新党章在如何正确贯彻党的基本路线时也强调要"全面落实党的基本路线，反对一切'左'的和右的错误倾向，要警惕右，但主要是防止'左'"②。

实行宗教信仰自由政策，出发点和落脚点是要最大限度把广大信教和不信教群众团结起来。而评价我们宗教工作的标准就是看是否能最大限度地将信教群众团结到党和政府身边来。我们应该高度关注信教群众，必须把信教群众拉过来，使之明确意识到自己是中华民族大家庭的当然成员，而绝不允许将信教群众推出去，不能容忍那些故意伤害信教群众宗教感情的言行。目前在复杂国际形势的博弈中，境外敌视中国发展强大的势力企图使宗教成为中国顺利发展的掣肘或障碍，图谋将宗教信仰者变为我们社会中的另类、异类，推为我们国家社会的对立力量，我们绝不可让这种图谋得逞。最大限度地团结一切可以团结的力量是我党统战理论及工作的精髓和灵魂，故而为我党克敌制胜的重要法宝之一。在新时代的新形势下，我们不要丢了这一法宝，而必须更好地继承和发扬这一革命传统。我们积极引导宗教与社会主义社会相适应，就是

---

① 《党的十九大报告辅导读本》，人民出版社2017年版，第49页。
② 《中国共产党章程》总纲，人民出版社2017年版，第19页。

要引导信教群众热爱祖国、热爱人民、热爱共产党，自觉维护祖国统一，维护中华民族大团结，服从、服务于国家最高利益和中华民族整体利益。所以，在价值观、意识形态上，我们同样应该积极引导广大信教群众拥护中国共产党领导、拥护社会主义制度，坚持走中国特色社会主义道路，积极践行社会主义核心价值观，弘扬中华文化，努力把宗教教义同中华文化相融合，形成汇流与汇聚，而不可使其宗教信仰及教义思想与这种社会核心价值观、中华主体文化相脱离、有生分，防止其分道扬镳的负面发展，避免导致其成为与我们党和政府走向对立、对抗的张力和拉力。在社会等层面的适应及协调上，思想的适应及认同乃最为关键和重要的，也是最可能真正持久的。所以，关注并积极引导宗教的精神层面，与之对话沟通、引导其与我们社会主义社会价值、精神等深层次的适应乃至关重要。这里，也理应积极引导我国宗教遵守国家法律法规，自觉接受国家依法管理，走"中国化"道路，投身改革开放和社会主义现代化建设，为实现中华民族伟大复兴的中国梦贡献力量。

应该特别强调的是，习近平新时代中国特色社会主义思想的宗教观中凸显出其两大亮点，这就是突出积极引导宗教与社会主义社会相适应，以及突出坚持我国宗教的中国化方向，这两大突出是我们必须特别关注和认真思考的。在有关宗教问题系统、全面的理论阐述中，抓好这两大亮点就可起到纲举目张的作用，达到事半功倍的效果。

这里，习近平主席提出并强调的"中国特色社会主义宗教理论"就为积极引导宗教与社会主义社会相适应提供了重要理论和实践策略：这就是要坚持用马克思主义立场、观点、方法认识和对待宗教，遵循宗教和宗教工作规律，深入研究和妥善处理宗教领域各种问题，结合我国宗教发展变化和宗教工作实际，突出积极引导，推动积极转化，促成积极作用。我们要不断丰富和发展这一中国特色社会主义宗教理论，用以更好指导我国的宗教工作实践。

而强调"我国宗教坚持中国化方向"则是积极引导宗教与中国社会主义社会相适应的一个重要任务。我们必须大力倡导和积极支持我国宗教坚持中国化方向。为此，则要用社会主义核心价值观来引领和教育宗教界人士和信教群众，弘扬中华民族优良传统，用团结进步、和平宽容等观念引导广大信教群众，支持各宗教在保持基本信仰、核心教义、礼仪制度的同时，深入挖掘教义教规中有利于社会和谐、时代进步、健康文明的内容，对教义教规做出符合当代中国发展进步要求、符合中华优秀传统文化的阐释。宗教教义虽有其原典之义，却非一成不变，而会随时代、社会的发展变迁出现相应的变动、演进。各大宗教的教义思想史都是非常丰富多样的，所以，我们对宗教以积极之"导"而达其进步之"变"既符合历史辩证法，也是与时俱进的需要。

三 宗教研究的行动指南

在习近平新时代中国特色社会主义思想的指导下，我们的宗教研究工作也获得了新时代发展进步的行动指南。根据这一重要指南，我们今后的任务，一是要集中精力学习研究习近平中国特色社会主义宗教理论，探究积极引导宗教与社会主义社会相适应的理论与实践，使之得以系统、全面的发展；二是要总结我国宗教坚持中国化方向的经验教训，追溯我国宗教中国化的发展演变，各种宗教在其中国化的进程中得到的升华和提高、出现的共构和融合、应该总结的经验和教训，以及形成的中国特色和风格。我们应该以回顾历史来审视当代处境，形成对比和借鉴，构成我国宗教的中国意识、中国话语、中国流派和中国体系；三是要努力促成宗教工作及宗教研究在未来的积极发展，尤其是要正确对待宗教研究，使其探究者得以贯彻落实"双百"方针，敢于坚持真理、大胆探索，展示其真知灼见。宗教学是我国学科体系建设中的重要构成，是对我国哲学社会科学发展具有支撑作用的关键学科之一，并正随着我国步入世界舞台的中心而在发挥着越来越显著、越来越重要的作用。宗教学是形成较晚的跨学科研究，在中国当代社会学术发展中有着不可轻视的独特作用，而其政治性强、研究领域广泛、涉及的问题也极为复杂敏感，我们有责任努力使之从"险"学往"显"学发展演进，绝不可听任其从"显学"倒退为"险学"。中国宗教学的中国特色就更多体现在其政治定位及时代定位上,这就是中国社会主义社会的政治定位和 21 世纪"新时代"的时代定位。从中国社会科学基本属性及其当代使命而言,中国宗教学必须讲政治,具有政治意识、政治取向和政治责任,要与我国社会主义社会的政治保持高度一致。从中国宗教学与世界范围的宗教学整体关联来看,我们也应该展开比较研究、强调对话沟通,找出具有的共性和各自不同的特点,形成强势且潜力无限的中国特色宗教学学派,自立于世界学术之林。当代宗教研究应该发挥其跨宗教、跨文化、跨时代等跨学科或多学科比较、对照的优势,从而得以基于我们中华民族命运共同体的构建来促成人类命运共同体的形成。可以说,宗教学是共建人类命运共同体的学术基础、知识储备和理论前提之一,能够为不同思想文化的对话交流提供比较合适的平台、场景和氛围。甚至在其当代发展的学科规范、学术原则及学问涵括上,中国宗教学也完全可以在世界宗教学领域占有重要位置,发挥巨大作用,形成脱颖而出的中国学派和思想流派。在党的十九大精神鼓舞和指引下,我们要积极创立并不断完善中国特色社会主义的宗教学学科体系、学术体系和话语体系,奋力开创 21 世纪中国宗教研究的全新局面。

(原载《世界宗教研究》2018 年第 1 期)

第十二章

习近平总书记关于宗教工作的论述的重大现实意义

马克思指出,"一切划时代体系的真正内容都是由于产生这些体系的那个时期的需要而形成起来的。所有这些体系都是以本国过去的整个发展为基础的"①。习近平新时代中国特色社会主义思想的确立,正是出于我们中国改革开放这个重要时期的迫切需求,而习近平新时代中国特色社会主义宗教观作为这一思想体系的重要构成,也就是为了回答和解决当前中国的宗教问题、指导我们的宗教工作,回应时代的需求而形成起来的,因而具有鲜明且重大的现实意义。以习近平同志为核心的党中央在对宗教问题的思考上高瞻远瞩、敏锐周全、科学系统,是我们今天认识宗教、推动宗教工作的重要指南。为此,我们一定要全面学习、认真领会、正确实践。

对于"新时代"的宗教问题,需要我们多层面、全方位地观察和把握。必须看到,在我们今天已经强大起来的中国社会中存在的宗教,更多体现的是"独立自主自办"的特点,在坚持"中国化"方向的发展上已有一些有益的实践并取得了一些初步的成就,为今后继续朝着这一方向前进打下了一定基础,有了相应的经验积淀。可以说,宗教在中国从整体来看已经不再是依附于外来势力而存在的社会现象,而是与社

---

① 《马克思恩格斯全集》第三卷,人民出版社1960年版,第544页。

会主义中国社会有着积极的适应和密切的结合，形成国强教立、爱国爱教的特色发展。这与1949年中华人民共和国成立前后中国宗教努力摆脱外来势力影响和掌控，决心走独立自主道路，从而开始适应新中国带来的新处境有着明显不同。今天中国发展步入"新时代"，则更是让我们看到了中华民族全面而伟大复兴的光辉前景，这也使全国人民包括广大信教群众对中国的未来发展充满信心，对宗教界人士和信教群众在这一新时期经济社会建设中努力发挥积极作用形成了巨大鼓舞。习近平新时代中国特色社会主义宗教观的形成，也充分说明在我们社会主义中国政教关系、社会与宗教的关系已经得到了正确而妥善的处理，从而非常科学且与时俱进地圆满回答了一百多年前列宁所提出的社会主义与宗教、无产阶级政党与宗教的关系问题。因此，中国当代的宗教理论、宗教政策和宗教工作实践都有着我们社会主义发展的鲜明中国特色。而且，对宗教问题的稳妥处理、谨慎解决，不仅使中国解决了我们当代社会主义社会关系应该如何正确发展的问题，而且还为全人类处理好民族宗教问题、使其社会关系健康发展、使世界走和平发展道路提供了具有启迪、颇值称赞的中国道路、中国智慧和中国方案。综览当今世界，在不少国家和地区的民族宗教问题并没有得到妥善处理，其民族宗教矛盾的激化导致了国际社会乱象频仍、矛盾激化、冲突不断，甚至卷入战火战乱之中。习近平新时代中国特色社会主义宗教观展示了民族宗教关系在中国具有"风景这边独好"之局面的政策缘由和成功经验，正在引起世界的瞩目。

在"新时代"的中国，我们如何保持并发扬对宗教的科学认知及正确举措举足轻重，其关键就在于要把宗教工作和当前我们的主要目标和根本任务有机结合起来，使宗教工作服务于"决胜全面建成小康社会，进而全面建设社会主义现代化强国"的伟大任务，有利于积极推动"全国各族人民团结奋斗、不断创造美好生活、逐步实现全体人民共同富裕"。团结广大信教群众、做好宗教工作，使宗教界积极参与中华民族命运共同体的建设，成为其有机构成，是完全符合"全体中华儿女勠力同心、奋力实现中华民族伟大复兴中国梦"这一重要指归的。

而且，习近平新时代中国特色社会主义宗教观还具有广远的世界意义和国际影响，是团结国际社会共同构建人类命运共同体这一宏伟目标的具体落实、身体力行；正是这种对世界的引领和启发，才会使"我国日益走近世界舞台中央、不断为人类作出更大贡献"。习近平新时代中国特色社会主义宗教观所阐述的宗教理解、宗教定位，以及我们的宗教工作，就是指引大家朝着这一伟大目标和重要任务去积极努力，不断践行。根据这一指导思想，在中国范围内，我们的宗教理论及实践所强调的是对包括信教群众在内的全体中华儿女、全国各族人民的团结，是我们全体人民的生活富裕、精神愉快。为此，在处理好民族宗教问题上，我们要防范"分"、力主"合"；遵循习近平同志的思想，中华儿女无论属什么民族、无论有什么信仰，大家都要"像石榴籽一样紧紧抱在一起，共同团结奋斗、共同繁荣发展"。而在国际范围，特别是我们在推动"一带一路"国际合作时，则应洞观世界风云变幻，在民族宗教关系上把握主动，审时度势、趋利避害、赢得先机。

习近平中国特色社会主义宗教观立意高远、蕴涵深刻。这一理论思想反映了"新时代"宗教工作理论及实践的拓展、创新，是党和人民改革开放、建设发展之实践经验和集体智慧的结晶。习近平同志在此所阐述的社会主义宗教理论代表着马克思主义宗教观的中国化，也是中国共产党在长期统战理论实践中关于宗教问题的理论发展及思想创新，尤其是具有改革开放以来中国社会主义发展的时代意义和时代特色，凸显其在这一时期的实践积累和理论创见。习近平中国特色社会主义宗教观，凝聚着中国共产党统一战线思想的智慧和成就，代表着马克思主义宗教观在步入21世纪之新时代以来的前进和突破。

通过长期的地方工作及中央工作的实践积累，习近平同志对宗教问题形成了其独立的思考和深邃的洞见，其理论创见和实践举措在"新时代"的宗教工作中起着振聋发聩的引领作用。这一成熟的思想体系从理论与实践的有机结合上系统阐述了我们在新时代应该如何坚持及发展中国特色社会主义的问题，特别是如何处理好当代中国社会主义社会的宗教问题。我们在"新时代"有着坚持和发展中国特色社会主义的总目标、总任务和总布局,而宗教工作则必须服从并服务于这一总的布局、任务和目标。尽管宗教工作独特、复杂,却仍然是上述总目标、总任务和总布局之整体中的有机构成。所以,我们的宗教工作不可本末倒置,而必须结合、服从这一总目标、总任务和总布局来进行,只有这样才能找准方向、走对道路,也才会取得真正的成功和成就。习近平同志对新时代中国特色社会主义宗教观的透彻阐述、辩证分析和理论建构,为中国特色社会主义理论思想的整体构成提供了科学蕴涵、充实了新的内容。这里,无论是对宗教存在的审视、对宗教问题的处理,还是对宗教理论的阐发、对宗教工作的指导,都乃匠心独运、洞见深邃。由此,在宗教工作的理论建构上,中国特色社会主义思想体系所蕴含的时代特色、理论特色、实践特色和民族特色等都得以彰显。

习近平同志在党的十九大报告中对其新时代中国特色社会主义宗教观做了最新的阐述。其突出思想是对我国改革开放新时代所开展的民族宗教工作给予了充分肯定,并且给出了"爱国统一战线巩固发展,民族宗教工作创新推进"的积极评价,为此而进一步强调"要根据新的实践"来对包括"宗教"在内的各方面工作"作出理论分析和政策指导,以利于更好坚持和发展中国特色社会主义"。这里,习近平同志专门对新时代宗教工作提出了明确要求,即"全面贯彻党的宗教工作基本方针,坚持我国宗教的中国化方向,积极引导宗教与社会主义社会相适应"。显而易见,习近平同志在宗教工作上所突出和强调的,是积极引导宗教与社会主义社会相适应这一基本思路和原则立场,明确指出"做好宗教工作,对于密切党同人民群众的血肉联系,推动三个文明建设,加强民族团结和保护社会稳定都有着不容忽视的重要意义。我们必须认真学习马克思主义宗教观,充分认识宗教的长期性,锲而不舍、深入细致、反复耐心地做好宗教工作"。"我们必须站在政治和全局的高度,充分认识宗教问题的特殊复杂性,积极稳妥地做好宗教工作。"在此,我们特别体会到习近平同志在做好宗教工作时对深入细致、反复耐心、积极稳妥等策略的强调。习近平同志富有哲理、充满辩证智慧地指出,做好宗教工作、把党的宗教工作基本方针坚持好,关键是要在

"导"上想得深、看得透、把得准，做到"导"之有方、"导"之有力、"导"之有效，牢牢掌握宗教工作主动权。所以说，在宗教工作上不未雨绸缪、只是在遇到问题时才被动应付不符合我们"新时代"宗教工作的基本要求。我们一定要在如何"牢牢掌握宗教工作主动权"上有积极思考、有周全策略，充分体现出我党执政的智慧和气魄。

根据习近平新时代中国特色社会主义宗教观，宗教问题始终是我们党治国理政必须处理好的重大问题，宗教工作在党和国家工作全局中具有特殊的重要性。习近平同志为此而指明这一问题能否正确处理乃关系到中国特色社会主义事业的发展，关系到党同人民群众的血肉联系，关系到社会和谐、民族团结，关系到国家安全和祖国统一。宗教工作的实质是群众工作。十九大上修订的党章非常明确地阐述了党和群众的关系问题，指出"我们党的最大政治优势是密切联系群众，党执政后的最大危险是脱离群众。党风问题，党同人民群众联系问题是关系党生死存亡的问题。党在自己的工作中实行群众路线，一切为了群众，一切依靠群众，从群众中来，到群众中去，把党的正确主张变为群众的自觉行动"。为此，"共产党员必须同党外群众亲密合作，共同为建设中国特色社会主义而奋斗"。而对中国约2亿信教群众的密切团结合作则是我们做好群众工作的重点对象及重要环节，也是"巩固和发展最广泛的爱国统一战线"的基本要素，为此而有对"全面贯彻党的宗教工作基本方针，团结信教群众为经济社会发展作贡献"的反复强调。

习近平新时代中国特色社会主义宗教观的一个重要层面，则是对宗教传承的文化理解。习近平同志指出，"文化是一个国家、一个民族的灵魂"。正确对待中国传统宗教文化，自然也涉及我们的文化自信问题。宗教文化在人类文明发展中地位突出，在中国历史文化中也非常明显。习近平同志在十九大报告中重申"人民有信仰，国家有力量，民族有希望。要提高人民思想觉悟、道德水准、文明素养，提高全社会文明程度"，指明中国特色的社会主义文化是"源自于中华民族五千多年文明历史所孕育的中华优秀传统文化，熔铸于党领导人民在革命、建设、改革中创立的革命文化和社会主义先进文化，植根于中国特色社主义伟大实践"。而且，中华文化有着"海纳百川、有容乃大"的历史传统，今天也仍然应该"加强中外人文交流，以我为主、兼收并蓄"，"尊重世界文明多样性，以文明交流超越文明隔阂、文明互鉴超越文明冲突、文明共存超越文明优越"。对待宗教文化，也应该是这种态度，宗教的文化自觉、文化传承、文化弘扬、文化对话、文化交流、文化象征和文化精神等意义及作用不可忽略，特别是要看到中外宗教文化交流对中华文明发展的促进及提升，意识到中华文化体系本身就有对包括宗教文化在内的世界优秀文化的吸纳、涵融。

习近平新时代中国特色社会主义宗教观不仅全面周到，而且还结合当今中国实际凸显出其两大亮点，一是突出积极引导宗教与社会主义社会相适应，二是突出坚持我国宗教的中国化方向。这两大突出亮点是我们目前宗教工作中必须特别关注和扎实推进的，因为抓好这两大亮点在整个中国宗教工作的理论及实践中乃起到纲举目张的作用，可以达到事半功倍的效果。突出积极引导宗教与社会主义社会相适应，就是要坚持用马克思主义的立场、观点、方法来辩证、发展、实事求是地认识和对待宗教，遵循宗教和宗教工作规律，深入研究和妥善处理宗教领域各种问题，特别是要结合我国宗教的发展变化和宗教工作的实际来突出积极引导，推动积极转化，促成积极作用。而强调我国宗教坚持中国化方向则是当前我们积极引导宗教与中国社会主义社会相适应的一个重要任务。为此，我们要用中国特色社会主义核心价值观来引领和教育宗教界人士和信教群众，弘扬中华民族优良传统，用团结、进步、和平、和谐、宽容、中和等观念来引导广大信教群众，支持各宗教在保持基本信仰、核心教义、礼仪制度的同时，深入挖掘其教义教规中有利于社会和谐、时代进步、健康文明的内容，对教规教义作出符合当代中国发展进步要求、符合中华优秀传统文化的阐释，形成中国宗教的中华文化意识、有着其文化自觉和自强的坚定立场。在此，对宗教积极引导突出的是党和政府之"导"，而坚持中国化方向则是宗教界适应中国国情的主动之"变"，从而能够构成双向互动，形成双赢的大好局面。

综上所述，探究习近平新时代中国特色社会主义宗教观，体悟其关于宗教问题的细微分析、高远洞见，是我们宗教研究者在新时代义不容辞的新课题、新任务。结合学习、体悟、弄清习近平中国特色社会主义宗教观，还会帮助我们系统把握、全面领会习近平新时代中国特色社会主义思想全貌和理论建树。通过对之加以全面、认真、系统、扎实的学习，我们将能够更加科学地看待宗教存在，更为正确稳妥地处理宗教问题。在习近平新时代中国特色社会主义宗教观的指导下，我们要努力探究积极引导宗教与社会主义社会相适应的理论与实践，总结我国宗教坚持中国化方向的经验和教训，以回顾历史来审视当代处境，全力促成中国特色社会主义的宗教工作及宗教研究在未来积极发展。

（原载《中国宗教》2018 年第 4 期）

第三编　积极引导

第十三章

论积极引导宗教的现实意义

能否积极引导宗教与社会主义社会相适应，已经成为当前中国社会的一个重要理论问题和实践问题。对此，理论界、学术界和社会上仍然存有很大的分歧，观点也很不一致。基于这一现实，我们认为有必要正本清源、科学分析，对这一迫在眉睫的现实问题做出正确的回答。为此，我们想从习近平总书记对宗教积极引导的系列论述、积极引导宗教的政治意义和认知意义这三个层面来对之加以阐述，以使我们在宗教问题上保持正确发展之路，确保中国社会民族团结、宗教和谐、长治久安。

一 习近平总书记论对宗教的积极引导

习近平总书记非常关注宗教问题，对宗教问题有着系列讲话。我们要紧密团结在以习近平同志为核心的党中央周围，就应该仔细倾听党中央的声音，学习好习近平总书记关于宗教的系列讲话精神，就应该系统学习马克思主义经典作家关于宗教的论述。我们必须以马克思主义经典作家的基本观点、以改革开放以来历届中央领导的思想，特别是以习近平总书记关于宗教的系列讲话为指导来正确看待并科学研究宗教。

自中国实行改革开放以来，在长期的理论及实践中所形成的党的宗教工作的基本方针即指导思想是积极引导宗教与社会主义社会相适应，在如何对宗教积极引导及其重要意义上，习近平总书记有着系列讲话，对此我们必须认真学习，深刻领会。

习近平总书记说，"做好宗教工作，对于密切党同人民群众的血肉联系，推动三个文明建设，加强民族团结和保护社会稳定都有着不容忽视的重要意义。我们必须认真学习马克思主义宗教观，充分认识宗教的长期性，锲而不舍、深入细致、反复耐心地做好宗教工作"；"我们必须站在政治和全局的高度，充分认识宗教问题的特殊复杂性，积极稳妥地做好宗教工作"。① 为此，习近平总书记系统谈了四个方面的工作：

第一，团结和引导信教群众为全面建设小康社会作贡献。

第二，全面贯彻执行党的宗教工作基本方针。

第三，用先进文化引导和丰富人们的精神生活。

第四，鼓励和支持宗教界走与社会主义社会相适应的路子。②

除了在工作层面对宗教的关注和分析研究，习近平总书记还以更加广阔的视域从文化层面对宗教有着客观而积极的评价，指出"宗教不仅是一种社会意识形态，还是一种特殊的文化现象。比如，浩如烟海的宗教典籍，丰富了传统历史文化宝库；智慧深邃的宗教哲学，影响着民族文化精神；深刻完备的宗教伦理，强化了某些道德规范的功能；异彩纷呈的宗教艺术，装点了千姿百态的艺术殿堂；风景秀丽的宗教圣地，积淀为旅游文化的重要资源；内容丰富的宗教礼仪，演变为民族风情的习俗文化"③。

这里，习近平总书记对于宗教的文化意义和积极作用讲得非常到位和透彻，其表述也反映出对宗教积极因素充分肯定的意蕴。只要我们系统学习了马克思主义宗教观，系统学习了习近平总书记、党中央关于宗教工作的基本方针，那么，在当前关于宗教问题的讨论中，谁真正坚持

---

① 习近平：《干在实处，走在前列——推进浙江新发展的思考与实践》，中共中央党校出版社 2006 年版，第 262 页。

② 同上书，第 262—264 页。

③ 同上书，第 264 页。

了马克思主义,谁在坚决紧跟以习近平同志为核心的党中央,自然也就会很清楚了。

我们对于人类历史发展要有最起码的尊重,其中就包括对宗教历史作用的评价。在我们旗帜鲜明地反对历史虚无主义之际,对那种否定宗教历史价值及意义的观点也理应加以反驳。宗教在人类历史发展的长河中有着巨大影响,起过关键作用。对此,习近平总书记在巴黎联合国教科文组织总部的演讲中就曾专门论及2000多年来佛教、伊斯兰教、基督教等先后传入中国的交流,指出中国文化善于吸纳外来文明优长的特点。习近平总书记还以佛教为例生动而深入地描述了这种宗教文化交流的意义,指出佛教的"传入"与"传出"所推动的充满积极意义的文化交流:"佛教产生于古代印度,但传入中国后,经过长期演化,佛教同中国儒家文化和道家文化融合发展,最终形成了具有中国特色的佛教文化,给中国人的宗教信仰、哲学观念、文学艺术、礼仪习俗等留下了深刻影响。"[1] 佛教不是被动地为中华文化所吸纳,而是在中国文化土壤中得到了创造性、创新性的重生,形成具有鲜明中国特色的禅、净等宗,涌现出像慧能那样的众多思想大师、文化名人,发展出中国意蕴凸显的禅宗文化、观音文化、弥勒文化、少林文化等。也就是说,佛教在与中国文化的融合中得到了一种再创造,不仅使自我升华,而且更广远地影响了世界,促进了人类文化的交流和相互学习。"中国人根据中华文化发展了佛教思想,形成了独特的佛教理论,而且使佛教从中国传播到了日本、韩国、东南亚等地。"[2] 习近平总书记这些重要讲话,使我们深刻认识到宗教对于人类文化交流、各民族相互理解和学习的独特意义。

习近平总书记在2015年2月底明确提出了"人民有信仰,民族有希望、国家有力量"这一表述,对中国人需不需要信仰做出了极为清楚的回答。中国人当然也是有信仰的,而对于信仰则可分为不同的层

---

[1] 习近平:《谈治国理政》,外文出版社2014年版,第260页。
[2] 同上书,第261页。

面，加以客观分析，在充分肯定政治信仰的意义时也应意识到宗教信仰的价值。对于中国宗教问题的正确理解和处理，已经关涉我们今天的文化战略和社会可持续发展。世界上没有任何一个国家或民族在总体上对宗教持敌视和排拒态度。宗教在我们今天的发展中若主动用之则能起积极作用，若被动放弃则有可能变成消极因素，因此乃事在人为，需要我们因势利导。在当前复杂的国际国内形势中，我们应该高度重视和发挥宗教在当今社会的维稳作用，对相关群众的精神抚慰作用，对公益事业的积极参与作用，对中华文化的深化和弘扬作用，以及对海外世界的感染和影响作用。

2015年5月18—20日召开了中央统战工作会议，习近平总书记在其重要讲话中提出民族、宗教工作是全局性工作，宗教工作的本质是群众工作，要全面贯彻党的宗教信仰自由政策，依法管理宗教事务，坚持独立自主自办原则，积极引导宗教与社会主义社会相适应；积极引导宗教与社会主义社会相适应就必须坚持中国化方向，必须提高宗教工作法治化水平，必须辩证看待宗教的社会作用，必须重视发挥宗教界人士作用，引导宗教努力为促进经济发展、社会和谐、文化繁荣、民族团结、祖国统一服务。

这里，习近平总书记重申了宗教工作的群众工作性质，强调了党的宗教工作的基本方针，提出了四个必须，指明了要积极引导宗教为完成五大任务服务。中央这一最新精神，习近平总书记对党的宗教工作基本方针四项原则的重申，充分说明我们做好宗教工作就应该坚持马克思主义历史唯物主义和辩证唯物主义，坚持党的统一战线理论（这是我党的三大法宝之首，其对宗教的基本精神就是"政治上团结合作，信仰上相互尊重"），坚持群众路线（这是我们宗教工作的本质），坚持党的宗教工作基本方针，即全面贯彻党的宗教信仰自由政策，依法管理宗教事务，坚持独立自主自办的原则，积极引导宗教与社会主义社会相适应。

为此，习近平总书记特别指出积极引导宗教与社会主义社会相适应还要做好四个必须。综观这一基本方针，我们并没有发现有对宗教的任何否定或反感；相反，我们看到了以习近平同志为核心的党中央在对待宗教问题上的睿智英明和高瞻远瞩。宗教是客观存在，处理好宗教问题是政治智慧及执政能力的体现。我们民族宗教工作的范围基于两条线之间，其上线为"发展是硬道理"，搞好我们的经济建设、社会建设和政治建设是解决问题的根本；其下线为"稳定压倒一切"，即民族宗教无小事，不能出乱。在这两线之间的重要空间，其和谐有序发展就在于坚持党的宗教工作基本方针。

"全面贯彻党的宗教信仰自由政策"，是重申充分尊重公民的宗教信仰自由，没有任何理由或借口可以用来歧视、敌视或贬低、排挤宗教信仰者。我们在宗教工作中应该有这种公民意识，必须尊重宪法赋予公民的这一基本权利。

"依法管理宗教事务"，是突出依法治国精神在管理宗教事务上的具体落实和充分体现。基于宪法和政府法规，我们对宗教事务必须管起来而不可放任自流，但这种管理必须依法，因此要健全我们的法律法规和管理体制，不能对宗教事务随心所欲地胡管、乱管，管理者"有权但不可任性"。因此，我们所加强的管理必须是科学管理、必须依法管理。

"坚持独立自主自办的原则"，是强调中国境内的宗教有着"独立自办"的存在及发展的底线。中国的宗教自然且必然要体现中国的特色，其社会存在的独特性说明中国宗教与境外的宗教是有区别、有不同的，如政治背景、社会制度、经济基础、管理体制、意识形态、文化传统等不同使之不可与境外宗教简单相比。因此，我们对中国的宗教要区别对待，不可将今天中国宗教与境外宗教完全混同，这样才能有效坚持我们中国宗教的真正独立和自主自办。只有意识到并且强调中国宗教这种社会存在的本质不同，才能有效抵御境外渗透、彻底摆脱其外来影响和掌控。

"积极引导宗教与社会主义社会相适应"，是我们对待宗教的基本态度、而且是唯一正确的态度。"积极引导"是党的宗教工作基本方针的重点和核心所在，提出"积极引导"本身就其逻辑关联来看实际上已经承认中国的宗教是完全可以与中国的社会主义社会相适应的，承认中国宗教文化是可以融入我们社会主义核心价值观的。"积极引导"是积极地把宗教拉到我们自己身边，肯定宗教在我们社会制度及体制中的合法存在，使之充分体现为我们的基本力量和社会有机构成，实现与社会主义制度下的中国社会之吻合与共融。

"积极引导宗教"是我国新时期宗教工作的康庄大道，其前景光明、任重道远、事在人为。"积极引导"就是不要使宗教成为我们社会的另类，就是要有效防范其社会作用的异化、他化、敌化。所以，这种"积极引导"的宗旨是让我们在处理与宗教的关系上要从和而不同，走向求同存异，争取聚同化异、和谐统一。在当下社会转型的关键时刻，团结群众、争取民心事关重大，如果在对待宗教上放弃或不真正有效践行这一"积极引导"，那么我国的宗教工作今后势必就会走向歧途，我们也就可能陷入宗教矛盾冲突的多事之秋。因此，习近平总书记反复强调要"积极引导宗教"，并且要做到"必须坚持中国化方向""必须提高宗教工作法治化水平""必须辩证看待宗教的社会作用"和"必须重视发挥宗教界人士作用"这四个必须。

习近平总书记是在充分肯定的意义上论及在积极引导宗教与社会主义社会相适应上所要实施的"四个必须"，其中首先是论及宗教本身，要求宗教在中国的发展方向是"必须坚持中国化"，这就指明中国宗教与其他国家或地区的宗教在发展上方向、道路之别，这是对中国宗教的基本要求；其后三个"必须"则主要是对我们政府及社会看待和处理宗教问题的要求而言，即要求我们各级政府在宗教工作上"必须提高""法治化水平"，坚持依法治理宗教；要求我们的社会对宗教的社会作用"必须辩证看待"，从而做积极的社会转化工作，由此则"必须重视发挥宗教界人士作用"，让我们高度重视宗教界人士，使之能够充分发挥其积极的社会作用。因此，我们只有做好上述四个"必须"，才能真正做到积极引导宗教与社会主义社会相适应，才能使宗教界人士心悦诚服地为我们当前经济发展、社会和谐、文化繁荣、民族团结、祖国统一这"五大任务"积极服务。为了早日实现中华民族伟大复兴的"中国梦"，全国人民当然包括广大宗教界人士要全力以赴投身到这一重大的民族使命之中，这就是习近平总书记在此所言的"引导宗教努力为促进经济发展、社会和谐、文化繁荣、民族团结、祖国统一服务"。为此，我们今天所要体现及发挥的是我们的民族正气、社会正能量，要调动一切可以争取和调动的积极因素及有效力量。这里，我们也应该承认宗教文化是中华传统文化的有机构成，在弘扬中华优秀传统文化、倡导社会主义核心价值观时充分吸纳、涵括宗教信众，这就包括对中国宗教文化的正确认识、客观评价，以及对其积极因素的发挥和弘扬。而绝不可以任何借口来排拒、摒弃宗教，弱化我们的凝聚力。中国特色社会主义理应包括中华文化特色，我们关于宗教的理论自然要有对中国传统文化中宗教信仰的冷静分析和积极引导。

习近平总书记关于宗教问题的系列讲话是我们当前宗教工作及宗教研究的基本指导思想，贯彻落实习近平总书记的这些系列讲话精神是对我们是否坚持马克思主义的检验，是反映我们是否在真正紧跟党中央、坚持党性原则的试金石。为此，我们一定要学好、学透习近平总书记的这些系列讲话，坚决执行党的宗教工作的基本方针，做好对宗教积极引导、使之积极适应我们中国社会主义社会的当下重要工作。

二 积极引导宗教的政治意义

积极引导宗教与社会主义社会相适应的政治意义，在于处理好宗教在当今中国社会的政治存在问题，应该使宗教工作与我们当前的战略任务相吻合。综合而论，中国当前大致有如下一些战略任务：

1. 中华民族共同体、和谐社会的构建，实现中华民族伟大复兴的"中国梦"。

2. 合力共建各国人民共有共享的人类命运共同体，体现中国话语权、文化软实力、让中国影响走出去。

3. 有效实施"一带一路"倡议，由此必须意识到"丝绸之路经济带"沿线绝大多数国家信仰伊斯兰教，而海上丝绸之路沿岸的佛教、伊斯兰教、基督教等信仰也非常兴盛。

中国当前正面临着强调文化建设、文化繁荣的新机遇，这使得人们重新反思中国文化及其精神资源，特别是宗教文化资源。今天的文化发展及文化繁荣，其核心应是弘扬文化精神，突出精神文化，关键在于找回中华文化之魂。在中华文化精神因素中，显然有着宗教文化重要而积极的构建。中国现代精神文化的重构，同样需要宗教智慧的积极参加。上述战略任务都需要有对宗教状况及作用的科学思考，以便能符合我们国情及历史发展地制定中国的文化战略。这就必须认真考虑中国宗教文化在其中的意义及作用。不少人已经意识到，中国文化软实力的构建不可能缺少宗教文化的内容。宗教文化本身所特有的社会及信仰感染力和影响力，是其他文化层面所难以取代的。这种文化战略中对宗教文化的考量一方面是希望以此来防止或消减宗教纷争，促成宗教和谐，另一方面则是希望以宗教文化来促成整个社会的和谐、民族的团结。所以说，我们完全可以从促成宗教和谐的角度来探究我们的社会和谐、文化和谐，将宗教和谐的问题与我们的文化和谐、共融之努力有机关联，从而实效性地推动并完成上述战略任务。

此外，积极引导宗教与社会主义社会相适应还包括如下一些政治上的思考：在国际、国内关系上，我们面对着与宗教是"分"还是"合"、是"斗"还是"和"的选择。在当前社会上明显摆着两种选择：一是将宗教拉进来形成我们社会的统一整合，和谐共构；二是把宗教推出去扩大社会的分化对立，矛盾冲突。有些同志说没有必要谈把宗教"拉进来"，因为宗教信众本来就是我们的基本群众、大家同是中华人民共和国的公民，说"拉"则实际上把群众生分为信教和不信教两类，有了人为的分割。对于这种好心我们充分理解，然而实际上我们的社会已经出现了这种分割，而且将宗教"推出去"的力量还很大，故此才有要将宗教"拉进来"之据理力争，表明我们的社会仍然有团结信教群众的积极选择，仍在坚持正确对待宗教之途，以求在根本上消除这种人为的分割。从历史上的经验教训来看，古今中外对宗教的打压从根本上来看基本上无效，而且其结果往往会适得其反。表面上宗教在高压下好像被打得销声匿迹了，但实际上宗教乃转入地下，更为隐蔽、更加发展、更会失控。而且这种打压会使这些宗教更倾向于对打压其的社会采取对抗、不合作的态度。历史上曾被打压的宗教基本上都以不同形式顽强地存在下来了，而对之实施大面积打压的政权反而会大伤元气、更为衰弱。古代罗马帝国对基督教的打压使其从犹太教的一个弱小异端教派发展为罗马帝国的国教，清朝"中国礼仪之争"以后对天主教的打压使之由在上流社会小范围发展一变而为遍布地下的大范围发展，"文革"对宗教的消灭使其地下隐蔽发展最终导致其燎原之势。这些经验教训确实值得我们警醒和防范。就当前国际形势而言，极少有国家对宗教持普遍反感和全面打压的态度，如果以歧视、敌视和否定宗教为国策，则会使其自身在世界上被孤立起来，反而会成为国际社会中的另类。

不少人已经看到宗教可与多种政治相关联、相适应，正确的政治应是积极扩大同盟者、减少敌对者的"统战"政治。我们党在政治层面对待宗教的基本态度是"政治上团结合作"，这种表达是非常真诚、明确的。宗教的存在及发展是否正常已成为当今政治的"晴雨表"之一，中国共产党早已是中国的执政党，其对中国社会的"治理"或"统领"作用乃不言而喻，当然没有理由反对任何维系其领导的力量，其政府、政权同样也会需要宗教在对之积极适应下的"帮助"和"维护"。对于中国的社会特点和宗教特点，应该从中国社会独特、持久的整体性和一统性传统及其发展惯性来审视。中国宗教从总体来看在历史上对社会起着维系的作用，其相关功能亦仍在延续。这种宗教与政治统一、和谐共构的理念古今相连、依然鲜活。中华民族的传统坚持了这种"大一统"的文化，而其旺盛的生命力，就在于其"天容万物、海纳百川""多元通和""美美与共"的圆融、和合精神，此即今天所倡导的"和谐文化"。要保持这种"大一统"，当然要争取求同存异，同时也应有彼此尊重的各美其美、和而不同，其中就包括正视并承认宗教的存在。按照马克思主义的观点，宗教消亡是长期、久远的过程，我们党从宗教存在的长期性上也清醒地认识到宗教在当下我国社会根本不可能消失。既然如此，那么我们的主要政治策略就不应该是如何使宗教尽快削减、削弱，当务之急并不是打压宗教，而必须是如何积极引导宗教、如何科学有效地管好宗教。

此外，我们还应该看到中国宗教有着相互通融、彼此涵括的特点。作为中国传统宗教主体的儒、佛、道其实都是交织混合，相互渗透的，信众对之并无绝对排斥的区分；而中国民间宗教及民间信仰的这种交融性则更为明显，大多衍生于、包含了这三大宗教的思想精神和文化内容，与之一道与中华文化共存而不可能从其中剥离。这些中国传统宗教已经成为许多海内外中国人的精神家园，铸就中华之魂的核心建构，故而乃为华人的信仰支撑。基督教、伊斯兰教等原初"外来"的宗教，也先后面对并适应了这种文化大一统及信仰精神上的同在、共融，由此形成其以"中国化"所彰显的中国特色。为此，我们的文化战略就必须基于这一包容特点的思考和构设。中国社会的长治久安需要"合"与"和"，而"分"与"斗"则会使社会被肢解、人心离而散，中国由此恐会进入多事之秋。而要在当今社会转型、精英分化的多元处境中保持这种"和合"，维系社会的"稳定"，难度显然已经增大，在此关键时刻更不可排斥宗教。中国今天构建"和谐"社会之理念的提出，就是要坚持中华文化之"合"、维护中国社会之"稳"，我们必须为持守这一方向、实现这一目标而全力以赴。

所以说，我们今天对待宗教的正确态度，并不是要去区分人们信不信教或是信哪种宗教的问题，而是对信教群众的积极引导问题；信教本身并不是什么问题，但信教者持有什么政治态度则是重大问题。我们不应该搞对宗教信与不信的对比或区分，但必须关注人们的政治态度以及信教对这种政治态度的影响。这样，我们宗教工作的重心在政治上则是积极引导宗教，是认真思考如何使信教者能够真心实意地爱党爱国；与之相关联，还要求我们加强对宗教事务的管理，而这种管理必须是科学管理、有效管理，真正从社会外部到宗教内部管理到位。所以，我们对宗教的社会组织及其活动应该是逐步放开、全面管理，保护合法、制止非法。其"内涵式"管理的关键就在于爱党爱国爱教的宗教人士培养，使之真正发挥作用、负起责任，使宗教界内部有我们可以信靠的宗教领袖和精英人士，进而使宗教界真正成为我们的自己人；而"外延式"管理则应把重点放在宗教依法管理问题的思考、宗教事务条例的完善、宗教管理干部的培训上岗等，使社会管理及政治管理与其教内管理积极呼应，形成管理上的良性互动。中国宗教界的绝大多数是拥护我们党、我们国家和我们社会主义制度的，对此我们应该有基本的自信和乐观的评估。只有在政治上团结了绝大多数信教群众，才可能有效打击以宗教之名、行政治反对之实的敌对势力及其渗透；只有在社会上实现了对宗教的全面管理，才可能及时遏制宗教极端思潮的蔓延和嬗变。因此，积极引导宗教在政治上不是不作为，而是积极作为、科学作为、有效作为。

三 积极引导宗教的认知意义

积极引导宗教与社会主义社会相适应在认知层面则可以遵循我党所强调的"信仰上相互尊重"。在信仰上可否分层来化解对立冲突，即把政治、宗教相区别？这是需要我们在认识论上深入思考的。有人曾否认共产主义、马克思主义是信仰，认为中国人没有信仰、不需要信仰，并且坚持认为信仰只能就是宗教信仰、只是内涵负面意义，故反对"信仰中国"之说；在习近平总书记讲话及党的十八大明确表述共产主义、马克思主义是中国共产党人的信仰之后，肯定"人民有信仰"之后，我们显然只应该从信仰分层来理解和解释相关信仰。但以前持否定信仰观点的人实质上仍在坚持己见，只是改了一种说法，即宣称宗教信仰才是信仰的"本义"，而政治信仰只是"转义"而已。这种说法在逻辑上仍然是把信仰只看作宗教信仰而已，否定政治信仰的信仰性，在根本上仍然是反对信仰、贬低并否定信仰的。

在宗教的意识层面，马克思主义强调社会存在决定社会意识，宗教作为社会意识是其社会存在的反映，因此，不同的社会存在，其社会意识的反映也应该是不同的。既然马克思主义按此来分析宗教，那么我们就理应反思中国当今社会与宗教反映的关系问题。社会变了，对之加以反映的意识自然会变，这是马克思主义唯物史观的基本逻辑。有人将这种思路简单化为"好社会产生好宗教"的"错误思想"来加以批判。但我们不得不顺着这一逻辑来直接诘问：难道好的社会也只能产生出"坏宗教"吗？于此则可进而问之：那种只能产生坏宗教的社会难道还能真正是"好社会"吗？！这种社会与宗教的紧密关联，使我们无法脱离社会来评价宗教，于此之评价则也要慎之又慎，且需符合历史逻辑和社会真实。

在党建方面，从政治组织的团体纪律及严格管理上而言，我们应该坚持"共产党员不能信教"。这在当前国情下，从政党建设、党作为社会政治组织、党的纪律要求和组织管理而言是必需的。但同时我们共产党作为中国执政党在当今这个开放的社会也必须要深入思考如下问题：一是国际社会主义和共产党发展的现状，如社会主义国家之间的利益矛盾、多数社会主义国家的共产党已经解决了与其主要宗教的对立问题，我们在理论上应该怎样解释？二是当前我们在纯宗教团体中任职的共产党员甚至党员干部与宗教究竟是什么关系？如果是因工作需要而在宗教团体任职，那么这一问题在理论和实践上应该怎样解决？怎样加以说明或理顺？三是在绝大多数群众信教（如少数民族等）地区的党员如何处理其宗教氛围的问题，特别是他们在工作、生活中所面临的现实问题应该怎样来解决？在现实操作中的"随顺"和实际情况中信与不信的界限如何把握和判断，其中的分寸如何拿捏才适当？这些问题实事求是的稳妥解决不仅是认知问题，而且还涉及对宗教团体的管理、宗教是否失控或被境外、敌对势力掌控的问题。我们一定要认真研究，三思而后行。

至于"信徒能不能入党"的问题，我们则应该从马克思主义经典作家的相关论述和我党在统战工作中的成功实践来重新思考和制定策略。这些问题包括：一是列宁关于信徒和司祭可以入党的观点如何理解？列宁说，"不禁止基督教徒和信奉上帝的人加入我们的党"①，列宁为此还强调了信徒入党必须坚决服从党纲，而党内则应该尊重其宗教信念这两大原则②。二是周恩来关于从信徒到党员之转变的论述如何看待？在中华人民共和国成立初期，周恩来曾说，"如维吾尔族人，觉得共产党好，有的要求加入共产党，但他的宗教信仰一时又不愿放弃，我们便可以允许他加入，在政治上鼓励他进步，在思想上帮助他改造，否则会影响他前进"③。这充分体现出周恩来在政治上的智慧和策略上的通融。三是对当前其他国家绝大多数共产党吸纳信徒入党的做法应如何评价？四是当前我们党和政府对宗教领袖和宗教团体负责人实际管理的现状该如何说明？五是当前我们政府对宗教团体和宗教负责人政治安排和经济援助的实情是否需要改变及如何改变？在此我们应该如何坚持"政教分离"？其实，如果可将政治信仰与宗教信仰相区分，这种问题在理论和实践上都是可以得到稳妥解决的。列宁所讲作为特殊情况允许少部分宗教界人士及宗教信徒入党，这是列宁在谈论社会主义与宗教、无产阶级政党与宗教关系时早就意识到、因而专门提出来并且加以充分肯定的，周恩来在中华人民共和国成立初期也非常睿智地认同了这种处理方式。而且，这种做法在列宁和周恩来看来实际上是会有助于我们党和政府加强对宗教在政治上和社会上的有效管理的。有些人担心宗教人士入党会改变党的性质，让宗教掌控了党的组织领导，但这种说法应该如何回应列宁及周恩来的看法呢？实际上，在处理任何关涉宗教的问题上，主动权、主导权都是掌握在党的领导上的，列宁对之说得非常清楚，并指出一旦已入党的宗教信徒违背党纲、反对党的基本原则，则就会将之清洗出党的组织，这一底线是早已设定的，毫不含糊的。所以，不可轻看我们党的执政能力，也不应该把我们党想得太脆弱了。在处理宗教问

---

① 《列宁专题文集　论辩证唯物主义和历史唯物主义》，人民出版社2009年版，第222页。
② 《列宁专题文集　论无产阶级政党》，人民出版社2009年版，第178页。
③ 《周恩来统一战线文选》，人民出版社1984年版，第164页。

题上，我们完全有必要展示我们党的道路自信、理论自信和组织自信。在现实工作中，我们党和政府对宗教的有效管理能力是不言而喻的。我们这种政治、社会意义上对宗教的关怀和包容，实质上会积极促进我国宗教界的爱党爱国情怀，不至于使其爱心和向心变成"苦恋"、防止其希望变为失望。当前国际社会各种力量、多元势力都在千方百计地想法把宗教拉到自己那边，对此我们要有清醒的认识。而要把宗教拉到我们党和政府这边来，则应晓之以理、动之以情。这种以理服人、以情动人是我党统战工作的精髓之一，更是我们今天在复杂的国内外社会环境中所特别需要的。如果以任何理由或方式把宗教推出去，对之加以精神或社会排拒，促使其不得不"移情别恋"、转向我们的对立面，则实际上是挖我们自己的墙角。这一问题虽然极为复杂，但至少可以对之加以冷静考虑、认真分析。

在无神论的理解层面，第一，我们要认真、系统地阅读和研究马克思主义经典作家关于无神论的评价；第二，我们要客观看到马克思、恩格斯等人由有神到无神、唯心到唯物观点的转变，故而不能将有神、无神、唯心、唯物之论截然分开，使其绝对化。当前科学的发展使我们对"心"与"物"、精神与物质都需要重新审视，中国科学界当前所展开的对"暗物质"的探索将开始研究物质的新篇章，而"心""精神"等物质性探讨也早就开始。第三，在共产党党纲中是否要写明坚持无神论之说。当时列宁的态度是："不在自己的党纲中宣布我们是无神论者"；"我们在我们的党纲中没有宣布而且也不应当宣布我们的无神论"。[①] 这使我们今天对怎样宣布无神论应该有冷静、恰当的定位，至少列宁的相关考虑值得我们认真参考。第四，我们应该如何展开对各种无神论的分析、评说。无神论涵括很广，有原始、朴素无神论，有古代无神论，有法国战斗无神论，有尼采的虚无主义无神论，有费尔巴哈唯物主义、人本主义无神论，有罗素等人的唯心主义无神论，还有后现代

[①] 《列宁专题文集　论辩证唯物主义和历史唯物主义》，人民出版社 2009 年版，第 222、223 页。

的无神论等。我们所应该坚持、宣传的当然是马克思主义无神论，这才是科学无神论，而且也是马克思主义宗教观的重要、有机组成部分。第五，则是无神论宣传的理论性、学术性、说服力、实际效果的提高问题。有神、无神之论，其本质都涉及"神"之"论"，有着其理解和解释的必要，因而对无神论的系统研究当然也是宗教学的客观、有机构成，所以不应该将无神论与宗教学截然分离。马克思主义无神论就是马克思主义宗教观的有机构成，这是一个整全的科学体系，而不可将之分割。为此，不应该把马克思主义、科学无神论抽象化，不可抽空其内涵而使之变成空洞的标签或吓人打人的口号。而且，也不应该轻率无视、否定学术界对马克思主义宗教观、对宗教学的研究；与其对他人的研究指手画脚、空洞批评，持一种颐指气使的态度，还不如拿出自己系统、扎实的马克思主义宗教观及其马克思主义无神论思想、深入系统的科学无神论研究等真正学术成果来与人对话呢！比如，南京大学前不久推出的"中国无神论史论丛"等具体研究，就特别值得提倡，值得我们好好学习。在学术争鸣上必须"以理服人"，切记不可无的放矢，更没有必要"上纲上线"，以自以为正确的气势来试图压倒对方。这里，我们也必须弄清楚什么是"科学无神论"，对之展开系统、全面的研究，更必须提高对整个无神论研究和相应宣传的学术水平和政治正确性。

　　从社会存在决定社会意识的认知角度，可以扬弃中国宗教与我们执政党在意识形态上的传统分歧，因为我们都有着相同的社会存在，而且是在共产党作为执政党的领导下存在。纵然二者各有不同也可以展开对话而不只是简单对抗或对立。有神、无神乃认知层面而并非存在层面的问题，当前这种认知及相关讨论已经远远超过了近代欧洲法国"战斗无神论"时期的认识及理论水平，对有神论的批评也早已超越了"神鬼"认识范畴，这些都值得我们认真加以追踪研究、跟上时代，这种认识论上的探究将是长期的。政治的此岸性与宗教的彼岸性各有其追求的不同层面，政治信仰与宗教信仰有别而没有必要相混或相等同。我们执政党的先进性使之在引领群众时也必须联系群众、扎根于群众，故而不要人为地突出或强化其在意识形态、价值观上与中国宗教的不同及分歧，而更应注重在社会、政治层面对宗教界的团结。我们推行社会主义核心价值观也绝不能排斥信教群众。今天的国际政治呈现出错综复杂的局面，传统的社会主义阵营不复存在，其意识形态状况也依其国情而各异；国际范围经济发展的相似性、政治经济合作的密切及深化，人类命运共同体的共同构建，使彼此意识形态对话也有了更大的空间。因此，我们应把握对话的灵活性、掌握对话的主动权。宗教在相关意识形态对话上面应该是桥梁而不是死结，是我们在国际舞台意识形态较量及文化比较上大有作为的文化软实力和精神资源，我们不该有本可巧用的软实力而闲置废弃，不可有资源却不会用，而应以此来盘活全局、有新的开创。

在认知意义上，宗教并不纯为有神、信神的信仰观念，而更是人们鲜活的生活，是人类"掌握世界"的"专有的方式"，关涉对"本原""终极实在""整体"的基本"思维"[①]；这种生活既有传统的积淀，又有当今的体验。而这种"掌握世界"的方式也是马克思主义在认知思考上对宗教的理解和界定。因此，我们今天的首要任务已不再是对宗教的质疑和批判，而应是结合中国现代国情及世界现状的分析、研究和评价、运用。马克思早在一百多年前刚开始以唯物史观研究宗教时就公开宣布，在资本主义的德国对宗教的批判已经结束，共产党的历史使命则转向了社会批判、政治批判和法的批判，即打倒剥削统治、推翻旧社会。而如果我们在一百多年后共产党执政的社会主义中国仍要继续坚持对宗教的否定和批判，则无疑否定了我们社会本身。社会结构及存在的变化需要我们与时俱进，今天对宗教的政治评价和意识形态评价应该与中国当下的社会实际有机结合，在理论上和实践中都应该是为了维护、建设我们的和谐社会，使我们的执政党有尽可能多的朋友和同盟军，而不是增加对立面，不是要引起分歧、矛盾和冲突，不是把自己搞乱。所以，马克思一百多年前在欧洲资本主义社会就已经宣布的对宗教批判的结束，不应该在一百多年后我们中国社会主义社会中重新开始。我们要

[①] 《马克思恩格斯文集》第 8 卷，人民出版社 2009 年版，第 25—26 页。

尽全力让我们的社会和谐、民众团结、政治稳定，使社会减少张力、增强凝聚力。宗教和政治一样肯定存有缺陷，在社会上也有其负面作用的存在，宗教和哲学一样在认识上也是有限的，有其迷信和落后的糟粕。但这些缺陷和有限并非宗教的全部，也不至于让我们在人类认知的动态发展中僵化地看待宗教。所以，我们倡导对宗教的积极引导，就是使宗教不断适应新的形势而破除迷信、摒弃过去而与时俱进、勇于创新。在世界范围，宗教为什么会普遍存在且历史悠久，值得我们认真思考和科学探索；而宗教所珍视的真、善、美、圣也是人类宝贵的精神遗产，我们今天仍需对之加以弘扬、发扬光大。意识到人类在发展进程中的有限性和不断开拓性，持有一种开放和与时俱进的眼界，我们对宗教的客观评价和积极引导就有了坚实的基础和现实的必要。

总之，在当前复杂的国内外环境中，在一个开放的社会中，中国不可能不受外界的影响，中国也的确应该提高警惕。中国作为一个负责任的大国正致力于推动世界和谐，引领"一带一路"建设合作，带动各国各族人民共建人类命运共同体。为此，究竟是激化矛盾还是化解冲突，这正考验着我们党和政府在国际舞台上驾驭时局的政治智慧和在中国团结各族人民的执政能力。吸取当前国外因处理民族宗教问题不当而造成被动局面的经验教训，我们必须谨慎、正确地处理好宗教问题，最大限度地发挥宗教的积极作用，使宗教成为我国当前的正能量而不是制约因素，消减其可能出现的负面功能；这就需要我们执政者及其顶层设计的睿智，需要我们应以包括宗教在内的有机整合体系来面对国际社会，走向世界发展。所以，我们党和政府当前执政的重要任务之一，就是在稳定社会大局这一前提下，睿智地在政治、社会、思想、认识、文化各方面都把宗教纳入我们自己的体系，使之成为我们社会构建、思想文化的有机组成。如果在这一关键时机能够及时、自然地调整好我们社会的宗教关系，使宗教真正能与我们的社会建构及政治体制有机共构，使信教群众成为爱党爱国的重要力量和群众基础之组成，那么我们的文化发展就有可能迎来一个长治久安、长期繁荣昌盛的理想时期，从而可以避免现今世界许多国家和地区所陷入的动乱及分裂，巧妙地躲过目前国际社会出现的危机和困境，避免其社会发展的低迷或恶化，由此实现我们中华民族的再次崛起和复兴。基于这些考虑，我们必须练好内功、强健自我，不要掉入阻碍我们顺利发展的任何"陷阱"。而坚持积极引导宗教，团结并凝聚广大信教群众，努力促成宗教与中国当代社会主义社会的积极适应，则是我们在宗教问题上的正确之路，也是我们走向国家昌盛、实现民族团结、宗教和谐、社会稳定之唯一可行的途径。

（原载《世界宗教研究》2016年第1期）

第十四章

辩证看待，积极引导

——学习习近平总书记在中央统战工作会议上的讲话

我们这次"马克思主义宗教观研讨会"（2015）以"事实与价值：新常态视野中的马克思主义宗教观"为主题，根据宗教学、哲学、政治学、社会学等视域来探究马克思主义的宗教理解，对宗教的真实及其价值加以判断。这既具有理论意义，也体现出其现实意义。习近平总书记在2015年2月底非常明确地提出了"人民有信仰，民族有希望、国家有力量"这一表述，对中国人需不需要信仰做出了极为清楚的回答。这就是我们当今中国对信仰存在这一事实及其必要和价值的真实反映。当然，这里的信仰所指有着丰富的涵括，包括政治、民族、文化的信仰等，同样也应该包含宗教信仰。对于中国宗教问题的正确理解和处理，是我们今天科学研究和正确理解马克思主义宗教观的重点和关键。从国际视域来看，几乎没有任何国家或民族在总体上会对宗教持敌视和排拒态度。其各宗教之间的冲突或不同教派之争，除了社会政治经济等原因之外，主要反映出其宗教内部正统地位或宗教之间宣示正确诉求之争，而不是整个社会对宗教整体的排拒或否定。在我们当今中国社会，对信仰尤其是宗教信仰应该有着正确的认识，若对宗教正确引导、主动用之则能使其起到积极作用，若将宗教被动放弃则有可能使之变成消极因素。因此，对于宗教信仰的评价和把握乃事在人为，需要我们正确理解、积极引导、因势利导。从信仰层面，我们可以高度重视和发挥宗教在当今社会的维稳作用，对相关群众的精神抚慰作用，对公益事业的积极参与作用，对中华文化的深化和弘扬作用，以及对海外世界的感染和影响作用。此外，我们这次研讨的一个重要内容，则是对最近召开的中央统战工作会议精神的学习和领会。

2015年5月18—20日召开了中央统一战线工作会议，习近平总书记在其重要讲话中特别提出民族、宗教工作是全局性工作，必须高度重视。在涉及宗教工作方面，习近平总书记突出强调宗教工作的本质是群众工作，重申要全面贯彻党的宗教信仰自由政策，依法管理宗教事务，坚持独立自主自办原则，积极引导宗教与社会主义社会相适应这一党的宗教工作基本方针；并且专门指出积极引导宗教与社会主义社会相适应的"四个必须"，这就是必须坚持中国化方向，必须提高宗教工作法治化水平，必须辩证看待宗教的社会作用，必须重视发挥宗教界人士作用，引导宗教努力为促进经济发展、社会和谐、文化繁荣、民族团结、祖国统一服务。综观习近平总书记的这一重要讲话和党的宗教工作的这一基本方针，我们认识到党中央对宗教工作的高度重视，而丝毫看不到对宗教的任何否定或反感。所以说，宗教的客观存在及还会长期存在乃不可否认的事实，对其价值判断和积极引导则应该实事求是、与时俱进。积极妥善地处理好宗教问题是我们政治智慧及执政能力的体现。实际上，我们民族宗教工作的范围就基于两条线之间，其上线为"发展是硬道理"，搞好我们的经济建设、社会建设和政治建设是解决问题的根本；这是马克思主义宗教观所反复强调的。其下线为"稳定压倒一切"，即民族宗教无小事，不能出乱，民族宗教工作理应为社会稳定加分，需要积极而科学的作为。具体而言，在这两线之间的重要空间，其和谐有序发展就在于坚持党的宗教工作基本方针。

"全面贯彻党的宗教信仰自由政策"，就是要充分尊重公民的宗教信仰自由，而不能以任何理由或借口来歧视、敌视宗教信仰者。我们在宗教工作中应该有这种公民意识，必须尊重公民的基本权利。这种信仰自由也是我们的宪法所给予国家公民的基本自由。当我们处理宗教问题时，首先应该审视一下我们是否真正做到了全面贯彻党的宗教信仰自由政策。

"依法管理宗教事务"，就是要体现中华人民共和国的宪法精神，对宗教事务加以管理而不是放任自流，但管理必须依法，国家工作人员必须学好宪法，带头贯彻、执行宪法的重要规定，维护宪法的尊严。为此，要健全我们的管理体系，这就有必要做到内涵式管理与外延式管理的有机结合。

"内涵式"管理关键在于爱国爱教的宗教人士培养，使之真正发挥作用、负起责任，使宗教界本身有我们可以信靠的领袖和精英人士，使宗教界成为我们的自己人，即我们爱国遵法的基本群众。这就要求我们高度智慧地处理好宗教与我们政党的关系问题。在我们社会主义国家制度中，宗教界的爱国与热爱作为执政党的中国共产党紧密相联，否则很难真正做到这一社会主义政治处境下的"爱国"。与此同时，我们的执政党自然也要正确对待宗教，尊重宗教信仰，体现出执政党对宗教"政治上团结合作，信仰上相互尊重"的基本精神，把信教群众作为我们的基本群众来对待，对我们的爱国宗教团体有着基本的信任和支持。为此，非常值得对政治信仰与宗教信仰的关系加以研究，由此而应看到二者虽有关联却并不属于同一范畴，因而在我们国家的社会主义建设发展中，宗教完全可以与其生存的这个社会和平共处、和谐共在、团结合作。

而"外延式"管理则应把重点放在对宗教立法问题的思考、对《宗教事务条例》的完善、宗教管理干部的培训上岗等制度、体制、行政事务的完善方面。总之，不能对宗教事务"胡管""乱管"，不能按照自己的好恶来随心所欲地管理。我们必须加强管理，我们也必须科学管理，从而使我们的管理有利于对宗教的积极引导。

"坚持独立自主自办的原则"，就是说中国的宗教体现中国特色，与境外的宗教是有区别、有不同的，包括我们的政治背景不同、社会制度不同、经济基础不同、意识形态不同、文化传统不同等。这些不同则提醒我们对中国的宗教要区别对待，认识到因其社会存在、经济基础的不同而与境外宗教的意识形态也明显不同，故此不能将今天中国的宗教与境外宗教完全混同。只有这样，才能有效坚持我们中国的宗教真正独立、自主自办。

许多世界宗教在不同的国度及地区，其性质是不同的。我们既要看到他们思想传承上的精神文化关联，也必须注意其社会存在上的区别，否则为什么同一宗教内部会出现冲突，甚至战争就看不明、说不清了。中国宗教可以与世界宗教友好来往，对话沟通，增进友谊，但不能被境外宗教所掌控。我们独立自主自办的基础即中国宗教是我们中国社会自身的宗教，其意识形态属性反映的是我们自己的社会存在及改革开放以来的经济基础。这是马克思主义认识、分析宗教存在的基本原理在当今中国处境中的客观运用，有其逻辑关联，也只有这样来认识和开展工作才能有效抵御境外渗透。如果将中国宗教意识与中国社会存在相脱节，将宗教群体推出去使之边缘化，则既无其独立，也难以真正自办。

"积极引导宗教与社会主义社会相适应"，这是我们对宗教的基本态度，而且是唯一正确的态度，党的宗教工作基本方针的重点和核心就是"积极引导"，就是认为中国的宗教是完全可以与中国的社会主义社会相适应的，承认中国宗教文化是可以融入我们社会主义核心价值观的。"积极引导"又是辩证地看到宗教的作用，就是积极地把宗教拉到我们自己身边，使之成为我们的基本力量和社会有机构成，防范其社会作用的异化、他化、敌化。这就是习近平总书记强调必须辩证看待宗教的社会作用的真正蕴意之所在。

"积极引导"是我国新时期宗教工作的康庄大道，会迎来光明前景。我们要从和而不同，走向求同存异，争取聚同化异。如果放弃或不真正履行"积极引导"，我们的宗教工作则有可能会走向歧途，我们也可能陷入宗教矛盾冲突的多事之秋。

（原载 2015 年 6 月 2 日《中国民族报》）

第十五章

认真领会"四个必须",
深化"积极引导"意蕴

在 2015 年 5 月召开的中央统战工作会议上,习近平总书记发表了重要讲话,提出民族、宗教工作是全局性工作,指出宗教工作的本质是群众工作,重申了要全面贯彻党的宗教信仰自由政策,依法管理宗教事务,坚持独立自主自办原则,积极引导宗教与社会主义社会相适应这一党的宗教工作的基本方针;并特别强调要积极引导宗教与社会主义社会相适应,就应该做好"四个必须",这就是说,必须坚持中国化方向,必须提高宗教工作法治化水平,必须辩证看待宗教的社会作用,必须重视发挥宗教界人士作用,引导宗教努力为促进经济发展、社会和谐、文化繁荣、民族团结、祖国统一服务。其核心思想就是要我们积极引导宗教,并在这种积极引导中做好上述"四个必须"。这是党中央对宗教的真正态度,也为我们科学研究宗教、推动中国宗教学的正确发展提供了重要指南和理论方向。对于这"四个必须",我们应该反复学习,认真领会。我们必须高度重视习近平总书记的这一重要讲话精神,在宗教工作和宗教研究中紧跟党中央关于宗教问题的战略部署、把握其最新精神。通过认真领会这"四个必须",则可深化我们对"积极引导宗教与社会主义社会相适应"这一基本方针之丰富思想意蕴的理解。

"必须坚持中国化方向",所体现的是中国宗教要"坚持独立自主自办的原则"。"中国化"是中国宗教的基本定位,就是说中国宗教必须走符合中国国情的发展道路。按照马克思主义社会存在决定社会意识的基本原理，中国的宗教与境外的宗教应该是有明显不同的，其所反映的基本上是中国社会的存在、中华文化的表达、中国人的精神需求。虽然有人不同意这种说法，却需冷静思考：如果中国宗教不是反映中国的社会存在，那么究竟应该反映谁的社会存在呢？又应如何结合中国国情来理解马克思主义关于宗教是一定社会存在的反映这一基本观点呢？如果在中国宗教理解上不将之与中国国情相结合，则很难引导其坚持中国化方向。因此，不能把对中国宗教的理解抽象化、空洞化，使之与中国社会存在完全脱节；而"必须坚持中国化方向"实际上也给了中国宗教的存在一种客观的理解、一个基本的定位，这也正是其与境外宗教本质不同之处。可以说，中国宗教在中国化的方向上，已经有着比较成功的经验。如历史上佛教在中国就曾完成了其在政治、文化等层面的中国化，这不仅使佛教在中国得以全新的发展，成为中国特色的佛教，而且也给中国文化带来了新的元素、增加了其厚重及深蕴，使中国文化构建中有了佛教的参与和贡献。对此，习近平总书记在联合国教科文组织总部的演讲中有着高度评价。这种历史上的中国特色及中国反映，为佛教在今天坚持中国化方向奠定了非常坚实的基础。当前，我们还需要进而推动相关宗教继续努力，尽早完成即彻底实现其中国化转型。为此，我们学术界近几年来积极倡导基督教的中国化，从理论及实践上提供思路、积极探索，这也得到了中国政界的全力支持和中国教界的积极响应。关于宗教在华的"中国化"，境外势力也曾说东道西、企图阻拦。但这动摇不了我们坚持推动中国宗教中国化的决心。中国的基督教、伊斯兰教等宗教只要坚定不移地坚持中国化方向，就能走上顺利发展的康庄大道，并从根本上防范、摆脱境外的任何渗透。我想，在中国宗教坚持中国化方向方面，我们中国宗教学研究当然有自己的话语权，理应有所作为。

"必须提高宗教工作法治化水平"，这实际上就是要真正做到"依法管理宗教事务"。中国宗教的存在及发展，必须有序进入法治化的轨道，这是中国社会主义法治的基本要求，也是时代发展对当今中国宗教

第十五章 认真领会"四个必须",深化"积极引导"意蕴 147

的必要管理。为此,我们必须基于宪法精神和相关法律法规来将宗教"拉进来管"、使之有序发展,而不能把宗教"推出去乱",让其放任自流;在当代中国社会,宗教与其他社会组织一样当然要遵纪守法,理应自觉主动维系社会秩序,中国的宗教应该是促进其社会和谐的社会细胞及社会建构,而不可以任何借口搞特殊化,更不可凌驾于法律法规之上。任何宗教都不能为所欲为、违反法规政纪,宗教的存在与发展也不可形成弥散、随意、放任、无序之势,因此必须防范、阻止宗教出现极端、狂热的苗头。对于宗教的社会存在,我们党和政府必须管起来,而且要依法管理、科学管理,这是我们执政能力及智慧的体现。这种法治化水平的提高,一方面要求我们主动引导宗教界人士、宗教团体或信教群众学法、守法,自觉保持和维护法律的权威及尊严,从宗教界内部的信仰教义、教规教制中完善其知法、尊法、用法的体制机制,达成其教法对社会公法的适应、服从和维护,形成国家宪法乃至高法、教规必须服从国法的观念和意识;另一方面则要使司法、执法者和相关行政管理者遵循法律规则,尊重宗教信仰者的基本权益,建立健全我们宗教管理的法律体系,使宗教工作有法可据、可依、可行,杜绝违法乱纪、粗暴管理的现象出现。从这种意义上来说,我们要充分认识到"宗教无小事",法规政策是我们党和政府执政行政的基本生命线。如果一些做法违背法治化管理的基准、突破相关宗教在法律允许范围内的信仰底线,则会造成宗教界纠结、迷茫,甚至抵制、抗议的恶果,出现不利于安定团结、有损于爱国爱教的局面;这也会破坏我们党和政府的形象、打破正常的政教关系和顺畅的党群关系,使我们的领导艺术、执政能力受到怀疑或非议,因此我们应尽量防止这种现象的出现、制止类似局面的形成。

"必须辩证看待宗教的社会作用",其实质就是以马克思主义历史唯物主义和辩证唯物主义的立场观点及方法来看待和评价中国的宗教。我们应该联系中国社会主义社会这一基本国情、基于其社会存在这一具体实际来辩证地分析看待中国当前的宗教现象,对之加以科学、客观和正确的评估。宗教有其发展演变过程,受其社会环境及时代背景的影响。看待中国当代宗教不可形而上学、不能思想僵化、不要孤立抽象，而必须具体问题具体分析，实事求是。我们对中国宗教的评价应该反映中国当代社会现实，而不是仍然保持基于1949年前的中国社会或19世纪的欧洲社会所分析得出的宗教认知来论说宗教的本质及其社会作用。对中国宗教在中华人民共和国成立70年以来的发展变迁一定要有基于事实、客观求真、与时俱进的观察分析，做出科学、可靠、令人信服的结论。诚然，中国宗教在其思想认识层面有其唯心、有神思想的性质，但也应该看到其在理解、解释上随社会变化、时代变迁而不断出现的发展变化。我们在这一层面完全可以保持存异和批评之态；不能因为宗教由于历史传统、社会影响、思想继承等原因而有着某些消极、不利因素就将宗教全盘否定、对之持完全负面的评价；我们应该看到整个人类就是从不断纠错、不断突破其局限而曲折发展起来的，既然我们能够善待人类的童年和幼稚，为什么就不能善待反映人类这一精神发展过程的宗教呢？特别是现代中国社会中的宗教已经发生了巨大变化，早已不能与其过去同日而语，所以，在对中国宗教的社会存在评价及其社会作用的分析上则需慎之又慎，符合实际、反映实情。我们必须注意到，在我们今天的发展中若主动对宗教加以积极引导，则能使之起积极作用；若被动放弃宗教、无所作为，则有可能让宗教变为消极因素，因此乃事在人为，需要我们因势利导、积极引导。这正是习近平总书记强调"必须辩证看待宗教的社会作用"所蕴含的深意。我们在现实中既看到了宗教积极适应社会主义社会的正面形象及积极作用，也不可否认宗教仍存在保守、极端、僵化、偏执、排他、狂热等问题，必须正视境外各种势力利用宗教所进行的渗透和干涉，以及由此而带来的其相应负面的形象和消极作用。但这些问题并不应导致我们对宗教的完全否定、彻底打倒，而且其负面性在整个宗教中也只占有很小的比重。对此真正积极、有效的态度和举措，就是促进宗教的自我改革和更新，鼓励宗教积极适应社会的发展、主动与时俱进。此外，我们要根本有效地防范宗教社会作用出现异化、外化、恶化乃至敌化等倾向，把相关矛盾或问题化解在其初始阶段、萌芽之际，尽量不要使之蔓延、扩展。在我们社会主义的中国，引导宗教的主导权、主动权乃在我们党和政府的手上，需要我们加以很好运用和积极发挥，不要因为我们的不作为或胡作为而导致宗教问题的失控、出现乱局。这种"辩证看待""积极引导"主要应是对宗教的正面引导、积极评价、更多鼓励和勉励，这样则可使我们增加中国宗教的正能量，使之有效发挥其"在当今社会的维稳作用，对相关群众的精神抚慰作用，对公益事业的积极参与作用，对中华文化的深化和弘扬作用，以及对海外世界的感染和影响作用"。所以说，对中国宗教的"辩证看待"，是对之"积极引导"的必要准备和正确途径。

"必须重视发挥宗教界人士作用"，这是对中国共产党的统一战线理论、群众工作路线的科学运用。我们要透彻领会"宗教工作的本质是群众工作"这一基本要求，努力做好相关工作。我们应把广大信教群众作为我们的基本群众来看待，将之视为我们可以依靠的基本力量来拉近，而不是将之看作因相信"有神"而致的异己力量来疏远。我们承认存在有神信仰这种认知差异，也必须区分政治信仰等与宗教信仰之不同，但还应该看到人们的信仰除了政治信仰之外仍然有其他信仰、其中就包括宗教信仰，把"人民有信仰"误解为只有宗教信仰当然不对，但在人民的信仰中完全排斥宗教信仰也肯定不对，因而我们有必要正视人们宗教信仰的存在。我们主张把信仰分为不同层面来理解，强调不能把人们的信仰简单等同于宗教信仰，但也不可轻率否定中国人的宗教信仰存在，而且更要正确对待人们的宗教信仰。在我们今天和谐社会、命运共同体的构建中，为什么就不能善待宗教、包容宗教、宽容信仰的多样性呢？我们要看到广大宗教界人士爱国主义的真实体现，看到中华人民共和国成立以来中国宗教界人士积极参加社会主义中国建设的真诚态度和热情投入，从而与宗教界人士坦诚相待、肝胆相照，将之视为我们的基本群众、我们自己的朋友。我们不能仅仅要求宗教适应我们社会主义社会，而对广大宗教界人士积极适应中国社会主义社会所出现的有利变化、作出的有益贡献却熟视无睹、无动于衷、麻木不仁。不应该把今天中国宗教的存在与中国社会完全脱节，硬说今天中国宗教仍然完全是消极的，或说社会存在的改变不能改变宗教意识的本质、不会影响其政治立场的选择，这种高高在上、颐指气使、不分是非的结果会让宗教界人士失望、心凉，看不到希望、得不到鼓励。相反，我们只有承认这些明显的变化，肯定并鼓励宗教界人士的积极适应，才可能真正团结广大宗教界人士发挥其在促进经济社会发展中的积极作用。以一种违背马克思主义基本原理的僵化、死板的宗教意识形态观来静止地看待中国社会主义社会的宗教，既不利于对宗教的公正评价和积极引导，也有害于我们当前和谐社会的建设。所以，只有实事求是地指明并肯定中国宗教界人士所发挥的积极作用，真正重视其积极作用的发挥，才能够有效地从其内部积极防范和及时消除宗教极端主义与宗教保守主义的影响，最大限度地减少其消极作用和境外渗透，使宗教界人士有信心、有动力地积极适应社会发展和进步，保持同我们社会主义社会的一致、能够与我们的社会同心同德、和我们的时代共同发展。

做好这"四个必须"，是积极引导宗教与社会主义社会相适应的具体体现和具体举措。落实好这"四个必须"，则能使中国宗教界人士有效做到"五个服务"，即为促进经济发展、社会和谐、文化繁荣、民族团结、祖国统一服务。因此，"全面贯彻党的宗教信仰自由政策"要真正做到"全面"，"积极引导宗教与社会主义社会相适应"必须真正"积极"。我们应该按照宪法来充分尊重公民的宗教信仰自由，努力消除社会上仍存有的对宗教信仰者的歧视、贬损和否定。中国宗教界的广大信众在积极弘扬中华优秀传统文化，认真学习和接受社会主义核心价值观，这是有目共睹的，不能视而不见；与之相呼应，我们则应承认宗教文化是中华传统文化的有机构成，在倡导社会主义核心价值观时积极接地气，对包括宗教文化在内的中国文化有正确认识、客观评价，侧重于对其积极因素的发挥和弘扬。中国特色社会主义理应包括中华文化特色，我们关于宗教的理论自然要有对中国传统文化中宗教信仰的冷静分析和积极引导。如果对"积极引导"质疑，则偏离了中央的一贯精神、违背了党的宗教工作基本方针。自中国改革开放以来，中央历届领导都在反复强调对宗教的"积极引导"，并将之作为党的宗教工作基本方针的基点及要素；这次中央统战工作会议重申了这一"积极引导"，并进而提出搞好"积极引导"而应做到的"四个必须";为此,我们更有必要仔细研读、认真学习、深刻领会这次中央统战工作会议及习近平总书记重要讲话的精神要素。

"积极引导宗教与社会主义社会相适应"是我们对宗教的最基本态度、这也是当前中国宗教工作唯一正确的态度。我们共产党员一定要讲党性,这就要求我们认真学习党中央关于宗教工作的最新指示精神,自觉遵守和坚持党的宗教工作的基本方针,积极紧跟党中央的战略部署,改革创新、与时俱进。我们学者也一定要坚持我们的学术良心、职业道德和科学研究的精神,冷静、客观地观察社会变化、发展,审时度势地分析、研究宗教在当代中国的现状、性质,严肃、科学地对待我们的相关研究,不能搞因循守旧、不能形而上学、不能故步自封,更不能歪曲、篡改正常的学术观点而对之断章取义、以偏概全、上纲上线、批判攻击。"积极引导"是党的宗教工作基本方针的重点和核心,起着灵魂和生命的作用,其目的就是要把宗教拉到我们自己身边,使之成为我们的基本力量和社会有机构成,从而体现并实现我们的统战思想和群众路线。"积极引导"会带领我国新时期的宗教工作走上顺利发展的大道,带来宗教与我国社会和谐、与我们政治合作、与各族人民关系和顺的美好未来。没有"积极引导",我国的宗教工作就会走入困境,我们的民族就会出现分裂,我们的社会也就可能导致动乱,那么未来我们所面对的则可能是宗教矛盾的多事之秋,很难摆脱的也会是各种宗教冲突、政教对抗的恶梦。对此,我们不能掉以轻心,一定要冷静考虑、清醒认识、正确作为。

对宗教是拉还是推,是争取还是放弃,是积极引导还是消极对待,这两种意见会有不同的作用,产生不同的结果。党中央在最近统战工作会议上给出的答案仍然是"积极引导",习近平总书记为之还进而提出要具体做好"四个必须"。我们认真贯彻落实这"四个必须",就是要争取中国的宗教对我们国内起到社会稳定、民族和谐的作用,对外则能起到彰显并扩大中华文化影响的作用,从而使境外的负面干涉、恶意攻击毫无作用、彻底失效。"积极引导"还可以使中国宗教"走出去"发挥我们文化软实力的积极作用,推动世界不同文明、不同信仰的对话,在各国各民族中起到沟通作用,促进我们"一带一路"的发展。这就可以充分体现中国宗教的文化战略意义,有助于中华民族伟大复兴之"中国梦"的实现,让我们的国家越来越强大、我们的社会越来越稳固;而境外敌对势力及不利因素则无可乘之机,其对华作用及影响也就会越来越弱、越来越无效。所以说,"积极引导宗教"是我们治国理政的一种大智慧,为此而做好"四个必须"则是这种睿智的具体体现和英明发挥。我们应将做好"四个必须"作为我们"多元宗教与和谐社会建设"研讨中的一个重大课题,作为我们当前宗教研究的一项必要任务,作为我们和谐社会构建的一种关键举措。

(原载《中国民族报》2015 年 7 月 28 日第 6 版)

第十六章

积极引导宗教,做好四个"必须"

一 引论

中国的改革开放给中国的文化复兴带来了非常重要和极为关键的历史时机,未来中国及整个世界将永远记住20世纪与21世纪之交这几十年的中国所发生的天翻地覆的伟大变化,将展示中国文化在经历了"文化大革命"给中国文化带来的破坏、浩劫之后于这一时期努力复兴、发展创新所留下的文化瑰宝、艺术丰碑、思想光芒。作为这个"破""立"之时代转型的见证人,作为新文化事业建设的参与者,我们深感使命在肩、任重道远。审视这几十年的中国当代文化建设,我们充分认识到中国宗教参与文化建设及发展的重要性,有着不可或缺的地位。因此,对中国宗教的重新认识和积极引导就显得格外重要。然而,由于各种复杂原因和观点上的分歧,这一认知之旅走得非常艰辛,迄今仍难有任何轻松可言,但为了我们可爱祖国的文化大繁荣,为了我们社会主义中国的长治久安、持续发展,我们仍需坚持这一研究,应该相互鼓励、积极合作、坚定不移地继续往前走。

2015年5月18—20日,中央统战工作会议在北京召开。习近平总书记在这次会议的重要讲话中对我党民族、宗教工作有了非常明确的定位,提出民族、宗教工作是全局性工作,指出宗教工作的本质是群众工作,重申了要全面贯彻党的宗教信仰自由政策,依法管理宗教事务,坚持独立自主自办原则，积极引导宗教与社会主义社会相适应这一党的宗教工作的基本方针。习近平总书记对如何真正落实这一基本定位也有着具体要求，特别强调要积极引导宗教与社会主义社会相适应，就必须坚持中国化方向，必须提高宗教工作法治化水平，必须辩证看待宗教的社会作用，必须重视发挥宗教界人士作用，引导宗教努力为促进经济发展、社会和谐、文化繁荣、民族团结、祖国统一服务。总结这一重要精神，其核心思想就是要我们积极引导宗教，而其落实就是在这种积极引导中要做好上述四个"必须"。这是党中央对宗教的真正态度，也为我们科学研究宗教、推动中国宗教学的正确发展提供了重要指南和理论方向。对此，我们必须反复讲、反复学，牢牢把握好这一前进的方向。

此前，社会较为困惑的一大问题，就是中国人有没有信仰、需不需要信仰？对此，习近平总书记在2015年2月底曾明确提出了"人民有信仰，民族有希望、国家有力量"这一表述，对中国人需不需要信仰做出了极为清楚的回答。这一早春二月的信息，给我们在信仰问题上带来了大地回春、万象更新的希望。当然，这里所论信仰理应涵括政治信仰、文化信仰和宗教信仰等，而信仰这一范畴本身也显然就不可能在其之内排拒宗教信仰。当前，对于中国宗教问题的正确理解和处理，已经关涉我们今天的文化战略、文化建设和社会可持续发展。世界上的绝大多数国家或民族都没有对宗教持敌视和排拒态度，历史上打压宗教之举也没有从根本上消除宗教的存在、减弱宗教的影响。因此，中国共产党作为执政党理应处理好与宗教的关系问题，对宗教加以积极引导。信仰作为国家、民族和其民众可持续发展的潜在精神力量应该得到高扬。在此，我们一定要科学处理好政治信仰与宗教信仰的复杂关系，在共产党的领导下、在社会主义制度下，使之得以积极地双向互动，做到"政治上团结合作，信仰上相互尊重"，让其互补而不是排拒、共聚而不是离散、同心同德而不是分裂对峙；在社会层面突出我们共产主义信仰的引领作用，在精神层面则应体现对话、沟通的宽容态度。

二 积极引导宗教

习近平总书记在中央统战工作会议的这一重要讲话中重申了党的宗教工作基本方针，我们在其中丝毫看不到对宗教的任何否定或反感，而是感受到通篇都充满了关心广大信教群众，积极引导宗教适应当今中国社会之蕴涵。所以说，宗教的客观存在以及在中国社会也还会长期存在，这乃是不可否认的事实，对其价值判断和积极引导则应该实事求是、与时俱进。最近一段时间以来，有些观点只是突出宗教的消极作用，对引导宗教适应我们社会也持颇为消极之态，过于强调宗教思想文化与我们社会主流价值的分殊。这种不顾中国当代宗教正在努力与时俱进的客观事实，对学术界积极引导宗教的见解批评、否定之举，是不符合实事求是的精神原则的。应该说，在当前形势下，积极妥善地处理好宗教问题、对宗教加以积极引导，是我们政治智慧及执政能力的体现。

党的宗教工作基本方针体现为"全面贯彻党的宗教信仰自由政策"，"依法管理宗教事务"，"坚持独立自主自办的原则"和"积极引导宗教与社会主义社会相适应"这四句话。"全面贯彻党的宗教信仰自由政策"所强调的是对公民宗教信仰自由的充分尊重。无论是以什么借口来无视、歧视、蔑视和敌视宗教信仰者，都是对党的宗教信仰自由政策的违背。我们反对那种在抽象上肯定宗教信仰自由、在具体认识及行为上却否定宗教信仰自由的观点和做法。宗教信仰自由是我国宪法保证的、党中央政策明确规定的公民基本权利，因而必须得到尊重和受到保护。

"依法管理宗教事务"体现出依法治国的原则，反映出对中华人民共和国宪法精神的维护。宗教事务如同任何社会事务一样应该得到管理而不是放任自流，这种管理要做到有法可依，执法要严，体现出我国法律的尊严和对正常社会秩序的保障。根据法律所实施的科学管理、权威管理则应该体现在"内涵式"和"外延式"管理这两种模式的落实及其有机结合上。"内涵式"管理指对宗教内部体系的管理，其关键在于爱国爱教的宗教人士培养。我们需要一大批与我党同心同德、肝胆相照的爱国爱教人士，尤其是这样的宗教领袖和其社会精英；而且在所有宗教活动场所、礼拜堂点都应该有这样的爱国宗教人士来主持、把握。所以，这样的教育培训机制必须健全。这种"内涵式"管理得以实施，是与中国政治特点及其文化传承密切关联的，体现出中国特色的政教关系。在我们社会主义制度下，这种中国传承的政教关系仍得以延续，其时代特色则是宗教界的爱国自然要与拥戴、热爱作为执政党的中国共产党相结合。而在这种中国特色的政教结合、政教和谐中，我们的执政党自然也要从中国社会整体的考量、从中国社群结构对宗教社团的涵括这一事实出发来正确对待宗教，尊重宗教信仰，至少要保持"政治上团结合作，信仰上相互尊重"的关系底线。突出政治信仰的中国共产党从其群众路线出发也理应把信教群众作为我们的基本群众来对待，正视群众信仰包括其宗教信仰的多样性，以政治信仰的主导、引领来包容、吸纳各种信仰在政治层面与我党保持一致，处于和谐共存之中。这种信仰上的尊重、包容是共存、共建、共和、共同发展，而不是也不可能是人为地、违背历史规律地以政治信仰来取代任何信仰、更不是以此来弱化、消解宗教信仰。信仰的多元、多层共存、共构，是形成我们今天人类命运共同体的精神信仰共同体之前提和保障。这种政治智慧自然要求对我们的爱国宗教团体和信教群众有着基本的价值信任和社会支持，在信仰价值和社会作用层面根本排拒宗教则会使这种"内涵式"管理失去根基、无法实施。我们应该清醒地看到，今天中国宗教界的绝大多数人都是"生在新社会、长在红旗下"，从小就受到社会主义体制的教育和其主流意识形态的熏染，如果说这批人仅仅因为其宗教信仰就要被列入我们社会的"另类"、被当作"异己"力量，那将是十分荒唐和匪夷所思的。中国共产党实施着对中国社会全方位的领导和管理，也并没有把宗教排拒在外，中国社会不存在隔开宗教的"飞地"，这种社会处境及氛围就是上述"内涵式"管理的坚实基础。而"外延式"管理则是在社会范围搞好依法管理宗教的工作、完善宗教事务条例等关涉宗教的行政法规。此即社会的法律管理，对宗教社团的行政管理。为此，宗教管理干部应该培训上岗，学会科学管理宗教，而不能对宗教事务胡管、乱管。只有严格依法管理宗教，才会有利于对宗教的积极引导。

"坚持独立自主自办的原则"体现出中国宗教的中国特色。中国宗教与境外宗教有着社会存在的不同，由此而亦有政治背景、社会制度、经济基础、意识形态、文化传统等不同，这些不同就是中国宗教的特色，也是中国宗教可以独立自主自办的根基。中国宗教的独立自主自办需要与中国社会政治的有机联结，需要对其中国社会存在、政治制度、思想文化的依靠。只有承认中国宗教是中国社会所接受、是我们政治经济和思想文化范围内的正常存在，宗教社团和信教群众才可能有效抵制境外渗透，坚持独立，搞好自主自办。如果不承认中国宗教依附、反映中国当今社会存在现实，则只会把宗教推出去异化、外化、他化，从而失去其独立自主自办的根本可能性。

"积极引导宗教与社会主义社会相适应"是党的宗教工作基本方针的核心所在。我们因此也必须特别强调、突出"积极引导"。其前提就是承认中国的宗教是完全可以与中国的社会主义社会相适应的，承认中国宗教文化可以融入我们的社会主义核心价值观，是其所依据的中国优秀传统文化的有机组成部分。"积极引导"是中国共产党统战理论的精华和精髓所在，即最大限度地团结广大群众，使我们的朋友越多越好。要落实"积极引导"既需要我们对宗教要有"积极"态度，也要求我们对之主动"引导"，而且要善于"引导"。可以说，在今天中国的社会处境中和所面对的国际形势下，对宗教的"积极引导"是唯一正确道路，也是真正有效、可行的举措。

三 做好四个"必须"

习近平总书记在强调积极引导宗教与社会主义社会相适应时，专门提出了"必须坚持中国化方向，必须提高宗教工作法治化水平，必须辩证看待宗教的社会作用，必须重视发挥宗教界人士作用"这四个"必须"，从而使我们贯彻落实党的宗教工作基本方针有了明确的目标，找到了行之有效的抓手。

"必须坚持中国化方向",就是体现出中国宗教"坚持独立自主自办的原则",使之走符合中国国情的发展。这是完全符合党的宗教工作基本方针的核心精神的。我们必须明确地看到,中国的宗教与境外的宗教当然有别,其所反映的是中国社会的存在、中华文化的表达、中国人的精神需求、中国政治的定位。在中国宗教的中国化方向上,我们有非常成功的经验。如历史上佛教在政治、文化等层面的中国化,不仅使佛教得以全新的发展,而且也给中国文化带来了新的元素、增加了其厚重及深蕴。同样,我们也还需要推动相关宗教继续努力。如近几年来我们学术界积极倡导基督教的中国化,得到了政界的全力支持和教界的积极响应。基督教、伊斯兰教等宗教坚持中国化方向,就能走上顺利发展的康庄大道,从根本上防范、摆脱境外的任何渗透。在中国宗教坚持中国化方向方面,我们宗教学在理论上、舆论上都是完全可以大有作为的。

"必须提高宗教工作法治化水平",就是要真正做到"依法管理宗教事务",任何社会的宗教存在都必然受到其社会法律的约束和治理,我们也应该使中国宗教的存在及发展有序进入法治化的轨道。这就要求我们基于宪法精神和相关行政法规来将宗教拉入"依法治国"的规制之内,而不能把宗教推出去脱离法律的规范和制约,即不能使任何社会组织及社会活动出现"无法"而存的乱象;要使宗教成为遵纪守法、自觉主动维系社会秩序、促进社会和谐的社会细胞及社会建构,而不能任宗教形成放任自流、为所欲为的弥散之势。这种法治化水平的提高一方面在于引导宗教界人士、宗教团体或群体学法、守法,自觉保持和维护法律的威严及尊严,从宗教界内部的信仰教义、教规教制中完善其知法、尊法、用法的体制机制,达成其教法对社会公法的适应、服从和维护;另一方面则要使司法、执法者和相关行政管理者遵循法律规则,尊重宗教信仰者的基本权益,并不断完善、健全我们宗教管理的法律体系,使宗教工作可以遵照相关法律法规而行,有效杜绝任何违法乱纪、粗暴管理的现象出现。如果宗教治理随心所欲、违背法治化管理的基准,突破了宗教界遵纪守法的底线,则势必会使宗教界人士纠结、迷茫，质疑我们法律的权威性，这样就很可能出现无视法律尊严、不利于安定团结、影响社会稳定的事件；而宗教界的可能迷失则也会有损于其爱国爱教的形象，甚至放弃对正确道路的持守。这些迹象都值得我们高度重视和警醒。

"必须辩证看待宗教的社会作用"，就是要坚持马克思主义唯物史观及其辩证方法，结合中国社会主义社会这一基本国情和21世纪发展的世情，基于宗教的具体社会存在来分析看待中国当前的宗教现象及其可能发挥的社会作用，对之有真实动态的观察和客观正确的评估。对中国宗教的评价应该反映中国当代社会现实，而不是仍然保持前人那种基于1949年前的中国社会状况，或19世纪的欧洲社会环境所分析得出的宗教认知。应该说，20世纪的前半个世纪与后半个世纪中的宗教乃截然不同，其根本就在于宗教所依存的中国社会这一基础发生了天翻地覆的巨变。因此，我们对中国宗教在中华人民共和国成立70年来的发展变迁一定要有实事求是、与时俱进、与社会共进的客观分析，做出科学、可靠且令人信服的结论。宗教在我们今天的发展中有其客观存在的社会背景，其宗教信仰者主体也与1949年之前的信仰者有着身份上的明显区别。我们强调宗教积极适应当今社会，但也需要社会中宗教之外的人们在主观上对宗教的积极适应有着欢迎、支持的积极姿态。于此，把宗教作为我们社会的有机构成，其若能被社会主动利用则可以起到积极作用，但若宗教在这一社会遭遇到被动放弃，则也有可能变成消极因素，因此乃事在人为，需要我们因势利导。这正是习近平总书记强调"必须辩证看待宗教的社会作用"之意味深长的蕴涵。这里，极为关键的还是在于我们党和政府对宗教的积极引导。在我们社会主义的中国，这种辩证看待、积极引导完全可以使我们高度重视和发挥宗教在社会上的积极作用，使广大宗教信徒的积极适应得到鼓励和支持。而且，也只有这种"辩证看待""积极引导"才能有效防范宗教的社会作用出现异化和走向负面，从而阻止其社会功能的蜕变或隳沉。

"必须重视发挥宗教界人士作用"，就是通过"统一战线""群众工作"的智慧来调动起宗教界人士的积极性。如何发挥宗教界人士的作用，不能光空说，而必须要有具体可操作的有效举措。如果把宗教界人士视为有异于我们的另类，则不可能也无法发挥其积极作用。所以，我们一定要坚持中国共产党的统一战线理论，搞好新时期的统一战线工作，这个"法宝"不但不能丢，还必须有效地用起来。同样，这也就是提醒我们在宗教工作上要坚持群众路线，真正领会和努力做到"宗教工作的本质是群众工作"这一基本要求。我们必须把广大信教群众作为我们的基本群众来看待，将之视为我们可以依靠的基本力量来拉近，而不是将之看作异己力量来疏远。我们的理论和实践都要体现出这种拉近的努力，而不要使宗教界从心理上和情感上感到自己被疏远、被排拒。宗教工作按照统一战线工作的基准要体现出广交朋友、避免树敌的原则，要吸引、温暖宗教界人士的心，调动其积极参与我国社会建设的热情和主观能动性。如果仍以一种口头上看似坚持、而实质上乃违背马克思主义基本原理的僵化、死板的宗教意识形态观来看待中国社会主义社会的宗教，既不利于对宗教的公正评价和积极引导，也有害于我们当前和谐社会的建设。因此，只有实事求是地指明并肯定中国宗教界人士所发挥的积极作用，才能够从其内部积极防范和及时消除宗教极端主义与宗教保守主义的影响，才能有效抵制境外敌对势力的渗透，使宗教界人士有信心、有动力地积极适应社会发展和进步，发自内心地保持同我们社会主义社会的与时俱进。

四 结语

总之，只有做好上述四个"必须"，才能真正做到积极引导宗教与社会主义社会相适应，才能使宗教界人士心悦诚服地努力做好五个"服务"，即为促进经济发展、社会和谐、文化繁荣、民族团结、祖国统一服务。为此，我们要"全面贯彻党的宗教信仰自由政策"，充分尊重公民的宗教信仰自由，而不能有意无意地表现出对宗教信仰者的歧视、贬损和否定。而且，我们也应该承认宗教文化是中华传统文化的有机构成，在倡导社会主义核心价值观时积极接地气，弘扬中华优秀传统

第十六章 积极引导宗教，做好四个"必须" 161

文化，包括对中国宗教文化的正确认识、客观评价，以及对其积极因素的发挥和弘扬。中国特色社会主义理应包括中华文化特色，我们关于宗教的理论自然要有对中国传统文化中宗教信仰的冷静分析和积极引导。"积极引导宗教与社会主义社会相适应"是我们对宗教的最基本态度，而且这的确也是唯一正确的态度。党的宗教工作基本方针的重点和核心就是对宗教的"积极引导"，就是承认中国的宗教是完全可以与中国的社会主义社会相适应的，承认中国宗教文化是可以融入我们社会主义核心价值观的，承认中国政教关系是能够达到和谐共处的。"积极引导"就是把宗教拉到我们自己身边，使之成为我们的基本力量和社会有机构成。"积极引导"就应该对宗教脱敏，让社会以正常心态来看待并对待宗教。至于有神、无神之理论争论则本是思想认识层面的恒久常态，是辩证共存的关系。今天中国无神论的理论发展也应该与时俱进，以其科学、深入、系统、有说服力的研究和论述来影响社会、打动人心；在学术层面、理论层面，无神论研究首先必须全面把握马克思主义经典作家对无神论的分析评价，其次则要深入了解无神论的历史发展和基本理论体系，然后还应该将其应用与中国国情有机结合、真正做到理论联系实际、实事求是，应该保持其研讨的建设性、开放性和对话性。有神、无神之争当然可以在思想、学术层面展开，但不要将之过于强化并引入社会政治层面，避免由此造成与宗教信仰者的分殊及分道。可以说，"积极引导"是我国新时期宗教工作的康庄大道，会迎来光明前景。如果放弃或不真正履行"积极引导"，我国宗教工作就会走向歧途，我们也可能陷入宗教矛盾冲突的多事之秋。

对待宗教，不同的社会及政治力量都会有想法，也都会对之加以运用。这就使社会中的宗教不可能躲避或脱离政治。不同社会政治力量对宗教是争取还是放弃，是拉近还是推远，会引起不同的作用，产生不同的结果。中国特色社会主义的宗教理论应该深刻认识到宗教对我们的文化战略意义，简单而言，就是争取其对内起稳定和谐作用，对外起扩大中国文化影响、抵制负面干涉的作用，在世界不同文化中起对话、沟通作用，这样就能使我们自己越来越强大、稳固，而境外存有的敌对势力及不利因素也会越来越弱化、分化。

　　这一体现"积极引导"的宗教理论应该以一种大智慧来充实、完善我们的宗教认识及政策，体现其理论与实践的和谐统一。在实现中华文化伟大复兴的"中国梦"之努力中稳妥处理好宗教文化的定位，促进宗教软实力的参与，借此理顺我们社会文化与宗教的关系，消除以往的张力和对峙，使宗教真正成为我们社会文化的有机构成，与我们的社会政治和谐相融，在我们的社会建构中清晰自然，从而能够发挥其正能量、正功能，使宗教积极参与共同塑造我们的文化自我、形成我们的文化自知和自觉。所以说，做好四个"必须"，积极引导宗教，是我们在中国当代文化建设中值得认真考虑的一个必要选项，是中国宗教学在其"中国化"创建中的一项重要任务，值得我们对之深入思考和认真发掘。

（原载《大理学院学报》2015年第7期）

第十七章

积极引导宗教的关键在于"导"

习近平总书记在全国宗教工作会议的重要讲话中指出，做好党的宗教工作、把党的宗教工作基本方针坚持好，关键是要在"导"上想得深、看得透、把得准，做到"导"之有方、"导"之有力、"导"之有效，牢牢掌握宗教工作主动权。这充分说明，中国共产党作为当代中国的执政党在积极引导宗教与社会主义社会相适应上起着主导作用，有着引导任务，这种"导"意味着我们党对宗教工作的能动、主动之掌握，体现出我们党的执政睿智。

如何积极引导宗教与社会主义社会相适应，关键是对"导"之理解，其真正起作用亦是在于"导"之作为。因此，"导"在这里有着丰富的蕴涵，反映出我们党和政府在宗教工作理论与实践上的有机结合，体现为我们党在统战工作、群众工作上的领导艺术和施政智慧。

第一，"导"之基础是建立健全中国特色社会主义宗教理论的系统体系，使之作为先进、科学理论思想之"导"。这一理论体系就要求我们坚持用马克思主义立场、观点、方法来认识和对待宗教，坚持辩证唯物主义和历史唯物主义两大基本原理来实事求是地具体分析当前我国宗教与社会存在的关系，遵循宗教存在和宗教工作规律，深入研究和妥善处理宗教领域各种问题，结合我国宗教发展变化和宗教工作实际，不断丰富和发展中国特色社会主义宗教理论，用以更好指导我国宗教工作实践。中国特色社会主义宗教理论代表着经典马克思主义宗教观的当代化、中国化，是马克思主义经典学说在中国实践中理论联系实际、实事求是的科学运用。为此，我们应该系统学习马克思主义宗教观的经典表述，弄清经典作家对宗教的分析评价；在此基础上我们应该努力探索马克思主义宗教观的中国化发展，使之能得到结合国情、时情的科学应用；并进而形成和完善中国特色社会主义宗教理论，体现中国特色、讲好中国故事，做出当代中国共产党在认识和做好宗教工作上与时俱进、积极发展马克思主义的独特贡献。

第二，"导"之指向是引导我国宗教坚持中国化方向，使我国宗教能够充分反映并弘扬中国优秀传统文化内容，并能积极与当代中国社会主义社会相适应，使之体现为中国方向、中国道路之"导"。积极引导我国宗教坚持中国化方向，需要做好如下层面的引导工作：一是要用社会主义核心价值观来引领和教育广大宗教界人士和信教群众，并牢固地立于这一核心价值观的文化根基来弘扬中华民族优良传统；这一价值观上的导向至关重要，是使中国宗教界形成向心意识、共有凝聚精神的关键。二是要用团结进步、和平宽容等观念来引导广大信教群众，使其自觉参与中华民族和谐大家庭的构建，树立社会公民观念、形成服务祖国的责任意识，以国家主人翁的姿态积极投身到中华民族共同体的建设中去。三是要支持各宗教在保持基本信仰、核心教义、礼仪制度的同时，积极而实效地引导其深入挖掘各自教义教规中有利于社会和谐、时代进步、健康文明的内容；这就要求中国宗教与时俱进、革新发展，努力发扬其积极因素、淘汰其消极内容，通过相关的理论建设来对其教义教规做出符合当代中国发展进步要求、符合中华优秀传统文化的阐释。对宗教的积极引导，务必关注其教义教规的发展和变革，因为这是宗教信仰中的核心内容，对信教群众起着精神指导、思想定位的关键作用。在这一领域的引导可以达到一发而动全身、四两可拨千斤的效果，也是积极引导宗教与社会主义社会相适应的一个不可或缺的重点。这三个层面的引导，都要有中国意识，都必须强调中国方向。中华文化的悠久传统，中国精神的博大精深，理应在中国宗教中得以体现和弘扬；而这种中国化方向所展示的中国文化气质乃是厚德载物的夯实、海纳百川的开放。

中国化方向的确立，是中国宗教正常发展的必要导向；而走中国化道路，则是中国宗教存在并融入中国社会的必由之路。

第三，"导"之体现是要构建积极健康的宗教关系，通过行之有效的双向互动来达到宗教与社会各个方面求同存异、聚同化异而关系和谐、和平共处的最佳效果，使之实现多元和合、整体共构的关系之"导"。习近平总书记指出了我国宗教现存的五种关系，并提出了处理好这些关系的基本思路和必须坚持的原则。在这五种关系中，一是党和政府与宗教的关系；其中党和政府具有处理好这一关系的主导权和主动权；中国共产党作为执政党统领全局、指引方向，以制定党的宗教工作基本方针之顶层设计而表达出其执政理念、展示出其执政睿智，而政府则以法治方式及其相关政策举措来使之落实，因此党和政府将牢牢把握其对宗教主动、主导的引导工作，妥善处理好这一关系。二是社会与宗教的关系；其有效处理则要求社会与宗教积极沟通、双向互动；社会要宽容、包容其存在的宗教，善待宗教，让宗教脱敏、成为正常的社会存在；宗教则要自觉尊重、遵守社会法律及规则，服从社会大局，融入社会整体，积极、主动地与其社会相适应。三是国内不同宗教之间的关系；这就要求不同宗教应相互尊重、积极对话，大家和平共处、和谐共存，而不可唯我独尊、一教独大。四是我国宗教与外国宗教的关系；中国宗教有中国的传承及传统，反映出中国社会及中华文化的特色；尽管有些宗教起初是从外国传入，却也在其中国处境的存在及发展中出现变化和革新发展，因而与其在外国发展的同一宗教也有不同，包括其社会存在及社会反映的不同，其经典解释和教义教规发展的不同，以及其文化传统及生活习俗的不同等；因此，我国宗教应坚持独立自办，与外国宗教形成相互尊重、互不干涉的关系，并自觉抵制境外宗教包括其同一渊源之宗教的掌控，反对境外渗透和对我国宗教事务的干涉。五是信教群众与不信教群众的关系；处理好这一关系的关键是实行宗教信仰自由政策，在社会主义建设事业中搁置信仰、思想认识上的分歧，相互尊重，认识到宗教工作的本质就是群众工作，从而最大限度地把广大信教和不信教群众团结起来，共同维护祖国统一、民族团结，在爱党爱国上达成共识，服从服务于国家最高利益和中华民族整体利益，为实现中华民族伟大复兴的中国梦而共同努力。

只有把这些关系都处理好了，我国的宗教关系才会和谐，中国社会关系也才能真正实现和谐。对于如何处理好我国宗教关系，习近平总书记强调了两个必须，即必须牢牢把握坚持党的领导、巩固党的执政地位、强化党的执政基础这个根本，必须坚持政教分离。党的领导高于一切，这是中国治国理政的根本原则，也是做好宗教工作、促进宗教关系和谐的根本所在。而坚持政教分离，一方面要坚持宗教不得干预行政、司法、教育等国家职能的实施，保持宗教"完全自由的、与政权无关的""公民联合体"状态（但最近召开的全国宗教工作会议对宗教团体的定位有新的解读，提到了宗教团体是党和政府团结、联系信教群众的"桥梁"和"纽带"的高度，故需要新的思考与调整，可参考下面第四点中的说明）；而另一方面则要坚持政府依法对涉及国家利益和社会公共利益的宗教事务进行管理，政府在这种国家、社会之公共层面的管理上要做好四个方面的工作：一是提高宗教工作法治化水平，用法律规范政府管理宗教事务的行为；此即政府在依法管理宗教上的严格自律；二是用法律调节涉及宗教的各种社会关系，即在管理上要科学运用法律手段，依法行政，依法协调宗教社会关系；三是要保护广大信教群众的合法权益，不能歧视宗教或把宗教视为另类，避免人为导致群众对立、社会分裂；四是深入开展法治宣传教育，提高群众的法治观念，特别是要教育引导广大信教群众正确认识和处理好国法和教规的关系，主动自觉地使教规服从国法。

第四，"导"之推动要靠加强宗教团体建设，搞好其内涵式管理，使之成为有效调动宗教界内部积极性之"导"。这里，习近平总书记明确指出宗教团体是党和政府团结、联系宗教界人士和广大信教群众的桥梁和纽带，故而应该为宗教团体开展工作提供必要支持和帮助。宗教团体作为社会子系统而发挥着作用，其内部建设和内涵式管理至关重要。党和政府的支持和帮助涉及五个方面，一是尊重和发挥宗教团体在宗教内部事务中的作用，不要越俎代庖；二是帮助其建立高素质的领导班子，做到政治上可信、作风上民主、工作上高效；三是支持宗教界搞好自身人才队伍建设，并要坚持四条用人标准，即政治上靠得住、宗教上有造诣、品德上能服众、关键时起作用；四是坚决抵御境外利用宗教进行渗透，防范宗教极端思想侵害，其有效举措就是坚持积极引导、坚持独立自办；五是面对网络时代的新情况，要高度重视互联网宗教问题，其积极引导在互联网上则在于大力宣传党的宗教理论和方针政策，及时传播正面声音，把握舆论导向的主导权。

第五，"导"之落实在于各级党委高度重视，把宗教工作纳入重要议事日程，使之形成党的组织负责、各部门齐抓共管之"导"。习近平总书记要求党和政府各个部门看到新形势下宗教工作的复杂性和艰巨性，做到全面推进和重点突破相结合，根据具体情况以抓住主要矛盾、解决突出问题来推进全局工作。这就需要把宗教工作纳入党和政府各部门的重要议事日程，实行动态观察、弹性管理，及时发现新情况、研究新问题，提高宗教工作理论水平和宗教治理能力，落实党的宗教工作基本方针、推动相关决策部署。这种积极引导因而要求党和政府各级干部加强学习党关于宗教问题的理论和方针政策，加强学习宗教基本知识，制订恰当的干部教育培训计划，使之能够培训上岗，科学、合法、高效地管好宗教，解决问题。为此，党的统战部门有着牵头协调责任，对宗教坚持政治上团结合作、信仰上相互尊重，在爱国主义、社会主义旗帜下同宗教界结成统一战线，凸显党的这一重要法宝所具有的鲜明特色和政治优势，体现其做好群众工作、最大限度团结广大群众，使我们的朋友越多越好、敌人越少越好之重要意义。而政府宗教工作部门则应在依法管理宗教上见证依法治国方略的具体落实，在建设法治社会上作出积极贡献。其余各有关部门及人民团体也要齐抓共管，共同做好宗教工作。

总之，这种在当今中国对宗教的积极"引导"关键在于"导"。而其"导"之有方、有力、有效的具体体现和落实就是党和政府关于宗教问题的理论引导、方向路线引导、方针政策引导、法律法规引导和宣传舆论引导等。因此，积极引导宗教，依法加强管理，坚持中国化方向是理解这一"导"的基本思路之所在。随着全国宗教工作会议的胜利召开，我们认真学习和贯彻落实习近平总书记关于宗教问题的最新指示精神，就必须认真体悟和领会这种"导"的精髓、本真和智慧，并以此为指导来做好宗教工作，真正实现对宗教与社会主义社会相适应的积极引导。

（原载 2016 年 7 月 10 日《人民日报》，发表时有删节。）

第十八章

积极引导宗教，防范极端思潮

利用宗教信仰来从事或掩饰民族分裂主义和反社会、反人类的恐怖行为，是对宗教信仰及其核心价值的背叛和亵渎，是妄以宗教之名来敌视宗教、反对其纯真信仰，也是对宗教基本道德观念和社会伦理的伤害和摧残，而这恰恰就是宗教极端思想的本来面目。宗教极端思潮所反映的不是宗教信仰所追求的本真，不能代表宗教信仰的基本思想，而是对宗教信仰的巨大歪曲和根本背离。在反对暴恐活动和宗教极端主义思潮时，我们必须标本兼治，既要打下暴恐分子的嚣张气焰，又要从根本上正本清源，进入宗教信仰体系内进行积极引导，让主张正义、和平的宗教教义占据主流，使那些极端思想在宗教内部也没有市场。反对宗教极端思潮的法宝和根本有效的举措，就是坚持正确认识宗教和对宗教的积极引导，只有把宗教看作我们社会的正常存在、把宗教信众视为我们的基本群众，才可能真正深入信教群众，达到以"攻心"而得以"同心"之效。所以，对待宗教的正确方法就是"积极引导""加强管理"和"独立自办"。

中国改革开放以来，党的宗教信仰自由政策得到贯彻落实，国家宪法对宗教信仰自由的保障得到了集中体现，我们的社会正在朝着尊重宗教信仰自由、使宗教得以脱敏，正确认识宗教、善待宗教的方向发展；与此同时，我们也在积极引导宗教与社会主义社会相适应，使宗教活动"遵守国家的法律、法规和方针政策"；这一方面成绩突出，效果明显。

在今天中国社会主义社会处境中，我们特别强调鼓励"宗教界人士要努力挖掘和发扬宗教中的积极因素"，"改革不适应社会主义的宗教制度和宗教教条"，"努力对宗教教义作出符合社会进步要求的阐释"，"积极弘扬宗教教义中扬善抑恶、平等宽容、扶贫济困等与社会主义社会道德要求贴近的积极内容"。这样，广大宗教界人士积极响应，心情舒畅，充分体现出爱国爱教的热情。随着这种形势的发展，我们中国的宗教信仰就能朝向、贴近中国社会主义的核心价值观，我们的宗教社团就能成为当今和谐社会的有机建构，广大宗教信众就能在中国经济社会及文化建设、发展中为我们的民族团结、国家的统一、世界的和平作出杰出贡献。

但是，树欲静而风不止，这种和谐的宗教信仰氛围受到一股逆流的冲击，极少数别有用心的人利用宗教极端思想来搞恐怖破坏活动，以宗教之名来煽动民族分裂，如在相关地区发生的一些暴恐犯罪事件中，人们似乎都发现有一个幽灵在作祟，即暴恐活动的背后似乎都有"宗教极端思潮"在起引诱、支撑作用。这不仅破坏了安定团结的社会和谐局面，而且也给相关宗教带来了伤害，造成负面影响。其实，在实施暴恐袭击者中有很多人根本就不懂宗教，甚至连相关的宗教基本常识都没有，他们只是受到少数别有用心人的蛊惑，被那些歪曲宗教本意的极端思想表述所迷惑，结果干出了伤天害理的坏事。因此，这些暴恐事件的发生，使得我们必须高度注意宗教极端思想的危害性和欺骗性，并对这些背离宗教正道、歪曲宗教经典的行径加以揭露和批驳。

各种"宗教极端思想"都会曲解宗教信仰的本意，对相关宗教经典加以错误的解读、偏激的阐发，诱使或煽动人们离开信仰的正道而堕入歧途。一些人一旦被偏执的、反社会、反人类的极端观念掌控了头脑，形成极端主义思潮，就可能干出极端错误的行径，甚至违法犯罪，引发社会动乱。受宗教极端思潮影响而导致的暴恐事件，正是这些极端分子漠视基本人权、不顾人间正义，以偏激的思想、反社会的手段来蛊惑人心、教唆挑拨而挑起的事端。他们以此来制造社会分裂、破坏民族团结，搅乱了人们平静、安宁、和谐的生活，甚至导致严重流血事件，造成人民群众生命财产的伤害和社会人际关系的危机。这些受宗教极端思想控制的人会丧失对生命的最基本尊重，会无视法律法规来实施自杀性恐怖袭击，滥杀无辜，其恶行乃人性泯灭、天良丧尽。这种极端思想和恐怖行径，受到全世界人民包括广大宗教信众的坚决反对和愤怒谴责。在反对暴恐活动时，国际上一批著名宗教领袖曾特别指出：以宗教的名义而犯下的罪恶乃是根本反对宗教的最大罪恶。

这些恐怖分子往往会把自己的极端行为与所谓的"圣战"相联系，妄图将之作为"神圣"之举来掩盖其反人类、反宗教的暴行。事实上，他们的罪过难以在宗教中找到这种对之粉饰、掩藏的"灵光圈"。他们既然肆无忌惮地亵渎了生命，也就从根本上亵渎了他们所理解的宗教，背叛了他们自以为在信守的宗教。例如，颇有喧嚣架势的所谓"圣战"之说，有人将之说成是源自阿拉伯文的"吉哈德"，并宣传有着宗教经典的"根据"。但是，如果我们认真阅读伊斯兰教的《古兰经》，则很容易发现"吉哈德"在《古兰经》中的本来理解是"奋斗"之意："我必定要试验你们，直到我认识你们中的奋斗者和坚忍者，我将考核关于你们的工作的报告。"（47：31）伊斯兰教的本真信仰意义是"和平"与"顺服"，而与战争、暴行毫无关联。穆斯林提到对"真主"的信仰时，"吉哈德"的本意是"尽个人最大的努力"，即努力克服掉自己的私欲，从而能为真主更好地"奋斗、尽力"，不怕因此给自己带来的"艰辛"。"吉哈德"的原意并不是要承认所谓"圣战"，而是为了正义、为了真主而努力奋斗之意。尽管后来在一定限度内作引申意义之解的"小吉哈德"会被用于"斗争"或"战争"，却也是专指为了伊斯兰教信仰而反抗压迫、捍卫正义，有着明确的限定，这与滥杀无辜、肆意破坏毫无关系。所以说，任何人以"圣战"之名而行恐怖之实都是反人类、反宗教的，对"吉哈德"肆意歪曲的解释本身就是违背伊斯兰教教义之举，乃与其纯正的信仰背道而驰。实际上，《古兰经》开宗明义，在其卷一第一章就已经告诫其信徒要让其信仰"引导我们上正路"（1：6），指明"你所佑助者的路，不是受谴怒者的路，也不是迷误者的路"（1：7）。值得特别指出的是，世界上绝大多数穆斯林都是爱好和平的，所以要弄清楚究竟"谁代表穆斯林"的问题，不要忘了伊斯兰教世界中坚持"中道"的"沉默的大多数"，绝不可把极少数宗教极端分子视为宗教的代表。

宗教极端思潮很容易与民族分裂主义联手，从而增加其破坏性，有着更大的危害。这些极端分子以所谓"圣战"来为其民族分裂行径辩解，而在新疆曾出现的民族分裂主义则与"双泛（泛伊斯兰主义、泛突厥主义）"思潮密切相关。19世纪在奥斯曼帝国出现"泛伊斯兰主义"，主张形成伊斯兰信仰的共同体（乌里玛），此后于19世纪末在土耳其出现"泛突厥主义"，其思潮在1913年甚至宣称"突厥语的维吾尔族、哈萨克族、柯尔克孜族、乌孜别克族、塔塔尔族、阿塞拜疆族等都应该成为一个突厥民族国家"，由此而使"东突"势力浮现出来，并波及中国。在英俄等境外势力的影响下，伊犁、乌鲁木齐、喀什等地自"一战"时期以来出现"东突"思潮；1932年，穆罕默德·伊敏在南疆搞分裂失败而流亡国外，随之编出一本《东突厥斯坦历史》，继续煽动民族分裂；1933年，沙比提大毛拉在喀什要建"东突厥斯坦伊斯兰共和国"，结果其分裂势力在新疆各民族人民的一致反对下被消灭。历史告诉我们，这种民族分裂企图是死路一条，"双泛"之举不得人心。因此，我们必须旗帜鲜明地反对"双泛"思潮、反对民族分裂的企图。值得警惕的是，20世纪90年代以来，由于境外分裂势力的支持，这种民族分裂出现了复杂化发展。1998年，美国关于"中国人权"报告提出所谓"新疆人权"问题，并推动所谓"新疆工程"；1999年10月，"国际东突民族代表大会"在德国慕尼黑召开；此外在巴伐利亚州也设立了所谓世界维吾尔代表大会、东突信息中心等机构；1999年12月，所谓东突民族中心在土耳其境内成立；2007年4月，在柏林还组织了所谓"第二届维吾尔领导人培训班"。而热比娅出境后对境外东突势力的整合，以及某些国际势力对之支持和加大其反华渗透，使新疆的局势趋于严峻。敌对势力以历史上并不存在的所谓一体性"突厥"民族为借口，其实质就是妄想达到对中国的分裂，造成民族仇视、社会动乱。所以，我们要坚决制止这种民族分裂之举，反"双泛"的斗争没有丝毫可以调和的余地。

在反对暴恐活动和宗教极端主义思潮时，我们必须标本兼治，既要打下暴恐分子的嚣张气焰，又要从根本上正本清源，进入宗教信仰体系内进行积极引导，让主张正义、和平的宗教教义占据主流，使那些极端思想在宗教内部也没有市场。这里，我们一定要牢记习近平总书记所反复强调的，"决不能在根本性问题上出现颠覆性错误"。这就要求我们在民族问题上继续坚定不移地坚持民族区域自治的基本制度，在宗教问题上继续毫不动摇地坚持"宗教信仰自由""积极引导宗教与社会主义社会相适应"的基本原则。反对宗教极端思潮的法宝和根本有效的举措，就是坚持正确认识宗教和对宗教的积极引导，只有把宗教看作我们社会的正常存在、把宗教信众视为我们的基本群众，才可能真正深入信教群众，达到以"攻心"而得以"同心"之效。所以，对待宗教的正确方法就是"积极引导""加强管理""独立自办"。"积极引导"就应该更自觉、更主动，"更多地从积极方面来看待宗教"，就必须"积极弘扬宗教教义中扬善抑恶、平等宽容、扶贫济困等与社会主义社会道德要求贴近的积极内容"，使宗教信仰在弘扬社会主义核心价值观时更多地求同、达和，发挥其正能量，并能够不断革新、与时俱进，紧跟我们时代的发展。"加强管理"就应该将"外延式"管理与"内涵式"管理有机结合，特别是要认真思考和加强这种"内涵式"管理，在依法管理的基础上对宗教更多采取"钻进去管""共构式管"的方法，让宗教领袖和教职人员真正以"爱党""爱国"的自觉来"爱教""管教"，在诠释宗教教义上制止极端思潮的蛊惑，凸显宗教对社会的正能量、正功能、积极作用，从而使广大宗教信众能够顺利站在党和政府一边，会自觉、自然地抵制民族分裂和宗教极端思潮。"独立自办"就应该把宗教社团及其领袖纳入我们自己的社会体系和管理机构之内，使宗教真正成为"自己"而绝不会成为"异己"，从而不给宗教极端思潮、民族分裂思潮和境外渗透势力任何社会市场及活动空间。对此，我们还必须统一认识，做艰苦细致的工作，通过持之以恒、锲而不舍来达到"治本"的目的。

宗教的主流和正宗是追求和平的，宗教信仰按其本真是希望"在地上有平安"、让人类要和谐。早在1992年，由伊斯兰教、天主教、东正教和犹太教代表在瑞士召开的和平与宽容会议上，这些宗教就共同发表了号召宗教应在减少和制止民族纠纷及冲突上作出贡献的《伯尔尼宣言》，坚决反对以宗教之名来引起纠纷、煽动分裂、制造动乱，并且明确指出"以宗教之名而犯下的罪恶，实际上是犯了反对宗教本身的大罪"。所以说，宗教极端思想在根本上是"反人类"及"反宗教"的，因而毫无"神圣"可言，更不要说有什么"圣战"了。从宗教的复杂社会关联来看，我们应该认识到其信仰思想的主流和社会伦理的主张是促进社会和睦共在的，宗教极端思潮只是歪曲了其信仰真谛而出现的异化、蜕变，其在宗教本身也是不受欢迎且多被谴责的。为此，我们不能因为有宗教极端思潮的存在而误导我们对整个宗教的认识。宗教本是人们追求崇高和超越的精神需求，并体现出其生动的人文情怀和现实关怀，如基督教称其为"博爱"的宗教，伊斯兰教强调其信仰本意即"和平"，佛教也表达了其"慈悲"之境界，这些宗教都旨在唤起人们在真实生活中的"觉悟"、达到自我的"升华"。但是，在复杂的社会及国际环境中，由于国际恐怖主义、民族分裂主义和宗教极端主义这"三股势力"的出现，纯正的信仰被歪曲，宗教思想被错误利用，宗教冲突、宗教战争也是不争的历史事实，这种宗教陷入其内的纷争造成了社会的动乱和人们生存的危机。所以，宗教正常社会存在的一个基本底线，就是不要轻率地卷入政治变局，不能在其生存处境中越位去干政乱政，这种"卷入"或"干涉"实际上就已经偏离了宗教的"正道"。对此，我们必须认清并把握好宗教与政治的复杂关系。

利用宗教信仰来从事或掩饰民族分裂主义和反社会、反人类的恐怖行为，是对宗教信仰及其核心价值的背叛和亵渎，是妄以宗教之名来敌视宗教、反对其纯真信仰，也是对宗教基本道德观念和社会伦理的伤害和摧残，而这恰恰就是宗教极端思想的本来面目。因此，在宗教极端思想那儿，宗教被虚化，而其孤注一掷的极端举动所表现的政治意向才是其真正目的。我们一定要看清宗教极端思想的这一本质，使人们真正的宗教信仰能与之划清界限，从而不再让人误以为"极端"与"宗教"会有着天然、必然的关联，不给宗教极端主义留下任何市场，不让恐怖分子从宗教信仰中找到任何借口，并因此而使其伤天害理的恐怖行为受到坚决谴责和严厉惩罚。真正的宗教信仰所推崇的是"劝善戒恶""仁慈宽恕""和谐共融""行德显爱"。宗教文化所要追求和体现的是人类和睦、天下一家、世界大同。在社会行动中胡作非为、滥杀无辜，与宗教信仰的追求完全是背道而驰、彻底对立的。

中国文化提倡一种"中和"思想，在世界各种宗教寻求"全球伦理"及和平共在的底线原则时，被普遍看好的正是和谐、谦让的中国宗教的"中庸之道"；因此，任何宗教在中国的存在都应该体现其"中国化"的发展，都必须积极融入博大精深的中国文化，成为中华文明的有机构成。与之相关联，中国伊斯兰教学者目前已开展对当代世界伊斯兰教"中间主义"的关注和研究，认为信仰伊斯兰教的民族乃"中正的民族"，而伊斯兰教在主张"中和"共融的中国社会及中华文化中也会自然而积极地适应。最近中国西北的穆斯林还专门举行了伊斯兰教"中道"思想的座谈会，强调与中国文化精神的一致，明确表态反对宗教极端思潮。面对国内外复杂严峻的形势，我们一定要加强与宗教界的团结、合作。而宗教倡导的社会关系则应是和谐、和睦，宗教推崇的文化应是和合、宽容的文化。宗教极端思潮所反映的不是宗教信仰所追求的本真，不能代表宗教信仰的基本思想，而是对宗教信仰的巨大歪曲和根本背离。宗教不能被极端分子、民族分裂主义者所利用，我们也不能将反对极端思潮的斗争转向宗教。一旦出现对宗教的打压，宗教则可能转入地下而形成不正常的发展，局面反而容易失控。中外历史上对宗教的打压或"灭教"之举并没有"消灭"宗教，而只是使之转到地下后导致其更隐蔽，甚至更快速、更大量的发展，并且可能引起"异端"甚至"邪教"这种异化形态的出现，带来社会及人们生命财产的巨大损失，结果引起社会发展的倒退。这些历史的教训值得认真吸取，包括反思中国清代出现的"中国礼仪之争"后的闭关禁教、白莲教造反、"拜上帝会"发起的"太平天国起义"运动等事件，都与当时的宗教理解和宗教政策相关。因此我们应该意识到广大宗教界防范、抵制、反对、谴责宗教极端思潮，正是对其宗教信仰本真的捍卫和保护。所以，我们应该对广大信教群众包括广大穆斯林群众有着基本自信，发挥党和政府对宗教积极引导的主导作用，保持宗教的正常存在及发展，保护合法、制止非法，与信教群众一道共同携手建设好我们的美好家园。我们要团结好各民族人民和各宗教信众，齐心协力维护我们的社会稳定、民族团结，在争取早日实现中华民族伟大复兴之中国梦的努力中有我们共同的身影和贡献。

（原载《世界宗教研究》2014 年第 6 期）

第十九章

研究马克思主义宗教观，发展中国宗教学

——纪念毛主席关于开展宗教研究重要批示50周年

以马克思主义为指导的中国宗教学研究是毛泽东主席亲自提倡和推动的，这为我们的宗教研究指明了方向，开辟了道路。2013年是毛主席诞辰120周年纪念，也是毛主席关于开展马克思主义指导下的宗教研究重要批示50周年纪念。毛主席于1963年12月30日对中央外事小组"关于加强对外研究的请示报告"做了重要批示，特别指出：对世界三大宗教，至今影响着广大人口，我们却没有知识，国内没有一个马克思主义者领导的研究机构，任继愈用历史唯物主义写的论佛学的文章犹如凤毛麟角，不批判神学就不能写好哲学史，也不能写好文学史、世界史。根据毛主席这一重要批示，周总理对开展宗教研究做了具体指示：要研究世界三大宗教的理论、现状和历史，包括它们的起源、教义、教派、经典等。在毛主席和党中央的亲切关怀和直接指示下，任继愈先生于1964年组建成立了世界宗教研究所，我国从此有了以马克思主义为指导来专门研究世界宗教的学术机构。中国社会科学院有十来个研究所是当时毛主席批准组建的，而世界宗教研究所则更是其中唯一一个由毛主席亲自建议而得以成立的。在纪念毛主席诞辰120周年之际，我们重温50年前这一重要批示，回顾这50年来中国宗教学的发展及其成就，

感到格外亲切和兴奋。2014年就是毛主席亲自倡导而成立的世界宗教研究所建所50周年纪念，因此，对于我们研究马克思主义宗教观、发展中国宗教学的成就和当前所面临的问题，有必要加以梳理和阐述。

一　关于马克思主义宗教观的研究

马克思主义宗教观是马克思主义理论体系的重要组成部分，是马克思主义在宗教认识及宗教研究上的具体体现，因而也是我们宗教工作和宗教研究的指导思想。在党中央的领导下，我们的宗教研究一直坚持马克思主义的指导，尤其自改革开放以来，我国的马克思主义宗教观研究取得了巨大成就，这是我国宗教学发展与众不同的一个重要标志。科学地研究和运用马克思主义宗教观，是我们宗教研究领域对坚持马克思主义指导的贯彻落实。因此，突出和强调马克思主义宗教观正是我们在宗教工作及研究领域对马克思主义指导的坚持。我们对之必须旗帜鲜明。这些年来，我们世界宗教研究所每年都组织一次全国规模的马克思主义宗教观研讨会，出版了多卷研究马克思主义宗教观的论文集，不少学者也相继推出了研究马克思主义宗教观的个人专著和文集，特别是在中央组织的马克思主义基础理论研究工程中设立了马克思主义宗教观的专项研究，有力推动了从资料搜集、原著翻译到专文及专题探讨的系统研究，形成马克思主义宗教观研究的繁荣景象。因此，我们所倡导的，就是要深入系统研究马克思主义关于宗教的学说及观点，而涉及宗教问题研究的中国学者也绝不可对这种马克思主义宗教观的专门研究充耳不闻，或凭空臆断。我们必须看到，马克思主义宗教观是马克思主义整个理论体系及其学说建构的有机构成，不可任意将二者割裂开来。在相关学说讨论及争鸣中，对这两者有机共构的关系一定要看清楚、想明白，任何人为地将之分割对于当前已经展开的学术争鸣和学术批评都是极不严肃的。其实，我们应该回到马克思主义经典作家的原典研究，只有严肃认真地研读原著、对之加以字斟句酌的分析考辨，仔细弄清马克思主义论宗教的基本观点及其时空背景联系，才是正确之途。

在研究马克思主义宗教观的基本态度和科学方法上，我们应该有着如下一些思考。

第一，读马克思主义经典作家原著应系统、全面，对其科学体系有整体性把握。

谈论马克思主义，必须读马克思主义的著作，在认真阅读的基础上来思考和论说。一定要克服那种不读书而信口开河、把自己的想法想当然地视为马克思主义经典作家的观点来任意使用、强加于人的不良风气。只有静下心来认真、系统、全面地研读马克思主义经典作家的原著，才有真正的发言权，而不可嘴上空洞地挂着马克思主义，却缺乏对马克思主义相关著述的深入、具体之探究。回到原典认真学习，这也体现出我们研究马克思主义的严肃性和科学性，体现出我们对经典作家的尊重、崇敬。

第二，对经典作家的理论思想要争取读懂、读透，不可一知半解，更不可误解歪曲。

认真领会马克思主义的原意，真正弄清马克思主义经典作家的所思所想，则应该顺着经典作家的思路来透彻、正确地理解其博大精深的思想精髓和基本要义。因此，不能对经典作家的言论断章取义、随便发挥；而必须根据对经典作家著述的系统了解、整体把握、全面认识来对其思想加以诠释、论说。只有这样，才能杜绝对经典作家思想的误解或歪曲，防范轻浮的学风。

第三，学习经典作家的著作必须了解其社会历史的时空关联，从其社会背景来理解。

读经典作家之书不能孤立地、封闭地阅读，而应该以一种开放性视域、结合其社会实际、时代处境来思考性地阅读、辩证性地看待经典作家的相关结论，基本观点。这样才能有的放矢，读懂、弄通、用活。例如，马克思对宗教的分析是基于宗教与当时社会的关联，指出"这个国家、这个社会产生了宗教，一种颠倒的世界意识，因为它们就是颠倒的世界。……因此，反宗教的斗争间接地就是反对以宗教为精神抚慰的那个世界的斗争"。正是看到宗教的这种具体社会关联，马克思在当时就已经强调:"就德国来说,对宗教的批判基本上已经结束;而对宗教的批判是其他一切批判的前提。"① 现实与宗教的关系是存在决定意识的关系,宗教是现实社会生活曲折、复杂的反映。马克思当时所在之"不好的社会"产生了"不好""消极"的宗教,也是当时宗教作为社会意识所反映出来宗教的特性。这也理应是我们今天分析中国宗教的一个基本的方法,社会存在是什么样的,那么社会的宗教反映就会是什么样的。有些人指责我们今天中国社会的宗教,却不谈或回避今天中国社会现实。有人随之却如此联系来说,"按照这种推理,是否也可以这样说:马克思主义产生在不好的社会,所以是个不好的主义;马克思主义是个好的主义,所以产生它的社会是个好社会?"这种提问及联系实质上是把宗教与马克思主义完全等同起来了,而且也忘记了马克思主义对当时社会是一种批判理论之本真!我们在此需要指出的是,社会意识反映相应的社会存在,这是社会意识的共性;而不同的社会意识则有其不同的反映方式,这是其相关的特性。而马克思主义作为社会意识与当时的宗教却有着不同的特性,马克思主义作为社会政治意识所反映的是当时刚出现的、代表未来社会发展的无产阶级先进分子的意识,其特点是以一种革命、批判的方式来反映其存在的社会;这种革命、批判的意识同样也是对当时社会存在的反映,其革命意识与宗教意识的不同就在于马克思主义主张批判并推翻这个"不好的社会",为此也主张停止对宗教的批判,而直接来批判其社会、政治和法律。但当时其社会的宗教却劝人安于现状、服从命运,不要去反抗这个"颠倒的世界",从而起的是维护统治阶级利益、麻醉被压迫群众的消极作用。所以,马克思主义是与宗教性质全然不同的社会意识,但都产生于其存在的社会,也从不同层面反映出这一存在社会的真实。当时的宗教意识要维系这一"不好"的社会,故有其负面、消极和错误,因而也受到马克思主义对之进行的意识形态批评。而马克思主义则要成为这一"不好"社会的掘

---

① 马克思:《〈黑格尔法哲学批判〉导言》,《马克思恩格斯文集》第 1 卷,人民出版社 2009 年版,第 3 页。

墓人，要对之加以造反、革命！这也是其对现实社会的反作用。显然，马克思主义作为革命理论之"主义"与宗教是不同性质的意识形态，不能将之等同、混淆。在此，我们必须分清不同的社会意识是如何对其存在社会加以不同的反映的。如果认为在同一社会中都是一样的意识形态，那么我们今天也就没有必要再谈意识形态分歧或意识形态斗争之说了，也不必论及唯物主义与唯心主义、辩证法与形而上学的区别了。中国特色社会主义宗教理论对经典马克思主义宗教观的重大发展和创新，就是在社会主义制度下、在无产阶级政党成为执政党的新形势下来思考、处理宗教问题。这里即有着社会制度、社会结构的巨大变革，而其宗教与其社会的关系也势必发生变化，而不可能继续维持其旧貌。那种把马克思主义与宗教相等同，认为二者具有"相同"的性质，是"同样"的社会意识形态，会"相同"地反映其社会存在的说法因而显得非常勉强、很难自圆其说，其等同也只会反映出这种表述在意识形态的认识上出现了混乱、在逻辑结构上出现了矛盾，故而应该反思和重新加以认识、调整。

同理，当无产阶级先进分子掌握了政权，人民自己当家做主之后，在这种"新社会"及"新政权"中，则不再应如对以往"旧社会""旧政权"的态度那样采取革命、造反或推翻的行动；而宗教对这一"新社会"及"新政权"的反映如对其服从、维护等态度，也就应该重新评价，对之有着相对积极的审视。当然，对于复杂的宗教反映，我们也必须冷静分析，加以实事求是的说明。社会存在变了，其社会意识及其社会反映势必也有相应的变化；这才是历史逻辑，客观真实，以及历史唯物主义的正确态度。如果社会存在发生了根本变化，而对其社会意识的看法仍一成不变，那只可能反映出这种观点在思想上出现了僵化、没能与时俱进。我们发展中国特色社会主义宗教理论，就必须防范教条主义、历史唯心主义和历史虚无主义的认识，必须理顺今天中国社会与中国宗教之间的逻辑关系。

第四，研究马克思主义的思想、观点应抓住其精神实质、科学方法。

马克思主义对宗教问题探究的科学方法就是历史唯物主义、辩证唯物主义，我们应以这种科学方法来指导我们对世界的观察，对相关问题的分析、处理；把握马克思主义的活的灵魂就是具体问题具体分析，意识到一切都会随时间、地点的变化而变化，因此，应该尊重客观事实，做到实事求是。

第五，应把马克思、恩格斯、列宁作为人类历史进程中的伟人来看待，不可将其"神化"。人的存在都有其时空之限，革命伟人也同样如此。马克思主义经典作家是历史进程中的伟人，其理论是在其革命发展的过程中不断拓展、提高和完善的。其思想的形成乃一动态的进程。所以，我们不能将马克思主义经典作家的相关理论及结论"教条化"，或将之作为不许更改、变动、调整的固定"教义"来对待。

第六，学习马克思主义必须理论联系实际，具有中国问题意识。

这种学习的关键在于用马克思主义的研究方法、科学思路来指导我们对当下、现实问题的观察、研究，立足于我们在中国国情、21世纪世情中观察、分析、解决问题的客观需要，突出发展变化的历史动态，坚持具体问题具体分析的科学立场，从而辩证掌握其科学方法来运用于我们的实践之中，建设、发展"中国化"的马克思主义，并尽早形成中国特色社会主义的宗教观。

第七，在学术研究中应尽力将马克思主义的基本理论与我们的研究工作有机结合。

马克思主义的思想学说是重要的社会科学学问，同样有其学术特点和风格。例如，马克思对青年黑格尔派和费尔巴哈等人的研究，恩格斯对圣经、早期基督教和德国农民战争的研究等，都具有学术专业的性质，也给我们提供了研究学问的宝贵经验及方法。所以，我们的学术研究也应该结合这种学术性，突出其中相关的特色和重点。

第八，关注马克思主义经典作家对宗教问题的专有研究，把握其基本观点。

马克思主义宗教观是马克思主义理论体系的有机构成，因此，我们应该将马克思主义的基本理论体系与马克思主义宗教观的专门部分整体结合起来研究宗教问题。马克思主义经典作家除了论宗教的专题文章之外，还有不少论述及思想散见于其他著述之中，我们应该对这些散论加以梳理、集中，归纳出马克思主义经典作家宗教观的一些基本观点，并且准确、科学、理论联系实际地把握、运用这些基本观点，领会其核心思想。毫无疑问，马克思主义的基本原理和方法，自然也体现在其宗教观上。所以，我们应该善于将马克思主义普遍真理与具体问题的探究有机结合，注意其内在规律和逻辑关联。

第九，必须认识到马克思主义宗教观的辩证性、实践性和开放性。

马克思主义关于宗教问题之具体评说有其具体社会背景。其结论与这种具体时空密切关联，我们不能剥离这种具体的时空处境来随意引用、运用其相关结论。应该把握马克思主义分析、研究宗教问题的基本方法，注重理论前提与理论结论的逻辑关联及一致性，认识到其前提变了，其结论也势必会发生相应变化。所以，不能僵化、静止、形而上学地对待马克思主义有关宗教的具体观点和结论。

第十，以科学发展观来看待并发展马克思主义宗教观。

我们必须注意观察马克思主义经典作家本身在认识、研究宗教问题时的发展、变化，认识到其理论的历史发展和逐步完善。经典作家是历史中鲜活之人，绝不可将之作为僵化、不变的"偶像"。基于这种认识，我们坚持、发展马克思主义就必须与时俱进，勇于创新。这也是当代中国马克思主义者在"全球化"的世情和改革开放的国情中的历史使命。

二　关于中国宗教学的发展

毛主席所倡导的世界宗教研究在50年来，尤其是中国改革开放30多年来取得了巨大进步，可以说是硕果累累、成绩斐然。中国宗教学的这一主流发展及大好局面是不容否定的。根据毛主席和周总理的指示，我们研究宗教必须要了解世界宗教的知识，包括对各种宗教理论、现状和历史的研究，并应该深入这些宗教的起源、教义、教派、经典等方面来展开系统、全面、深入的探究。在此，有必要在其学科上及理论上做如下分析和澄清：

第一，宗教学是一门科学研究的学科而不是"基督教神学"。

在人文社科领域中，宗教学是一门相对年轻的学科，其特点是对宗教展开客观、科学、悬置宗教信仰的系统研究。但宗教学不是凭空产生，而是有着语言学、历史学、人类学、文献学等学科背景，以及运用了比较研究、田野调研等方法。虽然宗教学发轫于"西方宗教学"，但这一学科独立发展的特点就是脱离西方基督教神学的范围及信仰前提而倡导中立的比较宗教研究和宗教史研究。这种分离以西方宗教学创始人之一、英籍德人、比较语言学家麦克斯·缪勒与德国基督教教会史家哈纳克关于"一种宗教"（指基督教）或多种宗教研究的著名争论为标志。哈纳克固守其只去研究、维护基督教的立场，认为知其一就足够了；而缪勒则针锋相对地反驳哈纳克的护教立场，主张平等地研究一切宗教，故有其批评哈纳克"只知其一则一无所知"的名言。西方宗教学从此发展为与基督教神学分道扬镳的新兴学科，并且取得了广远的学科发展和国际影响。中国的宗教研究当然也应对西方宗教学展开探究。那种认为"所谓'西方宗教学'，实质上是诞生于麦克思·缪勒的一种基督教神学"的断言，其实应该补补对宗教学历史的基本常识，认真研究一下麦克斯·缪勒的理论学说和其对宗教学学科性质的理解，而切不可想当然就随意议论。

第二，对宗教经典的搜集、整理和翻译是宗教资料研究的必要举措。

研究宗教，必须了解其历史和教义，从而也理应搜集、整理和翻译相关宗教经典。这是宗教研究的基本功，即资料积累。任继愈先生创立世界宗教研究所时就为其设定了两项基本任务，即积累资料、培养人才。况且，宗教经典中有不少都属于人类文化宝贵遗产，其本身就值得整理、译介和研究。我们不应该狭隘到只允许自己进行佛教大藏经的整理编辑而将其他宗教经典的译介整理视为"宣教"或"渗透"。这里有着平等对待所有宗教和与所有宗教研究者享有公平权利的问题。

第三，把宗教视为文化的有机构成反映了我国在认识宗教上的进步。

了解中国当代宗教学发展的人都知道，改革开放以来的我国宗教理解经历了对宗教是否为"鸦片"的争论和对"宗教是文化"的认知。从文化的角度认识宗教，是我国在"文革"后排除"极左"思潮的影响、在宗教领域拨乱反正上的重要发展。其实，毛主席很早就已从文化的角度来看待和评价宗教。1947年，当毛主席转战陕北途中想参观当地一处白云观时，身边工作人员将之视为封建迷信场所，毛主席为此而纠正说：那是文化，是名胜古迹，是历史文化遗产。后来，毛主席进而指出，"文化包括学校、报纸、电影等，宗教也在内"①。此外，毛主席还谈到，吸收外来优秀文化就包括宗教文化。比较之下，那种"突出宗教是文化，掩盖了宗教的鬼神论特性"之说，其境界之低、思想之狭隘则明显可见。对宗教"鬼神论"的批判基本上还是停留在近代欧洲战斗无神论的水平上，此后有神论的宗教哲学已有超出这种理解的现代诠释，而马克思主义的科学无神论也早就把无神论批判的理论水平提得更高。当然，对"宗教是文化"不能作宗教与文化完全等同之解，也不是以此来对宗教定义，而是让人们注意到宗教与人类文化的密切关联及在文化发展演变中的重要作用。

第四，宗教学术对外交流是中国当代文化开放、文化走出去的重要举措。

学术乃天下之公器，其特点就包括相互交流、切磋、对话。宗教学同样也不例外，而且在一定意义上更有必要。中国宗教学作为新兴学科和交叉学科，在国际学术界的影响仍然很小，因此应该开展多层面、跨学科的交流，包括走出去、请进来。对这种学术交流不能被歧视、更不可被封杀。当代学术若不开放、不交流，则不可能形成气候、有任何影响。其实，甚至中国无神论学会也早就曾与美国相关基督教机构合作在美国组织召开过会议，形成了一定影响，因此不能霸气地认为自己的境

---

① 《建国以来毛泽东文稿》第3册，中央文献出版社1989年版，第583页。

外合作才是学术交流,而其他单位或学者的国际合作则可以任意地被定性为"被渗透""被传教"。

第五,当代中国"神学建设"具有积极意义,不能对"神学"作狭隘之解。

毛主席所言"批判神学"是从研究、学理层面而论的,与写好哲学史、文学史和世界史直接关联。"批判"的原意指评断、批评,具有学术商榷的蕴涵,只是中国"文革"中以搞"大批判"来进行人身攻击,由此把"批判"的原意歪曲了,中国人在"文革"之后故而慎用,或干脆不用"批判"之词,这在学术界尤其如此。所以,毛主席在此所指"批判神学"实际上与其同时所言"研究宗教"同义。

"神学"就狭义而言专指"基督教神学",中国基督教神学建设旨在基督教与中国当代社会的积极适应,这一运动得到了我们党和政府的积极支持和指导,在基督教会之外的中国学术界也有积极地参与,如我们对丁光训主教倡导"爱的神学"就有过道义上和理论上的积极支持,而我们党和政府同样鼓励学术界参加和帮助中国教会的神学建设。因此,不能仅从负面否定神学。胡锦涛同志曾指出我们要"更多地从积极方面来看待宗教,肯定宗教在促进社会和谐方面有积极作用",并指出"这是一个最新的根本的飞跃"。①而且,胡锦涛同志还明确地要求我们"积极弘扬宗教教义中扬善抑恶、平等宽容、扶贫济困等与社会主义社会道德要求贴近的积极内容"②。神学就是对其宗教教义的系统阐述,与之有着内在关联和逻辑关系,故而也多有教义神学之称。恩格斯在中世纪后期德国农民战争的闵采尔神学中甚至读出了早期无产阶级革命的思想萌芽,由此而论其中亦有积极内容,故而不可全盘否定,却可相应地积极弘扬。

"神学"就广义而论则是对"神"这一问题的探究。"神学"这一

---

① 胡锦涛:《不断巩固和壮大统一战线,共同建设中国特色社会主义》,《人民日报》2006年7月13日。

② 《胡锦涛接受第十一世班禅的拜见》,《人民日报·海外版》2005年2月4日。

表述不是基督教的发明，而乃古希腊哲学家柏拉图的原创。只是在"神学"这一术语流行了一千多年之后，才在中世纪被基督教所接受，并将之视为其"专利"。对"神"的学术研究既有基督教的，也有教外学术界的；既有"有神论"的，亦有"无神论"的，因此，从学术角度来客观研究"神"之问题的"学术神学"探讨完全能够成立。那种认为"学术神学"就必然是"学术宣教"的说法要么是对这一研究根本就不了解而想当然的随意之说，要么就是对"神学"术语本身演变的历史根本就不知道，故才会简单地依字面之义来推测。其实，若能对有关"学术神学"的论文仔细研读，本来也可以避免出现这种望文生义、信口开河的学术幼稚。

第六，宗教学应该推动在华宗教的"中国化"，使之积极适应中国社会。

任何宗教都应适应其所处社会，在中国的宗教尤其应该如此。我们中国宗教学的研究强调并鼓励各宗教的"中国化"，积极探索其中国化的道路和方法，并注意和研究这种中国化在政治、社会、文化、思想、语言各个层面的意义及举措。在各大宗教中，我们尤其积极倡导并推动基督教的"中国化"，使之在国际国内为当代中国发展提供正能量、正功能。其实，基督教及相关人士本来习惯用"在地化"来表达其与本土文化的关联，但我们更强调"中国"意识及其文化自觉，表明所"在地"就是中国，故而应该旗帜鲜明、理直气壮地突出"中国化"。基督教在全世界有近22亿信众，占全球总人口的近三分之一，我们必须关注这一基本事实。为了我们国家顺利发展具有良好的国际环境，为了粉碎极少数敌对势力"分裂""西化"中国的阴谋，我们应该尽可能多地团结广大信教群众，特别是争取、团结世界基督徒的绝大部分，让更多的中国宗教信徒自觉地具有"中国"意识，担当爱国等公民职责，这是我们战略决策应有的思考，而不应该在宗教界过多树敌或将之推到我们的对立面。

第七，宗教学要为我们党和政府正确对待和处理宗教问题作贡献。

自中国改革开放以来，党中央反复强调要"将信教群众作为可以主动发挥作用的一方,更多地从积极方面来看待宗教",这样来"使信教群众在全面建设小康社会的宏伟目标下最大限度地团结起来"。习近平总书记最近也专门指出,要"巩固和发展最广泛的爱国统一战线",以"最大限度团结一切可以团结的力量",其中自然也就要"发挥宗教界人士和信教群众在促进经济社会发展中的积极作用"。[①] 我们要坚决反对把广大宗教界人士推向我们对立面的极"左"做法,而应该全力吸引、争取所有信教群众与我们党和政府同心同德。为此,我们宗教学领域应该积极响应党中央的这一战略举措,贯彻落实党的宗教工作的基本方针,通过学术、学理来积极引导宗教与中国社会主义社会相适应、参加中国和谐社会的构建。这其中就包括依法保障公民宗教信仰的自由,通过学术研究机构和高等院校培训、培养爱国爱教的宗教领袖和青年骨干,系统全面地展开与宗教界及其理论学说的积极对话,坚决批驳各种邪教的歪理邪说,强烈谴责以民族宗教之名掩护的分裂祖国、政治渗透等阴谋。对于这些研究发展,不应该简单扣上"宗教进入高校和科研系统"或"宗教干涉教育"的不实之帽来横加指责。我们党和政府既不应该以行政手段来打压宗教,也不应该以行政手段来发展宗教,但面对已经发展起来、在群众中已经占有一定比例的宗教信众,我们对之是"统"还是"分"、是"和"还是"斗"、是"疏"还是"堵"、是"拉"还是"推",这将考验我们的顶层设计和执政睿智。所以,在高校对宗教界人士加以培训、进行党和政府相关政策法规,以及文化通识教育,当然很有必要。

第八,无神论研究是中国宗教学的有机组成部分,必须推动和加强。

中国宗教学以马克思主义为指导,自然涵括科学无神论的学术研究。"有神""无神"之争是关涉宗教领域的正常现象,乃宗教学研究的最基本范畴。这里,宗教学的相关探究当然应该贯彻"双百"方针,

---

[①] 引自《习近平同志在第十二届全国人民代表大会第一次会议上的讲话》(2013 年 3 月 17 日)。

以理服人。我们的无神论话语必须在 18 世纪法国"战斗无神论"的基础上有质的突破和科学发展，体现其坚实的理论基础和较高的政策水平，而不要沦为对宗教学研究的找碴儿挑刺、上纲上线，忘掉了自己本来应该进行的研究任务。科学无神论作为"濒危学科"的突破和加强，一要集中力量对以往无神论资料加以搜集、整理，形成系统研究资源；二要全面开展中外无神论历史的研究，总结以往的经验教训；三要提高"无神"之论的理论深度和学术蕴涵，积极适应当今世界相关讨论的话语、处境，能够真正做到有话语权，有中国特色，让人心服口服；四要服从党和国家积极引导宗教与社会主义社会相适应的大局，更多注意无神论研究的理论及学术水平的提高，有助于我们和谐社会的构建。对此，我们需要共同努力，精诚合作。

毛主席开创的以马克思主义指导的中国特色的世界宗教研究方兴未艾，50 年的成就和大好局面来之不易，值得珍视。在今天的思想文化比较与博弈中，有什么样的格局则会决定其导致什么样的结局。我们坚持马克思主义宗教观，不只是要领会其精神，在理论上达到融会贯通，而更重要的则是如何在我们当代中国社会的实践中将之用好，起到社会稳定、团结、和谐共存的实效。因此，我们必须"不忘初心"、继承和发扬马克思主义的思想精髓和科学方法。在今后中国宗教学的发展中，我们任重道远，必须继续前进。

（原载《世界宗教研究》2013 年第 4 期）

第二十章

研究世界宗教，促进人类和平

——世界宗教研究所建所50周年感言

在世界宗教研究所建所50周年的纪念时日，结合学习毛泽东主席关于研究世界宗教的重要批示和习近平总书记关于世界文明的系列讲话，来论述当代中国宗教研究的定位、任务及意义，有着独特价值。作为本研究所的主要负责人，对世界宗教研究所建所50周年，尤其是自改革开放以来在宗教研究领域所取得的进展加以回顾和思考，对中国宗教研究的未来可能加以展望和探索，亦是自己义不容辞的责任。因此，对世界宗教研究的回顾与展望，以及对宗教学学科体系及其任务和内容的理解与描述，有其现实意义。作为这一发展的观察者及见证者，故有必要对之加以学术史的梳理和学术理论的评说。

在1963年底，毛泽东主席对中国进行以马克思主义为指导的、专门的、学术的、建制性的宗教研究做出了重要指示，随后任继愈先生以北京大学哲学系的教师为主，并聚集全国研究宗教的知名学者来到北京，于1964年组建了当时隶属于中国科学院的世界宗教研究所。2014年，我们迎来了世界宗教研究所建所50周年纪念。回顾任先生等老一辈学者筚路蓝缕的开创之功，纵观50年来我国宗教研究取得的巨大成就，以及中国宗教学学科体系的建立和发展，我们深有感触，思绪万千。宗教研究学科体系建制在1964年的创立乃中国当时学术领域中零的突破，而20世纪70年代末中国改革开放的兴起则带来了当代中国宗教研究的飞跃。以邓小平同志为代表的中国共产党第二代领导人坚持实践是检验真理的唯一标准，带领全党、全国人民拨乱反正、承前启后，走出"文革"乱局，使中国社会发展出现了日新月异的变化、让中国真正能以强盛之势登上了世界舞台。改革开放以来党中央的英明领导，使我们不仅有社会的繁荣兴盛，而且在理论及学术研究上也出现了全新面貌。中国的宗教研究正是在这一时代氛围中发展前进的，对其取得的成就我们理应充分肯定，并热情支持其开拓、创新。当然，学术研究鼓励百花齐放、百家争鸣，我们在宗教研究领域也会遇到不同见解、多种观点。本着求同存异、和而不同的学术开明及开放精神，朝着实现社会和谐、人类和平的愿景，在此想就世界宗教研究的基本思路和社会旨归加以梳理，谈点个人的初步见解。

一 对毛主席重要批示的学习理解

毛主席在1963年12月30日关于"加强宗教问题的研究"这一重要批示中指出："这个文件很好。但未提及宗教研究。对世界三大宗教（耶稣教、回教、佛教），至今影响着广大人口，我们却没有知识，国内没有一个由马克思主义者领导的研究机构，没有一本可看的这方面的刊物。《现代佛学》不是由马克思主义者领导的，文章的水平也很低。其他刊物上，用历史唯物主义的观点写的文章也很少，例如任继愈发表的几篇谈佛学的文章，已如凤毛麟角，谈耶稣教、回教的没有见过。不批判神学就不能写好哲学史，也不能写好文学史或世界史。这点请宣传部同志们考虑一下。"[①] 在这个重要批示的指导下，中国的宗教研究出现了质的突破。任继愈先生率领中国学术界的专家学者以马克思主义为指导，坚持以历史唯物主义和辩证唯物主义的立场、观点和方法来研究宗教，从而突破了以往主要由宗教界内人士研究宗教的局限，在中国形成了真正宗教学学科意义上的宗教研究。在此后五十年，尤其是在中国

---

① 《毛泽东文集》第八卷，人民出版社1999年版，第353页。

改革开放的这三十多年，中国宗教研究取得了飞速发展，基本形成了中国宗教学研究体系和学科格局，推出了众多研究成果。

仔细研读毛主席"加强宗教问题的研究"这一重要批示，我们至少可以把握如下一些层面的研究思路：其一，毛主席看到世界三大宗教在全世界范围"影响着广大人口"，是一种普遍存在，而对此当时"我们却没有知识"，故而必须加强对世界宗教知识层面的研究。我们研究所之所以称为"世界宗教研究所"，正是基于毛主席要研究世界宗教、掌握其基本知识的思想。为此，任继愈先生才特别强调在世界宗教研究上"积累资料"是我们的一大基本任务。其二，中国必须要有由马克思主义者领导的宗教研究机构，创办相应的刊物，发表高水平的学术研究文章。所以，世界宗教研究所从建所至今都一贯强调并坚持以马克思主义为指导，并系统开展了对马克思主义宗教观的研究，建立了马克思主义宗教观研究室。尽管研究所的各届负责人在学术观点、理论认知上可能会有些不同，但大家都强调并坚持了马克思主义对宗教研究的指导，对此绝没有丝毫动摇。其三，毛主席肯定了任继愈先生以马克思主义为指导所开展的佛学研究，但进而指出还必须以此来开展对基督教、伊斯兰教等世界宗教的研究。毛主席视任先生的研究如凤毛麟角，说明这方面的人才奇缺；所以，任先生把"培养人才"作为世界宗教研究所的另一重大的基本任务。其四，毛主席从写好哲学史、文学史和世界史的学术研究角度提出了对神学的批判，在此与宗教研究有着内在的关联。这里，学术批判是主要的，并没有特别突出政治批判、社会批判的意蕴。总之，毛主席的重要批示立意于"加强宗教问题的研究"，主要是从国家急需这样的研究机构、这方面的人才之角度来考虑的，因此，我们在这里对其学术意义理应有着基本的认知。毛主席高瞻远瞩，早在50多年前就看到了研究世界宗教的重要意义，并做出了具体部署，开创了全新发展。我们在认真领会毛主席重要批示时，也要学习这种远大眼光和前瞻性审视，在世界宗教的研究中发扬光大、与时俱进。

二 关于宗教与世界文明、人类文化的关系

研究宗教，必须关注其与世界文明、人类文化的关系。宗教文化是人类文化的重要组成部分，曾对世界文明的形成与发展产生过巨大影响。马克思主义经典作家早就关注到宗教与文化的关系问题，在谈及宗教反映"人类本质的永恒本性"时也意识到其"文化性"的反映。毛主席对宗教问题的关注及探究也有着明确的文化意向，非常注意从文化的角度来看宗教，并且有过相关说明。例如，毛主席在解放战争时期见到一处白云观时，曾告诉身边工作人员：那是文化，是名胜古迹，是历史文化遗产。毛主席还明确指出，"文化包括学校、报纸、电影等等，宗教也在内"[①]。

此后，中国共产党的领导人也多次谈到过宗教与文化密切交织的关系。例如，江泽民同志曾论及"我国宗教在其产生和发展的过程中，与我国文化的发展相互交融"这一重要观点。[②] 特别值得指出的是，习近平总书记最近在位于巴黎的联合国教科文组织总部的精彩演讲中，也论及宗教与文化的关系。习近平总书记说，"我访问过世界上许多地方，最喜欢做的一件事情就是了解五大洲的不同文明，了解这些文明与其他文明的不同之处、独到之处，了解在这些文明中生活的人们的世界观、人生观、价值观。我到过代表古玛雅文明的奇琴伊察，也到过带有浓厚伊斯兰文明色彩的中亚古城撒马尔罕。我深深感到，要了解各种文明的真谛，必须秉持平等、谦虚的态度。如果居高临下对待一种文明，不仅不能参透这种文明的奥妙，而且会与之格格不入。历史和现实都表明，傲慢和偏见是文明交流互鉴的最大障碍。"习近平总书记在此表达了一个基本思路，即应该透过宗教的人与物而发现其蕴含的人文精神，把握人类鲜活的精神存在。"1987 年，在中国陕西的法门寺，地宫中出

[①] 《建国以来毛泽东文稿》第 3 册，中央文献出版社 1989 年版，第 583 页。
[②] 《江泽民文选》第 3 卷，人民出版社 2006 年版，第 388—389 页。

土了 20 件美轮美奂的琉璃器，这是唐代传入中国的东罗马和伊斯兰的琉璃器。我在欣赏这些域外文物时，一直在思考一个问题，就是对待不同文明，不能只满足于欣赏它们产生的精美物件，更应该去领略其中包含的人文精神；不能只满足于领略它们对以往人们生活的艺术表现，更应该让其中蕴藏的精神鲜活起来。""我们应该从不同文明中寻求智慧、汲取营养，为人们提供精神支撑和心灵慰藉，携手解决人类共同面临的各种挑战。"①

宗教反映了人类文化的多样性存在，习近平总书记认为，对待这些多彩的文明，应该采取平等的、包容的态度，彼此之间应该相互学习、交流互鉴、取长补短、美美与共、和而不同、海纳百川。"文明如水，润物无声。我们应该推动不同文明相互尊重、和谐共处，让文明交流互鉴成为增进各国人民友谊的桥梁、推动人类社会进步的动力、维护世界和平的纽带。"而当今世界人们所达到的共识是，没有宗教的和平则没有世界的和平，宗教的和平则需要通过宗教的对话、交流来实现。习近平总书记在这里整体审视了世界宗教与民族等的多元状况，并具体分析了中国宗教文化的历史发展。从世界整体来看，"当今世界，人类生活在不同文化、种族、肤色、宗教和不同社会制度所组成的世界里，各国人民形成了你中有我、我中有你的命运共同体。""世界上有 200 多个国家和地区，2500 多个民族和多种宗教。如果只有一种生活方式，只有一种语言，只有一种音乐，只有一种服饰，那是不可想象的。"就中国的宗教文化交流而论，"2000 多年来，佛教、伊斯兰教、基督教等先后传入中国，中国音乐、绘画、文学等也不断吸纳外来文明的优长"。习近平总书记在此还专门谈到了佛教文化交流及其与中国文化的关系，指出"佛教产生于古代印度，但传入中国后，经过长期演化，佛教同中国儒家文化和道家文化融合发展，最终形成了具有中国特色的佛教文化，给中国人的宗教信仰、哲学观念、文学艺术、礼仪习俗等留下了深刻影响。中国唐代玄奘西行取经，历尽磨难，体现的是中国人学习域外

---

① 《习近平在联合国教科文组织总部的演讲》，引自 2014 年 3 月 28 日《人民日报》。

文化的坚韧精神。根据他的故事演绎的神话小说《西游记》，我想大家都知道。中国人根据中华文化发展了佛教思想，形成了独特的佛教理论，而且使佛教从中国传播到了日本、韩国、东南亚等地"①。显而易见，这里所论宗教是与文化结合而言的，而且对宗教的文化意义极为肯定。

在习近平总书记关于文化的系列讲话中，涵括着"尊重世界文明多样"和"增强中华文明自觉"这两大原则，而这种综合性的文明理解则自然包含宗教文明。习近平总书记说，"世界上没有放之四海而皆准的发展模式，各方应该尊重世界文明多样性和发展模式多样化"②。"我们不仅要了解中国的历史文化，还要睁眼看世界，了解世界上不同民族的历史文化，去其糟粕，取其精华，从中获得启发，为我所用。"③ 面对并承认这种世界文明的多样性，对于我们并不是坏事而是机遇，对于世界也不是困惑而是希望。在人类共在的这一命运共同体中，其生存条件和共在规则应该是合作与和平。"这个世界，各国相互联系、相互依存的程度空前加深，人类生活在同一个地球村里，生活在历史和现实交汇的同一个时空里，越来越成为你中有我、我中有你的命运共同体。"④ 在此，危险和希望同在，挑战与机遇共存。"随着世界多极化、经济全球化深入发展和文化多样化、社会信息化持续推进，今天的人类比以往任何时候都更有条件朝和平与发展的目标迈进，而合作共赢就是实现这一目标的现实途径。"⑤ 而对待世界宗教的态度、所采取的举措，在此则有很多相同之处。我们研究世界宗教，是促进世界向更好的方向发展，而弘扬世界宗教中的优秀文化内涵则能够营造一种宗教对话、宗

---

① 《习近平在联合国教科文组织总部的演讲》，引自 2014 年 3 月 28 日《人民日报》。
② 习近平：《在坦桑尼亚尼雷尔国际会议中心的演讲》（2013 年 3 月 25 日），引自 2013 年 3 月 26 日《人民日报》。
③ 习近平：《在中央党校建校 80 周年庆祝大会上的讲话》（2013 年 3 月 1 日），引自 2013 年 3 月 3 日《人民日报》。
④ 习近平：《在莫斯科国际关系学院的演讲》（2013 年 3 月 23 日），引自 2013 年 3 月 24 日《人民日报》。
⑤ 同上。

教理解的良好氛围，从而有助于化解矛盾、减少冲突、制止战争，争取人类和平的实现。宗教在世界许多民族中都是其文化核心和价值根本，是其民族的精神支撑和精神家园，我们研究宗教，应该注意到这一特性，在国际交往、民族团结的工作中对于宗教问题采取慎之又慎的态度。

而增强中华文明自觉则也需要正确对待中国宗教问题。习近平总书记特别关心对中华优秀传统文化的挖掘和阐发，强调中华文明的自信和与世界文明的交往。"中华文明经历了5000多年的历史变迁，但始终一脉相承，积淀着中华民族最深层的精神追求，代表着中华民族独特的精神标识，为中华民族生生不息、发展壮大提供了丰厚滋养。中华文明是在中国大地上产生的文明，也是同其他文明不断交流互鉴而形成的文明。"中华文明自强却不排外，注重与世界文明的交流和与世界各族的合作。"每一种文明都延续着一个国家和民族的精神血脉，既需要薪火相传、代代守护，更需要与时俱进、勇于创新。中国人民在实现中国梦的进程中，将按照时代的新进步，推动中华文明创造性转化和创新性发展，激活其生命力，把跨越时空、超越国度、富有永恒魅力、具有当代价值的文化精神弘扬起来，让收藏在博物馆里的文物、陈列在广阔大地上的遗产、书写在古籍里的文字都活起来，让中华文明同世界各国人民创造的丰富多彩的文明一道，为人类提供正确的精神指引和强大的精神动力。"① 在习近平总书记上述精彩的阐述中，我们同样可以悟出对宗教文明的正确态度，意识到不同宗教之间交流的必要和益处。当然，这里也涉及宗教的转型与革新，宗教也必须随着社会的发展进步而自我改进、自我扬弃、跟上时代、与时俱进。这里也体现了人类文明的进步、各族文化的发展。因此，只有深刻理解宗教的文化蕴涵及其意义，我们才能真正做好党在新时期的宗教工作，才能真正"全面贯彻党的宗教工作基本方针"，"巩固和发展平等团结互助和谐的社会主义民族关系，发挥宗教界人士和信教群众在促进经济社会发展中的积极作用，最大限

---

① 《习近平在联合国教科文组织总部的演讲》，引自 2014 年 3 月 28 日《人民日报》。

度团结一切可以团结的力量"。① 在此，对待宗教的文化意识与贯彻落实党的宗教政策有机相连，可以不断推动我们在现实社会中宗教工作的改善和完善。

三 关于宗教学、宗教研究和神学

目前宗教学、宗教研究和神学在世界宗教研究领域中是非常重要，却存有模糊认知的三个关键词，人们对之在认识和解释上的分歧也很大。对此，有必要加以相应的澄清和说明。当然，这种理解也是开放性的，是可以不断发展、改进、完善的。

1. 对宗教学的理解

宗教学在中国属于人文学科，暂时仍为哲学的二级学科，从学科发展史上来看是一门相对年轻的学科。宗教学起源于西方的"宗教学"，其最初的英文表述曾为 science of religion，即相应于德文的 Religionswissenschaft，见于英籍德人比较语言学家麦克斯·缪勒（Max Müller）在1873年发表的《宗教学导论》一书。宗教学的学科定位在世界学术界目前仍未得以彻底解决，宗教学的外文标准表述也没有最后确定。一般而言，宗教学的基本原则就是对宗教展开客观、科学、历史性研究，不设宗教信仰前提，回避其价值定性判断，因而最初曾被理解为一种客观描述性的学科，此即所谓"狭义宗教学"，包括宗教史学、比较宗教学、宗教现象学、宗教社会学、宗教人类学、宗教地理学、宗教生态学、宗教心理学等，其中最早的两种表达为"宗教史学"（history of religions）和"比较宗教学"（comparative religions），前者强调其历史范围，欧洲习用；后者侧重其比较方法，北美首选；迄今作为国际宗教学研究机构的名称则为"宗教史学"，而北美却多用"宗教研究"（religious studies）。西方学者认为宗教学尚未达到"科学"那样的严谨性、

---

① 引自《习近平同志在第十二届全国人民代表大会第一次会议上的讲话》（2013年3月17日），见中国政府网 http://www.gov.cn。

规范性和制度性,难以加以实证性研究,故而暂时放弃了"科学"(science)这一多用于自然科学研究的专门表达,这也说明了这些学者对"科学"一词的看重和尊重,但并不是表明他们要放弃其学科研究的科学性。后来,西方宗教学者亦增加了规范性的内容,包括宗教哲学、宗教批评学、宗教神学等,故而扩展为"广义宗教学"。目前涉及宗教学的分支学科还有宗教语言学、宗教考古学、宗教政治学、宗教经济学、宗教传媒学等,反映了宗教学的不断扩展和完善。但是,宗教学的最基本性质就是以悬置宗教信仰为前提来对宗教展开系统研究,力争突出其研究的客观性、中立性、学术性和科学性。宗教学的产生最初反映了19世纪西方社会的文化背景和学术发展,当时西方涌现的哲学、考古学、语言学、历史学、人类学、神话学、文献学等学科的独立发展,及其提供的新知识信息和学科结构,促成了宗教学在西方的萌生。由于西方中世纪、近代以来基督教神学的一统天下,宗教学脱离神学而独立有着步履维艰的经历,其演变的时间也较长。西方一些基督教神学系想把宗教学限制在其实践神学和宗教宣道学的范围之内,故此在一些神学系的学科构建中仍可以找到宗教学的表述。不过,不少基督教神学系自身也发生了嬗变,即由过去单一的基督教信仰学者变为包括佛教学者、穆斯林学者、印度教学者、巴哈伊学者等共聚的院系,其本身神学的性质就发生了变化,因研究多种宗教并悬置其自身信仰而开始向宗教学接近。而更重要的是,在基督教神学系之外出现了归属或挂靠于哲学、文化学、历史学、语言学等人文学科或比较研究的宗教学系,完全脱离了基督教神学院系而独立发展,并且已经成为西方宗教学发展的主流。目前国际宗教史学会的学科构建及其成员基本上与基督教神学关系不大,而且这种宗教学方法与以往基督教会内宗教研究的根本不同之处,就是系统运用了比较研究、社会问卷、田野调研、科学仪器等新的方法,增加了不少社会实践内容。为此,研究宗教学科史的夏普(Eric J. Sharpe)曾说:"在缪勒之前,宗教领域虽然广泛而且充分,却是杂乱无章的。在他之后,人们看到这个领域已成为一个整体,服从于一种方法，简言之，得到科学的处理。"① 这就对宗教学与此前研究的区别作了说明，并对宗教学作为一门新兴学科的独立性、科学性、系统性有了一个基本的肯定。

中国的宗教学就是根据中国社会需要及其学术传统的积淀，从这种学科建构意义上、在客观、中立、科学的方法上而发展起来的，因此，其学科既不完全相同于西方的宗教学，更与西方的基督教神学无关。中国的宗教学研究有自己的分支学科，在与西方宗教学相同的方面包括宗教史、宗教哲学、宗教社会学、宗教心理学、宗教人类学等分科研究，而不同之处则有中国独特的分教研究，包括佛教学、道教学、基督教学、伊斯兰教学、儒教学、民间宗教学、新兴宗教学等。这一学科在今天的中国之学科意义上已经发展为系统的宗教学，其中关于宗教学历史与现状的研究当然也包括对西方宗教学的探究，要对其诞生、演变、发展的历史加以描述，对其学科体系及研究方法等进行分析。这种宗教学的学科性质决定它会对人类各种宗教包括基督教展开研究，其研究者也会包括具有宗教信仰的学者，但宗教学的基本特征就是强调其研究不以任何宗教信仰为前提，不是任何宗教的宣教学，有宗教信仰的学者在这种研究中自然也应悬置其信仰，不受其宗教信仰的指导和影响。此外，宗教学会反映出其学科的体系性、系统性，有其基本范畴和相关研究方法。在我们中国的社会政治及文化处境下，我们还强调要创建中国特色的宗教学，形成中国学派和中国理论，尤其是要努力建立起马克思主义宗教学的学科体系，此乃当代中国学者义不容辞的使命和任务。这就是我们对究竟什么是宗教学的基本理解。

2. 对宗教研究的表述

如果说宗教学是对其学科性研究的专指，那么宗教研究则是对各种关涉宗教的研究之泛指。在其概念表述上，宗教学内涵大、外延小，而宗教研究的内涵小、外延大。当然，就宗教研究的整体而言，宗教学自然也是宗教研究的一个组成部分，不过宗教学在此既体现了宗教研究的

---

① 夏普：《比较宗教学史》，吕大吉等译，上海人民出版社1988年版，第58页。

普遍性质（共性），也突出了其悬置宗教信仰前提、客观、科学地开展宗教研究的独特性质（个性）。

远在宗教学建立之前，人类就有了关于宗教的各种研究，其中既有着有神论层面的宗教研究，也出现过无神论层面的宗教研究。而各种宗教体制内的自我研究则形成了与各自相关的学问及其理论学说系统，如儒学（基于认为儒教是宗教这一前提）、佛学、道学，以及基督教的神学、伊斯兰教的经学等。这些研究基本上乃在教言教，宣扬其教义、捍卫其信仰。当然，在现代学术氛围内，各种宗教内的宗教研究也早已出现了开放性研究，与其他宗教展开了对话和比较。但与宗教学的研究之本质不同，就在于这些宗教内的研究一般仍会坚持其护教立场，不愿也不会在其体系内的研究中放弃或悬置其宗教信仰。

无神论的宗教研究则坚决反对这种宗教信仰前提，并对相关宗教展开批判。不过，对于无神论本身的理解也存在着分歧，无神论的概念也经历了其复杂的发展过程。例如，西方早期的无神论实际上是以绝对一神的观念来反对多神论，其宗教研究主要是批评多神理论的研究，故而人们称这种无神论为 Adevism。"Adevism 由表示'反对'和'无'的前缀 a 加词根 div 而构成，div 即梵文神名'提婆'。"古印度梵文中的神名"提婆"（Deva-devata）词根 div 之义为"给予人""祭物""所祭祀者"等，而其神名则为"天""神"之义，为大乘佛教"天乘"（Devayana，音译"提婆衍那"）之词的来源。"提婆"（Deva）反映了古雅利安人敬拜的"天神"（Dyaus），与古希腊文的大神"宙斯"（Zeus）之名同源，后又演化为古罗马人之"天神"名 Deus，此即拉丁文所表述的"神"名 Deus，明末清初天主教传入中国时曾汉译为"陡斯"，是当时解决汉译神名之争的选择之一。由 Zeus、Deus 这一语言传统的神名才发展出古日耳曼人的"天神"之名 Tiu、Ziu 或 Tyr 等。[①] 显然，这种具有原始无神论性质的 Adevism 主要是反对体现民间流传的众神观念和人格神观念的有神论（Devism），而并不反对刚刚形成的那种

---

① 参见卓新平《宗教理解》，社会科学文献出版社1999年版，第20页。

相信至高无上的、绝对抽象的非人格化的神论，甚至其本身就反映了绝对一神论的性质。只是到后来才发展出反对一切神灵观念的无神论（Atheism），此西文词由前缀 a 加词根 theoi 来构成，其中所表述的"神"theoi（theos）即古希腊文的抽象神名。在古罗马时代，当时刚兴起的基督教甚至也曾被古罗马其他宗教徒指责为"无神论"，受到打压和迫害。这些有神、无神之研讨，应该都可以归入宗教研究的范围。

另外，在学术层面和宗教内部的宗教研究之外，还涉及宗教工作领域对宗教现状、决策等的调查研究，这些类型的探讨可能无法归入宗教学，却可以用宗教研究来包括。所以，宗教研究涉及的面极大，几乎所有关涉宗教问题的探索、研讨都可以称为宗教研究。

3. 对神学的思考

如何正确理解毛主席 20 世纪 60 年代所讲的"批判神学"，以及当前我国政府所鼓励的中国教会"神学建设"，是一个还没有解决的问题。而笔者最近提出的关于"学术神学"的思考，则更是引起了争议和批评。从学术研究的意义上，这些问题其实都是可以很好加以讨论、辨析的。

"神学"可以泛指宗教中的教义理论及其思想体系，包括佛学、道学、经学，甚至儒学等，即涉及"神"之问题的理论或学说。"神"在宗教中有着核心地位和精神指导作用，故此就不能回避如何分析、解释"神"的问题。这里对"神"之理解和说明，是阐述有"神"和无"神"之前提，否则关于"神"的谈论就会成为空谈，变为无的放矢。实际上，有神论和无神论都是论及"神"的"学问"和理论，都离不开其关键词"神"。毛主席在五十多年前所言"批判神学"，主要应该是从研究、学理层面而论的，其本意与写好哲学史、文学史和世界史有着内在逻辑和直接关联，即一种学术意义上的"批判"。众所周知，"批判"的原意本指评断、批评，具有学术商榷的蕴涵，如西方流行的"圣经批评学"（在中国现被译为"圣经评断学"）即乃此意；不过，由于中国"文化大革命"中曾以搞"大批判"来进行人身攻击、打倒一切，因而把"批判"的原意歪曲了，中国人在"文化大革命"结束之后故而慎用，或干脆不再使用"批判"之词，觉得这一表述有了负面意思，这在学术界尤其如此。所以，毛主席在50多年前所指"批判神学"实际上与其同时所言"研究宗教"意义相同，有着前后关联，是从透彻研究世界文明史的角度来考虑的，由此亦体现出这一视域的历史唯物主义高度。当然，"批判"一词也可用于社会批判和政治批判，有较广阔的涵盖。但毛主席在上述重要批示中的"批判神学"则主要是在其论及的宗教学术研究这一语境中提出的，故而当然可以从学术层面来理解和阐述。

"神学"就狭义而言专指"基督教神学"，是基督教的信仰思想体系和基本教义系统。对这种神学传统中的负面内容，当然有必要加以批评和反驳，而与此同时也应该注意其改革及更新。在当代中国，基督教的"神学建设"则具有正面意义，其特点就是要在其信仰追求和社会适应上实现"中国化"，旨在基督教与中国当代社会主义社会的积极适应，使之成为我们社会文化的有机共构。必须看到，中国"神学建设"得到了我们党和政府的肯定、支持和指导；而且，在基督教会之外的中国学术界对之也有积极地参与，例如，不少学者对丁光训主教倡导的"爱的神学"就有过道义上和理论上的支持及阐发，指出其对于当代中国社会的现实意义。我们党和政府颇为欣赏学术界的这种积极态度，不断鼓励并引导学术界参加和帮助中国教会进行神学建设。因此，不能对"神学"作过于狭隘的理解，更不能仅从负面来否定神学。尤其是对当代中国"神学建设"，应充分肯定其积极意义，并对之加以具有正面政治导向和理论知识厚重的引导、完善。

同理，对于位于信仰核心的宗教教义，我们也要一分为二、积极引导。周恩来同志早就指出，"宗教在教义上有某些积极作用，对民族关系也可以起推动作用"[①]。改革开放以来，中国共产党新一代领导亦主张要"利用宗教教义、宗教教规和宗教道德中的某些积极因素为社会

---

① 《周恩来统一战线文选》，人民出版社1984年版，第308页。

主义服务"①。胡锦涛同志更是明确表示要"更多地从积极方面来看待宗教，肯定宗教在促进社会和谐方面有积极作用"，主张"积极弘扬宗教教义中扬善抑恶、平等宽容、扶贫济困等与社会主义社会道德要求贴近的积极内容"，并指出"这是一个最新的根本的飞跃"。② 这种思想对于我们中国共产党统一战线理论在新形势下的新发展至关重要，对其发掘和发展可以使我们在理论及实践上都有可能实现新的突破、达到新的境界。众所周知，神学在此就是专门阐述宗教教义的，是宗教的教义学，故而与宗教教义有着自然关联。因此，神学作为对其宗教教义的系统阐述，作为对其社会存在的理论认知，丰富而复杂，其中自然也有积极内容，故而不能完全否定，却有必要相应地加以扬弃，去伪存真、去粗取精，涤除糟粕、留其精华，使之倾向或认同我们的主流思想意识及核心价值。

从学术探讨的角度以及从对宗教学术史的梳理上，可以说"神学"就广义而论则是对"神"这一问题的探究，无论"有神""无神"之论都是关涉对"神"理解的"神"论，是探究"神"这一基本问题的"学问"。"神学"（theologia）这一表述的原创并非基督教的发明，最初是古希腊哲学家柏拉图提出了"神学"之词，意在对世界本源、根本性存在展开理性研究和逻辑梳理。尽管基督教后来接受了柏拉图的思想，但仍然不能说柏拉图就是基督教神学家，这是历史常识问题。可以把一些基督教神学家说成是柏拉图主义者，却不能认为柏拉图就是基督徒，这种逻辑关系不可颠倒。而且，对柏拉图思想的研究乃有着更丰富的蕴涵，英国文学评论家怀特海曾指出，"全部西方哲学传统都是对柏拉图的一系列注脚"。我们由此可以看到柏拉图对整个西方思想文化的独特意义。"神学"这一术语存在了一千多年之后，中世纪经院哲学家阿伯拉尔等人才接受它为基督教的核心术语，后来才成为基督教的

---

① 《新时期宗教工作文献选编》，宗教文化出版社1995年版，第255页。
② 胡锦涛：《不断巩固和壮大统一战线，共同建设中国特色社会主义》，《人民日报》2006年7月13日。

"专利"。自古至今，对"神"的学术研究既有基督教的，也有其他宗教的，还有教外学术界的；既有"有神论"的，亦有"无神论"的；特别是近现代宗教学创立以来，不少人重新从纯学术角度来客观研究"神"的问题，这样，就出现了有别于信仰范围内"教义神学"的教外"学术神学"，形成一种回到古希腊哲学原点、返璞归真的"神学"研究思潮。不能因为借用了柏拉图的"神学"表述就必然成了柏拉图唯心主义者，更不能因为研究"神学"就被说成是基督教徒或其宣教者。这两者之间的本质区别是不应该任意打破或逾越的。实际上，这种"学术神学"立意的探究已经说得非常清楚，就是从宗教学意义上、以宗教学的研究方法来对基督教教义问题或对宗教"神论"进行客观、科学的研究，故而与"信仰神学"本质有别，更谈不上所谓"学术宣教"。笔者所论的"学术神学"的原则及特点仍然是对宗教信仰前提的排除或悬置。所以，特别是在我们学术理论界，不能对"神学"做过于狭隘或偏颇的解说，更不能把宗教学领域所探究的"学术神学"硬性曲解为"学术宣教"。

四　推动宗教研究促进世界和平

从当前我国大安全战略和大文化思想发展的整体构建上来思考，我们要使我国改革开放伟大事业成功发展、可持续发展，就必须增进团结力量、形成和谐因素，即需要我们团结一切可以团结的力量，包括党内外、国内外、各民族、各宗教、各个社会团体等。为此，我们需要一种建设理论与维稳文化的并重共进，从而得以"增强社会发展活力，促进社会和谐稳定"。这里，宗教研究可以成为文化建设和维稳文化的重要组成部分。

从我们发展的外部环境来看，和平安宁的外部环境是我国顺利发展的重要条件，在国际交往中应该善于广交朋友，尽量扩大我们的政治同盟或合作力量，争取各种社会因素对我支持、理解或认同。为此，按照习近平总书记的构想，我们就要"加强民心相通"，而"国之交在于民相亲"。我们"必须得到各国人民支持,必须加强人民友好往来,增进相互了解和传统友谊"①,其中几千万海外华侨和广大对华友好的国际友人是我们必须依靠或争取的力量,也是我们实现更广泛沟通、联合的重要桥梁、纽带。而通过这些桥梁和纽带,我们必须面对并争取世界各国几十亿宗教信众,在相互尊重、理解、沟通中共建我们相互依存的"命运共同体"。所以,我们理应持一种广泛开放的姿态,有着博大的胸怀、广交朋友、海纳百川。我们的世界宗教研究要正视世界多样性的存在,旨在争取一种积极的多元共存、多元共融。实际上,这种研究是我们当前走向世界的极佳途径。

从我国当前内部环境来看,达成广泛共识、形成多元共构的社会共同体是必由之路。我们要想真正做到"充分调动各方面积极性,最大限度增强社会发展活力,充分发挥人民群众首创精神,使全社会创造能量充分释放"②,就必须达成我们当今社会的广泛共识,这种共识"是我们构建和谐社会,深化改革发展的基本条件之一",所以我们必须要想方设法努力凝聚这样的共识。基于这种指导思想,我们在社会舆论及具体举措上就应该尽量"求同"、包容"存异",最大限度地集中群众的智慧、调动群众的积极性、发挥群众的首创精神。中国文化的现代发展是我国可持续发展的灵魂所在,我们必须摒弃历史虚无主义,回归中华文化博大精深、根深蒂固、叶茂枝繁的活水源头和坚实大地。在中华文化的内蕴和对世界文化的贡献中,不能无视宗教的重要构成。我们要认识到"中华民族最深沉的精神追求","中华民族最根本的精神基因",以及"中华民族独特的精神标识",则应该对中华民族的宗教传统加以深入、认真的审视和评价;在"中华民族生生不息、发展壮大的丰厚滋养"中,不可能也不应该完全放弃宗教文化的作用和贡献。

---

① 《习近平在纳扎尔巴耶夫大学的演讲》(2013年9月7日),引自《人民日报》2013年9月8日第3版。

② 引自《习近平在武汉同部分省市负责人座谈》,《人民日报·海外版》2013年7月25日第1版。

我们还必须认识到,我们的文化不是抽象的存在,不只是少数人所掌握的精英文化、贵族文化,而乃涵括有着丰富宗教内容的大众文化、基层文化。这样,对我们的文化传统审视就不能孤立、机械、虚无、漂浮地进行,而必须面向人民大众的精神生活,看到广大民众对我们文化传统的真实体现。由此而论,我们的文化发展必须是现实主义与理想主义的有机结合,我们的先进文化是传统优秀文化的积淀、拓展、弘扬和突破,有着一脉相承的连线和传递。只有这样,我们方可"讲清楚中国特色社会主义植根于中华文化沃土、反映中国人民意愿、适应中国和时代发展进步要求,有着深厚历史渊源和广泛现实基础",形成"中华民族创造了源远流长的中华文化,中华民族也一定能够创造出中华文化新的辉煌"[①]的自豪感和使命感。

习近平总书记在阐述当代中国社会主义核心价值观与中国优秀传统文化的密切关联时充分肯定了中国悠久的文化历史,并明确指出"培育和弘扬社会主义核心价值观必须立足中华优秀传统文化。牢固的核心价值观,都有其固有的根本。抛弃传统、丢掉根本,就等于割断了自己的精神命脉"。我们研究这一传统自然包括对中国宗教的研究,这是我们中国文化自知的重要组成部分,从中可以体会到中华文明脉搏的跳动。我们今天社会主义的核心价值观要想充分反映中国特色、民族特征,就应是"吸吮着中华民族漫长奋斗积累的文化养分","具有无比深厚的历史底蕴"。我们代代相传的中华民族核心精神、持守至今的中国文化内在本质,是我们今天建设中国特色社会主义核心价值观的坚实基础和重要积淀。既然我们承认当今社会主义社会的核心价值观与中国源远流长的优秀文化传统有着直接的历史关系,那么我们就没有理由根本排拒这一优秀传统中的宗教元素。这是我们积极引导宗教与社会主义社会相适应所必须考虑的,也是其"相适应"的内在基础和有利条件。我们以"继承和发扬中华优秀传统文化和传统美德"来促进社会主

[①]《习近平在全国宣传思想工作会议上的讲话》,引自《人民日报》2013年8月21日第1版。

核心价值观的培育,就是密切联系并结合中国实际,从而也能真正展示我们中华文化的勃勃生机,真正使之得以弘扬。我们今天完全有理由宣称,代表着中华民族精神追求、精神标识和思想道德资源的中华优秀传统文化也包含着中国人的宗教文化,体现出中国人的宗教精神。因此,我们应该积极推动宗教正能量的发挥,使中国宗教的精华能够成为我们社会主义核心价值观丰厚滋养的有机构建。从中国社会和中华文化的意义上,我们必须看到宗教在其发展中所起到的精神动力及历史传承作用,看到其对中国民众社会生活及精神气质的深刻影响。当我们步入中国文化建设和发展的伟大时代之际,我们不能草率否定中华文化传统中的宗教,也不可能忘掉中国宗教精神给中国人所留下的深刻记忆。可以说,我们对宗教的研究是我们整个文化研究的重要组成,也是反映这一研究之深度与广度的典型标示。

从宗教研究的实际而言,正确的宗教认知和宗教政策对于我们实现"两个一百年"的理想、实现中华民族伟大复兴的"中国梦"至关重要。信教者在我国人口中已经占有相当比重,这已是不争事实,在现代信息时代我们没有必要,也不可能对之回避或掩饰。我们宗教研究的指导及方向应是遵循党的十八大和十八届三中全会精神,"使信教群众在全面建设小康社会的宏伟目标下最大限度地团结起来"。而且,我们只有"全面贯彻党的宗教工作基本方针",才可能真正落实"加强构建抵御境外利用宗教进行渗透破坏的综合体系工作"。宗教是人类信仰的一种重要表现,对于这种信仰的力量我们必须高度重视。无论是在国际上还是在国内,对信教群众我们都要采取"最大限度地团结"这一方略。在我们哲学社会科学的理论研究、学术导向和舆论氛围上,尤其是在宗教问题的研究上,也应朝这个方向去努力,否则就会违背中央精神,违背十八届三中全会的指导。当前我们的政治及政策除了对经济、外交特别关注之外,已经特别关注到民族、宗教、华侨问题,这正是我们"最大限度"地团结群众、增加和谐因素所必须高度重视的。

研究宗教信仰问题,我们必须有全局观念、整体思维。"我们不仅要了解中国的历史文化",而且还要看到中国与世界的密切关联。在这种你我互有之中，我们不应该只是消极地彼此防范，而应该争取化对抗为对话，化冲突为合作，让中国在促进世界和谐中发挥积极主动的作用，其中则可以有效地发挥我们宗教研究的作用，促使我们的中华宗教文化智慧从中国走向世界，为世界广大人民所认可、认同。世界的和谐与和平不能坐等，而必须力争。我们要创立、构建、形成和谐氛围，共汇为有利于我们党的前途命运、国家长治久安、民族团结合作的凝聚力和向心力，就必须关注宗教，积极引导我们社会主义社会中的宗教信众爱党爱国爱教。在这种精神的沟通中，我们要联系实际，了解广大人民群众的精神生活及精神需求，共建中华民族持久和谐的精神家园。我们今天的宗教研究，理应要有思想创新的意识，需要积极参与中华文化"大一统"的整体有机共构，在其科学体系的建设上有新的构思、新的进路、新的意识、新的方法。这种新的理论体系应该是马克思主义、毛泽东思想、邓小平理论等中国特色社会主义理论的体现、延续和发展，应该体现当今世界全球化、信息化、生态化的时代特色。总之，在努力促进人类社会发展的积极转型之际，我们的宗教研究要有勇气、接地气，要讲真实、审时度势、与时俱进，要有新思维、大手笔，真正达到一种承前启后、引领新潮的划时代突破，为早日实现中华文化伟大复兴的中国梦作出我们义不容辞的积极贡献。

（原载《世界宗教研究》2014年第3期）

第二十一章

必须关注如何正确认识宗教的问题

关于中国有无宗教,宗教存在是否必要、必然,中国社会应该如何面对宗教存在、处理宗教问题,以及宗教在当代中国社会的性质、意义和作用,人们的认识从来没有达到过统一。这种宗教认识和理解的问题,最近又成为学术界争论的热点。而且,这已经不是纯学术意义的争论,其实质已触及对宗教所关涉的政治、社会、文化等问题的考量。在目前极为复杂、敏感的社会转型时期,如何客观、正确地审视宗教问题会直接影响到将来宗教在中国社会的存在、发展及走向,因此不能将这种认识上的不同或争论简单地视为书斋中的学究问题,而必须从其与整个社会文化的关联上来观察、分析,以避免我们因认识上的偏差而再走弯路,并防范由此而给党和国家事业带来损失、造成对信教群众不应该的伤害。

一 对中国宗教性质的认识

宗教存在有其普遍性和特殊性,这是我们认识宗教性质的两个基本点。从其普遍性来看,宗教是社会存在的反映,一切宗教都与其社会有着密切关联,因而不能脱离其社会来抽象地谈论相关宗教的性质。此外,在知识论意义上,同一种宗教的教义理论、崇拜礼仪和组织形态等在其教内亦有其相应的普遍性,因此不应该割断其信仰上和文化上的传承。从其特殊性来看，任何宗教的具体社会存在都是专指而不能泛指。宗教与宗教之间会因其同一社会存在而有着社会性质上的相似性，也会因其不同的社会存在而显示出巨大的差异；甚至同一种宗教虽有其知识性意义上的普遍性，却也会因其在不同的社会中存在而呈现出各自之间的明显不同。所以说，我们论述宗教的相似或区别，不能脱离其赖以生存的社会。在这一意义上，我们所关注的宗教应是专指而不应该简单地泛指。

我们理解马克思主义宗教观，则应看到其宗教分析背后的社会分析。马克思主义活的灵魂就在于具体问题具体分析，即不要僵化地、抽象地谈论宗教，而有必要看到具体宗教的具体社会存在处境，对此界定也必须根据其社会存在、社会反映来认准其性质。马克思、恩格斯所论及的宗教及其性质是以19世纪西方的宗教为对象，其相应的宗教批判实质上是针对宗教赖以生存的社会，故而更多的是由此表达的对其存在压迫、剥削之不公正社会的"社会批判"。同理，列宁论宗教也主要是在俄国"十月革命"前后的俄罗斯社会之中的观察、思索和阐述。我们应该把握的是马克思主义分析宗教性质的方法、思路，而不是把马克思主义经典作家关于19世纪西方宗教的论述断章取义、脱离具体社会实际地套用在当今中国宗教之上。

宗教性质与其存在社会的逻辑关联，使我们已经不能随心所欲地脱离中国当代社会实际来谈论宗教，界定宗教。当人们机械地、形而上学地以马克思主义的宗教批判来认识、界定当今中国宗教时，其内在逻辑使之不能脱离其社会批判的核心内容。而且，按此逻辑必然，这种在当今中国社会被教条般套用的宗教批判势必推导出对其依存之社会的批判、对相关政治的否定。对此，我们不禁要问，其貌似理直气壮的宗教批判是以批判我们当今社会为立意、目的和旨归吗？！很显然，如果今天在中国大张旗鼓地来批判宗教，其实质就是要批判，甚至否定这三十多年来取得改革开放巨大成果的当今中国社会！如果孤立地继承经典作家对宗教的批判，其带来的对中国宗教性质的否定及其"潜台词"中对中国当今社会的否定，则完全成了一种本末倒置的结果。可以说，脱离社会来谈论宗教、批判宗教的宗教观，其本身只能是一种颠倒的宗教观、荒唐的认识论，已经远离了马克思主义的立场、观点和方法。况且马克思当时就已经明确宣布对宗教的批判已经结束，已经转向社会、政治及法律批判，而对宗教的批判正是这些批判的前提，是由批判宗教而引发的深层次思考、带来的社会批判之转向。今天我们重温马克思主义经典作家关于宗教的论述，就是要让我们重新客观地、科学地、实事求是地来认识宗教、分析宗教，认清宗教与社会的关联及其呼应，并由此与时俱进地、唯物地、创造性地理解并解释马克思主义的宗教观。我们对今天中国宗教性质的认识和评说，乃是基于当今中国社会状况及社会性质，而绝不是让我们简单地回到以往对宗教的批判。如果执意要简单回归，则会感到我国当前实际实行的许多宗教政策及做法都有问题，好像离经典作家所论述的相距甚远。其结果只能是在认识上和行动上都陷入混乱、掉入一个很难爬出来的"陷阱"。

中国宗教的性质，其基本立足点应是看到这些宗教是中国社会的产物和中国文化的延续，尤其是对中国当代社会变革复杂、曲折之过程的反映。尽管这种反映中具有"异化"的因素，但整体而言仍属社会生活的正常反映。因此，对中国当代宗教性质的认识主要应该是社会层面的、文化意义的。虽然在其中不能回避、忽略其政治因素，而相关从政治对抗、阶级斗争视角对宗教的考虑却应有所淡化，不能强调过头。今天中国社会构建的核心宗旨是"和谐"，宗教在其中也应成为一种重要的和谐因素，并能有助于对世界和谐的影响、感染。所以，我们今天认识宗教性质应该是基于文化哲学而不是斗争哲学，提倡和谐理念而不是冲突思想，至少不应该因我们的认知、判断失误而将之引向矛盾、推至冲突。尤其在看待中国当代宗教时，我们的观念有必要从以往的对抗转为对话、从过去的对付转为合作，从曾有的对立转为融洽。在认识宗教的社会功能及作用时，如果在有阶级压迫、剥削制度的旧社会，当然有必要看到其负面意义大于正面意义、消极功能大于积极功能。但在今天劳动人民当家做主的新社会，看待宗教社会性质的视角就应该相应转换，看到并积极引导、促进宗教正面意义、积极功能的发挥。当今中国的宗教并非必然要与社会对抗，也不绝对是我们社会中的异己力量。如果在当代中国社会发展已取得巨大成就的情况下仍一味强调宗教的消极作用、负面功能，则实质上在否认我们自己的社会及其取得的成就，实际上要把宗教推向我们的对立面，跟我们自己过不去。形而上学地坚持从消极、负面、防范意义上来谈论、界定当今中国宗教的性质，不能不说是对我们自己执政能力的怀疑或否定。这种糊涂的观念、错误的认识，对今天中国的社会发展是有害的、对中国走向世界的历史进步是不利的。从这种意义上来看，我们不能肯定或支持那种形左实右的否定当代中国社会宗教发展的观点，相反应该理直气壮、大张旗鼓地正视并肯定今天中国宗教的正常发展，从积极意义上认识宗教的性质，看到宗教在我们当代社会所发挥的正能量，从而肯定我们社会改革开放以来所取得的成就，肯定我们党和政府宗教工作的正确和卓有成效。尽管一些社会矛盾及问题的出现在某种意义上可能与宗教有着复杂关联，仍不应该以偏概全，把问题的起因、根源完全归结于宗教，而需认真分析，仔细甄别，不要想象出所谓宗教与社会问题的必然联动。马克思主义提醒我们要在现实社会中找宗教问题的根源，而不是相反。如果把复杂的社会问题归因于宗教则是本末倒置，其处理也难有好的效果。

二　对中国宗教存在的认识

中国思想界、学术界对中国宗教是否存在有过许多模糊或错误的认识。其中较为典型的就是20世纪初一些知识分子的所谓"中国无宗教"论，其在认识上的影响，一是体现在对中国宗教"原生态"的理解，二是体现在对中国民间信仰的理解，三是体现在对儒教或儒家究竟是否为"教"的理解。其在社会上的影响则是与20世纪初"非宗教运动"的关联，以及对中国民众"宗教批判"意识的影响。从古往今来中国宗教历史发展演变来看，中国"无宗教"论显然是一种幼稚或无知，亦是一种简单和武断。但遗憾的是这种认识已经留下了后遗症，人们迄今仍谈"宗"色变，对信仰问题噤若寒蝉。其实，在人类历史上，罕见有无宗教的社会、民族及时代。20世纪初这些颇显"新潮"的人们曾提出以道德、美育、科学、哲学来取代宗教，但都没能根本取代，宗教至今在中国仍然保持出了其顽强的存在。所以说，不顾时空背景、不做深入的政治分析就一味地主张与宗教斗争、希望尽早消灭宗教，这既没有必要，也不可能做到，反而倒会伤害到我们自己的社会、搅黄了和谐团结的局面。那么，应该怎样来看待今天中国宗教的存在呢？在以往的认识上，人们曾经错误地认为宗教只是私有制的上层建筑，只是有压迫、剥削之社会的意识形态，只是旧社会留下来的落后文化；其基调就是宗教已经"过时"，它作为过去的"残余"虽然遗留下来，却很快就会消失，就会被新的上层建筑、意识形态和先进文化所取代。然而，改革开放以来中国宗教的复苏和复兴、发展与扩展，却与上述理解大相径庭、完全相反。为此，我们有必要以新的视域、新的思路来审视、认识，并解说当今中国宗教的存在或"复活"。

对此，胡锦涛同志指出："在新的历史条件下，我们要坚持马克思主义的立场、观点、方法，全面认识宗教产生和存在的深刻的自然根源、社会根源、认识论根源和心理根源，全面认识宗教在社会主义社会将长期存在的客观现实。"[①] 其实，这已经说明宗教在当代中国的存在并不是简单地为"旧社会的残余"，从而在从私有制到公有制的过渡中会很快消亡。宗教存在作为社会存在的反映也是多种多样的、极为复杂的，它既反映了与社会的一种张力，也说明了其与社会的可能协调。这种双向互动势必使宗教得以长期存在，尽管这种宗教存在一定程度上也是对社会的"异化"反映，表现出某种"歪曲"，却仍是社会存在的正常现象，并且也有让宗教与社会得以和谐的可能和条件。因此，"那种认为随着社会主义制度的建立和经济文化的一定程度的发展，宗教就会很快消亡的想法，是不现实的。那种认为依靠行政命令或其他强制手段，可以一举消灭宗教的想法和做法，更是背离马克思主义关于宗教问

---

① 胡锦涛：《全面贯彻党的宗教工作基本方针　积极主动做好新形势下宗教工作》，《人民日报》2007年12月20日。

题的基本观点的，是完全错误和非常有害的"[1]。

在社会主义中国，我们对宗教存在的认识不能把19世纪西欧社会状况下的宗教存在搬来套用。这种对马克思主义宗教观的教条式理解实际上违背了马克思主义理论体系的基本原则和科学方法，结果只会带来在中国社会处境中的歪曲和滥用，最终给党和政府的宗教工作、宗教政策带来损失。尽管我们的社会主义仍有"社会"问题，但其社会性质已与当时西欧社会有着制度上和时代上的本质不同。这样，我们就应以平常的心态、正常的眼光来看待当代中国的宗教存在，不必对之充满"敌意"、以"敌情"来观之、过度紧张。人为地批判宗教、打压宗教并不可能从根本上解决社会问题，反而会造成信教群众的反感、使之站在党和政府的对立面，导致其离心离德的后果。这种经验教训苏联时期有过，我国"文革"时期也有过，我们应该汲取历史教训，防范出现新的失误和偏差。

从当代中国社会来看宗教存在的"根源"，则应从一种"常态"来审视，这样就不会滑入"自我否定"、对中国"社会"失去信心的"怪圈"。其宗教存在的"自然根源"在于人们在社会主义时期仍然不可能达到对自然力的完全掌控和对自然灾害的彻底预防，"自然"对人而言在很大程度上仍是一种"异己力量"；宗教因而是人们解释、对付这种"异己"自然的一种方式和手段。其宗教存在的"社会根源"在于社会主义初级阶段的社会仍有不尽完善之处，社会在解决贫富悬殊、天灾人祸、社会福利、社会救济、社会公正、社会资源等问题上也多有不尽人意之处；宗教因而也是人们解释社会现象、解决社会矛盾、达到社会适应的一种认识和方法。其宗教存在的"认识根源"在于社会主义时期人们对宇宙、人生的认识仍然是有限的、相对的，对于未知世界、社会突变和个人的生存命运，宗教提供了一种看似"虚玄"却在某种意义上"有效"的解释和预测，从而得以"幻想"的方式来超出其有限认

---

[1] 引自中共中央1982年颁发的《关于我国社会主义时期宗教问题的基本观点和基本政策》。

识之界。其宗教存在的"心理根源"在于社会主义社会仍有各种各样的社会问题、突发问题、家庭问题和个人问题难以解决，造成人们巨大的心理压力，人们需要精神减压、心理安慰、心理辅导和心理治疗，许多心理压力的释放、心理幻觉的移情，以及心理病态的调整仍离不开宗教；在许多场景和突发事件之后，宗教的心理抚慰和治疗往往有着积极的效果和相对的优势，因此从"心理"走向宗教仍不可避免，而且也并不都是消极的、消沉的，往往会达到某种意外的收获或解脱。虽然宗教中许诺的"彼岸""来世"是虚玄、虚幻的，但其带来的心理安慰或暗示却可在一定程度上缓释人们在面对生老病死时的精神及肉体痛苦。而其缓释、缓解痛苦本身的实际意义及效果是要强于空洞的有神、无神之认知争论的。宗教信仰在心理意义上曾给一些病危者带来人文关怀、临终关怀，使之得到面对死亡时的精神解脱和坦然，能够比较平静、超脱地逝去，这也是真实存在的。总之，从这四种"根源"来说，宗教的存在与发展在当代中国乃是非常自然的、正常的过程，很难要求普通百姓都能达到社会精英那种思想和境界，所以应有一种"平常心"来看待这种"常态"，使之真正"脱敏"，而没有必要人为地将之"政治化"，甚至"敌情化"。

三　对中国宗教管理的认识

当代中国的宗教管理颇具"中国特色"，但已经面临严峻的挑战，出现了许多漏洞和不足。管理方式的正确与否，会直接影响到宗教在当代中国社会存在与发展的方式、方向，决定着党和政府与宗教关系是否合理、融洽。因此，必须根据科学发展观来深入、系统地分析、思考我国当前对宗教事务的管理工作，找出科学、有效的管理方法和相关政策，尽快扭转目前已经出现的被动局面。

对宗教的管理思想和方式，受我们对宗教本质及其存在之认识和定位的指导及制约。这种对宗教的看法会影响我们对宗教的管理，也就是说，我们管理宗教的目的究竟是要推动宗教的发展，还是要限制宗教的发展，还是听之任之、道法自然；究竟是要对宗教加以思想、政治、社会掌控，还是让宗教自然、"自由"地发展。实际上，在管理宗教的理念上、观点上，仍然存有严重的分歧和巨大的差异。从不同的指导思想出发，则会产生在管理宗教上的不同模式。

一种模式是在强调"宗教信仰自由"、坚持"政教分离"原则下的宗教管理。这种模式认为不必要，也不可能在思想、信仰层面对宗教加以管理，也就是说，不可能管住宗教界的所"思"、所"信"，而只能够在社会、公共层面上管宗教界的社团组织建构及其所"言"、所"行"。这样，管理的模式限定在社会层面，基本上是对宗教的外在、或外向性管理。其特点是不由党和政府来规定宗教的种类、教内的教派，这些问题是宗教内部的事情，不必采取政治的方式来介入或干涉。宗教管理是政府有关部门根据宪法、法律和相关行政法规来规范、掌控宗教的社会存在及其行为方式，不使之超越法规之界而无序发展、影响社会的安定团结。在这种情况下，则可能出现对宗教"普遍放开"的状况，宗教的全国或地方组织、联盟或分派都由宗教自行决定，自然发展，只要不违法违规，政府就不加干涉。其结果也可能会是不再保持仅有"五大宗教"合法存在之现状，而正视、允许"教外有教、教内有派"的现象出现。随着这种格局的变化，其管理的特点将会体现为"属地管理"，加强政府基层组织、地方机构对宗教管理的力度；宗教组织机构设在哪里，宗教社会活动在哪里开展，则由那里的政府机构相应管理，实际上一些区域性的民间宗教正是在这种"属地管理"中得到局部地区的合法存在的，它们只是被相关地方政府所承认并管理；而在这种具体、实在的管理上，中央政府的政策、国家法律的精神及尊严，则必须得以体现。不过，根据对当前中国宗教国情的审视，以及对各级政府管理能力和智慧的考量，人们也担心"一放就散""一散就乱"，会出现不可控制、难以收拾的局面，因此很难下决心真正按这种模式来管理宗教。

另一种模式是正视并保持中国"政主教从"的管理传统，把宗教完全纳入国家政府实际且严格的管理之中，历史上的中国在许多王朝和近现代政治体制中都有着管理宗教的机构存在，形成中国历史上所独有的"准政教合一"特色，基本上是以"政"统"教"、以"教"辅"政"，由此达至一种政教和谐。这种管理强调宗教在思想、政治上对政府的服从，保持政教程度较高的一致，基本上是以政主教、以教服政，宗教存在必须以维护政府、政权的威权为前提。为此，历史上各朝政权都有专门管理宗教的职能部门，负责宗教事务的管理，如政府会具体负责宗教人事安排，指导宗教教义思想的诠释，督查宗教组织的构建，并为宗教提供社会、政治、经济等方面的援助和保障等。这样，合法宗教则会形成严格意义上的"官方宗教"，在此之外的宗教则为"另类"，处于"非法"之状，古代中国曾将之视为"异端""邪教"，并实施高压打击。但这种管理模式肯定要求宗教与政治之间要有积极的互动、协调，并达成高度的共识，有着思想、政治、社会形态上的一致。对此，列宁在苏联建设社会主义的初期曾有过一些具有前瞻性的设想，如允许信教群众加入无产阶级政党，甚至让宗教神职人员（司祭）入党而遵守党的纲要、服从党的纪律、保持与党的一致等考虑，都说明了他的一些初步设想。例如，列宁指出："不能一成不变地在任何情况下都宣布说司祭不能成为社会民主党党员，但是也不能一成不变地提出相反的规定。如果有一个司祭愿意到我们这里来共同进行政治工作，真心诚意地完成党的工作，不反对党纲，那我们可以吸收他加入社会民主党，因为在这样的条件下，我们党纲和精神和基本原则同这个司祭的宗教信念的矛盾，也许只是关系到他一个人的矛盾，只是他个人的矛盾，而一个政治组织要用考试的方法检验自己成员所持的观点是否同党纲矛盾，那是办不到的。……我们不仅应当容许，而且应当特别注意吸收所有信仰上帝的工人加入社会民主党，我们当然反对任何侮辱他们宗教信念的行为，但是我们吸收他们是要用我们党纲的精神来教育他们，而不是要他们来积极反对党纲。"[①]

---

① 列宁：《论工人政党对宗教的态度》（1909），《列宁全集》第 2 版第 17 卷，人民出版社 1988 年版，第 394—395 页。

在中国社会主义革命的实践中，也有宗教界人士和信教群众参加革命，其中一些人先后成为共产党员，为中国革命事业作出了重要贡献。同样，中国共产党在建设新中国的努力中也有过这方面的尝试，甚至是相当成功的实践。例如，一批共产党员因工作需要而进入各宗教团体从事有效管理，在宗教社团中建立起相应的党的基层组织，为团结广大信教群众、社会和谐及稳定发挥了独特作用。只是由于相关宗教认知在理论上没有达到统一，宗教团体在社会定位定性上仍然存有模糊之处的情况下，这些举措及其理论关联才没有得到有效澄清，特别是在今天留下了一些理论及实践上的疑问及悬念。尤其在当今信息时代，以往的一些政策及举措已经直接或间接地公开化，成为公众所关注并讨论的公共话题，因而需要及时弥补时代转型之间出现的断层，及时加以理论和实践上的说明及解释，达成有效衔接。在此，我们有必要重新考虑相关的政教关系模式能否继续，或怎样在当代国情中得以体现。尤其在中国特色的社会主义社会中，中国共产党作为执政党与其领导下的社会中的宗教究竟应该处于一种什么样的关系，都值得认真思考和研究。

中国社会主义社会在中国共产党的领导下有着思想理念、社会发展目标，以及人民团结共存上的高度一致。而且，我们强调要绝对服从党的领导，在全社会都必须全力加强党的集中统一领导，不留死角和空白。那么，我们社会的宗教难道可以成为"置身法外"的"飞地"吗？这显然是不可能，也不允许的。这样，在我们这种特色及性质的社会中，其存在的宗教如何能够有效保持并充分体现这种社会共存所需要的一致，自觉服从党的思想领导和社会指导，那就需要我们认真思考，科学研究，给出正确的答案。这是一个迄今悬而未决的大问题，其有效解决也需要我们有大智慧。首先，这种高度一致要求宗教与执政党在价值观、信仰观上的统一；这在国外宗教与政党关系中应该是没有问题的，因为国外大部分社会基本上是全民信教或绝大多数人信教，其政党都是在这种氛围中建立并发展的，有一些甚至本身就是宗教政党。但中国共产党绝不可能这样去做，因为其阶级性质及马克思主义唯物史观的指导地位使之有必要做出不同的决策，其正确决策至关重要。这里，主导方是执政党而不是宗教，所以共产党如何在思想、精神等深层面有效实施对宗教界的绝对领导，则是一门我们需要研究的大学问，有许多深层次的问题需要我们条分缕析、逐个解决。其次，在"人民有信仰"的理解下则可尝试对信仰分出不同层次，强调政治信仰与宗教信仰不在同一个层面，因而可以和平共处、团结合作、相互尊重，争取并行而不冲突。不过，这种信仰上的和而不同或求同存异也有较大难度，在世界观、价值观、意识形态的不同甚至对立，使这种和而不同、"相互尊重"在其理解及实践上也极为困难，不易做到。在中国共产党执政的新形势、新定位这种社会变化中，是否需要中国共产党在以往对待宗教的策略上、表述上有所调整，如在处理政党与宗教，尤其是宗教界进步人士的关系上，在相关民族地区如何加强基层党组织的建设等方面，都非常值得认真研究，需要实事求是、具体问题具体分析、原则性与灵活性有机结合的正确举措。但恰恰在这些方面目前争论很大、分歧不少，容易出现滑坡、倒退，却难有实质性进展。目前我们党和政府要求宗教界在社会、政治层面必须服从党和国家的利益，服从党和政府的相关指挥及领导，与党和政府保持高度一致，为此甚至组织了对宗教领袖及其青年人才的政治、政策、法律、文化知识等方面的"培养"和"集训"，但因其政教关系、政党与宗教的关系没有理顺而使这些做法面对着理论与实践明显矛盾的尴尬局面。如果宗教被视为与中国主流意识形态处于对立地位，被认为在价值观、世界观上与我们今天的政教关系完全是一种"分离"和"对立"状况，那么上述"培养"和"集训"则意义和价值不大，甚至无法展开，因为我们不能说我们党和政府自己"培养"的宗教领袖及宗教人才在思想上、在世界观、价值观及意识形态上是与我们根本"对立"的，这岂不是说我们要"培养"我们自己的"对手"吗！这种明显的矛盾如何统一、协调，迄今似乎仍然还没有想得很明白，缺少比较透彻的理解和界说，即仍旧处于一种"悖论"之中。而在相关宗教团体中，也有人会基于这种"对立论"而要求"自我管理"，以躲避或拒绝党对宗教的领导，目前说不清楚宗教管理者究竟应该是什么身份的这种现象也正在发生。我们对这一管理模式的理论依据的确尚未真正弄明白、想透彻，分歧太大，争论非常尖锐。从思想逻辑上来讲，党对宗教的思想及社会管理必须以宗教界在精神层面也能向党靠拢、贴近为前提。反过来说，宗教界如能自觉接受、服从党的领导，也必须以其在思想精神上能与党的思想理论积极适应为前提。这些方面目前或为理论讨论中的禁区，或是语焉不详的含糊。这种理论与实践、规定与实施、言与行等方面的脱节，是值得我们认真研究、亟须解决的。

还有一种模式则是坚持党政与宗教组织的本质不同，但从社会政治层面的考量出发而仍派出党政官员"进入"宗教团体进行管理，即所谓"钻进去管"的模式。这种模式我们似曾见识，而且在今天的宗教管理中仍不断浮现。其典型特点，就是国家有关部门的党员干部到宗教团体中任职，而且其职务一般都较为关键；或者，政府会在宗教场所的外围设立"寺管会"一类的机构，派党员干部长期在此专职管理。这些管理模式无论是内涵式的"钻进去"，还是外延式的"守外围"，在实践中目前都看似比较管用。但其问题在于党员干部在纯宗教的团体中任职应有何种理论上的依据或说法、如何对之加以定性、定位？此外，他们能否真正"钻进去""管得住、管得好"？而"寺管"的范围究竟应该有多大？如何与宗教的教理、礼仪和内部管理相衔接？特别值得注意的是，当能管住这些"体制内"的宗教时，宗教出现的"外化"现象该如何管理或治理？在这些宗教之外逐渐形成新的宗教运动、宗教团体，它们因不被政府掌控、不在"官方"宗教视域及管理之内而有可能走向民间、走向地下，成为社会的"黑色"之角，即党政部门和合法宗教团体都不管或管不到的盲区、死角，这种政府宗教管理部门、公安、合法宗教团体三不管或无法管的地下宗教势力最终会成为社会不稳定的因素，并促成对上述"官方管理""合法存在"之宗教的实质性挑战和威胁。如目前基督教地下教会的存在与发展就是这种管理悖论的典型案例。当"合法"宗教被管"死"时，"非法"宗教反而会"活"起来，因为其看不见、摸不着、管不死的"地下"宗教活动反而获得了没人管、无法管的"自由"。对于这些可能发展，历史上有很多教训值得注意，我们也必须未雨绸缪。

应该说，严格限制、打压宗教的管理模式在当代中国已不复存在，宗教已经得到明显的自由发展，这是一个不争的事实，至少在宏观、整体上可以这样认为。而在上述三种管理模式中，第一种"普遍放开"的模式尚不存在，它首先需要对"宗教信仰自由"和"宗教自由"重新认识、对"政教分离"的原则透彻了解，其实施则可能导致当代中国对宗教的全面放开，形成宗教多元发展的局面而很难加以"大一统"式的管理。这种局面是否导致失控也会考验我们党和政府的执政能力，但势必会实质性地促成我们加强"属地管理"。其好处则在于会得到国际舆论的好评、赞赏，形成我国当今发展更好的外部环境和舆论。而"属地管理"的加强则会引导宗教从政治领域转向社会、文化和宗教的自身领域，形成各宗教之间、宗教内部各派之间的相互制约、相互监督、相互促进，出现宗教生态发展在多元中的优胜劣汰及平衡、和谐。但一般不会有人冒这种"突破"的风险，而且其社会条件目前也没有真正成熟。第二种模式的实施在于党与教、政治信仰与宗教信仰之间关系的调整、理顺。这种模式仍有可能保持宗教多元处境中的"大一统"格局，全国性宗教团体较为顺利地处理好党政关系，形成对各自宗教组织强有力的管理、掌控和影响，是其实力团体、有效机构。宗教由此不会完全脱离政治，但会成为整个社会、政治组织框架中的一部分，为其有机共构的子系统、分单元。这种管理模式的实施则要求从制度上、程序上使宗教领袖在政治、宗教和党性三个方面得到系统训练和教育，自觉服从党和政府的领导，成为政治上可靠、对党忠诚、宗教学识渊博和宗教修行高深的实力性宗教领袖，而其任命、罢免也自然在党和政府的掌控之中。实际上，这种管理模式已经被部分地运用在当今中国宗教的管理之中，但因为一些理论、认知上的模糊、相悖而使其根本问题没有得到解决，所以在理论上出现了争论的白热化，而且在其管理上也出现了种种纰漏和问题，有一些很难解决的根本性矛盾，故难出现根本性突破。在其如何突破上，当前改革开放、经济发展实践中党的建设或许可以为我们提供新的启迪和思路。特别是我们今天所强调的是全面加强党的集中统一领导，这完全可以为我们实施党对宗教领域的领导及管理找出依据、提供出路。第三种管理模式是我们今天主要在实践的模式，其困难、问题已不言而喻，尤其是当下正在出现极为复杂的局面，在"严管"与"失控"之间正形成张力，其如何有效发展、归其正道，目标并不明显，故而给人也有一种正处在十字路口之感。因此，真正有效管理的关键在于理论认识上的把握和突破；在认识问题解决之后，前面所言的管理模式则可以比较、选择，甚至综合来用，故也可能找到比较有效的中国宗教管理的发展方向，但目前其前景并不明朗。在这种意义上，上述中国宗教管理模式上的研讨或实施，仍是具有商榷性、实验性、前瞻性、开放性和探索性的复杂构设。为此我们必须加强在理论和实践两个层面对中国特色马克思主义宗教观及当代中国社会主义宗教理论的深入学习和科学运用。

四 对中国无神论实践的认识

在中国宗教复杂发展的今天，无神论的研究和宣传问题亦重新被人们所强调，出现了前所未有的突出。这一理论及实践的关键，在于是否强调及如何强调中国共产党的"无神论"性质。当然，在共产党内强调、突出做坚强的马克思主义无神论者，这是必需的，毫无疑问的。马克思主义经典作家强调无产阶级政党不能把宗教看作"私人的"事情，必须以无神论来与宗教开展"思想斗争"。在此，马克思主义已说明是"思想斗争"，而绝不是政治斗争、社会斗争和文化斗争。不过，宗教信仰问题不是仅靠解决"思想问题"就可以达到根本性效果的。无论是在宗教领域、还是在政治领域，"精英"毕竟都是少数，我们应该正视大众思想、大众信仰的存在，不必要，也做不到对所有的人都按"精英"来要求。因此，对这种"斗争"仍必须根据宗教所依存的"社会"来具体分析。在阶级斗争中，马克思主义对宗教的"斗争"是与"阶级斗争"紧密相连的。列宁为此指出："马克思主义者应当是唯物主义者，即宗教的敌人，但是他们应当是辩证唯物主义者，就是说，他们不应当抽象地对待反宗教斗争问题，他们进行这一斗争不应当立足于抽象的、纯粹理论的、始终不变的宣传，而应当具体地、立足于当前实际上所进行的、对广大群众教育最大最有效的阶级斗争。"① 而在我们今天中国的社会主义社会，社会性质已经发生了根本变化，虽然不能否定"阶级斗争"在某种层面、某一意义上仍然存在，却不能再"以阶级斗争为纲"，更不能把对待宗教问题仍与阶级斗争相挂钩。有人认为马克思主义宗教观的核心实质是马克思主义无神论，这种断言仍值得推敲、商榷。其实，马克思主义宗教观的核心仍然是其唯物史观、辩证分析的社会"反映论"，是对社会存在决定社会意识的强调和说明。马克思主义无神论是马克思主义宗教观的有机构成，其核心实质同样也是唯物史观及辩证唯物主义。至于"无神论"，马克思主义对其社会现实意义，尤其在社会主义社会中的意义和作用也已经说得非常清楚，如马克思早就指出："因为人和自然界的实在性，即人对人来说作为自然界的存在以及自然界对人来说作为人的存在，已经成为实际的、可以通过感觉直观的，所以关于某种异己的存在物、关于凌驾于自然界和人之上的存在物的问题，即包含着对自然界的和人的非实在性的承认的问题，实际上已经成为不可能的了。无神论，作为对这种非实在性的否定，已不再有任何意义，因为无神论是对神的否定，并且正是通过这种否定而设定人的存在；但是，社会主义作为社会主义已经不再需要这样的中介；它是从把人和自然界看作本质这种理论上和实践上的感性意识开始的。社会主义是人的不再以宗教的扬弃为中介的积极的自我意识，正像现实生活是人的不再以私有财产的扬弃即共产主义为中介的积极的现实一样。"② 所以说，从社会意义和政治斗争的意义来看，无神论不能被强调、突出到其不应该具有的高度及重要性。无神论宣传仍然应该是说服、引导和教育，这种无神论宣传也必须服从党的政治任务的根本、社

---

① 列宁：《论工人政党对宗教的态度》（1909），《列宁全集》第 2 版第 17 卷，人民出版社 1988 年版，第 394 页。

② 《马克思恩格斯文集》第 1 卷，人民出版社 2009 年版，第 196—197 页。

会事业的大局。

至于从"思想"层面来研究、宣传无神论，则仍然留有很大的空间。这种"思想斗争"应该是说理的、对话的、旨在"统战"及"和谐"，因而也具有高度的"学术性"。这在社会主义社会中尤其应该如此来考虑。在"思想"层面的无神论实践应是一个系统、综合性工程，因为在对"有神""无神"的认识上有着丰富的内容、复杂的历史。由此而论，无神论研究应该是非常严肃、极为严谨的学术探究，故而必须加强其学术蕴涵、提高其学术水平、提升其学术质量。

为此，我们首先就需要弄清"神"在此之所指，然后才可能实质性地讨论究竟是"有"还是"无"。例如，一般认为大凡宗教必然就会存在"有神论"观念，然而在宗教解释上却突破了这一框架或界限，有着拜物教、多神教、主神教、一神教和无神教之说，其中较为典型的如把佛教视为"无神论"的宗教等。在此"无神"并不是宗教或非宗教的绝对界限。同样，在中国宗教史和无神论史的解释上，宗教史以孔子的思想学说为例，坚持认为孔子是有神论者，甚至有过历史上的"儒教"；而认为"儒教"非"教"的学者们认为不是宗教的儒家中仍有着明显的有神论观念。但与之截然对立和鲜明对照的，则是中国无神论史的研究上也有人认为孔子是无神论者，宣称其"子不语怪、力、乱、神"等说法就是典型的无神论。显然，在上述理解中，"敬天""敬神如神在"的孔子就与"不语……神"的孔子之间形成了张力和不同。仅此就可看出"有神""无神"之争、之谈，并不是简单想想、随便说说就能解决问题的。

这样，在解释学上就出现了对"神"之有、无的理解和解释问题。历史上曾出现较为简单、偏激的无神论，如欧洲古代机械无神论、西方近代战斗无神论等；对于这些"无神论"及其典型代表的分析、研究，却往往发现他们在很大程度上仍然是"有神论者"或在后来又走向了"有神论"。此外，当基督教最早出现在罗马帝国历史上时，其原有的多神论崇拜者并不了解基督教的"绝对一神论"，故而纷纷将基督教也作为"无神论"来加以批判。这使得中外无神论的历史都极为错综复杂，"无神论"与"有神论"存在着你中有我、我中有你的多向交织，扑朔迷离，很难分辨。面对这种历史遗存和复杂现实，我们今天强调"科学无神论"，则应立足于如何使"无神论"真正达到"科学"的标准。为此，在中国学术界就有了"温和的无神论""实践的无神论""对话的无神论"和"建设的无神论"等说法。总体来看，总结人类历史的经验教训和认识史、精神史的发展，我们今天对无神论的研究和实践，应该是对中国社会发展乃至整个人类的未来具有"建构"意义，而不是起"解构""破坏"作用的。在这一意义上，无神论更多的是学术意义上的、研究视域中的，非常值得展开其深层面的学理探究。而我们必须坚持和大力宣传的，则只能是体现历史唯物主义和辩证唯物主义思想、方法的马克思主义无神论。因此，无神论的科学实践不仅不与正确的宗教认识、客观的宗教研究相违背，而且完全可以和谐共处、携手并进。

（原载《西北民族大学学报》2010 年第 4 期）

第二十二章

正确认识宗教，善待宗教研究
—— 回应《是什么"宗教观"、"宗教学"？
兼论"学术神学"》

对"宗教"怎么看、怎么办的问题，在学术研究上可以展开讨论、争鸣和批评，但必须持有客观、公正、平等、全面的基本态度，对不同观点的回应也理应全面、准确。我们的立场是坚持科学研究马克思主义宗教观，积极引导宗教与社会主义社会相适应，提倡对宗教拉进来管的工作思路。这是因为民族团结、宗教和谐是中国可持续发展的重要保障，如果民族、宗教出了大问题则可能使国无宁日、进入多事之秋。我们从事宗教研究，应该促进宗教和谐，促进宗教积极与我们的社会主义社会相适应。这是笔者的基本观点，也是笔者长期坚持的观点。笔者欢迎客观、科学、公正的学术批评，也衷心希望这些批评能真正促进宗教和谐，促进我国长治久安的发展。为此，这里将回应《是什么"宗教观"、"宗教学"？兼论"学术神学"》一文，希望对此问题的商榷能够回到正常、正确的学术讨论中来。

《马克思主义研究》2014 年第 3 期"争鸣"栏目发表了《是什么"宗教观"、"宗教学"？兼论"学术神学"》[①] 一文，而且互联网也上传了据称引自这一期但没加删减的该文，作为对笔者《科学研究马克思

---

① 以下简称"该文"，引文见该期第 130—141 页，该文引文不再标出处。

主义宗教观　发展中国宗教学》[①] 文章的回答，并论及笔者其他文章的观点。笔者赞成该文"关于学术问题，我以为对任何人、任何观点都可以提出质疑"，以及不能"进行人身攻击或人格侮辱"的见解，主张以客观、公正、平等、全面的态度来展开学术评价和学术批评。针对近年来学术界有人对我们研究所和笔者本人点名或不点名的公开批评，笔者发表了上文作为回应，但只是对事而不对人，故而既没有点任何人之名，也没有点任何文章的题目。现在面对该文，则是很明确针对笔者的批评，笔者欢迎任何学术批评，但也应该有着做出相应回应或解释的公平权利。宗教问题关涉民族团结、国家稳定和社会和谐，我们必须对之有正确、科学的认识；而鉴于宗教研究在我国起步晚、任务重、分歧大这一现实，学界的态度则应该是呵护、关爱、善待宗教研究，对其批评、建议也理应是善意的、建设性的，坚持"双百"方针；即令不能求同存异，也仍然可以力求和而不同。

一　关于马克思主义宗教观的研究

该文对笔者关于马克思主义宗教观研究的表述进行了分析和批评，对此，笔者只想把《宗教观》中的说法原原本本陈述出来："马克思主义宗教观是马克思主义理论体系的重要组成部分，是马克思主义在宗教认识及宗教研究上的具体体现，因而也是我们宗教工作和宗教研究的指导思想。在党中央的领导下，我们的宗教研究一直坚持马克思主义的指导，尤其自改革开放以来，我国的马克思主义宗教观研究取得了巨大成就，这是我国宗教学发展与众不同的一个重要标志。科学地研究和运用马克思主义宗教观，是我们宗教研究领域对坚持马克思主义指导的贯彻落实。因此，突出和强调马克思主义宗教观正是我们在宗教工作及研究领域对马克思主义指导的坚持。"无论是马克思主义理论体系的整体，

[①] 见《中国民族报》2013 年 8 月 6 日第 6 版，以下简称《宗教观》，相关引文不再标出处。

还是马克思主义宗教观，都包含着科学社会主义的丰富内容，并没有也不可能如该文所言"排除了科学社会主义运动实践"。而且，笔者观点所表明的就是要全面坚持马克思主义的立场、观点和方法，并在宗教研究领域具体体现出马克思主义的宗教观，特别是探究社会主义时期的宗教问题，即在宗教研究上有的放矢地、理论联系实际地运用好马克思主义的立场、观点和方法。

对于我们研究所的马克思主义宗教观研究，《宗教观》作了如下说明："这些年来，我们世界宗教研究所每年都组织一次全国规模的马克思主义宗教观研讨会，出版了多卷研究马克思主义宗教观的论文集，不少学者也相继推出了研究马克思主义宗教观的个人专著和文集，特别是在中央组织的马克思主义基础理论研究工程中设立了马克思主义宗教观的专项研究，有力推动了从其资料搜集、原著翻译到专文及专题探讨的系统研究，形成马克思主义宗教观研究的繁荣景象。"我们研究所组织的相关研讨会也邀请了一些持有不同看法的学者参加，展开了平等、坦诚的学术对话。笔者本人开展的相关课题研究先后曾被审稿三次，每次都由包括我院领导的五位专家审订，笔者的相关研究专著也先后通过了国家宗教局、中央宣传部理论局和中宣部部领导的审阅。上述研究受到有关部门和学术界许多学者的好评，不知为何会有该文的那种指责？尽管我们的研究会存在不足之处，但这些研究不怕检验，如果人们把论辩各方的相关研究结果系统、全面、仔细地加以阅读和比较，则自然会有公论。而且，我们从来没有像该文所说的那样主张"'马克思主义宗教观'的研究只能由某些人独占"，而是希望能有越来越多的人深入、系统、认真地研究马克思主义的宗教观，推出其研究成果和真知灼见。所以，该文应该回答的是在其看来究竟有没有马克思主义宗教观？如果没有，那么马克思主义关于宗教的论述是什么？如果该文认为有，而且不能被某些人独占，则应该积极推出自己的研究成果，让人们认识如何来系统、科学地阐述马克思主义宗教观，对这种研究多有建设性的推动。

二 关于宗教学的研究

笔者不同意该文把宗教学视为基督教神学和主张宗教信仰的学科，而强调要发展具有中国特色的宗教学。笔者的确讲过西方宗教学最初来自基督教神学，甚至被一些神学院校所保留，但这不是笔者观点的全部，因为笔者所强调的是西方宗教学逐渐脱离神学而成为独立学科，而且在学术立场、观点、方法上已与神学有了本质区别。很清楚，笔者所谈论的西方宗教学是脱离神学之后独立发展的学科体系。至于宗教学、宗教研究，以及神学之间的关联和区别，笔者已有另文阐发，故不再在此赘述。笔者只想以《宗教观》的相关表述来补充该文对之有所错误的引文及其进行的评说。其实，宗教研究的范围比较宽泛，而宗教学作为学科体系却有其限定，并非该文所论"'信者、学者、官员'的有关言论和行为"都能进宗教学的；而且宗教学是一个开放性体系，可以有不同学派，却绝没有也不可能为某人所专属。《宗教观》对宗教学作了如下论述："在人文社科领域中，宗教学是一门相对年轻的学科，其特点是对宗教展开客观、科学、悬置宗教信仰的系统研究。但宗教学不是凭空产生，而是有着语言学、历史学、人类学、文献学等学科背景，以及运用了比较研究、田野调研等方法。虽然宗教学的源头是'西方宗教学'，但这一学科独立发展的特点就是脱离西方基督教神学的范围及信仰前提而倡导中立的比较宗教研究和宗教史研究。这种分离以西方宗教学创始人之一、英籍德人比较语言学家麦克斯·缪勒与德国基督教教会史家哈纳克关于'一种宗教'（指基督教）或多种宗教研究的著名争论为标志。西方宗教学从此发展为与基督教神学分道扬镳的新兴学科，并且取得了广远的学科发展和国际影响。"该文谈到笔者说"西方'宗教学作为神学的一门分支学科'，'仍保留在神学院校之内'"，却省略了笔者随后的补充说明"然而在现实发展中，这种'宗教学'却越来越远离教会的考量，其学术研究的'独立性'亦越来越强"，以及在同一文章中所提及的"西方宗教学的历史正是它从基督教神学中分离、解放出来的历史。在今天西方许多大学中，宗教系或其宗教学专业乃在神学院系之外独立存在，而宗教学领域的国际性组织'国际宗教史协会'及其在各国的相应机构，都基本上没有上述'认信神学'或'教会神学'的色彩"。①

至于宗教学在中国的发展，当然与西方宗教学有别。笔者所强调的是马克思主义的指导，以及形成中国特色和中国学派，有着中国宗教学的自我意识及独特地位。在中国宗教学每年年会中，笔者都反复强调中国宗教学发展的如下原则，一是坚持马克思主义的指导；二是坚持客观、中立、科学的研究方法，不以任何宗教信仰为其研究的前提或条件；为此，笔者多次指出中国宗教研究有三支队伍，即政界、教界、学界，其中政界以现实宗教工作的需要为主，教界会在教言教、有宣教倾向，这些虽可归入较为宽泛的宗教研究，却与学科规范意义上"宗教学"的研究不同；而学界则必须保持客观、中立、科学的研究立场，形成宗教学悬置宗教信仰的研究特色；三是坚持宗教学应该推动宗教的"中国化"、使之积极与中国社会主义社会和中华文化相适应；四是宗教学要有中国问题意识、敢于创新，特别是要为我们党和政府正确对待和处理宗教问题作贡献。我们在努力尝试创立中国宗教学学科体系，也积极参与了国家社科基金支持的《马克思主义宗教学》教材课题。笔者坚持建设以马克思主义为指导的中国特色宗教学的观点，并致力于这一学科的发展。该文显然不同意中国宗教学这些"号称学术的、马克思主义的、为党为国'分忧''建言'的主张"，则完全可以提出其认为更好、更稳妥、更科学的主张来比较鉴别，争取起到党和政府的智囊、参谋作用。

该文进而论及笔者本人的宗教观问题，怀疑笔者因为从事基督教研究而"是否会受到'基督教'对内禁锢对外排他的特性熏陶？"由此表现出了"霸气"，该文断言笔者"或许就是基督教柏拉图神学入于了他

---

① 卓新平：《学术神学：中国当代基督教研究的一种新进路》，见金泽、邱永辉主编《中国宗教报告（2008）》，社会科学文献出版社 2008 年版，第 151、147—148 页。

的'气质、性格'所致",并在此提醒笔者"'才'很容易转化为'愚'";该文还引用了其感到笔者"难得坦诚"的一段话来加以证实。笔者在此不想分析上述表述是否有"人身攻击"或"人格侮辱"之嫌,只是想补充笔者说这段话的前后联系。当笔者说了这段肯定研究宗教对个人思想精神的影响之后,进而指出"由于是从一种学问、文化的进路切入宗教,我对宗教乃一种'理想主义'、'唯美主义'的理解,有着比现实宗教现象更高的期望"。"宗教在世俗中体现出神圣,却不应该因流俗、随俗而化解、失去神圣。在人类文明进步中,宗教自身亦处于不断扬弃、不断升华的进程中。就宗教与我国社会道德、精神文明关系而言,我们的相互理解与合作亦应该从'社会'、'政治'层面上升到'价值'、'精神'层面,真正做到与宗教界'政治上团结合作,信仰上相互尊重'。只有我们从'积极引导'、'积极意义'上肯定宗教在精神价值和社会实践层面的'积极作用',把海内外占世界人口绝大多数的广大信教群众看作'积极力量',我们的社会才会正常发展,我们的国际合作才可积极展开,而我们的国家也才能有更好未来。"[1] 认识并处理好宗教问题,关涉中国未来的和谐发展及可持续发展,影响到中国在世界舞台的国际形象。因此,笔者坚持认为宗教中有积极因素,也婉转谈到了现实社会中宗教存在的问题,强调宗教必须不断革新发展,而基于这两点来主张可以引导好宗教与我们的社会主义社会相适应。据此而言,我们就应该善待宗教,使宗教脱敏,让宗教有正常的生存氛围。在研究宗教中,笔者敬佩鉴真的毅力、慧能的智慧、德肋撒的慈善、朋霍费尔的勇敢,肯定宗教在世界文明中的参与、为人类文化作出的贡献。其实,有笔者这种看法的人很多,如中国社会科学院著名哲学家贺麟先生就曾论及"宗教有精诚信仰、坚贞不二的精神;宗教有博爱慈悲、服务人类的精神;宗教有襟怀广大、超脱尘世的精神"[2]。曾认为中国没有宗教的梁启超在《论支那宗教改革》中承认"泰西所以

---

[1] 卓新平:《神圣与世俗之间》,黑龙江人民出版社2004年版,第5—6页。
[2] 贺麟:《文化与人生》,商务印书馆1999年版,第8页。

有今日之文明者,由于宗教革命,而古学复兴也。盖宗教者,铸造国民脑质之药料也"[①]。而主张以美育代宗教的蔡元培亦认识到"宗教的最高义,在乎于有穷世界接触无穷世界"[②]。甚至批评笔者的该文作者虽不赞成"突出宗教是文化",却同样也曾把宗教看作文化的重要构成,尤其对佛教情有独钟,其撰文肯定《中华大藏经》"反映了佛教作为中华传统文化重要组成部分的思想内涵""有助于学术界全面研究中国传统文化的开拓和深入",认为佛教已"成为中华文化的有机部分,归属于中国的文化传统"。[③] 在这种论述上,笔者与该文作者显然也有着共识。因此,对于宗教理解为什么就不能探索求同存异,和而不同之途呢?

三 关于"学术神学"

该文对"神学"尤其是笔者提出的"学术神学"加以了专门批评,语气很重、指向明确。显然,该文对"神学"表述本身就持根本否定态度,而且认为"神学"就是基督教的宣教理论,也只能是宗教的信仰教义,故此把"批判神学"理解为彻底否定的、负面的那种大批判。

对于"神学",《宗教观》非常清晰地作了两个不同层面的分析,一是狭义理解的基督教信仰范围内的"基督教神学",二是广义而言的对"神"这一问题的探究和学问,而笔者也明确表示自己所论及的"学术神学"属于第二个层面即对"神"这一问题展开宗教学意义上的学术之探。

关于第一个层面的"神学",笔者指出"神学"是对宗教教义的系统阐述,并认为宗教教义中也有积极因素,不可完全否定。该文指责笔

[①] 梁启超:《饮冰室合集》,文集之三,中华书局1989年版,第55页。

[②] 蔡元培:《简易哲学纲要》,引自沈善洪主编《蔡元培选集》上卷,浙江教育出版社1993年版,第179页。

[③] 参见"关于《中华大藏经(汉文部分)续编》的编纂出版——意义和进程"一文,《第二届世界佛教论坛论文集》,引自百度文库(http://wenku.Baidu.com)。

者引用的胡锦涛同志的话与后面所"演绎出'积极弘扬'"没有"因果关系"、纳闷"这属哪门子逻辑？"那么，笔者在此将这一段内容全文引出，请大家看看究竟有无因果和逻辑关系："胡锦涛同志曾明确地要求我们'积极弘扬宗教教义中扬善抑恶、平等宽容、扶贫济困等与社会主义社会道德要求贴近的积极内容。'神学就是对其宗教教义的系统阐述，由此而论其中亦有积极内容，故而不可全盘否定，却可相应地积极弘扬。"这里面的逻辑关系非常简单、明晰，为什么就看不明白呢？而且，胡锦涛同志还告诉我们要"更多地从积极方面来看待宗教，肯定宗教在促进社会和谐方面有积极作用"，并指出"这是一个最新的根本的飞跃"。①

至于该文质疑笔者所言"我们党和政府同样鼓励学术界参加和帮助中国教会的神学建设"，并问证明何在，则请大家读读笔者在《宗教观》中的具体说法："中国基督教神学建设旨在基督教与中国当代社会的积极适应，这一运动得到了我们党和政府的积极支持和指导，在基督教会之外的中国学术界也有积极地参与，如我们对丁光训主教倡导'爱的神学'就有过道义上和理论上的积极支持，而我们党和政府同样鼓励学术界参加和帮助中国教会的神学建设。因此，不能仅从负面否定神学。"对此，党和政府对之是否鼓励和支持，问问中央统战部、国家宗教事务局的相关部门和同志、看看其相关文件和文章就会一清二楚的。

关于第二个层面的"神学"理解，笔者谈到"神学"这一术语是柏拉图的原创，那时还根本没有基督教呢。而笔者借用柏拉图关于"神学"的表述也并没有说就接受了柏拉图的唯心主义思想，只是说明"神学"本来就不是基督教的专利，由此则完全可以在基督教的信仰范围之外来思考"学术神学"的问题。不知道该文为什么会把罗素的说法拉过来在这里联想到"如此看来，把'学术神学'归在柏拉图名下，

---

① 胡锦涛：《不断巩固和壮大统一战线，共同建设中国特色社会主义》，《人民日报》2006年7月13日。

一丁点也没有离开基督教神学，而基督教神学之吸取柏拉图哲学，或许真有这么一个因素，即类似'极权主义'或'法西斯'的东西"？尽管基督教后来接受了柏拉图的思想，从历史逻辑上却不能说柏拉图就是基督教神学家。笔者只是从超出基督教的范围意义上借用了柏拉图的"神学"这一术语，怎么却被该文打成了"基督教柏拉图神学入于了他的'气质、性格'"！因此，很难解释该文这种联想奇特的"欲加"之思。

笔者梳理了"神学"的发展进路及其现代嬗变，也指出早在古希腊时代就有了"神话的"或"诗人的"神学、"哲学的"神学，以及"政治的"或"国家的"神学这三种理解，这与基督教后来的系统神学在体系和内容上无关，应该从"学术"意义上来探讨；笔者进而认为当代中国学术界所开展的"神学"研究也可以从"学术神学"的角度来理解，而且其与"西方的学术神学"本质有别。为了消除相关误解，笔者从如下层面论及了"学术神学"：

其一，学界的"神学"研究是学术的、客观的、科学的，绝不是"认信的"，更不是"宣教的"："虽然随着改革开放、拨乱反正，宗教信仰自由获得保障，基督教得以公平对待，中国内地学术研究领域对宗教仍提倡'客观'、'科学'的研究，其基本理解就是这种研究不应以'宗教信仰'为前提、为条件，不可以'认信'、'宣教'的目的来研究。尽管在中国宗教研究领域有政界、教界、学界三支队伍之说，而且'教界'的研究可以'在教言教'、走其'内涵式'研究道路，但在'学界'即研究机构和高等院校的宗教研究中所提倡和持守的，却主要是'学术的'、'客观的'、'科学的'研究，而不是'教界'的、'认信的'，更不是'宣教的'探究。这对于基督教研究同样没有例外。"[①]

其二，"学术神学"的提出是尝试以宗教学"悬置"信仰的立场、前提来专门研究基督教问题。"'学术神学'虽然有着'悬置''信仰'

[①] 见金泽、邱永辉主编《中国宗教报告（2008）》，社会科学文献出版社2008年版，第151页。

的宗教学立场和前提，虽然坚持客观比较、真实描述、本质洞察的宗教学方法，其与宗教学的研究之根本不同，则在于宗教学为对各种宗教加以全面研究的'泛指'，而'学术神学'则主要是研究'基督教'的'专指'。从其研究理念和方法论意义上，在中国大陆'学界'当然可以将'学术神学'视为宗教学的一个分支学科，作为其基督教研究这种二级领域。"① 这种表述当然可以商榷，以便能找出更好的术语，如国内学术界也曾用过"基督教学"这一术语，但并没有被学界所公认，其流行面也很有限。所以，笔者认为在基督教研究上尝试这种探讨并没有错。

其三，笔者承认"'学术神学'以'神论'为其核心"，但笔者随之马上明确强调，"其'神论'不是'认信'式的证明或'护教'性的捍卫，不是要表明'神存在吗'的问题或辨认信仰的'真伪'，而是用学问方式、哲学分析、解释学的态度来尝试描述、分析人们所谈论的'神'——无论是'有神论者'还是'无神论者'所言之'神'——究竟'是什么'，或究竟是怎么样的表达及表述。'学术神学'不立意于'神'是否'存在'的证明，而是旨在通过对'神明'问题的分析探究来展开积极的对话、讨论和沟通。"② 该文对此批评颇多，指出"但若自称是'非信仰'的，却对其学术主体的神，既避谈'存在'与否，也'不辨真伪'，那只能是伪学术、所有命题都是假命题"，并认为这是"造假作伪"。该文批评笔者过于"霸气"，但不知该文在此的口气是否更为霸气和武断？众所周知，要想弄清楚某物究竟是否存在，首先必须弄清楚该物究竟是什么，这是自然逻辑。讨论"有神""无神"，如果不说明、不交流各自所言之"神"是什么，各自对之所言的理解为何，而简单地宣称其"有""无"，岂不是无的放矢、纯为空谈？而说清了各自所理解、所表达的"神"是什么，其是否存在、其"有"与"无"的问题也就自明了，无须去"证明"了。笔者这种研究进路

---

① 《中国宗教报告（2008）》，第153页。
② 同上书，第154页。

应是一种更好的说理、对话的方式，也更符合逻辑习惯。真不知"伪"在哪里、"假"在何处？

四 关于基督教

该文表达了其对基督教反感、否定的态度，并因为笔者从事基督教研究而预设、猜测笔者"会受到'基督教'对内禁锢对外排他的特性熏陶"。不知道这是不是"帽子""棍子"，但至少不该如此表述吧。基督教的确有很多问题，在历史上也犯有很大的错误，尤其基督教在来华传教过程中参与了西方帝国主义对华侵略故而必须反省、认罪、检讨，牢记"前事不忘、后事之师"的警言。不过，笔者仍然认为对于基督教也不能全盘否定，因为基督教在人类文化发展进程中也有其历史贡献，这乃不争之事实。在当今国际氛围中要更好地展开国际合作，理性地与世界广大民族和国家交往，认真、客观地看待基督教非常重要。就是在当代中国要积极引导宗教与社会主义社会相适应，也不能回避冷静、全面地评价基督教的问题。该文借罗素之口"表明他对基督教的极度鄙视"，但这种观点仍是值得商榷、讨论的。选择性地评价、褒贬不同宗教，也并不符合尊重各种信仰、平等对待所有宗教的时代精神和社会风尚。

恩格斯非常冷静地谈到了对基督教的分析："对于一种征服罗马世界帝国，统治文明人类的绝大多数达1800年之久的宗教，简单地说它是骗子凑集而成的无稽之谈，是不能解决问题的。只有根据宗教借以产生和取得统治地位的历史条件，去说明它的起源和发展，才能解决问题。对基督教更是这样。"[①] 马克思主义的经典作家是根据社会发展的复杂性来分析、评价宗教的，其对基督教并没有彻底否定，而是对其社会历史关联进行了具体分析。即使在宗教思想层面，马克思主义经典作家从宗教具有唯心主义的性质而对宗教有所批评，但其基本立足点仍然

---

① 《马克思恩格斯文集》第3卷，人民出版社2009年版，第592页。

是对产生这种宗教及其信仰观念的社会、政治、经济之批判；而且在这种宗教思想中，马克思主义经典作家也已经意识到其中乃包含有宗教所反映的"人类本质的永恒本性"。马克思、恩格斯都对基督教做过专门、认真的研究，其中不只是批判，也有某种同情和肯定。所以，对基督教当然可以有某些相应的积极评价，笔者认为这种评价及相关研究并没有什么不妥，在学术上同样也能站住脚。而且这种评价也并非笔者所独有，如贺麟先生也曾说过，"基督教文明实为西方文明的骨干。其支配西洋人的精神生活，实深刻而周至，但每为浅见者所忽视。若非宗教的知'天'与科学的知'物'合力并进，若非宗教精神为体，物质文明为用，绝不会产生如此伟大灿烂的近代西洋文化。"[①] 文明对话应有开放心态，故此，对基督教信仰也应有相应的尊重，而对基督教研究则更不能视为大逆不道。

笔者在《宗教观》中指出，"基督教在全世界有近22亿信众，占全球总人口的近1/3，我们必须关注这一基本事实。为了我们国家顺利发展具有良好的国际环境，为了粉碎极少数敌对势力'分裂''西化'中国的阴谋，我们应该尽可能多地团结广大信教群众，特别是争取、团结世界基督徒的绝大部分。这是我们战略决策应有的思考，而不应该在宗教界过多树敌或将之推到我们的对立面。"这是笔者研究基督教的基本立场，也是一贯立场，任何臆想的演绎改变不了这一基本事实。而且，正是看到当前基督教问题的复杂性及其国际关联，笔者才在此特别强调，"在各大宗教中，我们尤其积极倡导并推动基督教的'中国化'，使之在国际国内为当代中国发展提供正能量、正功能"。我们实施基督教"中国化"的研究，就是要使基督教能够积极适应中国社会主义社会、有机融入中华文化，在中国共产党领导下坚定不移地走爱国爱教的道路，这一观点及相应研究已经得到政府有关部门的肯定和积极支持，中国基督教"两会"也已经接受这种思路和见解，并已邀请学术界派人参加其组织的基督教"中国化"学术研讨会（编者注：近年来"中

[①] 贺麟：《文化与人生》，商务印书馆1999年版，第8页。

国化"之说得到了中央的充分肯定，习近平主席特别强调我国宗教要坚持中国化方向）。该文编出的所谓"实际上他要表达的是，'全球化'带来了'普世信仰'，即基督教信仰，'必然'要淡化'爱教'，架空或放弃'爱国'"之论真不知是从何说起？在此也只能反问："这是事实的描述，还是上纲上线？"我们由衷呼吁中国社会能有越来越多的人积极参加促进基督教与我国当代社会相适应的努力，也诚恳希望至少能有对这种努力的理解和包容。

五 关于无神论研究

对于无神论的研究十分重要，而这种研究则应加强其科学性、学术性。其实，无神论的概念本身也有着复杂的发展演变。西方早期的无神论实际上是以绝对一神的观念来反对多神论，主要是批评多神的主张，故而人们称这种无神论为 Adevism，其词根 div 即来自梵文神名"提婆"（Deva-devata），而其神名则为"天""神"之意。"提婆"（Deva）反映了古雅利安人敬拜的"天神"（Dyaus），与古希腊文的大神"宙斯"（Zeus）、古罗马人之"天神"名 Deus 等有着词源关系。这种具有原始无神论性质的 Adevism 旨在反对体现物化、实体意义的众神观念和人格神观念，但并不反对那种绝对抽象的、非物化或非人格化的神论，故其本身有着绝对一神论的痕迹。只是后来反对一切神灵观念的无神论（Atheism），才真正否定那种绝对、抽象的神论，其中所反对的"神"theoi（theos）即古希腊文的抽象神名。古代刚兴起的基督教也曾被古罗马其他宗教徒指责为"无神论"，受到打压和迫害，如该文所提及的瓦尼尼即属于类似情况。所以，对无神论必须具体问题具体分析，必须看到其发展演变，不可简单而论。我们说马克思主义的宗教观具有无神论性质，但不能说无神论就代表了马克思主义宗教观，因为历史上有过各种各样的无神论，这就是笔者谈到为什么要探究其所涉及的"神"论、分析各种无神论的同与异之原因；而逻辑上也是如此顺序：只有弄清楚其所论是什么"神"，才可以判定其"有"

或"无"。

笔者认为无神论研究与宗教学研究自然关联，彼此之间并不对立，更没有必要以无神论之名来批判当前中国的宗教学研究。笔者在《宗教观》中对此有如下解释："无神论研究是中国宗教学的有机组成部分，必须推动和加强"，因为"中国宗教学以马克思主义为指导，自然涵括科学无神论的学术研究"。至于如何开展和加强无神论的研究，笔者在此也给出了如下建议："科学无神论作为'濒危学科'的突破和加强，一要集中力量对以往无神论资料加以搜集、整理，形成系统研究资源；二要全面开展中外无神论历史的研究，总结以往的经验教训；三要提高'无神'之论的理论深度和学术蕴涵，积极适应当今世界相关讨论的话语、处境，能够真正做到有话语权，有中国特色，让人心服口服；四要服从党和国家积极引导宗教与社会主义社会相适应的大局，更多注意无神论研究的理论及学术水平的提高，有助于我们和谐社会的构建。对此，我们需要共同努力，精诚合作。"

所以，笔者对该文针对《宗教观》一文的如下批评感到莫名其妙，该文说，"无神论不幸也被网罗进去，成了宗教学的部属。所以有关中国无神论的研究课题和研究成果，都得由宗教学科进行审查——不知道什么时候，无神论又突然变成了宗教学的二级学科，而且这二级学科还得接受一级学科的管辖。把无神论作为宗教学的二级学科，其日子如何艰难，就不难想象了。"而且该文在开篇时就已有如下抱怨，"近20年来，在'宗教学'领域兴起一股颇为强大的霸权势力，无神论遭到全面围堵。对于其中的'权威'、'专家'，是不能持有不同意见的，否则就是不共戴天，反击的手段多种多样，很可怕。"并表示乃专门以该文来"剖析他们的霸气来自何处"！这种"莫须有"的指责并没有任何事实依据。任何一位负责任的学者，说话都应该有根据、讲道理、实事求是、以理服人。宗教学研究与无神论研究本来就是相辅相成、互为补充的，世界宗教研究所名誉所长任继愈先生既是中国宗教学会的首任会长，也是中国无神论学会最早的理事长；这两个学会的基本研究情况每年都向他汇报工作，共同讨论问题，当时世界宗教研究所的负责人每年也都参加无神论学会的会议，关系非常融洽。对于《科学与无神论》杂志的建立，笔者当时作为研究所负责人与所里同事一道未采纳当时有关领导的其他取名建议而坚持杂志采用"无神论"之名，明确表态要突出无神论的立意和定位。在办刊过程中，研究所一直充分尊重刊物负责人的意见，未有任何干涉，而且还尽力为办刊改善人员、经费条件。当院里来所调研、协调创办较大规模的无神论研究中心事宜时，研究所也表示了完全赞成和全力支持；至于后来上级没有批准此事，则绝对不是研究所的责任。此外，中国宗教学会无权、也从来没有干涉或压制无神论学会的研究选项和学术进程。至于不同学者之间学术观点的不同，这种讨论和争辩在学术界是开放的，有着"双百方针"的基本原则，不是任何人可以围堵、封杀的。这种学术自由是绝不允许任何"霸权势力"存在和干涉的。在研究所创办马克思主义宗教观研究室筹备阶段，笔者当时作为研究所负责人还曾专门诚邀相关同志担任其首任主任，但被其拒绝。这位同志调到马克思主义研究院以后，笔者也曾与之坦诚交谈，论及笔者对无神论研究的一些基本想法和积极建议，并说到学术争论的一些基本原则、应守住的基本底线等。至于该文作者在给这位同志文集写序时谈及研究所对其"许诺"没有兑现问题，其实研究所负责人对其从未有过相关"许诺"，故而谈不上有所谓"兑现"的问题。这些年来笔者从未说过批评无神论的言论，更不要说什么"全面围堵"了。相反，笔者坚持中国宗教学要研究无神论，将之视为"中国宗教学的有机组成部分"；至于该文作者不愿意与"宗教学"合作，那是其个人的自由，而且目前也充分有着这样的自由。我们希望其无神论研究能出高质量的成果，也一直在翘首以盼，以能好好学习。这些年对一些人以无神论之名对宗教学及笔者等人的批评也基本上没有任何回应，只是去年涉及将迎来我们研究所成立50周年及对之如何评价的问题，笔者当时作为研究所在任负责人，为了避免不必要的误解而不能再表示沉默，不得不加以回应，这也希望能得到谅解。实际上，宗教学本身在中国当前学科分类中就属于哲学的二级学科，并无一级学科的地位，故前面批评者关于无神论学科怎样被定级之论根本就不成立，无从谈起。不过，无神论研究并不是任何人的专利，从事宗教学研究当然要开展无神论研究，但不是光把无神论挂在口上或对宗教学展开批判就等于无神论研究了。无神论研究有着极为丰富的蕴涵，其深入发掘是需要花很大气力的，而且还需要充足的学识和科学的方法，并非如仅把无神论挂在嘴上那么简单。笔者已对马克思主义经典作家关于宗教问题著作中涉及无神论的思想进行了初步梳理和探究，并要求研究所相关人员进而对之加以更为系统、全面的梳理和研究。此外，笔者对于中外无神论历史的研究也有了一些初步想法，会在今后加以深入探索。故此，笔者欢迎研究无神论的部分同志对当代中国宗教学研究加以客观、实事求是的批评，但也认为批评中国当代宗教学并不是无神论研究的主要任务，期望其多有自己系统、正面的专题研究成果，不辜负大家对无神论系统研究的期望。而且，无神论研究与宗教学研究的密切关联，无神论研究者当然也应该多有宗教学的研究成果。对这些领域的研究成果我们当然表示欢迎，而且对不同观点我们也可以对照比较，使大家得以相互学习和提高。其实，马克思主义经典作家一贯将宗教与其存在的社会相关联，而其对宗教的批评也主要是对产生这些宗教之社会的批判，我们研究宗教必须要有这种社会关联的视野，由此也自然应对我们国家的宗教及其社会关联和关系认真加以思考，有着慎之又慎的态度。正是考虑到这种社会关联的复杂与微妙，列宁才明确表示，"因此，我们在我们的党纲中没有宣布而且也不应当宣布我们的无神论"[①]。如果在学术上不专心研究无神论而将主要精力放在对尚在形成的中国宗教学挑剔指责，恐怕则会跑偏道的，也更不是我们当前构建和谐社会所需要的当务之急。而在社会政治层面来考虑宗教学与无神论研究的关系问题，相关视域则应该更加宽阔，相关思想也必须更加深邃。

---

① 《列宁专题文集 论辩证唯物主义和历史唯物主义》，人民出版社2009年版，第223页。

六 关于"信仰"等问题的余论

至于我们当前社会有无"信仰危机"的问题,也是可以开诚布公来展开讨论的,这并非禁忌。该文不同意"把马克思主义称之为'信仰'",笔者则不敢苟同。党的十八大报告明确指出:"对马克思主义的信仰,对社会主义和共产主义的信念,是共产党人的政治灵魂,是共产党人经受住任何考验的精神支柱。"[①] 习近平总书记也强调共产党员要"始终保持对马克思主义的坚定信仰,对共产主义和中国特色社会主义的坚定信念"[②]。这里,都非常明确地用了"信仰"这一表述。既然马克思主义是信仰,这当然是一种"政治信仰",而与"宗教信仰"根本不同,并不在一个层面上。正是基于这一思考,笔者主张信仰分层,以示区别。笔者从中国共产党的执政党地位出发来考虑,主张妥善处理好共产党与宗教的关系,并认为在政治层面宗教界应该爱党爱国,在宗教层面才是其爱教的问题。这种思考至少值得研究而不必过早指责。我们在坚持马克思主义、毛泽东思想的同时,也必须紧跟改革开放以来党中央各届领导人的创新思想,与时俱进,必须认真学习这些领导人创建的中国特色社会主义理论,并在宗教问题上探索中国特色社会主义宗教理论,有符合当前中国实际而较为新颖的宗教观。对于这种大胆探索,我们理应鼓励和呵护,使之不断完善。

学术研讨和商榷基于摆事实、讲道理,公平公正、以理服人,而其学者则需坚持真理、遵守学术规范,勇于为时代明德。如果笔者在学术对话、争鸣和沟通中缺少淹雅之度,还请前辈多加示范,为晚辈树立楷模。至于这些观点的是与非,争论的对与否,其实只要把这些年的相关批评文章及笔者最近的回应找来系统读读,究竟是什么情况,则清楚可

[①] 胡锦涛:《坚定不移沿着中国特色社会主义道路前进,为全面建成小康社会而奋斗——在中国共产党第十八次全国代表大会上的报告》,人民出版社2012年版,第50页。

[②] 习近平:《在中共十八届一中全会上的讲话》(2012年11月15日)。

辨，而不必多言。我们主张正常的学术争鸣，希望为积极引导宗教与我国社会主义社会相适应、共同构建和谐社会而建言献策、尽自己的努力。让我们在今后的学术研究及争鸣中也积极互动和联动，能够力争"以理服人，以文服人，以德服人"。

（原载《马克思主义研究》2014年第7期，发表时有删节。）

第二十三章

坚持马克思主义无神论，开展科学的宗教研究

——任继愈先生百年诞辰纪念会致辞

任继愈先生是中国当代著名学者，是影响了新中国整整一代人的哲学家和宗教学家。正是任继愈先生在宗教研究上的深邃思想和理论开拓，才引起了毛泽东主席的高度注意和重视，毛主席于1959年10月曾邀请任先生到中南海长谈，随之对任先生有着"凤毛麟角"的不凡评价，从而在1963年底关于创办一批新的研究机构的文件中建议研究世界宗教、批准了世界宗教研究所的建立，而任继愈先生亦成为筹办、建立世界宗教研究所、担任首任所长职位的不二人选。

我们今天纪念任继愈先生，就是要坚持以马克思主义宗教观来引领我们宗教学的系统研究。任先生是中国马克思主义宗教学的开创者，是我国以马克思主义历史唯物主义和辩证唯物主义方法来专门研究宗教的奠基人。任先生所要求和强调的马克思主义立场与方法，是指导我们研究世界宗教的根本，也是我们一直所拥有的"活的灵魂"。宗教学的基本研究立场就是客观、学术、科学，"悬置"任何宗教信仰的前提，而我们坚持马克思主义宗教观，当然要坚持马克思主义无神论的基本立场，马克思主义无神论是马克思主义宗教观的有机构成，我们理应弄清其基本理论和核心思想，把握其原则、策略。但我们不能把任何无神论都等同于马克思主义无神论，而应对历史上出现过的各种无神论思潮加

以研习、甄别和反思。我们的宗教研究当然要体现出马克思主义无神论思想，不过这种体现不是僵化的、静止的、教条般的，而应该是辩证的、发展的、与时俱进的。与此同时，在我们社会主义的当代中国，我们也有着积极引导宗教与社会主义社会相适应的现实任务，这就需要我们辩证地看待宗教，发掘其积极因素，弘扬我们的优秀传统文化，其中亦包括相关宗教文化。在坚持马克思主义无神论、展开科学的宗教研究、积极对待中华宗教文化上，任继愈先生是我们的榜样和楷模，值得我们在当前的研究中好好学习和跟进。

我们今天纪念任继愈先生，就是要继承和发扬任先生所倡导的宗教研究之世界眼光。在毛主席的亲切指导下，在任先生的直接运筹下，我们研究所从一创立就立意高远、志向远大，将世界各大宗教作为我们的研究对象。从创所以来，对佛教、基督教、伊斯兰教这三大世界宗教的研究都是我们的重中之重。今天我们已经进入了"全球化"的时代，把握宗教发展的全景和整体趋势已十分必要，而研究世界宗教的意义与价值也更为凸显，我们的研究虽然已经取得了一定成就、获得了国际学术界的关注和肯定，但这一使命的任重道远需要我们一如既往、继续努力。

我们今天纪念任继愈先生，就是要学习任先生对"百花齐放、百家争鸣"学术原则的尊重和持守。学术乃天下之公器，需要我们海纳百川、包容百家，也要鼓励学者大胆探索、思想解放，这是学术得以存在及发展的鲜活生命力。任先生集思广益，虚心听取各种意见，不断调整和发展研究所的学科分类和学术布局，营造并保持了一种宽松的学术研究氛围和充满弹性的学术发展架构，这是任先生所奠立的我所优良学术传统，我们对之理应珍视和坚持，并应该为学者的研究提供更好、更佳的学术及思想条件，使研究所的学科分类和学术布局更加合理、科学，更具发展优势。今天，我们研究所已经发展出九个研究室、五个研究中心、多个调研基地，对宗教现象有着全面探究。而且，我们研究所在宗教学学科理论、学科分支的建设上也走在全国的前面，形成了中国特色宗教学体系的基本框架。

我们今天纪念任继愈先生，就是要继续发展任先生所鼓励的创新意识、学术胸襟。任先生一生都在培养人才、提携后学，使我们研究所乃至整个中国宗教研究学术界都人才济济、新秀辈出。既然是学术创新，当然就要有探索禁区、不怕敏感的勇气，就要鼓励不同学术特色、学术流派的形成。在多元的学术走向中，任继愈先生既坚持原则，守住相应底线，又包容学术个性、鼓励创新思维。任先生胸怀博大、以诚待人、宽厚包容，尊重各种风格的人才，团结不同观点的学者，这样使我们研究所不同的学术观点得以共容共存，不同见解的学者得以和谐共在，甚至能保持学术知己和朋友的友好关系。任先生所身体力行的这种包容和宽容反映出崇高的思想境界、迸发出巨大的人格魅力。当前我院实施创新工程，只有这种包容和理解，才能真正扫清创新道路上的障碍，获得真正的创新成果。而对于不同的学术观点和学者群体，当然也应该是以理服人、以德感人。

我们今天纪念任继愈先生，就是要全力保住我们研究所良好的发展态势，守住在国内外学术界的学术高位。任先生在建所初期就要求大家培养人才、积累资料，这是研究所可持续发展源源不断的人力、物力之来源，是我们研究所得以不断发展的潜力和动力。在当前学术竞争空前激烈，社科院许多传统学术优势不复存在的复杂处境中，我们的学术定力和动力仍然是培养人才、积累资料，只是在人才培养的方法上、眼光上，在对资料的理解上和搜集方法上要随机应变、与时俱进。对此，我们要面对网络时代的便捷，防范快速的流变带来的浮躁。如果我们没有人才、资料的优势，没有视野的广远、思想的深邃，则很难持守学术高地，也不再可能引领中国宗教学的学术发展。对此，我们要深刻反思任先生等我们所老一代学者开拓的艰辛和持守的执着。今天已是我们这一代及研究所更年轻的学者站在学术发展不进则退的风口浪尖上来了，对于研究所的兴盛，我们人人有责，不能观望、更不要后退。这是我们今天纪念任先生的一种深刻蕴涵和重要警醒，也是我们即将退休者对研究所年轻一代的期盼和厚望。

虽然任继愈先生离开我们已经多年了，但任先生的音容笑貌仍在我们面前鲜活地存在，任先生的学术精神依然在鞭策、激励我们世界宗教研究所的成员踏踏实实搞研究、求真务实出成果。让我们守住任先生给世界宗教研究所留下的宝贵精神财富，并使之发扬光大。在新时代的宗教学术发展中，让我们继承前辈伟业，继续来努力耕耘、开拓创新。

（原载《中国民族报》2016年4月19日第7版）

第二十四章

保护公民信仰自由，促进宗教服务社会

中国公民宗教信仰自由受到中华人民共和国宪法的保护，尊重这种信仰自由是中国社会有序发展的基础之一，而这种保护则需要人们在认识上真正体会，在行动上得以具体落实，由此方可促进宗教服务当今中国社会，在社会稳定及和谐的维系上作出贡献。因此，笔者将对当前人们关于宗教信仰自由的理解加以阐述，对如何积极促进宗教服务中国社会提出自己的思考和建议。

当代中国公民宗教信仰自由问题本不应该成为一个持有异议、产生争论的问题，因为我们的宪法明确表示公民有这种自由，并且得到国家的保护。然而，最近有一些言论和文章却直接或间接挑战这一宪法原则和公民权利，对公民信仰宗教的现象横加指责、上纲上线。对之指责者并不去专门调查研究这些信教公民的社会表现和政治立场究竟怎样，而是单单因为公民信了教这一事实本身就对之严厉批评，视其大逆不道，将之看作我们今天社会的异己和另类。这种针对信教公民的无理谴责和危言耸听，造成了事实上对中国当今信教群众在社会上及政治上的歧视和排斥，从而也就给我们社会的和谐稳定、安定团结带来了潜在的危险。所以，为了维护中华人民共和国宪法的尊严和权威，全面落实中国共产党的宗教工作基本方针，我们应该重新学习宪法，更应该让那些对这种自由表示不满并指责公民信教者好好补补宪法之课。

一　对宪法关于公民宗教信仰自由的正确理解

1982年12月4日由第五届全国人民代表大会第五次会议通过、后又经过四次修订的中华人民共和国第四部宪法对中国公民信教的问题有着明确说明。《宪法》第2章"公民的基本权利和义务"中第34条规定，"中华人民共和国年满十八周岁的公民，不分民族、种族、性别、职业、家庭出身、宗教信仰、教育程度、财产状况、居住期限，都有选举权和被选举权"；其第36条则进一步规定，"中华人民共和国公民有宗教信仰自由"，"任何国家机关、社会团体和个人不得强制公民信仰宗教或者不信仰宗教，不得歧视信仰宗教的公民和不信仰宗教的公民"，"国家保护正常的宗教活动"。在此，宪法的表述很清楚，年满十八岁的公民完全可以自由地选择信仰宗教或不信仰宗教，这两种选择都是平等的，不能因其中某种选择而招致社会的歧视。如果公民仅因为信仰宗教而被指责或被人说三道四，显然就不符合我们的宪法精神了。这里，宪法并没有指某种特殊群体才享有宗教信仰自由，而是对全体公民的表达。也就是说，包括年满十八岁的大学生如果选择宗教信仰，这也是这一群体的公民应该享有的自由，并不能因为他们是大学生就要遭到特别指责，而其所在大学也不能由此而必须为之承受负担和压力。大学可以对学生进行科学世界观以及科学无神论教育，但不能对学生有任何违背宪法的强迫之举。只要是"正常的宗教活动"，就理应受到国家的保护。所以，我们应关注的并不是什么样的公民群体会信教，而只能是其宗教活动是否"正常"。例如，十八岁以上的学生可以到国家允许的宗教活动场所参加宗教活动，但不可在校园内从事任何宗教活动，因为我们国家也有宗教与教育分开的明确规定。正如宪法所规定的，"任何人不得利用宗教进行破坏社会秩序、损害公民身体健康、妨碍国家教育制度的活动"，"宗教团体和宗教事务不受外国势力的支配"。我们所不允许的，即这类"非正常"现象的出现。

其实，马克思主义也非常强调人类精神信仰的自由，马克思早在批评普鲁士书报检查制度时就已经指出,"你们赞美大自然悦人心目的千变万化和无穷无尽的丰富宝藏,你们并不要求玫瑰花和紫罗兰散发出同样的芳香,但你们为什么却要求世界上最丰富的东西——精神只能有一种存在形式呢?"可以看出,马克思是主张精神信仰的多种多样即多元存在的,精神的不同存在、信仰的多种方式是不以我们的意志为转移的。因此,我们应该承认信仰的多样性,争取不同信仰的和平共处。习近平总书记于2013年9月初在哈萨克斯坦纳扎尔巴耶夫大学发表演讲时也指明了不同信仰的共在和相互尊重,表示在当今世界"只要坚持团结互信、平等互利、包容互鉴、合作共赢,不同种族、不同信仰、不同文化背景的国家,完全可以共享和平,共同发展"。所以说,坚持公民宗教信仰自由,也是马克思主义的基本观点,是中国特色社会主义宗教理论的基本立场。我们的宪法也正是正确体现了马克思主义的这一基本精神。

至于大学生或其他青年人群中出现了信仰宗教的现象,一没有必要过于敏感、紧张,二应具体问题具体分析。实际上,在中国当代社会处境中,信教的大学生和其他青年人也毕竟是极少数,远低于在整个社会人口中信教人数的百分比,故而仍属正常发展。这些人群信仰宗教的原因可能多种多样,应该加以具体分析,不可一概而论。即使是从思想教育的角度,在对人生理想、价值观的认知和无神论的教育上,也没有必要去谴责宗教、指责大学生或其他年轻人;我们所应该做的也只能是搞好健体强身,加强自身思想教育、道德理想教育和无神论教育对大学生等青年人的吸引力和感染力,改善改进我们思想教育的方法和组织形式,提高我们无神论教育及宣传的质量和水平,以我们的精神境界、追求和知识智能、智慧来打动青年人、争取并抓住社会人心,在多元思潮、多种精神的客观共在中提高我们自己的免疫力、竞争力和影响力。在这些方面有必要加强积极引导和指导,应该说我们的青年工作、群众工作历史悠久、经验丰富,还是很有优势的,需要将之发掘出来加以及时运用。但任何怨天尤人、大惊小怪、恼怒指责则只会暴露自己的无能和缺失信心,表现出其在教育、工作的理念及方法上已经落伍,而这种表现的结果则只会适得其反,达不到本想争取的目的,反而可能把青年人推得离我们更远。所以说,在精神信仰追求的自由上,我们一定要理解我国宪法原则的真谛,认识到为什么要坚持并保护这种自由,我们应该做耐心、细致的思想工作,以实事求是、真情明德的精神来春风化雨、润物无声地逐步打动、感染年青的一代,而不可能也办不到靠行政命令的强迫或强力来解决思想信仰的问题。

二 关于中国社会对宗教的认识和评价

近百年以来,我们的舆论对中国社会现状和中国文化传统存在着一种误读,即坚持认为中国是世界上"唯一"宗教观念淡薄、上千年的传统文化不以宗教为主的国度及民族。其实,这种说法在学术意义上就很值得商榷,其在事实上也很不准确。当然,这里涉及对宗教理解和定义的问题,同样也涉及我们的文化对宗教的价值判断问题,故此才有儒教是否为宗教的长期争论。但值得注意的是,中国没有宗教、儒教不是宗教之说最早本来就是外国人所提出来的。这一看法可以追溯到明末来华传教的意大利耶稣会士利玛窦,他认为以基督教为标准的宗教要高于中国文化,故而认为代表中国文化的儒教不是宗教且低于宗教,希望中国士大夫知识阶层能够皈依他们所谓更高水平的宗教。且不论历史上关于宗教理解的纷争,仅就今日中国的国内、国际处境而言,过于强调、突出中国的"非宗教"性在政治上也是很不睿智的。当前境外敌对势力在大力渲染中国社会文化的"非宗教性",借此夸大、凸显宗教与共产主义、社会主义和中国传统文化的差别及分歧,进而大肆宣扬共产主义、社会主义、中国政治和文化乃是"非宗教""反宗教"的,并据此想把中国社会文化及我们当前的主流意识形态打入另类,企图使我国在国际社会中被边缘化,被彻底孤立,被从世界文化共识中挤出去。而如果我们自己还特意强调这种"非宗教"性,则对这种攻击有意或无意形成了呼应、表示了承认和肯定,这无疑会给境外敌对势力攻击我们、排挤我们提供最直接的口实和所谓确证,免费给他们攻击我们的宣传做了广告，其结果这一推一拉反而汇成了不利于我国宗教工作及宗教政策的合力。故此，我们应该谨慎对待这种曾流行、最近又被反复重提的"非宗教"论，从讲政治的意义上为我国继续深化改革开放、扩大国际交往创造更好、更佳的氛围、条件和选择。

对宗教的怎么看会影响到对宗教的如何办，那种从整体及基本观点上否定或贬低宗教的认知和行为，会使我们积极引导宗教与社会主义社会相适应，发挥宗教促进社会和谐、维护国家统一、推动民族团结的努力事倍功半，费力而不得好。目前，这种在根本意义和基本看法上对宗教作负面之论的意向，实际上已在宗教认知和宗教工作实践上造成了矛盾和悖论，使人们对我们宗教政策的依据和意向会产生怀疑和不解。一方面，我们强调要"积极引导宗教与社会主义社会相适应""发挥宗教在促进经济社会发展与社会和谐方面的积极作用"，让我国宗教形成爱党爱国爱教的发展方向，使广大信教群众尤其是宗教领袖跟党一条心、保持与党的一致，听党的话，跟党走。基于这一思路，我们组织了对宗教领袖的培训，开设了让宗教界参加的各种研讨班及论坛，甚至在宗教社团机构中建立了党的组织和政府管理体制，并在实施对宗教有效、积极管理的同时资助、维护宗教团体和教职人员的基本生存和社会保险，使中国宗教界感受、体会到党和国家对宗教的关怀和支持。但另一方面，我们却又反复在我们的重要报纸杂志和公开媒体上明确在最根本的认知上否认和否定宗教，让人们与宗教在意识形态及价值观上划清界限、保持距离，甚至对宗教加以批判，结果实际上把宗教当作了中国社会、中国政治和中国文化的另类或对立面；这些说法没有考虑或顾忌宗教界的情感和反应，没有细想由此可能会造成宗教界与我们的生分和隔离，而且也会使我们的上述积极做法前功尽弃、徒劳无功。这些在核心点和基本点贬损、否定宗教的言行，显然并不符合"更多地从积极方面来看待宗教，肯定宗教在促进和谐方面有积极作用""积极弘扬宗教教义中扬善抑恶、平等宽容、扶贫济困等与社会主义社会道德要求贴近的积极内容"这一基本精神，从而也就很难真正"带领信教群众积极为构建和谐社会作贡献"，实现"使信教群众在全面建成小康社会的宏伟目标下最大限度地团结起来"的强国使命。这种矛盾和悖论很容易让人质疑我们的政策水平、思维逻辑和管理智慧，也会使我们的理论与实践难以有机协调、达成一致。对中国宗教的特殊处境、特殊状况和特殊理解，并不是要让我们做出违背常情、与人类世界普遍现象完全相悖的结论，而是需要我们潜心探究，对之加以凸显中国特色、中国风格的描述和说明。

三　中国共产党与宗教的关系问题

若仔细分析，这里所涉及的仍然是我们在以往认识上还没有解决的老问题，列宁早在社会主义革命尚未成功之际，就已经高瞻远瞩地细心思考了这一问题，提出了他具有前瞻性的经典之答。而要想促进宗教积极有效地服务当今中国社会，则理应彻底、根本地解决好这些问题。其中一个最为敏感的问题，就是中国共产党与宗教的关系问题，其复杂一是在于如何认识中国的政党与宪法的关系，如何理解党员与公民的身份处境；二是在于如何理清在信仰层面的政治与宗教、意识形态与社会存在、以及信仰价值与理想追求等关系错综复杂的纠缠和交织。例如，我们坚持共产党员不能信教，主要应是从党的组织内部教育、整顿这一考量来坚定党员的政治信仰、加强党员的组织纪律、保持党组织自身的政治纯洁性、先进性及先锋队作用这种政党政治的意义上所言的，应是从组织系统和纪检层面来抓的，而没有必要把共产主义这种政治信仰与宗教信仰相等同、相并列和相比较，这种做法实质上是把我们的政治信仰贬低、降格了。所以，我们不能把共产主义这种政治信仰等同于宗教信仰，因为这种等同无意中会使我们的政治组织也被误解为一种宗教或准宗教组织，混淆政治信仰与宗教信仰的异质性和异层性，降低了党的领导地位和政治身份。至于个别党员拜神信鬼、算命求卦、参与迷信活动则必须从政治纪律意义上得到整治，但这种负面性并不能完全被归为宗教；虽然宗教中仍有迷信等糟粕，这些迷信却不是，也不能被完全等同为宗教。这一点早在20世纪60年代的那场理论之争中，牙含章先生就已经讲得很清楚了。宗教有清除迷信、不断改进和革新的任务,但迷信不可等同于宗教,二者本质有别。宗教与迷信的关系和区分,在中华人民共和国以来的历史中已有过激烈的讨论,后来也达到了相对的共识。我们不能因为共产党内有腐败就把二者等同,而仍必须强调并坚持党的先进性、崇高性,坚持党的领导地位和指导作用。同理,我们也不能因为宗教中有迷信就把宗教完全与迷信等同。故此,我们更没有必要过于在价值意义或意识形态、世界观上去贬损宗教、否定宗教。我们仍需充分肯定宗教中所体现的超越境界、崇高人性、世间关爱和自我谦卑,必须发挥宗教信仰积极因素在社会主义和谐社会建设中的重要作用,让中国宗教精神的精华有效参与我们"中国梦"的构设和实现。

至于提出党员可能会被宗教组织掌控的担心,则首先应该对我们的党保持有充分的自信,看到中国的宗教社团组织实际上也是受我们党和政府领导的,服从国家社会政治层面的治理,我们党对宗教乃有着更多的主动权,而绝不会是相反。党的领导起着主导作用,而且正在由我们党和政府出面系统地对我们的宗教界开展爱国爱教的教育培训。中国共产党在处理与宗教的关系上已经建立起理论正确且行之有效的"党的统一战线理论",在以往的理论阐述和社会实践中都非常成功。在此,我们在处理我党与宗教的关系上应该多谈、多用"党的统一战线理论""党的群众路线理论"和"正确处理人民内部矛盾"的理论,多做化解矛盾和统一和谐的工作。这可以给整个世界都带来启迪和新异的中国政教关系的独特性,由此亦可为我们的创新思维留下足够的空间。当然,中国执政党与宗教的关系这一问题既然已经重新提出,就理应得到妥善解决。在此,我们应该注意政治和政策是党的"生命"之论,应该有我党在新形势下正确处理好宗教问题的新思路和新布局。

还有一个敏感问题则是中国共产党作为"无神论"的政党是否必须批驳"有神论",强调其"无神"意义。这在共产党内的思想教育和组织纪律上当然有其必要性。而从更宽泛的社会层面来看,如果不是专门讲二者在政治意识形态上的对立,那么"有神"与"无神"实际上在认识论上是非常值得深究的问题,并不是简单说说有或无就成的。从人类的认识史来看,"有神"观念和"无神"观念实际上就如一个硬币的两面,自人类有宗教存在以来就一直在互动发展,我们应该对之展开哲学意义上的深入探讨,深化人们的认识。应该承认,我们当前对"有神论"的发展历史研究较多,而对"无神论"的发展历史研究太少,这方面的理论文章和学术专著问世还不够。但也已经有一些学者出版了有关中外无神论历史的著作,打下了良好基础。而党和国家近些年来在这一方面也有较大的投入,设有专门机构、办有专门杂志且有专项拨款,但目前成果不多、成效不大,这确实值得我们思考和研究。而专门承担这一重要任务的有关部门和研究机构也应该好好反思和总结以往历史上的经验教训,集中精力、加大力度来认真搞好对无神论的系统研究,及时推出高质量、高水平的研究成果,以不辜负党和政府的期望及要求。仅就无神论的发展而言,我们就可以追溯其从古代不承认多神存在的朴素无神论到不承认包括绝对一神的任何神明存在的哲学无神论,从自然无神论到战斗无神论,从宣称纯粹理论无法证明神之确实存在的理性无神论到以唯物史观为指导的科学无神论,这一发展线索很值得我们梳理研究,只有这样才能相对说清"有神"或"无神"之问题。中国宗教学完全可以展开对这一问题系统而深入的研究,也应该在大学教育中有相应的课程。在理论界、学术界和高等教育界,我们一定要提高上述研究的学术水平和理论质量,应以我们的学术实力和研究功底来赢得国际学术界的认可和钦佩,形成中国特色宗教学研究包括无神论研究的国际地位及声誉。

而在思想意识层面,非常明确地强调共产党应与宗教做斗争、与有神论划清界限的则主要是列宁的相关论述,但其理论前提是当时宗教存在的社会处境,以及无产阶级政党反对资本主义的历史使命。就是在这样的情况下,列宁仍然清楚表明:"既然如此,我们为什么不在自己的党纲中宣布我们是无神论者呢?我们为什么不禁止基督教徒和信奉上帝的人加入我们的党呢?"也就是说,列宁所创立的无产阶级政党,一是没有在党纲中公开宣布自己是无神论者,二是允许宗教信仰者加入无产阶级政党。究其原因,列宁虽然旨在从思想、认识层面来解决这个问题，但这对于坚持历史唯物主义和辩证唯物主义立场、方法的列宁而言，也仅是一种浅层次的解决办法，因为他意识到仅靠书本、说教并不解决根本问题。为此，列宁进而强调，"我们无论如何也不应当因此而'从理性出发'，离开阶级斗争抽象地、唯心地来提宗教问题，如果认为，在一个以无休止的压迫和折磨劳动群众为基础的社会里，可以用纯粹说教的方法消除宗教偏见，那是愚蠢可笑的。如果忘记，宗教对人类的压迫只不过是社会内部经济压迫的产物和反映，那就是受了资产阶级观点的束缚。如果无产阶级本身的反对资本主义黑暗势力的斗争没有启发无产阶级，那么任何书本、任何说教都是无济于事的。在我们看来，被压迫阶级为创立人间的天堂而进行的这种真正革命斗争的一致，要比无产者对虚幻的天堂的看法上的一致更为重要"[①]。当今天在社会主义的中国讨论这一问题时，我们同样也要清醒地认识到，宗教存在的社会处境已经发生了根本变化，我们党的社会地位也出现了根本变化，即已经从推翻旧社会的革命党变为领导建设新社会的执政党。这样，既然我们在对中国社会经济这一基础、根本问题的认识上都已经取得了突破，都已经允许与之关联的私人企业家入党，并且力主在私人企业中建立党支部，那么就更没有必要纠缠在有神、信教这种思想认识问题上；在我们看来，全力以赴"带领信教群众积极为构建和谐社会作贡献"则远要比这种思想梳理、思辨之究更为重要，更加迫切。

四 一点思考

如何更有效地积极引导宗教与社会主义社会相适应，关键在于争取人心，掌握人心，而这种"暖心"工程则需要我们在民族、宗教界有一支我们信得过、靠得住、用得好、关键时刻会起作用的骨干队伍。在社会主义的社会环境中，虽然仍然存有共产主义思想与宗教意识的差

[①] 《列宁专题文集 论辩证唯物主义和历史唯物主义》，人民出版社2009年版，第222页。

异，但从社会存在决定社会意识这一马克思主义基本观点来看，过于突出我们党与宗教界在其核心信仰层面的分歧和区别，并不利于我们与宗教界的骨干力量建立起那种"肝胆相照""同心同德"的融洽关系和积极引导宗教与社会主义（社会及思想）相适应，这一点确实值得我们深思。在此，不同信仰层面的区分，使各自能有机共构、求同存异，由此而不把自己逼到理论认知的死胡同、形成与其他信仰非此即彼的截然对立，仍是值得我们认真考虑的。这里，中国特色和创新思维就显得格外重要。此外，我们也可以好好研究并借鉴国际共运和当前社会主义国家中共产党与宗教关系的举措及经验，从而在我们今天中国特色社会主义发展中能够比较慎重地对待我们执政党与宗教的关系。

的确，在深化思想理论认知的意义上，我们的主流意识形态与宗教意识形态、宗教价值观等信仰教义方面有许多难达一致的问题，对于这些棘手问题如果我们暂时还不能找到一个比较理想的解决办法，至少我们可以对之加以搁置或回避，采取"不争论"的方式来绕过这些容易导致矛盾或纷争的问题，留待以后去根本解决，而没有必要在当前就硬去触动和解决尚难彻底解决的相关问题，刺激和激化这些敏感点、使矛盾复杂化并引起本来没有必要的冲突。我们应该发挥主流意识形态在当前众多社会思潮中的引领作用和主旋律作用，是领导、指挥、引导、领唱，形成和谐之音、共同合唱，而不是包打天下、孤自独唱。我们的当务之急，是尽可能团结广大信教群众与我们同心同德地建设中国特色社会主义，让宗教界在今天的社会服务、社会公益慈善事业等社会建设上发挥其最大限度的作用，共同且积极参与促进中华文化伟大复兴的"中国梦"之尽早实现的伟大事业。因此，我们的理论建设和学术研究应在这种积极引导和努力促进上下功夫、出成就。

（原载《世界宗教文化》2013 年第 5 期）

第二十五章

科学宣传无神论，保护宗教信仰自由

全国宗教工作会议召开以后，人们对于如何宣传无神论和尊重宗教信仰自由等问题有了更多的关注。因此，如何学习和贯彻落实全国宗教工作会议精神，辩证地、正确地处理好二者之间的关系，积极引导宗教与社会主义社会相适应，既有理论意义，更有现实需求。笔者认为，无神论宣传主要涉及认识论方面的问题，需要对无神论加以全面透彻的阐述，而尊重和保护公民宗教信仰自由则更多是从社会存在方面来考虑的，关涉我们党的统战理论和实践，以及中国和谐社会的构建。在此，笔者愿谈谈自己对二者关系问题的初步认识。

一　论科学宣传无神论

在当前社会发展中，积极宣传无神论是非常需要的，而且其加强有着现实意义。但这种宣传应该科学、合理、有效，由此就涉及如何科学宣传无神论的问题。这种宣传不能只是空洞地喊喊口号，或仅仅抽象地进行，而是要建立在对无神论深入、系统地研究基础上，特别是要分清马克思主义无神论与抽象所言无神论的区别，弄清楚马克思主义无神论的实质内容及理论发展。因此，必须对无神论加以科学宣传，突出马克思主义无神论的宣传，而不能将所有无神论都笼统等同于马克思主义无神论。科学宣传无神论，应包括如下一些方面。

第一，我们必须大力宣传的理应是马克思主义无神论，而马克思主义无神论自然是马克思主义宗教观的重要构成，因此对二者的论述和应用需要有机关联。全国宗教工作会议明确指出，共产党员要做坚定的马克思主义无神论者，严守党章规定，坚定理想信念，牢记党的宗旨，绝不能在宗教中寻找自己的价值和信念。这就意味着我们要认真宣传的是马克思主义无神论，而我们共产党员要做的也必须是坚定的马克思主义无神论者。这里，弄清楚什么是马克思主义无神论乃至关重要。马克思主义无神论的基本原理当然是历史唯物主义和辩证唯物主义，因为历史上的无神论有多种蕴涵，并不完全都与马克思主义的基本原理相契合。所以，科学宣传无神论主要是宣传马克思主义无神论，为此我们首先必须研究、把握马克思主义无神论的理论体系全貌，阐述其方法及特点，而不可以泛指的无神论代替马克思主义无神论。马克思在其理论体系中曾论及无神论、共产主义、宗教，以及它们与时代现实的关系："正像无神论作为神的扬弃就是理论的人道主义的生成，而共产主义作为私有财产的扬弃就是要求归还真正人的生命即人的财产，就是实践的人道主义的生成一样；或者说，无神论是以扬弃宗教作为自己的中介的人道主义，共产主义则是以扬弃私有财产作为自己的中介的人道主义。只有通过对这种中介的扬弃——但这种中介是一个必要的前提——积极地从自身开始的即积极的人道主义才能产生。"[①] 这里明确指出了无神论与共产主义的不同功能及使命，阐述了其辩证关联，而我们所言的科学无神论也只可能是马克思主义无神论。最近，我们组织力量对马克思主义经典作家关于无神论的理解及阐述进行了系统梳理和研读，学习了马克思、恩格斯和列宁对西方历史上各种无神论思潮及其思想家的分析、鉴别，收获很大，感受很深。马克思主义经典作家在谈无神论时是与其阐述宗教问题有机关联的，马克思主义无神论体系有其丰富内容和具体指向，故此不可随意将任何无神论观点或宗教批评都称为马克思主义无神论。对于马克思主义无神论的形成及发展，对其丰富蕴涵、深刻思想及

[①] 《马克思恩格斯文集》第 1 卷，人民出版社 2009 年版，第 216—217 页。

其理论体系，我们将有专论加以探究论述。

第二，我们对战斗无神论等其他无神论只能批判性审视和吸纳，而不是无条件地接受或推出。列宁曾说到无神论宣传的必要，主张翻译出版18世纪法国战斗无神论的著作："我们的宣传也必须包括对无神论的宣传；……我们现在必须遵从恩格斯有一次向德国社会主义者提出的建议：翻译和大量发行18世纪的法国启蒙著作和无神论著作"[①]。宣传介绍历史上的无神论很有必要，不过，应该看到历史上无神论的情况也颇为复杂，既有唯物主义的无神论，同样也有唯心主义的无神论，无神论并不与唯物论天然等同；而无神论从其历史发展演变来看也经历了其早期的朴素无神论或原始无神论，欧洲启蒙运动和法国大革命时期的战斗无神论、马克思主义的科学无神论，以及近现代以来虚无主义的无神论和存在主义的无神论等思潮。在宣传介绍法国战斗无神论时应该清醒地认识到，其主要代表拉美特利、狄德罗、霍尔巴赫、爱尔维修等人都是天主教耶稣会教育背景，其思想亦有着资产阶级的深深印痕。因此，不能把法国战斗无神论及其随后在欧洲其他国家的战斗无神论简单等同于科学无神论，战斗无神论与科学无神论仍有明显差别。对于无神论的历史，要加强系统研究，也必须具有科学发展观的审视和鉴别。马克思主义经典作家在论述西方历史上的许多思想家时，就敏锐地指出了他们在无神论与有神论之间的动摇和变换，说明了西方思想史在"神"论理解上的复杂性和交织性，由此可见，对无神论的研究不可孤立而行，只有结合对有神论的研究才能讲清楚二者之区别，以及历史上二者错综复杂的关系。思想史上二者在"有""无"之间的转换需要以历史唯物主义来考辨。所以，无神论也并非"绝对真理"而天然正确，对之同样要具体问题具体分析，实事求是，切不可认为凡是讲无神论就自然等同于马克思主义无神论，对社会流行的各种无神论之说要有科学的审视、借鉴、批判和扬弃。

[①] 《列宁专题文集　论辩证唯物主义和历史唯物主义》，人民出版社2009年版，第222页。

第三，马克思主义认为无神论宣传必须提高其理论水平，应对自己的无神论身份保持低调，因此马克思主义经典作家并不自称为无神论者。马克思在论及无神论宣传的方法时特别强调要提高理论层次，应站在哲学的高度来看问题，并说"如果真要谈论哲学，那么最好少炫耀'无神论'招牌（这看起来就像有些小孩向一切愿意听他们讲话的人保证自己不怕鬼怪一样），而多向人民宣传哲学的内容"[1]。因此，无神论宣传必须提高理论水平、增添学术蕴涵，有理有节，把握好分寸，如果把反宗教的举措和无神论宣传搞得过度则会适得其反。恩格斯说，"在我们的时代唯一能替神帮点忙的事情，就是把无神论宣布为强制性的信仰象征，并以禁止一切宗教来超越俾斯麦的文化斗争中的反教会法令"[2]。此外，马克思主义还认为，无神论是与有神论、宗教相对应的，如果脱离后者，前者则毫无意义可言。这种矛盾的对立统一，形成其相辅相成的复杂关系。因此，科学宣传无神论就必须对"神"观念演变史加以深入研究，对"物""心"的本质有着透彻理解，以此方能进行有神、无神之辨，唯物、唯心之分。恩格斯指出，"至于无神论只是表示一种否定，这一点我们自己早在40年前驳斥哲学家们的时候就已经说过了，但是我们补充说，无神论单只是作为对宗教的否定，它始终要涉及宗教，没有宗教，它本身也不存在，因此它本身还是一种宗教"[3]。所以说，完全抛开宗教的实际情况而奢谈、空谈无神论并不是马克思主义无神论的本质。尤其在当代社会没有宗教研究的雄厚积淀而抽象地、空洞地谈论无神论则意义不大。宗教学研究与无神论研究有机关联，不可分割，二者之间的积极联动是非常必要的。实际上，对于人类宗教现象加以客观、冷静、科学的研究本身就是一种学理性、深层面的无神论宣传。习近平总书记在2016年5月17日哲学社会科学工作座谈会上所论及的"要加快完善对哲学社会科学具有支撑作用的学科"中，就包

---

[1]《马克思恩格斯文集》第10卷，人民出版社2009年版，第4页。
[2]《马克思恩格斯选集》第3卷，人民出版社1995年版，第247页。
[3]《马克思恩格斯选集》第4卷，人民出版社1995年版，第665页。

括了宗教学这一重要学科。因此，科学宣传无神论就必须系统研究好宗教学的方法和知识体系，根据马克思主义宗教观来对世界宗教现象有清晰而透彻的认知，了解把握好宗教存在的社会根源及时代背景，弄清楚人类宗教发展和无神论发展的历史及规律，加大对自然科学史和哲学社会科学史的系统探究，并对其最新进展及发现积极跟进和及时把握，这些都是加强和扩大无神论宣传的重要内容，尤其应该在我们党内和涉及青少年的公共学校及其国民教育中大讲特讲；此外对宗教思想及神学教义也要加以必要的研究，形成人类思想史、精神史上不同认知及各种思潮的对照和比较。科学宣传无神论有其厚重的知识内容和系统的理论积淀，绝非简单随意之举。有志于坚持马克思主义无神论的学者必须下苦功努力钻研，系统学习，这样才能有论有据，真正做到以史为鉴，以理服人。

第四，科学宣传无神论只能用"纯粹的思想武器，而且仅仅是思想武器"，"用我们的书刊、我们的言论"来对宗教有神论展开批评，而且这种宣传还必须服从党的政治任务、社会主义发展的要求，掌握好尺度、把握好分寸。列宁虽然强调了向宗教的斗争和无神论的宣传，而且将之提到"是全党的、全体无产阶级的事情"的高度，却也为之规定了一些底线，如"不在自己的党纲中宣布我们是无神论者"；要求"反宗教斗争服从争取社会主义的斗争"[①] 等，使无神论的宣传与我们共产党的政治任务相吻合，让其作用能够真正起效。革命导师在宣传无神论上的这种把握非常睿智，今天仍然值得我们注意和深思。在马克思主义关于无神论的思考中，有着通盘而周全的衡量，而绝没有简单行事的鲁莽。所以，我们在新的形势下有效开展无神论宣传，就必须科学进行，要加强对无神论本身系统而深入的研究，弄清其基本内容，有知识蕴涵，且要使之符合我党构建中国和谐社会的新任务的需求。

[①] 《列宁专题文集　论无产阶级政党》，人民出版社2009年版，第180页。

二 论保护公民宗教信仰自由

保护公民宗教信仰自由是我们的最基本国策之一，是中华人民共和国宪法给予公民的根本人权。而且，对这种宗教信仰自由的尊重及保护也是人类文明发展所达到的共识和其重要成果之一。我们在认识论上承认有神、无神的差异之后，在社会存在层面强调公民宗教信仰自由，就更有其独特意义。这是因为消除认识论上的差异是一个漫长的、复杂的过程，需要有足够的耐心；而在现实社会中尊重、团结广大信教群众来参与、完成我们建设社会主义的伟大事业则有着当下感、紧迫感，是我们在社会政治上的现实任务、当务之急。这种权衡、比较及其决策，是执政者应具有的政治智慧。

第一，宗教信仰自由得到了中华人民共和国宪法的保护。《宪法》第2章在"公民的基本权利和义务"中第34条规定，"中华人民共和国年满十八周岁的公民，不分民族、种族、性别、职业、家庭出身、宗教信仰、教育程度、财产状况、居住期限，都有选举权和被选举权"；其第36条则进一步明确宣称，"中华人民共和国公民有宗教信仰自由"，"任何国家机关、社会团体和个人不得强制公民信仰宗教或者不信仰宗教，不得歧视信仰宗教的公民和不信仰宗教的公民"，"国家保护正常的宗教活动"。[①] 宪法允许公民完全可以自由地选择信仰宗教或不信仰宗教，选择信仰某一种宗教或者改宗，这些选择都是平等的，宗教信徒不应该因这种选择而招致社会的歧视。根据宪法精神，宗教理应在我们的社会中脱敏；如果公民仅仅因为信仰宗教而受到歧视或指责，是不符合我们的宪法精神的。在我们今天社会主义的法治国家，这种宪法的权威和尊严是必须维护的，尤其是国家工作人员对之乃义不容辞。

第二，保护宗教信仰自由就应该支持各宗教合理合法地保持其基本

[①] 全国人民代表大会常务委员会法制工作委员会编：《中华人民共和国法律（2013年版）》，人民出版社2013年版，第27页。

信仰、核心教义和礼仪制度，同时鼓励宗教深入挖掘其教义教规中有利于社会和谐、时代进步、健康文明的内容，推动宗教革新和与时俱进，对教规教义做出符合当代中国发展进步要求、符合中华优秀传统文化的阐释。这是最近全国宗教工作会议精神所特别强调的。宗教发展本身就经历了不断改革、自我扬弃、去粗取精、去伪存真的历史过程，由此有着剔除糟粕、发扬精华的动态变化。在宗教与世界历史发展的复杂交织中，我们应该承认宗教也蕴含有人类文明的许多积极因素，意识到这些积极因素可以与社会主义核心价值观及我们的主流意识相协调、达吻合。一部人类文明史如果剥除其中的宗教内容，会失去许多精彩，会显得单薄和失色。社会主义文化也不是凭空产生的，而是基于对人类文明的吸纳，有着深厚的文化积淀。所以，从人类思想史、世界文化史来看宗教，也是不可忽略的。

第三，保护宗教信仰自由就必须意识到宗教工作的本质是群众工作，我们必须做好这一群众工作。这是我党统战工作核心意义的具体体现，也就是要最大限度地团结广大群众，使我们的朋友越多越好、敌人越少越好。这次全国宗教工作会议指出，同宗教界结成统一战线，是我们党处理宗教问题的鲜明特色和政治优势。所以对待宗教要坚持政治上团结合作、信仰上相互尊重，做到多接触、多谈心、多帮助，以理服人，以情感人，通过解决实际困难来吸引人、团结人。我们必须看到，在我们当今生存的地球上，绝大多数人群是有着宗教信仰的，如果我们推动建设人类命运共同体而不尊重世界大多数人的宗教信仰，则是不可能成功的。与世界宗教信仰者和平共处，加强沟通、理解和团结，这应是我们全球视野的大统战，也是范围更广的群众工作。

第四，保护宗教信仰自由也要求宗教信仰者遵纪守法，爱国爱教，看到其作为社会存在及社会组织而与其他社会团体有着共同维系社会和谐稳定的责任，因而必须自觉维护社会秩序，使其教规教法坚决服从国法政纪。所以，宗教信仰自由就涵括了宗教信仰个体及其团体对社会的义务及职责。过去列宁把宗教团体理解为"应当是完全自由的、与政权无关的志同道合的公民联合体"①，而这次全国宗教工作会议精神对之有着更高的要求，也使其与党和政府的关系更近、更密切，这就是认为宗教团体是党和政府团结、联系宗教界人士和广大信教群众的桥梁和纽带。这说明信教群众与我们的共同点要远远大于其不同处，其共识要远远大于其分歧，由此党和政府强调要为宗教团体及信教群众开展工作提供必要支持和帮助。而我们的宗教工作及研究则应该积极促进这一纽带的联结作用，保障这一桥梁的畅通无阻。可以说，全国宗教工作提出的这一新解释，是新时代中国特色社会主义宗教理论创新发展的经典表达，是对马克思主义宗教观中国化作出的巨大贡献。

三 论科学宣传无神论与保护宗教信仰自由二者之辩证关系

马克思主义无神论认为，无神论宣传主要基于思想认识层面，基于世界观的转变，这需要一个漫长的过程，应该采取春风化雨、润物无声的方式，而且这还不是最根本的解决办法，因为马克思主义最根本的关注乃在于社会政治层面，正如列宁所言，"我们无论如何也不应当因此而'从理性出发'，离开阶级斗争抽象地、唯心地来提宗教问题"，而必须在现实社会政治层面注意团结广大信教群众参与改造世界的社会主义使命，"如果无产阶级本身的反对资本主义黑暗势力的斗争没有启发无产阶级，那么任何书本、任何说教都是无济于事的。在我们看来，被压迫阶级为创立人间的天堂而进行的这种真正革命斗争的一致，要比无产者对虚幻的天堂的看法上的一致更为重要"。② 显然，在马克思主义看来，社会政治需要是首选，为此就必须积极引导宗教，团结广大信教群众在社会政治上参与社会主义事业，而尽量搁置在思想认识上的分

---

① 《列宁专题文集 论辩证唯物主义和历史唯物主义》，人民出版社 2009 年版，第 220 页。

② 同上书，第 222 页。

歧，求同存异，团结合作。对于这一点，列宁当时就有着十分冷静而清晰的认识，所以在社会政治层面与理论认知意识的选项上态度也极为明确。列宁说，"因此，我们在我们的党纲中没有宣布而且也不应当宣布我们的无神论。因此，我们没有禁止而且也不应当禁止那些还保存着某些旧偏见残余的无产者靠近我们党。"宣传科学的世界观和无神论"决不是说，应当把宗教问题提到它不应有的首要地位"，"而分散真正革命斗争的、经济斗争的和政治斗争的力量"；所以列宁坚决反对"煽起宗教仇视，把群众的注意力吸引到这方面来"，从而使群众"不去关心真正重要的和根本的经济问题和政治问题"，列宁在此还让大家警惕，"决不要挑起无关紧要的意见分歧"。①

正是出于这种考虑，列宁专门论及了共产党与宗教徒的关系问题。有人写文章批评说是国内学术界的宗教学者"提出"了"宗教徒可以入党"之说，而事实上这是列宁早在一百多年前就提出来的，而且是周恩来总理在半个多世纪前又重新肯定的，绝非当今国内学者所提。有人认为这"行不通"，但列宁、周总理都明确表示这在一定（特殊）情况下行得通。列宁不止一次地说过"不禁止基督教徒和信奉上帝的人加入我们的党"②；并且要求他们遵守党纲，而其宗教信仰也应得到尊重。列宁在《社会主义和宗教》中已经论及，"我们没有禁止而且也不应当禁止那些还保存着某些旧偏见残余的无产者靠近我们党"③。而在《论工人政党对宗教的态度》中，列宁则根据实事求是的精神指出，"不能一成不变地在任何情况下都宣布说司祭不能成为社会民主党党员，但是也不能一成不变地提出相反的规定。"④ 在相关条件和特殊情况下，列宁对之则说得非常明确："如果有一个司祭愿意到我们这里来共同进行政治工作，真心诚意地完成党的工作，不反对党纲，那我们就可以吸收他加入社会民主党，

---

① 《列宁专题文集 论辩证唯物主义和历史唯物主义》，人民出版社2009年版，第223页。
② 同上书，第221—222页。
③ 同上书，第223页。
④ 《列宁专题文集 论无产阶级政党》，人民出版社2009年版，第177页。

因为在这样的条件下,我们党纲的精神和基本原则同这个司祭的宗教信念的矛盾,也许只是关系到他一个人的矛盾,只是他个人的矛盾,而一个政治组织要用考试的方法来检验自己成员所持的观点是否同党纲矛盾,那是办不到的。"[1] 允许信徒入党的原则是要服从党纲,使之受到党纲精神的教育,为党的事业服务和奉献,而不允许其在党内传教。列宁在此对这一原则也说得很清楚:"我们不仅应当容许,而且应当特别注意吸收所有信仰上帝的工人加入社会民主党,我们当然反对任何侮辱他们宗教信念的行为","我们吸收他们是要用我们党纲的精神来教育他们,而不是要他们来积极反对党纲"。[2] 所以说,允许信徒入党就是让其坚决拥护党纲,参加党的社会政治使命及任务,而其宗教信念则可以但也只能在私自范围内相对保留,并在党纲精神的教育下逐渐得到改变。根据列宁的这些论述和原则,宗教信徒入党至少在一定情况下是行得通的,对之不能绝对说不。由此可见,列宁既有其理论认识上的思考,更有其社会政治意义上的权衡,而这二者在其思想上是有机统一的,得以辩证的运用。因此,我们应该认真学习、领悟列宁深邃而睿智的思想,对上述问题加以科学的分析,对其利弊有周全的比较,由此做出更有利于我们今天社会主义事业发展的决策。

中国共产党的文件和相关理论文章明确宣称,共产党员不能信教,必须与宗教在思想意识上划清界限。这与列宁的论述在思想层面是完全一致的。但有人认为"党员信教"与"宗教信徒入党"是"同一回事",这就与列宁的上述观点显然不同了。无论从其逻辑关系,还是从其历史事实来看,其实二者是不可等同、也不应该等同的,因为"党员信教"是走向宗教世界观,代表着其思想认识的倒退,而"宗教徒入党"却是走向共产主义世界观,是在政治信仰上表示出心向共产党的意向及选择,表现出其思想的进步,尽管这种进步不易达到,毕竟历史上也有其得以实现的实例,故此二者方向不同、理想迥异,毫无逻辑

---

[1] 《列宁专题文集 论无产阶级政党》,人民出版社 2009 年版,第 177—178 页。

[2] 同上书,第 178 页。

等同关系可言。有人认为宗教徒入党这在苏联或许可以,但在中国却"行不通"。既然都是共产党,那在理论上则属于同样的逻辑标准,没有此通彼不通的逻辑。而且中国革命历史的事实是,这种情况在中国共产党的历史上也的确存在。毛主席早在红军革命时期就发展了基督徒、福音医院院长傅连暲入党,指出基督徒成为共产党员很有教育意义、很有说服力;抗战时期穆斯林参加革命、组织回民支队抗日,并没有放弃其伊斯兰信仰,其回民支队中就有随军的阿訇,而其领袖马本斋亦于1938年入党;在解放战争时期,本为佛教徒、甚至有密宗金刚上师之位的吴立民也在湖南解放前夕入党,并为湖南和平解放作出了重要贡献,后曾长期担任中共湖南省委统战部副部长一职,退休后则担任了中国佛教协会佛教文化研究所的所长。此外,基督教牧师董健吾、冯玉祥将军的随军牧师浦化人也都是早在1927年前后被共产党所吸引而在共产党处境最为困难的时期入党,置之度外投身革命事业的,他们两人的宗教徒身份当时也没有放弃,却为中国人民解放事业作出了重要贡献。例如,董健吾约在1928年加入中国共产党后并没有放弃其牧师身份,此后曾在上海帮助抚养毛主席的两个儿子毛岸英和毛岸青,并于1936年协助埃德加·斯诺(Edgar Snow)到延安采访毛主席和中共其他领导人,斯诺所写《红星照耀中国》第一次非常正面地、积极地将中国共产党介绍到西方世界。浦化人于1927年入党后积极参加党的统战工作,以其牧师这一特殊身份吸引基督徒参加到党的统一战线中来。有信徒身份而参加革命并且后来入党的还包括许世友、包尔汉等人,这些事实充分表明了我党吸收党员对政治标准的首选和对宗教界积极靠拢我党人士的开放态度。对于1949年之前宗教信徒加入共产党的事实,中外学者都有相关研究,也有许多已经公开发表的著作和文章,如国际上研究中国共产党史的著名学者斯特拉纳汗(Patricia Stranahan)就曾在她的专著《地下:上海共产党及其生存政治,1927—1937》[1]之中论及相关

---

[1] Patricia Stranahan: *Underground: The Shanghai Communist Party and the Politics of Survival, 1927 – 1937*, Lanham, Md.: Rowman & Littlefield, 1998.

情况。

而在中华人民共和国成立初期，周恩来总理也曾明确指出，"有些政策要结合少数民族地区的特点加以贯彻，不能拿一个政策来解决所有的问题。如维吾尔族人，觉得共产党好，有的要求加入共产党，但他的宗教信仰一时又不愿放弃，我们便可以允许他加入，在政治上鼓励他进步，在思想上帮助他改造，否则会影响他前进。照顾少数民族地区的特点，并不是失掉立场，对少数民族，首先要在政治上使他们求得解放，然后在经济上和文化上再帮助他们发展，稳步前进"[①]。这时不仅行得通，也似乎没有任何逻辑问题等疑问。当然，这种做法后来得到适当调整，但没有根本放弃。在1982年中共中央《关于我国社会主义时期宗教问题的基本观点和基本政策》的文件中明确规定："共产党员不得信仰宗教，不得参加宗教活动，长期坚持不改的要劝其退党。"这是共产党的一贯立场及其纪律上的严格要求。但这一文件也同时指出："在那些基本上是全民信教的少数民族当中，这项规定的执行，需要按照实际情况，采取适当步骤，不宜简单从事。""必须看到，这类少数民族中的共产党员，还有相当一部分人虽然忠实执行党的路线，积极为党工作，服从党的纪律，但还不能完全摆脱宗教影响。对这一部分同志，各级党组织不应当简单地加以抛弃，而应当在充分发挥他们的政治积极性的同时，进行耐心、细致的思想工作，帮助他们逐步树立辩证唯物主义和历史唯物主义的世界观，逐步摆脱宗教思想的束缚。"[②] 特别是文件还专门规定"在新发展党员时，必须注意严格掌握，凡属笃信宗教和有浓厚宗教感情的，不勉强吸收"。这里是说吸收党员时要更严格的把关，要等条件成熟，而"不勉强吸收"的表述也不等于就完全不能吸收。由此可见，我们党对这一问题的处理既有严格的原则性，也有相应的灵活性，主张符合实际的"随顺"，并没有绝对的"行不通"。

[①] 《周恩来统一战线文选》，人民出版社1984年版，第164页。

[②] 引自中央党校民族宗教理论室编《新时期民族宗教工作宣传手册》，宗教文化出版社1998年版，第340—341页。

"不忘初心，继续前进"。对宗教信徒能否入党这一问题，不仅有马克思主义经典作家明确、肯定的回答，而且有毛主席、周总理等中国共产党领导人的肯定性论述及实践。最近看了纪念红军长征的电视纪录片《长征》，其中有"民心所归"专集谈到在我党民族宗教政策和统一战线实践的感染下有藏传佛教的小喇嘛桑吉悦希参军入党，后被毛主席取名为"天宝"；有在与朱德九次见面谈话后成为红军和共产党忠诚朋友的格达活佛，他不顾个人安危挺身而出保护上百名红军伤病员，并为西藏的解放献出了宝贵生命；有回民穆斯林集体参加红军、肖福祯阿訇担任绥靖回民苏维埃政府主席，而这些回民红军大多英勇牺牲等感人事迹。在当时国民党对处于困境的共产党强大的打压下，这些宗教界人士明知有风险却不顾个人的安危铁心跟定共产党，甚至献出了自己的宝贵生命。所以我们党没有、也不会因为他们是有神论就完全排拒他们。而著名宗教领袖赵朴初、丁光训、傅铁山等也是与我党肝胆相照、荣辱与共、长期合作的亲密朋友，他们积极参加了中国社会主义革命和建设事业，受到我党的尊重、信教群众的拥戴，作出了非常重要的贡献。共产党员作为先进分子和社会精英是社会群体中的极少数人，这对于宗教信徒入党而言也是同样道理，而且人数甚至会更少；虽然宗教信徒入党属于特殊情况，但这种情况过去有、现在依然也还存在。这属于中国共产党的大统战手笔、大智慧展现。因此，我们应该学习革命导师和老一辈无产阶级革命家的睿智，发扬这种能使"民心所归"的革命优秀传统，看到宗教界确有紧跟共产党、全力参加革命的领袖及精英人士，对其积极引导和精神信仰上的转化需要独特的思考、耐心和策略，并应继续团结吸引广大宗教信徒在社会政治上心向共产党、投身党领导的社会主义建设事业。在这方面我们不能放弃，而是应该加强，特别是今天对具有两亿人数这一巨大信教群体，也不能绝对关闭党的大门，仍需要做积极引导和转化工作。

上述情况充分说明了宗教与无产阶级政党关系的复杂性，我们不可将之简单化。笔者根据列宁的相关阐述和周总理的相同说法，以及我党统战工作中的历史事实，对特殊情况下宗教信徒可以入党的情况作了事实陈述，如在《世界宗教研究》2016年第1期发表的论文中比较谨慎地谈到在这种特殊情况下部分宗教领袖和精英人士是否可以入党的问题，并说明这些人如果入党则以坚决服从党纲为前提，而且也明确表示党员不能信教这一原则立场。其实这还只是笔者对马克思主义经典作家的思想"跟着说"而已，还远没有达到有独立开拓之"接着说"的创见。然而，即使这本来就是事实的陈述却也遭到了强烈批评，其批评导致了复杂争论，由此也带来了一些认知上的混乱。其实，列宁、周恩来对之已经说得非常清楚，而按照历史逻辑只要笔者上述举例中有一例属实，则笔者的说法就没有违背任何原则和历史事实的问题；对此如果持反对意见，那么反对者应该再仔细研读、品味列宁、周恩来的相关说法，应该深入、系统研究中共党史和中国革命史的相关内容，应该向我党组织、宣传、统战和宗教工作部门调研和咨询宗教领袖和精英人士的相关情况，并深入展开必要的中国新民主主义革命史和中共党史研究。这一问题完全可以心平气和的在学术层面展开研讨、商榷，而没有必要将此加以曲解引申，更没有必要对这种学术讨论兴师问罪、上纲上线、在公众媒体上争论炒热。共产党员应该实事求是、尊重事实，严肃的学者在坚持真理上也应该士志于道、宠辱不惊。实际上，应该完全结束这种争论；因为这种情况没有也不会普泛化，但作为特殊情况确实存在。如果有人根据中国现实发展在今天不再同意列宁和周总理的上述观点，对我党以往及现今统战工作中的相关实践有不同看法，完全可以直接向党的有关部门建言献策，提出调整方案。而在当下现实社会政治中是否及如何调整相关政策，我们党当然会多做调研、深思熟虑、权衡利弊、实事求是、慎之又慎地做出判断和决定。学术界只是讨论马克思主义经典作家在其理论和实践中涉及的问题，对之加以学术分析和论说。至于政策调整和改变，则应该由党的有关部门来思考和决定，而对于党组织在这一问题上任何新的调整和规定，我们都会绝对服从和拥护。

对共产党与宗教的关系，除了有必要在理论上将之说透、厘清之外，也还要注意在实践中如何最大化地团结群众、最有利于共产党当下之首要任务的顺利完成，而为了确保其真正实现，我们则必须按照习近平总书记所指出的,"团结一切可以团结的力量,调动一切可以调动的因素"。应该说,对在当前社会现实中如何处理好这一问题,至少是可以在理论及学术层面上进行讨论探索的。习近平总书记在最近哲学社会科学工作座谈会上的讲话中指出,"我国哲学社会科学还处于有数量缺质量、有专家缺大师的状况,作用没有充分发挥出来"。"现在是著作等'身'者不少、著作等'心'者不多。"[①] 对此,我们哲学社会科学工作者感到非常惭愧,但要根本改变这种不利局面,则正如习近平总书记所言,学者必须"崇尚'士以弘道'的价值追求","营造风清气正、互学互鉴、积极向上的学术生态"。"要坚持和发扬学术民主,尊重差异,包容多样,提倡不同学术观点、不同风格学派相互切磋、平等讨论。要正确区分学术问题和政治问题,不要把一般的学术问题当成政治问题,也不要把政治问题当作一般的学术问题",而"领导干部要以科学的态度对待哲学社会科学,尊重哲学社会科学工作者的辛勤付出和研究成果"。[②] 对于习近平总书记的上述讲话精神,我们学者和领导干部都应该认真体会、共同勉励。应该说,在今天,团结广大信教群众拥护共产党领导、投身社会主义革命和建设这一社会政治要求仍然是首位的,也是应该及时解决的任务,对之应有大文章可做。而思想认识的改变则是一个漫长的过程,我们应该有必要、甚至足够的耐心,逐渐达到滴水穿石、铁杵成针的最终效果。中华文化的一大优良传统就是善于辩证地圆融整合、多元共聚,形成和谐共在的发展态势,而不是凸显二元分殊、对立冲突。应优先考虑社会政治实际需求,弄清当下我们共同的发展目标,以我党统一战线理论来求同存异,凝聚力量,相互尊重,团结合作,而对宗教思想认知上的分歧则应该留有更长的时间,通过教育、对话、说理、沟通来逐渐解决,争取积极转化、自觉自愿、口服心服,实现精神层面的扬弃升华、聚同化异。在中国改革开放、共产党作

[①] 引自中央宣传部主管、《党建》杂志社主办《学习活页文选》2016 年第 41 期,第 105、127 页。

[②] 同上书,第 127、126 页。

为执政党的形势下，我国宗教与共产党的关系应该是靠得更近，而不是比以往更为疏远，我们对宗教人士在政治上追求共产主义信仰、自觉向我党靠拢应该充分肯定、积极引导。所以这次全国宗教工作会议精神才特别强调我党积极引导宗教关键是要在"导"上想得深、看得透、把得准，做到"导"之有方、"导"之有力、"导"之有效，牢牢掌握宗教工作主动权。

无论是科学宣传无神论，还是全力实行宗教信仰自由政策，其出发点和落脚点都是要最大限度把广大信教和不信教群众团结起来，特别是要紧紧拉住信教群众与我党保持高度一致。宗教不仅是一种思想认识和精神信仰，也是一种社会政治存在和文化习俗生活，而在当下应突出关注和妥善解决的首先是后者。我们在新形势下要努力开创中国特色社会主义宗教理论，为此，我们就要引导信教群众热爱祖国、热爱人民，维护祖国统一，维护中华民族大团结，服从服务于国家最高利益和中华民族整体利益；要让信教群众自觉拥护中国共产党领导、拥护社会主义制度，坚持走中国特色社会主义道路；要引导信教群众积极践行社会主义核心价值观，弘扬中华文化，努力把宗教教义同中华文化相融合；要号召信教群众遵守国家法律法规，自觉接受国家依法管理，并积极投身于改革开放和社会主义现代化建设，为实现中华民族伟大复兴的中国梦贡献力量。

（原载《世界宗教研究》2017年第1期）

第四编 唯真求实

第二十六章

宗教文化与社会主义核心价值观

习近平总书记在最近的系列讲话中非常系统地论述了文明、文化的意义，并且直接而深刻地阐述了中华文化与当代中国社会主义核心价值观的密切关联。习近平总书记非常明确地指出："培育和弘扬社会主义核心价值观必须立足中华优秀传统文化。牢固的核心价值观，都有其固有的根本。抛弃传统、丢掉根本，就等于割断了自己的精神命脉。"历史是延续的、发展的，我们今天的核心价值观并非凭空产生，而是有着我们的宝贵文化传承和悠久历史积淀，是我们的开放性优秀文化传统所结出的善果。习近平总书记说："中华文明经历了5000多年的历史变迁，但始终一脉相承，积淀着中华民族最深层的精神追求，代表着中华民族独特的精神标识，为中华民族生生不息、发展壮大提供了丰富滋养。"这种中华民族的核心精神、中国文化的内在本质，为我们今天建立中国特色社会主义核心价值观打下了坚实基础，提供了丰富底蕴。因此，我们理应承认，当今社会主义社会的核心价值观与中国博大精深的优秀文化传统有着历史逻辑关系，有其因与果的联结。这一核心价值观的接地气、有特色，就体现在其"继承和发扬中华优秀传统文化和传统美德"，密切联系并结合中国实际，从而维系并维护了中华文化的有机传承，展示出中华文化的勃勃生机。

不可否认，代表着中华民族精神追求、精神标识和思想道德资源的中华优秀传统文化也包含着中国人的宗教文化。这种精神气质突出、精神境界高深的宗教文化是中华文化的有机构成，而且在其悠久的历史传统中影响很大，举足轻重，乃中华传统文化最典型的特质之一，也是中华文化体系中最为久远的元素之一。因此，无论是从社会意义还是文化意义上来看，都必须看到宗教在其发展中所起到的精神动力作用，都必须注意到宗教对社会共构及民众信仰的广泛影响。所以，我们不能草率地否定中华文化传统中的宗教。甚至曾认为中国无宗教、宣称中华民族不需要宗教的梁启超也在其《论支那宗教改革》一文中有过如此表述："凡一国之强弱兴废，全系乎国民之智识与能力；而智识能力之进退增减，全系乎国民之思想；思想之高下通塞，全系乎国民之所习惯所信仰。然则，欲国家之独立，不可不谋增进国民之识力；欲增进国民之识力，不可不谋转变国民之思想；而欲转变国民之思想，不可不于其所习惯所信仰者，为之除其旧而布其新。此天下之公言也。泰西所以有今日之文明者，由于宗教革命，而古学复兴也。盖宗教者，铸造国民脑质之药料也。"宗教的精神文化作用是不容忽视的，对于宗教文化与当今核心价值观的关系，我们的基本态度不能是根本否认或完全排拒，而应该对之积极引导，激励其革新和更新，从而能与我们的思想文化体系有机共构、和谐相处。如果没有与宗教的和谐，就不可能建立并保障社会及民族和谐。在此，我们需要的是交流、沟通，我们所持态度也应该是理解、包容。习近平总书记说："历史告诉我们，只有交流互鉴，一种文明才能充满生命力。只要秉持包容精神，就不存在什么'文明冲突'，就可以实现文明和谐。"

中华文化的优秀，也体现在其善于交流、积极吸纳，有着"海纳百川，有容乃大"的宽阔胸襟和包容精神。这在中国历史上的宗教交流方面也得到了充分体现。习近平总书记在此曾论及2000多年来佛教、伊斯兰教、基督教等先后传入中国的交流，指出中国文化善于吸纳外来文明优长的特点。习近平总书记还特别以佛教为例生动而深入地描述了宗教文化交流的意义，指出佛教的"传入"与"传出"所推动的充满积极意义的文化交流："佛教产生于古代印度，但传入中国后，经过长期演化，佛教同中国儒家文化和道家文化融合发展，最终形成了具有中国特色的佛教文化，给中国人的宗教信仰、哲学观念、文学艺术、礼仪习俗等留下了深刻影响。"佛教不是被动地为中华文化所吸纳，而是在中国文化土壤中得到了创造性、创新性的重生，形成具有鲜明中国特色的禅、净土等宗，涌现出像慧能那样的众多思想大师、文化名人。也就是说，佛教在与中国文化的融合中得到了一种再创造，不仅使自我升华，而且更广远地影响了世界。"中国人根据中华文化发展了佛教思想，形成了独特的佛教理论，而且使佛教从中国传播到了日本、韩国、东南亚等地。"

要想社会主义核心价值观得到充分体现、深入人心，则必须发挥文化的传播、交流、沟通、升华作用。正如习近平总书记所强调的，要有效坚守我们的价值体系，坚守我们的核心价值观，则必须发挥文化的作用。只有深层次的文化沟通及交汇，才能让人心服口服，真正折服。所以说，"以理服人，以文服人，以德服人，是中华文化的生命禀赋和生存耐性。"这就要求我们在文明对话、宗教交流方面知己知彼、相互学习。习近平总书记说："我们不仅要了解中国的历史文化，还要睁眼看世界，了解世界上不同民族的历史文化，去其糟粕，取其精华，从中获得启发，为我所用。"文化的多样性，宗教的多元发展，这是我们所必须面对的现实。世界上有"2500多个民族和多种宗教"，故而不可能走单一发展之路，必须多元求和、不同而和、包容整合。对待包括宗教或以宗教所体现的不同文明，习近平总书记强调"我们需要比天空更宽阔的胸怀。文明如水，润物无声。我们应该推动不同文明相互尊重、和谐共处，让文明交流互鉴成为增进各国人民友谊的桥梁、推动人类社会进步的动力、维护世界和平的纽带。我们应该从不同文明中寻求智慧、汲取营养，为人们提供精神支撑和心灵慰藉，携手解决人类共同面临的各种挑战"。人类作为地球村中你我为邻的命运共同体，必须走宗教包容、文明对话、精神交流、信仰理解之路。所以，核心价值观不是封闭的、排外的、保守的，而是开放的、包容的、与时俱进的。我们既弘扬中华民族的优秀文化，也会向世界各种优秀文化学习，"秉持平等、谦虚的态度"来"了解各种文明的真谛"，"让其中蕴藏的精神鲜活起来"。在研究世界宗教时，我们应如著名哲学家贺麟所言，认真看到"宗教有精诚信仰、坚贞不贰的精神；宗教有博爱慈悲、服务人类的精神；宗教有襟怀广大、超脱尘世的精神"（《文化与人生》）。只有认真、客观、正确地对待宗教，我们才可能深入谈论核心价值观与宗教的关系，探究宗教文化今天对这一核心价值观的构建及保持可能会有的贡献。

从弘扬核心价值观来看待中国宗教文化，一方面，我们要有文化自觉和自信，体悟习近平总书记所言"中华传统美德是中华文化精髓，蕴含着丰富的思想道德资源。不忘本来才能开辟未来，善于继承才能更好创新。对历史文化特别是先人传承下来的价值理念和道德规范，要坚持古为今用、推陈出新，有鉴别地加以对待，有扬弃地予以继承，努力用中华民族创造的一切精神财富来以文化人、以文育人"。这种对待我们自己历史文化的态度可以使我们自强不息、厚德载物。为此，我们要按照习近平总书记的指示精神，充分"讲清楚中华优秀传统文化的历史渊源、发展脉络、基本走向，讲清楚中华文化的独特创造、价值理念、鲜明特色，增强文化自信和价值观自信。要认真汲取中华优秀传统文化的思想精华和道德精髓"，"使中华优秀传统文化成为涵养社会主义核心价值观的重要源泉"。这样，我们就可以牢固树立起"以爱国主义为核心的民族精神"。

另一方面，我们也必须有不断自我革新、自我超越的文化气魄。我们的文化及其宗教传统也存在需要改进、扬弃的地方。我们要使宗教文化真正适应并贡献于核心价值观的创立及坚持，就要克服宗教在历史上曾有过的负功能、负能量，而在今天充分释放其正能量、发挥好正功能。习近平总书记指出："每一种文明都延续着一个国家和民族的精神血脉，既需要薪火相传、代代守护，更需要与时俱进、勇于创新。中国人民在实现中国梦的进程中，将按照时代的新进步，推动中华文明创造性转化和创新性发展，激活其生命力，把跨越时空、超越国度、富有永恒魅力、具有当代价值的文化精神弘扬起来。"只有不断自我革新、推陈出新，才可能"为人类提供正确的精神指引和强大的精神动力"，这种思想对我国当今宗教的存在与发展、宗教文化的构建及其作用的发挥，也是非常重要的警示和警醒。宗教的精神本身就要求其不断超越自我、与时俱进，因此不能以任何宗教传统、习俗为借口来故步自封，在社会上消极保守、逆行倒退。我们应认真按照习近平总书记所言，在加强对中华优秀传统文化挖掘和阐发的同时，"努力使中华民族最基本的文化基因与当代文化相适应、与现代社会相协调"，从而就能够积极形成"以改革创新为核心的时代精神"。

总之，我们要看到宗教价值的超越性和现实性，要推动宗教文化的革新发展和对当代社会的积极适应，使之不仅不会违背中国特色社会主义核心价值观，而且还可为之作出积极贡献，成为其有机构成及和谐蕴涵。我们应发挥佛教、基督教、伊斯兰教等宗教的文明传播和文化推动作用，理解其所持守的追求神圣、达到人性升华的信仰之梦，并鼓励其以这种超脱情怀来服务社会、服务人世；我们应肯定中国道教及民间信仰对正义大道的持守和对忠信、义士的崇敬，理解其民众聚会场所具有的历史忠义堂、"好人馆"意义及其纪念功能；以对宗教功能的正确评价来推动社会对真、善、美的追求和对忠、信、爱的实践。我们要积极响应以习近平总书记为核心的党中央的号召，要以群众喜闻乐见的形式、利用各种时机和场合来全面落实社会主义核心价值观，形成有利于培育和弘扬社会主义核心价值观的生活情景和社会氛围，使之真正"融入社会生活，让人们在实践中感知它、领悟它"，"使社会主义核心价值观成为人们日常工作生活的基本遵循"，也使之能在宗教工作和信众的宗教生活中得以充分体现。

（原载《中国宗教》2014年第4期）

第二十七章

以社会主义核心价值观促进民族团结、宗教和谐

一 使中华优秀传统文化成为涵养社会主义核心价值观的重要源泉

习近平总书记在主持中共中央政治局第十三次集体学习时强调,"把培育和弘扬社会主义核心价值观作为凝魂聚气、强基固本的基础工程",而这一基础工程的重要内容就包括"继承和发扬中华优秀传统文化和传统美德"。习近平总书记非常明确地将社会主义核心价值观与中华优秀传统文化有机相连,指出"培育和弘扬社会主义核心价值观必须立足中华优秀传统文化。牢固的核心价值观,都有其固有的根本。抛弃传统、丢掉根本,就等于割断了自己的精神命脉"。习近平总书记精辟阐述了我们当今社会主义社会的核心价值观与中国博大精深的优秀文化传统之间的关系:我们的核心价值观不可能凭空而来,也不应该完全是从外引进的"舶来品",只有根深方能枝繁叶茂,只有基于我们的文化本真,方可持续开拓致远。这一理论见解既体现出开拓创新的时代精神,又联系实际,实实在在地接上了中华文化的地气,是对历史唯物主义和辩证唯物主义科学而精彩的发挥以及联系中国实际和时代精神的充分运用。当今的国际舞台上有着激烈的文化碰撞和竞争,作为我们文化软实力之魂的核心价值观必须涵括、体现出中华传统文化的精髓,只有

第二十七章 以社会主义核心价值观促进民族团结、宗教和谐　　283

这样，我们才能在世界文化的激荡中真正站稳脚跟。因此，我们理应高度重视、充分肯定自己的文化传统，体现出我们的文化自知、自觉和自信。在对待及评价文化传统上，我们必须摒弃任何文化虚无主义、历史虚无主义的虚假命题或无知断言。在过去批判我们自己文化传统的经历中，我们有着"自毁长城"的惨痛教训，从而使我们的文化历程异常的艰辛、曲折、复杂，没能有效发挥出我们五千年悠久文明的本有优势。"前事不忘，后事之师"，在今天改革开放时期的文化重建和弘扬中，我们必须要有足够的清醒和警惕。

在过去的100多年中，中华民族有过苦难和辉煌。为了破旧立新，我们经历了各种"文化运动"和"文化革命"，但当我们庆祝"胜利"的同时，也应该看到在文化建设上的不足和缺憾。尤其在对待我们自己文化传统的评价上，我们有过贬损、迷惘和否定，其结果是长期以来人们不敢正面或积极认识、评价自己的文化，一度出现了自我文化认知上的虚弱和空白，结果是让种种外来文化思潮乘虚而入、侵蚀、蚕食着我们的文化地盘，挤压着我们的精神空间。甚至当今天重新吹响文化复兴的"集结号"时，仍有人显得信心不够、底气不足。所以，习近平总书记的重要讲话非常及时，起到了我们今天在自我文化认知上拨乱反正、对优秀传统文化理直气壮地加以复兴、弘扬的关键作用。习近平总书记说，"中华文化源远流长，积淀着中华民族最深层的精神追求，代表着中华民族独特的精神标识，为中华民族生生不息、发展壮大提供了丰厚滋养。中华传统美德是中华文化精髓，蕴含着丰富的思想道德资源。不忘本来才能开辟未来，善于继承才能更好创新。对历史文化特别是先人传承下来的价值理念和道德规范，要坚持古为今用、推陈出新，有鉴别地加以对待，有扬弃地予以继承，努力用中华民族创造的一切精神财富来以文化人、以文育人。"显然，这种精神追求、精神标识和思想道德资源也包括中国人的历史传统、民族气质、文化精神和宗教信仰。在今天社会主义核心价值观的弘扬中，不应该也不可能对之加以否定或排拒。而对于传统历史文化的态度，则正如习近平总书记所指出的，就是"要讲清楚中华优秀传统文化的历史渊源、发展脉络、基本走向，讲清楚中华文化的独特创造、价值理念、鲜明特色，增强文化自信和价值观自信。要认真汲取中华优秀传统文化的思想精华和道德精髓"。这种正本清源、扬弃继承至关重要，由此我们才能弄清"以爱国主义为核心的民族精神"和"以改革创新为核心的时代精神"之内在关联及历史延续，才可能名正言顺、理直气壮地"深入挖掘和阐发中华优秀传统文化讲仁爱、重民本、守诚信、崇正义、尚和合、求大同的时代价值"，找到其"活水源头"，从而"使中华优秀传统文化成为涵养社会主义核心价值观的重要源泉"。

二 中华优秀传统文化的丰富多彩在于其多元共构、多族一统

习近平总书记关于社会主义核心价值观与中华优秀传统文化密切关联的上述讲话，是我们理解中国民族问题的重要指导。中华优秀传统文化包括中华各民族的文化，自然也包括少数民族的优秀传统文化。各民族在历史发展中形成了其民族文化及其价值观、道德观，有着丰富的精神信仰生活，并共聚其对中华民族的历史认同和文化认同。各民族文化包括少数民族的语言文化，都是中华民族文化的有机构成，共聚起中华文化精神的丰富遗产。因此，我们理应意识到，中华各民族都是"华族"，汉语和这些少数民族语言也都是"华语"，我们在这种认知上必须要有求同的意向，而不该人为地显异，更不能因为排异而导致分歧、彼此生分离别。我们切忌有那种只有汉族才代表中华民族、只有汉语才是中国语言的观念，而应对"中华"的理解有更丰富的涵容、更博大的胸襟。当然，各族应该学好作为通用语言的汉语，努力讲好"普通话"，这是各民族共同进步、可持续发展的需要。而在少数民族地区，了解学习当地普遍运用的语言，也是密切联系群众、有效开展工作所需要的。中华优秀传统文化的丰富多彩就在于其多元共构、多族一统。

李克强总理在第十二届全国人民代表大会第二次会议上所作的政府工作报告中明确指出，"我国是统一的多民族国家，各民族都是中华民

第二十七章 以社会主义核心价值观促进民族团结、宗教和谐

族的平等一员。"我国少数民族1亿多人，民族自治地方占全国陆地国土面积的64%，西部和边疆绝大多数地区都是少数民族聚居区；全国陆地边界线长约2.2万公里，其中1.9万公里在民族地区；55个少数民族中，有44个民族实行了民族区域自治，共建有5个自治区、30个自治州、120个自治县（旗），实行民族区域自治的少数民族人口占全国少数民族总人口的71%。民族区域自治制度符合中国的国情，是中国共产党根据中国各民族发展的实际情况而制定的正确政策，是对马克思主义民族理论的创新开拓。党的十八届三中全会强调"贯彻党的民族政策，保障少数民族合法权益，巩固和发展平等团结互助和谐的社会主义民族关系"，这说明，贯彻党的民族政策，尊重少数民族习俗，扶持少数民族发展，促进民族团结进步，坚持和完善民族区域自治制度，仍然是我们当前的基本国策。李克强总理在政府工作报告里还特别强调要"保护和发展少数民族优秀传统文化"，其中理应也包括少数民族语言。汉语对外代表着"中文""华语"，对内是我们各民族所通用的"普通话"。毫无疑问，我们大家当然都要学好用好"普通话"；而少数民族语言在民族地区则属于与汉语并行的"双语"，我们也应该像尊重汉族地区通用的方言那样尊重这些少数民族语言，并鼓励在民族地区工作的同志能学会该民族的语言，以便能更好地联系群众、深入群众、和群众打成一片。党和政府最近提出的文化战略决策是民族工作发展的"指路明灯"，也使我们对中华民族的未来充满信心。对民族区域自治制度产生动摇、希望尽早能淡化少数民族及其文化意识的想法，与当前的客观实际有着较大的距离。我们必须立足于中华民族的现实大地上，实事求是地思考问题，客观、科学地研究并解决问题。在妥善处理好民族问题上，民族的大融合是一个和风细雨、润物无声、水到渠成的过程。对此我们一定要有清醒的认识，一方面要创造条件，促进各民族的交往、交流，不断增强各民族间的共同性；另一方面则要有足够的耐心，尊重客观规律，不能人为地推进民族融合。当前中国作为大国的崛起已是不争的事实，因此"国际竞争更趋激烈"，境外抵制、阻挠中国发展的态势已经初步形成；国内也因改革进入"深水区"而"深层次

矛盾凸显"，"到了爬坡过坎的紧要关口"。在这一关键时期，我们在对待民族问题上也"必须防微虑远，趋利避害"，认识到要有效防外则必须积极和内，保持民族团结、维护社会稳定应是我们要守住的底线。搞好民族团结，是有效防范各种民粹主义泛滥的最好举措。

三　宗教是中华优秀传统文化的组成部分，不能完全排斥、彻底否定

习近平总书记关于社会主义核心价值观与中华优秀传统文化密切关联的论述，是我们理解中国宗教问题的重要指导思想。我们的民族文化，无论是汉族文化还是少数民族文化，都包含着丰富且重要的宗教文化。因此，中华优秀传统文化中自然也有宗教的内容，对这一内容，我们不能完全排拒、彻底否定。正确的宗教认知和宗教政策对于我们当前实现"两个一百年"的理想、实现中华民族伟大复兴的中国梦至关重要。信教群众在我国人口中已经占有相当比重，这是不争的事实；特别是在一些少数民族地区，相关宗教已经成为大多数人的信仰，并已融入民族文化、价值观念、道德规范之中，成为民族传统的有机构成和人们的风俗习惯。对此，我们不应回避，而应面对现实，审时度势，因势利导，积极引导。我们的宗教理解和宗教政策的指导思想应遵循党自十八大和十八届三中全会以来的基本精神，即"最大限度团结一切可以团结的力量""最大限度增加和谐因素"，这两个"最大限度"落实在宗教问题上则是"使信教群众在全面建设小康社会的宏伟目标下最大限度地团结起来"。

我们只有"全面贯彻党的宗教工作基本方针"，才可能真正落实"加强构建抵御境外利用宗教进行渗透破坏的综合体系工作"，防止宗教被敌对势力所掌握，成为其对我实施西化、分化的工具。宗教是人类信仰的一种重要表现，对于这种信仰的力量，我们必须高度重视，对其信仰价值体系所表达的"真、善、美"和"忠、信、爱"，也应有充分的肯定，而不应将之视为与我们的核心价值观完全对立的。按照马克思

第二十七章　以社会主义核心价值观促进民族团结、宗教和谐

主义经典作家的观点，宗教在社会意义上是对其存在的社会之反映，不应该脱离其社会处境来空谈宗教。而在文化意义上，宗教则保留、反映出人类文化的遗存，显示出人类精神生活的发展变迁。宗教已成为许多民族的重要文化遗产和文化标识，其在中华优秀传统文化中同样留下了深深的印痕，有着明显的反映。如果我们不谈儒、佛、道的宗教传承，中华传统文化的基本因素则会大打折扣。无论是从社会意义还是从文化意义上，我们都不能轻易地否定中华文化传统中的宗教。我们的社会如果没有与宗教的和谐，也不可能真正实现民族的团结、社会的和谐。

　　此外，我们的对外开放、开拓发展，同样应正确对待宗教的问题。例如，我们今天建设丝绸之路经济带、21世纪海上丝绸之路，就必须处理好与这一广大地域中的佛教、基督教、伊斯兰教等宗教的关系。回顾丝绸之路的历史，我们可以清晰地看到其中宗教的影响和宗教文化曾达到的灿烂辉煌。而在今天我们强调中国增强文化软实力，扩大中华文化的国际影响时，就要认真考虑"文化走出去，宗教可先行"，在海外以宗教文化来弘扬中华优秀传统文化，让世界上越来越多的人体悟、欣赏、理解、接受我们博大精深的宗教文化，真正认识我们儒教的"仁""礼"，道教的"道""德"，佛教的"禅""慧"，以及中国民间信仰对忠义、诚信、廉洁、公正的敬仰、崇拜、持守和弘扬。这是国际文化交流与传播中极为有效、和谐顺畅的一条路径。完全否定宗教的积极价值，是历史虚无主义的轻率和肤浅，对我们现代社会的发展有害无利。我们今天的社会建设及社会治理是与文化建设及文化发展有机关联的，理应体现其客观性、科学性和与时俱进。其中治理宗教也是一项文化任务，只有懂教方能有效治教。正如习近平总书记在全国"两会"上所指出的，科学、有效的社会治理必须"为之于未有，治之于未乱"，而其"核心是人，只有人与人和谐相处，社会才会安定有序"。我们的社会与宗教的和谐就需要与宗教的心灵对话、思想交流。"攻心"必须"交心"，必须相互尊重、换位思考、坦诚对话、真心交流。我们的宗教工作应基于求人心之稳、获人心之和、得人心之同。我们处理宗教问题的旨归应是交友而绝不可树敌。只有引导好宗教与社会主义社会的真

正和谐，国家才能够持续发展、"行稳致远"。无论是在国际上还是在国内，对信教群众都要采取"最大限度地团结"这一方略。

当前，我们除了应对经济、外交特别关注之外，还应以一种全球意识来关注民族、宗教、华侨问题。改革开放伟大事业成功发展、可持续发展的重要动力和基本条件，就是要增加团结力量、增加和谐因素，团结一切可以团结的力量，包括党内外、国内外、各民族、各个社会团体等方面的力量。李克强总理在全国两会的政府工作报告中，曾特别提到对民族、宗教、华侨三大群体的团结问题。我国现有5000多万海外侨胞、1.1亿少数民族群众、上亿宗教信众，这些群体是我们当前祖国建设、社会发展、对外开放所必须依靠的重要力量，我们要最大限度地团结。今天，我们面临发展和稳定双重任务，特别需要一种建设理论与维稳文化的并重共进。在维护社会的稳定中，宗教的功能有着独特作用，我们应该努力发挥。至于对宗教本身的有效治理，也需要社会法律管理这种外延式管理与宗教信仰自律这种内涵式管理的并重。而其内涵式管理的成功则基于我们要把广大信教群众及其教职人员看作可以信靠的基本群众、看作社会内部的有机构成。在我们自己的社会共同体中，切不可将宗教人为地异化、外化、他化。

四　着力践行社会主义核心价值观，促进民族团结、宗教和谐

社会主义核心价值观并不是抽象的说教，而是鲜活的精神生命。习近平总书记强调要将之贯穿于我们社会生活的方方面面，使之真正"融入社会生活，让人们在实践中感知它、领悟它"，"使社会主义核心价值观成为人们日常工作生活的基本遵循"，"与人们日常生活紧密联系起来，在落细、落小、落实上下功夫"。其具体要求是，"要通过教育引导、舆论宣传、文化熏陶、实践养成、制度保障等，使社会主义核心价值观内化为人们的精神追求，外化为人们的自觉行动"。既然可以将社会主义核心价值观体现在社会生活的方方面面，可以运用各类文化

形式来对之加以生动表达，那就说明了其开放性、包容性和整合性，表现社会主义核心价值观可以比较、对照我们民族的文化价值观、宗教信仰观，以对话、沟通的方式来讨论"什么是真善美，什么是假恶丑，什么是值得肯定和赞扬的，什么是必须反对和否定的"。在这种对话中，努力促进和凸显共鸣和共识。我们所要努力的，也就是要发现尽可能多的共同点。社会主义核心价值观包括三个层面，从国家层面我们要倡导"富强、民主、文明、和谐"；从社会层面我们要倡导"自由、平等、公正、法治"；从公民个人层面我们则要倡导"爱国、敬业、诚信、友善"。这不仅适用于我们对民族、宗教事务的外延式和内涵式管理，而且也与我们各民族、各宗教的优秀文化价值体系相吻合。中华民族的文化精髓是和谐、圆融、整体、大同，中国宗教的信仰精神是仁爱、和合、中庸、道德、信义。中国传统儒家文化的"仁、义、礼、智、信"与今天中国宗教的爱国、爱教、爱人，以及其所体现的真善美圣、忠诚贞爱，都可以同社会主义核心价值观密切结合。民族、宗教讲和平、和睦、和谐、仁爱、真诚，是其发展的主流和大方向。在社会主义核心价值观的践行中，完全可以和中国优秀传统文化包括各民族文化及宗教文化"求大同"。因此，这一核心价值观的倡导和推行，非常有利于我们积极引导宗教与社会主义社会相适应，有利于宗教在当代社会"中国化""时代化"的积极发展，也有利于民族文化、宗教文化自我革新、自我升华、与时俱进。

习近平总书记关于"培育和弘扬社会主义核心价值观必须立足中华优秀传统文化"的论述、第十二届全国人民代表大会第二次会议政府工作报告中提出的民族、宗教的方针政策，为当前的民族、宗教工作指出了明确方向，提出了新的要求，使我们对促进民族团结、宗教融洽、社会和谐有了一种责任感和使命感。习近平总书记强调，一种价值观要真正发挥作用，必须要在现实生活中着力培育和践行，"要按照社会主义核心价值观的基本要求，健全各行各业规章制度，完善市民公约、乡规民约、学生守则等行为准则"，"要建立和规范一些礼仪制度，组织开展形式多样的纪念庆典活动，传播主流价值，增强人们的认同感和归属感。要把社会主义核心价值观的要求融入各种精神文明创建活动之中，吸引群众广泛参与，推动人们在为家庭谋幸福、为他人送温暖、为社会作贡献的过程中提高精神境界、培育文明风尚"。这些都是非常实际可行的积极举措，体现出与广大人民群众及其日常生活包括其精神生活的密切联系。党和国家领导人对社会主义核心价值观如此接地气的解读，对我们客观、科学、认真地审视我们今天的民族、宗教工作有着重要的意义。我们要积极响应以习近平总书记为核心的党中央的号召，结合民族、宗教工作，着力培养和践行社会主义核心价值观，促进民族、宗教工作的开展，努力实现民族团结、宗教和谐、社会稳定，国家长治久安。

（原载 2014 年 3 月 18 日《中国民族报》，本文有扩展。）

第二十八章

中国核心价值观与宗教信仰

在中国改革开放进入深层发展以来，中国共产党审时度势、继往开来，提出了"社会主义核心价值观"。这一核心价值观将影响当代中国人的信仰诉求，并与中国传统文化、宗教信仰形成密切关联。在此，笔者结合学习习近平总书记的系列重要讲话，尝试专门研讨社会主义核心价值观与宗教信仰的关系，并从文化战略的视角提出自己的见解。

2012年11月，党的十八大报告首次以24个字明确提出了"三个倡导"，即"倡导富强、民主、文明、和谐，倡导自由、平等、公正、法治，倡导爱国、敬业、诚信、友善，积极培育社会主义核心价值观"，由此从国家、社会、公民这三个层面概括了社会主义核心价值观的重要内容。2013年12月，中共中央办公厅进而印发《关于培育和践行社会主义核心价值观的意见》，以历史与现实有机结合的科学阐发，指出突出"三个倡导"的社会主义核心价值观与中国特色社会主义发展要求相契合，与中华优秀传统文化和人类文明优秀成果相承接，因而是我们党凝聚全党全社会价值共识做出的重要论断。2014年，习近平总书记在中共中央政治局第十三次集体学习时再次强调，中国社会主义核心价值观与中华文化有着密切关联，要深入挖掘和阐发中华优秀传统文化的时代价值，使中华优秀传统文化成为涵养社会主义核心价值观的重要源泉。在中国，将社会主义核心价值观与中华传统文化如此有机结合，是马克思主义文化理论的重大突破及其"中国化"的典型体现。

宗教是文化的重要构成，中华优秀传统文化自然亦有着丰富的宗教内容；这样，也就有了当前中国宗教与社会主义核心价值观有何关联的问题意识，有了从中国核心价值观的构建来审视宗教信仰的必要。这势必会带来宗教文化层面和思想意识层面的积极对话，有利于促进我们和谐社会的建设及发展。

一 核心价值观与中华优秀传统文化的关系

中国的核心价值观有着与中华文化传统的天然关联。我们强调中国特色的社会主义，就是说我们的社会主义是以中国特色而体现出来的。这种特色有着我们悠久历史的积淀、传统文化的传承。因此，习近平总书记非常明确地指出，"培育和弘扬社会主义核心价值观必须立足中华优秀传统文化。牢固的核心价值观，都有其固有的根本。抛弃传统、丢掉根本，就等于割断了自己的精神命脉"。我们的核心价值观不是凭空产生的，而是有着鲜活的历史氛围，接着中华文明的地气。因此，中国特色的社会主义核心价值观既是政治意识的构设，也有历史文化的考量。

我们的核心价值观应体现出我们的文化连线，反映出中华精神传统的延续。中国文化的现代发展是我国可持续发展的灵魂所在，我们必须摒弃历史虚无主义，回归中华文化博大精深、根深蒂固、叶茂枝繁的活水源头和坚实大地。我们要真正认清"中华文化积淀着中华民族最深沉的精神追求，包含着中华民族最根本的精神基因，代表着中华民族独特的精神标识，是中华民族生生不息、发展壮大的丰厚滋养"。所以，我们中华民族共识的形成不能脱离中华文化这一本原，要透彻体悟中华文化所孕育的中国人、中华魂，在今天我们的文化建设及文化发展中理直气壮地"讲清楚中华民族在5000多年的文明发展进程中创造了博大精深的中华文化"，"讲清楚中华优秀传统文化是中华民族的突出优势，是中华民族自强不息、团结奋进的重要精神支撑，是我们最深厚的文化软实力"，"讲清楚中国特色社会主义植根于中华文化沃土、反映中国人民意愿、适应中国和时代发展进步要求，有着深厚历史渊源和广泛现实基础"。① 这种中华文化意识及其自知、自觉是我们今天的核心价值观得以建立的基础。钱穆曾指出，对于本国以往的历史文化要有"一种温情与敬意"，也只有这样，"国家乃再有向前发展的希望"。中华民族应培育、传承我们自己的道德精神，争取这种"道德精神之长存千古"。②

习近平总书记在其系列重要讲话中直接而深刻地阐述了中华文化与当代中国社会主义核心价值观的密切关联，表达了对中华文明历史的一往情深。我们对于中华文化 5000 多年的历史变迁必须要有这种深情和敬重，由此认识到我们今天的文化发展是中华文明走出古代、迈向未来的连续进程，有着旧与新之间的联动、传承及扬弃，历史主义、现实主义与理想主义的结合及创新。所以，中国当代的社会主义核心价值观是我们久远文化精神的提炼及升华，我们今天的先进文化也是优秀传统文化的积淀、拓展、弘扬和突破，二者之间有着一脉相承的连线和传递。

中华民族厚德载物、自强不息的核心精神，中国文化多元通和、海纳百川的内在本质，是我们今天中国特色社会主义核心价值观的思想文化底蕴。张岱年谈到中华民族的文化有"仁爱孝悌、谦和好礼、诚信知报、精忠报国、克己奉公、修己慎独、见利思义、勤俭廉正、笃实宽厚、勇毅力行"③ 这十大德行，由此使中国的这种德行文化以其特有的"'尊道厚德、义利兼顾、乐群贵和、和而不同、勤俭自强、诚信敬业、经世致用、天下为公'的精神在世界民族之林中独树一帜，成为千百年来中华民族共有的精神家园和文化根基"④。由此可见，中国当代核心价值观与中国博大精深的优秀文化传统乃整体关联，其历史逻辑关系十分清晰。实际上，中国核心价值观的实质就是要"继承和发扬中华

---

① 习近平：《在全国宣传思想工作会议上的讲话》（2013 年 8 月 19 日）。
② 参见钱穆对关公的评价，钱穆《中国历史精神》，九州出版社 2012 年版，第 136 页。
③ 张岱年：《中国文化概论》，北京师范大学出版社 1994 年版，第 231—265 页。
④ 参见欧阳康主编《民族精神——精神家园的内核》，黑龙江教育出版社 2010 年版，第 300 页。

优秀传统文化和传统美德",使之薪火相传、充满生机。这正是我们弘扬核心价值观所必须坚持的"中国道路"。回溯历史,习近平总书记总结这条路"是在改革开放30多年的伟大实践中走出来的,是在中华人民共和国成立60多年的持续探索中走出来的,是在对近代以来170多年中华民族发展历程的深刻总结中走出来的,是在对中华民族5000多年悠久文明的传承中走出来的"。所以说,我们今天能否真正确立这一核心价值观,关键就在于其是否能体现"中国道路"、高举"中国旗帜",是否能促进广大人民追求其"中国梦"。我们树立的核心价值观和建立起来的核心价值体系,必须"站立在960多万平方公里的广袤土地上,吸吮着中华民族漫长奋斗积累的文化养分,拥有13亿多中国人民聚合的磅礴之力",只有这样,我们的核心价值观及其理论体系才会"具有无比深厚的历史底蕴,具有无比强大的前进定力"。而且,我们还必须认识到我们的这种文化不是抽象的存在,不只是少数人所掌握的精英文化、贵族文化,而乃涵括大众文化、各族文化、基层文化。对我们文化传统的审视决不能孤立、机械、虚无、漂浮地进行,而必须面向人民大众,看到广大民众对我们文化传统的真实表达,以及在这种社会文化氛围中的安身立命。在文化建设意义上,我们的核心价值观必须在中华文化的社会环境中得以确立,并继承发展。

当我们将核心价值观与中华优秀传统文化挂上钩时,则必须看到中华文化的包容性,及其对外开放和吸纳的姿态。这就要求我们在文化交流、文明对话时应该博采众长、相互学习,以这种开放性和学习性来不断完善自我,使之达其升华。习近平总书记说:"我们不仅要了解中国的历史文化,还要睁眼看世界,了解世界上不同民族的历史文化,去其糟粕,取其精华,从中获得启发,为我所用。"我们正面临着文化的多样性发展,这是我们所必须面对的现实。当我们看到世界上仍然有着"2500多个民族和多种宗教"时,我们就已经深刻体悟到相互学习、彼此包容、多元求同、不同而和的重要意义。对待不同文明,习近平总书记在联合国教科文组织总部的演讲中特别强调:"我们需要比天空更宽阔的胸怀。文明如水,润物无声。我们应该推动不同文明相互尊重、和谐共处，让文明交流互鉴成为增进各国人民友谊的桥梁、推动人类社会进步的动力、维护世界和平的纽带。我们应该从不同文明中寻求智慧、汲取营养，为人们提供精神支撑和心灵慰藉，携手解决人类共同面临的各种挑战。"人类各民族都各有所长、有各自的优杰之处。对此，中华文化的一贯态度就是虚心学习，以"秉持平等、谦虚的态度"来"了解各种文明的真谛"，"让其中蕴藏的精神鲜活起来"。也正是通过这种虚怀若谷、有容乃大的学习态度，我们的现代文化体系中才引进了马克思主义、社会主义，才与自身文化结合而形成我们今天的社会主义核心价值观之说。

这种核心价值观的建构本身就是其开放性结合的结果，而其通过这种结合所达到的创新则又会为人类提供更多、更新的精神财富，即可以"让中华文明同世界各国人民创造的丰富多彩的文明一道，为人类提供正确的精神指引和强大的精神动力"[1]。

二 核心价值观与宗教信仰

社会主义核心价值观与宗教信仰有无可以契合之处，这是过去颇有争议的问题，但通过与中华优秀传统文化的内在有机关联，这一问题则可迎刃而解。众所周知，宗教乃文化的重要构成，它在古今中外的文化中都有举足轻重的作用。在中华民族的精神生活传统中，宗教占有非常重要的地位。而中华优秀传统文化的构成，也富有宗教文化的内容。宗教在一定程度上反映了中国人的精神需求和灵性气质，表现出中国人在追求超越、解脱时的精神境界及思想意趣。一部中华文明史如果缺少了宗教的蕴涵则很难支撑起来，也会大大减少其厚重。因此，今天我们要基于中华优秀传统文化的滋养来创建、发展中国的核心价值观，则同样有着如何正确对待中国古今宗教信仰、如何弘扬中华宗教文化的使命与任务。

---

[1] 习近平：《在联合国教科文组织总部的演讲》，《人民日报》2014年3月28日。

从实事求是的原则出发，我们应该非常清醒地看到宗教的精神文化作用既不能被取代，更不容被忽视，我们当今核心价值观的构建也应认真审视与宗教信仰的关系问题。正因为宗教文化与人类优秀传统文化的有机关联，所以我们不能对之根本否认或彻底拒绝。宗教的文化延续性及社会影响力使我们深刻认识到，如果没有与宗教的和谐，就不可能有我们社会的真正和谐，也很难形成我们各民族的团结。要想通过我们的核心价值观来达至社会广大民众的同心同德、志同道合，就必须对宗教文化加以客观评价和充分肯定，以此为基础和基点来对之加以积极引导，并鼓励其与时俱进、不断革新和更新，以符合时代的需求，能与我们当前的社会结构及其思想文化体系和谐共生、有机共构、和平共处。在社会主义核心价值观的构建中，我们需要与宗教开展交流、实现沟通，而我们的思想文化体系也应该对宗教思想精神采取正确的理解和包容态度。由此方可以使我们的核心价值观积极处理好与宗教的关系，最大限度地实现对宗教的积极引导，并使中国的宗教文化能够对这一核心价值观的构建及保持作出可能的贡献。

中国绝非没有宗教或缺少宗教元素的国度。中国人的信仰精神和宗教情怀，在中华文化史上清晰可辨，并给人留下深刻印象。中国自称"神州"或"神州大地"，这种表述与"华夏""中土""中国"并存。《史记·孟子荀卿列传》记载说"中国名曰赤县神州"。而各种历史典籍中对"神州"也有着宗教信仰意义上的解释，如《古今通论》说，"昆仑东南方五千里谓之神州，州中有和羹乡方三千里，五岳之域，帝王之宅，圣人所生也"。《混元圣纪》指出，"昔在神州，以神仙之道教化天下，上自三皇，次及五帝，修之皆得神仙"；由此遂有"神州"与"神仙"之关联，"神州"可被理解为"神仙"居住之地。此外，《太清金液神丹经》也有"但古圣人以中国神州，以九州岛配八卦，上当辰极，下正地心，故九州岛在此耳"等记载。在一定意义上，"神州大地"表达了中华文化传承及其信仰意义，尤其是有着将中华民族及其文化始祖神圣化、神明化的意蕴。这种宗教意蕴的元素符号，使我们不能放弃对中国思想精神及文化传统的宗教之问。

第二十八章　中国核心价值观与宗教信仰　297

　　中华民族精神的最初表达，实质上就是一种宗教信仰方式的表达。这种表达可以追溯到中国的上古神话，以及有关华夏先祖的传说。"上古神话是中华文化的源头，是远古历史的回音，它真实地记录了中华民族在它童年时代瑰丽的幻想、顽强的斗争，以及步履蹒跚的足印。女娲补天、大禹治水、夸父逐日、愚公移山、精卫填海等神话传说，正是华夏先民与恶劣环境、与自然灾害斗争的伟力写照，蕴涵并影响了民族精神的形成，是中华民族精神的象征。"① 从这些感人的神话中，我们可以体悟到中华文化源头的一些基本思索和问题意识，在其优美的故事中提炼出其问天、问地、问人的哲思及想象；同理，这些遥远的传说也让我们依稀可辨中华民族的形成之途，找出华夏先民史实的蛛丝马迹。中华古代的宗教神话以其"思古幽情"而折射出中国精神最初所表现的"朦胧之美"。远古神话反映了原始氏族对自然的认识和适应，并从这种自然认识中产生出关于超然的意识，由此开始从神话走向宗教、把体认转为信仰，因为"任何神话都是用想象和借助想象以征服自然力、支配自然力，把自然力加以形象化"②。当我们追溯中华文化核心价值的历史渊源、对之加以探赜索隐的考证时，我们仍然可以从这种充满宗教色彩的远古精神中依稀辨认出与今天的核心价值观一脉相承的连线，也体悟到当今中国核心价值观的博大精深和坚实厚重。

　　中国宗教信仰有着自我一统的传承，而外来宗教在华"中国化"的进程中亦受到这种中国文化"整合""一统"的影响，并最终"化为"中国宗教。从历史传统来看，中国宗教信仰的人文性、此岸性、功效性很强，因此其与社会有更多的关联，对政治也有更多的依附。对此，中国学人有着深刻的领悟，而西方学者却很难体会、理解其堂奥。罗素曾说："中国人的宗教信仰具有多元化的特征，而西方宗教的群体

---

　　① 引自欧阳康主编《民族精神——精神家园的内核》，黑龙江教育出版社 2010 年版，第 138 页。
　　② 中共中央马克思恩格斯列宁斯大林著作编译局编译：《马克思恩格斯文集》第 8 卷，人民出版社 2009 年版，第 35 页。

信仰则具有一元化的信仰特征；中国人的宗教信仰以现世功利意识为主体，而西方宗教的群体信仰是以教义意识为主体。"① 罗素是对西方思想颇有自我批评精神的哲人，尽管如此，他却认识不到中国宗教精神的人文性、人道性意趣，从而根本不了解中国的核心价值观乃"以人为本"。其实，这种中国精神源自远古，传承至今，它使中国人对信仰、宗教、民族、社会、政治、民生、思想、文化等观念及其内在关联和历史传统有机结合起来，形成中国思想、信仰的"大一统"共构。恰如《礼记·大传》所言："人道，亲亲也，亲亲故尊祖，尊祖故敬宗，敬宗故收族，收族故严宗庙，严宗庙故重社稷，重社稷故爱百姓。"

历史上中国宗教的发展有着二元分殊的现象，政治性、学理性的宗教发展多走"上层路线"而似乎与草根性、民俗性的"下层""底层"宗教发展分道扬镳，因而给人以同一信仰却差别很大的印象。另外，中国宗教"结社"的情况也很复杂，很难简单用"建构性"和"弥散性"这两种模式来说清。有的宗教社团意识非常明确，其社会组织严密而健全；但有的宗教发展则如行云流水，从无定型。故而在涉及中国传统宗教性质时，有"民间宗教"与"民间信仰"之区分。但有些宗教虽然没有严格的教团组织，却以社会底层的基本社区构建作为其依附及表现，不少则被视为当地的非物质文化遗产。

这样，中国宗教信仰形成了"中国根柢"，而其发展乃与中国社会发展建设、中华文化的弘扬传播联系密切，不能将之分割。中国宗教信仰历经各种艰难险阻而延续至今，在今天中国多元文化的共聚中，仍表现出其顽强的存在。因此，对中国宗教信仰的承认、包容和宽容，是今后中国社会继续健康发展所不可缺少的，也更是我们今天讨论中国的核心价值观所不可忽略的。其实，中国宗教所倡导的一些基本信念并不与我们当前的核心价值观相悖，反而有其明显的贴近及吻合之处，如儒教的忠孝仁爱思想、佛教的平等慈悲情怀、道教的清静慈柔境界、基督教的博爱服务精神、伊斯兰教的和平吉祥愿景，都体现出其人间关爱之

---

① ［英］罗素：《东西方文明比较》，改革出版社1996年版，第163页。

德。宗教对真、善、美的追求，对忠、信、爱的实践，以及对神圣、超越的向往，都可以构筑极为宜于培育和弘扬社会主义核心价值观的场景、氛围及话语体系，使这种核心价值观真正能够"融入社会生活，让人们在实践中感知它、领悟它"。如果我们能在今天中国的社会生活层面包容、涵括宗教价值追求中这些积极向上的精神因素，以普通、自然、平常、流行的社会公德及信仰共识对这些价值原则来信守、践行，就完全能够"使社会主义核心价值观成为人们日常工作生活的基本遵循"[①]。

三　核心价值观与积极引导宗教

对于当代中国宗教而言，我们主流社会的基本态度应该是"积极引导"，由此而"加强管理"，使之能"独立自办"。习近平总书记在最近的系列重要讲话中重申了对宗教积极引导、保护合法宗教的基本态度。这对于我们推动核心价值观，使中国改革开放深入、全面发展都具有划时代的重大意义。在全球化的视域中，这些讲话的基本精神体现出当前中国开拓、前进所急需的和谐发展论、社会整合论、有机协调论之整体科学体系，反映出深刻的理论思想革命和巨大的社会创新突破。我们对核心价值观的认知，也应该与这种大科学体系的大思路、大手笔有机相连、密切配合、积极跟随。习近平总书记系列重要讲话的新思想、新观点、新论断、新要求是从我们社会、政治、经济、思想、文化各个方面的需要而提出的一种整体性、系统性、包容性、协同性的全新理论构建，为我们在改革开放的深化时期准备了进一步拓展、前进的大科学体系、大安全战略和大文化思想之整体架构、系统工程、融通体系。而其中的核心价值观则应该成为这一能够真正团结全体中国人民的整全体系的精神内核、思想灵魂。

在世界生存共同体的发展中，我们要想更好地自立于世界民族之

---

① 参见《习近平谈治国理政》，外文出版社2014年版，第165页。

林,就必须练好我们自己的内功,核心价值观的提倡就是帮助我们练好内功的指导、指南。这种中华内功之练,一方面包括中国各民族的团结,由此需要有相互信任的嵌入性共存;另一方面则包括全世界华人的团结,这就需要以"中华魂""中华情"来情系海内外华人,做好我们的侨胞工作,使之有着共同的"中国梦"、能保持精神层面的"神州行"。我们有1亿多名少数民族群众、有3000多万台港澳同胞、有约6000万海外华人,而这些少数民族和海外华人的绝大多数都具有各种宗教信仰,或与相关宗教传统有着千丝万缕的联系。世界各民族文化中也有着丰厚的宗教积淀,其宗教信仰是与华人社会友好沟通的重要桥梁和纽带。为了实现广泛团结、广交朋友的这一目标,我们就理应"睁眼看世界,了解世界上不同民族的历史文化,去其糟粕,取其精华,从中获得启发,为我所用"①,并对其宗教持一种广泛开放的姿态,敞开博大的胸怀。对宗教的积极引导,必须要有世界眼光,这也是我们核心价值观的情理之意,是在精神层面与人类智慧的耦合交融。因此,在引导宗教上正视世界多样性的存在,争取一种积极的多元共存、多元共融、多元通和,应该成为我们对外交往的重要思路和原则,正如习近平总书记所言:"世界上没有放之四海而皆准的发展模式,各方应该尊重世界文明多样性和发展模式多样化。"② 尊重多样性的民族、群体及其多样性的宗教信仰,在保持求同存异之际朝向我们的目标、信念积极引导,理应成为我们的核心价值观在今天顺时应世之举。中国的兴盛、世界的和谐需要一种涵括广泛的共识,而我们在中国对社会主义核心价值观的积极倡导就是培育、推行这种共识。在世界范围的交往中,我们会争取求同存异,但也会将"和而不同"作为我们的公共底线。

虽然世界大同离我们仍然很远很远,人类共在却已经越来越近,故而有共建人类命运共同体的理想构设。我们必须别无选择地面向多元性生存,首先就需要共构人类生存共同体。习近平总书记强调,"这个世

---

① 《习近平谈治国理政》,外文出版社2014年版,第406页。
② 同上书,第307页。

界，各国相互联系、相互依存的程度空前加深，人类生活在同一个地球村里，生活在历史和现实交汇的同一个时空里，越来越成为你中有我、我中有你的命运共同体"①。这个"村里"有冲突也有合作，但彼此都离不开的处境使我们只能致力于促进不同信仰、不同宗教和不同文化之间的对话交流，尽量减少矛盾、避免冲突、防止战争。在这个复杂、多元的世界中，我们达则力争通融共构，难则坚守和而不同。中国作为负责任的大国，在促进世界和谐、和平、各国友好合作上理应有自己的担当，有着更多的绩效作为。"随着世界多极化、经济全球化深入发展和文化多样化、社会信息化持续推进，今天的人类比以往任何时候都更有条件朝和平与发展的目标迈进，而合作共赢就是实现这一目标的现实途径。"② 对此，中国有着义不容辞的倡导、推进和引领作用。而我们真心尊重宗教、积极引导宗教，则应是上述思想及姿态的重要标志之一。

基于我们的核心价值观来积极引导宗教与社会主义社会相适应，必须认真思考如下几个问题，厘清我们认识宗教的如下几个基本思路。

其一，宗教与中国社会主义社会的基本关系问题。我们应该如何来"积极引导"宗教与社会主义"社会"以及"社会主义"价值本身相适应，宗教应该如何真正做到、完全实现其"相适应"？

其二，宗教作为意识形态与我们当今社会的关系问题。马克思主义历史唯物主义基本原理强调社会存在决定社会意识、经济基础决定上层建筑，既然宗教是社会的反映，那么今天的中国宗教究竟应该反映哪个社会，是今天中国特色社会主义社会的存在，还是脱离其基础而继续反映1949年前的旧中国，甚或是马克思主义所批判的那个19世纪资本主义的欧洲社会？

其三，对改革开放以来中国信教人数增多应该怎么评价的问题。在有阶级压迫、剥削的社会里，社会问题越多、社会矛盾越尖锐，宗教问

---

① 《习近平谈治国理政》，外文出版社2014年版，第272页。
② 同上书，第274页。

题就越会凸显；而在我们今天共产党领导、人民群众当家做主的社会，还应不应该继续套用上述逻辑？还是应该提供新的理论框架和话语解释体系？

其四，对中华人民共和国成立以来中国共产党与宗教关系、改革开放以来社会进步与宗教发展关系应该如何评价的问题。在此，必须认真学习和研究马克思主义经典作家关于社会主义与宗教关系的论述，探究和体会改革开放以来中国共产党几代领导人对积极引导宗教、依法管理宗教的论述。

其五，宗教与文化、宗教文化与先进文化的关系问题。值得梳理的还包括中国传统文化与当代中国文化、传统文化与宗教文化等关系问题。

其六，在基本认知和态度上对宗教是"推"还是"拉"、是"打（压）"还是"引（导）"？对宗教的积极引导乃基于我们的群众观念、统战理论和正确处理人民内部矛盾的方法，而其反向作为的依据是什么？在我们有着"大一统"整体共在社会文化传统的中国，对宗教只能"拉进来管"，而不该"推出去乱"。而在我们多民族、多宗教的社会大家庭中，只有多教共在、防止一教做大，多族共聚、避免一族独居，才可能真正实现我们社会共构所必需的和谐、圆融、整体、大同。

我们的社会主义核心价值观应该是开放性而不能是封闭性的，其特点是涵括大、覆盖广、包容性强。这种核心价值观应该体现广大人民群众的利益和追求，应该赢得社会上的普遍共识，还应该吸收并反映整个人类发展的文明智慧。"门外青山如屋里，东家流水入西邻。"马克思主义从西方进入中国，成为我们的普遍真理；同理，我们的中华文化智慧也可以从中国走向世界，为世界广大人民所认可、认同。在这种广泛交流和沟通中，宗教可以成为合适的媒介、有利的大道、极好的桥梁。

习近平总书记在其重要讲话中还启迪我们在未来时代发展中去追求自然生态、社会生态和精神生态的平衡与和谐。在自然中，我们要尊重、顺应、保护自然，达成人与自然的有机和谐。在社会中，我们要创立、构建、形成和谐氛围，共汇为有利于我们党的前途命运、国家长治久安、民族团结合作的凝聚力和向心力。在精神中，我们要返璞归真、联系实际，了解广大人民群众的精神生活及精神需求，共建中华民族持久和谐的精神家园。这应成为我们今天倡导社会主义核心价值观的时代定位，并依此来对宗教加以积极引导。我们今天的哲学社会科学研究，也理应与这种理论指导和思想创新相结合，积极参与对其整体有机共构之科学体系的具体建设，由此体现出具有历史厚重和当代精神的社会主义核心价值观。总之，在人类社会发展向全球共在、生态文明转型之际，我们的核心价值观应该大度、大气，行大道、成大业，以一种"天地化育""润物无声"的神奇来影响中国、影响世界。

（原载《宗教学研究》2014 年第 3 期）

第二十九章

宗教文化与精神文明建设

目前正值社会转型时期,中国人的道德、价值观念出现了嬗变和重组。一些曾被公认的定论被打破,一些习惯性说法受到诘难,而一些标新立异的见解则不断涌现并受人注目。这种紊乱和不确定现象反映了现代社会发展之多元、变易和非平衡的历史必然性,它给传统思维模式和观念体系带来了危机,也为新文化形态的孕育准备着温床。

我们常言的"转型"乃破旧立新之过程,我们不仅要敢于"破",更应当善于"立"。社会转型时期价值观念和文化体系的扬弃与创新,正是我们精神文明建设所面临的任务。在人类社会价值观念多元并存的客观现实中,宗教文化所具有的历史地位及其现代意义和作用,也应引起我们的关注。

所谓宗教文化是一种多层面的文化统一体,反映出人的社会和精神生活,与人的价值目标、思想观念和精神境界密切相关。人们曾从组织形态、政治意义和民族关系上认识宗教,对之了解和探究。但在社会转型时期,宗教灵思、灵视和灵悟的精神意义、价值意义,及其社会道德和个人道德意义已经突破上述三个层面的认识范围而成为现代人关注宗教的主要原因之所在。不过,一谈到"灵"性,大家可能就会紧张,觉得这一表述过于敏感;其实,若换一种表述,即以"精神"取代"灵性",则不会感到那么敏感了。人类的科学探究是以一种进化的方式来不断扩展和前进的,对"物"的探究形成了自然科学,对物"活"

即"物质生命现象"的探究形成了生命科学,而在万物生灵中人的自我意识的萌生则有了苏格拉底所言的"认识你自己"这一门关于"人"的学问之诞生。当然,人非常看重自己,对人的研究故分为不同层次,也就产生了多种科学:研究人社会制度层面的为社会科学;研究人的文化创作等领域的为人文科学,但其不确定性、缺乏实证、实定性而使学界往往不敢直接称其为科学,故而羞答答地用了人文学科这一比较模糊的表示;至于哲学作为思想统领的学问,不好将之置于社会科学或人文科学之内,也就往往将之与社会科学并提,故有哲学社会科学之说,这在中国尤为典型;最后涉及的精神灵性,故也有精神科学一说,而稍偏一点的则用了心灵科学等表述,尽管没有得到普遍承认,毕竟也把人之灵性层面的探究涵括进来了。而在关注精神或灵性的领域内,自然也就会涉及宗教问题。

当前中国社会的转型与对世界的开放是相联系的,其多元及失衡现象亦来自开放时代不同文化的碰撞与对照,尤其是中国文化与西方文化的交流和比较。针对"中国社会应全盘西化"和"只有中国文化才能拯救人类"这两种极端对立的观点,则主要就是精神层面的博弈。我认为,在开放世界中构建并真正形成有中国特色的社会主义文化,既要弘扬中华民族悠久的传统文化,也要借鉴世界各族包括西方发达国家的丰富文化成果。现代文化之发展和繁荣的出路,在于各种文化在保持其民族特色之前提下进行对话与共融。而且,无论中西文化,我们都只能继承其精华,排除其糟粕。

基于这种认识,我们可对中西文化中的宗教因素加以反思和评价。宗教文化是人类文化的重要组成部分。回顾中国历史,儒、佛、道三教鼎立及其交互影响、渗透已成为中华文化传统的特色之一,迄今在精神气质、思想观念、价值取向、认知方式和心态情感上仍对广大国民起着潜移默化的作用。洞观外在世界,阿拉伯文化的形成离不开伊斯兰教,西方文明的兴衰亦直接与基督教相关。而且,不少历史悠久、生命力强大的宗教形态都已形成世界性影响。所以说,作为传统文化重要部分而得以生存和延续的宗教文化,通过其现代更新和自我升华,同样能在我国现代社会主义文化形态中找到合理存在，成为其有机和谐的组成部分。

宗教文化本质上表现为人的精神追求和信仰体系，其面世的特点是群体性和个体性都有，民族性和世界性兼备，理性和情感因素均存，社会和心理体验具在。此外，它不仅有其终极关切，也保持着现实思索。它作为人类文明中潜在的、深层次的精神力量，甚至会制约或决定相关民族的社会发展命运。例如，西方宗教社会学家马克斯·韦伯就曾指出，西方资本主义经济起源及发展的精神动力实乃基督教文化中的新教伦理观念。而针对他把中国经济发展缓慢与儒教体系的制约相联系起来的观点，许多华人学者则认为，东南亚和日本等受中国传统文化影响之国度出现经济起飞的秘密，恰恰就在于儒家思想的复兴，儒家理想的弘扬与更新成为这些国家和地区走出经济困境、实现社会稳态发展的一种内在的精神驱动力量。诚然，这两种看法尚值得商榷，但二者都看到经济发展和社会转型过程中宗教的作用及影响这一点却发人深省。没有精神文明建设所带来的启迪和形成的保障，物质文明建设很难出现质的突破和保持其恒久发展的活力。而宗教对社会的超然灵思和对个人的内在灵视，给人之现实存在带来的灵气和灵感，也是人类精神文明之重要构成。

中国人在认识和反思中西文化上曾对宗教展开过批判，如五四运动前后提出了"打倒孔家店"的口号，发起过"非基督教"运动。人们以来自西方的"科学""民主"思潮来改造自己的传统文化，试图形成新文化、新传统。但反思中国近现代发展，五四运动以来并没有彻底完成其实现"科学"与"民主"的任务，其"破旧"的重拳给中国传统文化以沉重打击，知识阶层在认识中外灵性精神即宗教意境上出现过失误；而其"立新"的任务并没有根本完成，西方的"科学"与"民主"在中国明显都很不适应。总结经验教训，人们在重新评价宗教文化意义时开始感到传统儒家思想和外来基督教等并没有完全失去其曾经发挥过的巨大历史效力，二者在实现"科学与民主"这种"现代精神"上甚至可以大有作为。

不可否认，宗教作为人类文化的有机构成，同文化本身一样有着先进与落后、积极与消极、光明与黑暗的对立，离不开发扬精华、去除糟粕、吐故纳新、不断提高的自我发展过程。我们讲宗教文化的现实意义和历史启迪并不是要照搬硬套作为其传统积淀的规范化、程式化、仪礼化的内容或已趋于僵化、呆滞的某些外观形式，而是理解和领悟其精神意境及思维特性，找出其吸引人的心灵、给人以精神依托和生存动力的奥秘所在。例如，在思维方式上，有人认为西方文化以分析为主，其视野往往囿于局部；而东方文化则重综合，讲究普遍联系和整体把握。其实，无论是东、西方，其宗教思维都以一种灵性的领悟、神秘的体验和超然的审视而把握着整体，找寻着普遍联系。对此，只要读读中世纪欧洲基督教神学家库萨的尼古拉《论有学识的无知》，看看当代西方宗教哲学家瓜尔蒂尼的"对立学说"便不难发现，西方文化中不无综合思维和整体观念的因素。

　　在精神境界上，宗教的终极关切和超脱情怀亦有其积极的意义。在中国社会转型过程中，随着旧秩序被打破和新秩序尚未建立而出现的道德与价值观之紊乱，不少知识分子因压抑而焦躁、因失落而消沉、因挫败而萎靡。如果能以一种精神超越感来望穿时空、豁达从容，则会"不以物喜，不以己悲"，找准自己人生的价值坐标和理想追求，坚定不移地完成其作为社会精英的历史使命。于是，自然会有人关注精神层面的宗教超越。在市场经济变幻莫测的大海中，许多人因激烈竞争、适者生存而向拜金主义、享乐主义和极端个人主义沦落；如果能以一种信仰的恬淡和高洁姿态"出淤泥而不染"，则有利于社会伦理和个人道德的升华。所以，也有人开始思考宗教追求的灵性之纯洁。这些思索在当代社会乃不可避免的。这样，精神、心理、灵性领域的积极引导，也成为不可舍掉的选项。

　　社会主义、共产主义的价值体系是吸收全人类文明优秀成果的产物，在其信仰观念和价值目标上亦有可能与宗教的某些观念展开对话和比较，可求同存异，而绝非只能截然排斥、水火不容。至于宗教在其理想追求与实际存在之间存有的差别，以及反映其信仰传统和历史沿革的象征表述与现代社会生活及认识之间的距离，亦应作为我们辩证分析和客观研讨的课题。要协调和处理好中国传统文化与西方文化的关系、弄清世界经济发展同人类文明进步之间的内在联系，都不可能回避宗教文化的存在，亦不应忽视其重要作用。而且，我国现代化进程要想避免西方发达国家历史演进中的曲折或代价，也需要探究宗教精神曾起过的积极和消极作用，弄清其在西方现代化进程中的地位和影响。

总之，在我国社会转型时期，我们应重新审视宗教文化的价值和意义，看到其与精神文明建设的内在联系，客观地、正确地把宗教文化的精华作为社会主义文化中的一个组成部分来看待。这样，不仅可澄清理论认识上的是与非，而且可在社会实践中调动我国广大宗教信徒建设社会主义物质文明和精神文明的积极性，并赢得占世界人口绝大多数的各国信教群众对中国改革开放、从事社会主义现代化建设的理解与支持。

（原载《中国社会科学》1994年第3期，讨论稿，本文有扩展。）

第三十章

推动宗教法治首先需要正确的宗教理解

当代中国社会发展已进入"依法治国"的时代,如何依法保护宗教信仰自由、依法管理宗教事务,亦已成为中国社会普遍关注的重大议题。转型时期的中国宗教法治,其基础和关键在于中国当今社会的宗教理解。只有弄清了对宗教"怎么看"的问题,才有可能客观、稳妥、正确地提出并实施对宗教"怎么办"的举措。因此,正确理解宗教,乃是中国宗教法治的起点。依法治国在管理宗教的举措上,就是如何实现宗教事务的法治化,把依法管理宗教落在实处,而这一切都基于我们当前的宗教理解状况。改革开放几十年来的发展已使宗教在当代中国社会的处境有了明显的好转,政府的宗教事务管理工作也在不断完善,但从总体来看,对宗教还存在一些误解和偏见。宗教和政治、经济等领域一样,既有正面亦有负面,既有积极亦有消极。正确认识、理解和对待宗教,是推动中国宗教法治发展的前提和条件。宗教不只是一种意识形态,而是实实在在的社会建构,是鲜活的社会民众生活。因此,基于宗教的社会存在,应该现实地、理性地从促进文化发展、社会和谐的角度来看宗教。

其实,正确认识当今中国社会的宗教并不是很难的事情,如果真正做到按照唯物史观来看待、分析宗教,从社会存在决定社会意识、理论联系实际、实事求是、科学发展观和"与时俱进"等理论基点和科学方法来具体审视今天中国的宗教，就能根除僵化、形而上学的宗教观，避免那些不真实关注、不客观对待中国国情的理论和实践。中国共产党作为执政党对中国实行着全方位的领导和管理，中国宗教领域并非没有被此触及的死角或飞地。因此，我们可以看到宗教与社会主流意识形态、与共产主义理论并不是格格不入、不能共存的。相反，爱国、合法的宗教团体对之有着非常积极的适应和联动；所以，我们如果对诸如广大宗教信徒爱国爱教、热烈庆祝中国共产党建党90周年、自觉认真学习"三个代表"、科学发展观和新时代中国特色社会主义理论等举动，以及中国当代宗教的报刊及网络媒体在政治思想层面努力与我国的主流意识、核心价值保持一致等举措和态度进行客观分析、评价，或许对中国宗教问题就会不再过于复杂和敏感了。

在宗教法治领域，也有许多问题需要我们梳理、探究、澄清和阐明。例如，中国政教关系的特点将会影响中国宗教法治建设的走向和具体举措，中国宪法和相关法律有关宗教条款的抽象性和附带性是否给我们如何依法管理宗教也留下了思考的空间，而中国政府行政法规和地方法规在宗教管理上的许多细则不断落实，也让人关注如何在保护和管理宗教上达到理想平衡的问题。中国关于宗教法治问题曾经至少有过三种舆论：第一种认为迫切需要宗教立法，以解决其基本法、上位法的问题。第二种认为宗教立法虽然很有必要，但现在条件仍不成熟，需要积极创造条件。为此，笔者也曾向全国人大建议，指出宗教立法问题值得深入、慎重的研究，如应关注国际范围内宗教法人法、宗教社团法的制定或实施情况，笔者认为宗教立法的条件仍远远不够，目前还没有必要去实质性地讨论这一问题，但至少现在应该开始对相关问题开展科学的、具有前瞻性的调查研究工作。第三种则认为没有必要专门实行宗教立法，应将宗教纳入一般法律所涉及的公共管理之中；不过我们国家目前实行有《宗教事务条例》，对宗教管理有着专项规定，故与这一看法也存在认知差异。对于这些不同见解，我们应该深入地、系统地研究，并且扩展到对中外政教关系、古今中国宗教国情、中外宗教与法律关系等方面的了解，以便能够捕捉、吸纳当前国际学术界研究宗教与法律的资料、信息、动向及最新成果，积极开展相关的学术交流与合作。

对宗教与法律关系的关注，是当代国际学术界宗教研究的一大热点。这种研究通常围绕如下几个层面来展开：一是宗教信仰自由问题。宗教立法基于对宗教信仰自由的基本理解，旨在对宗教信仰自由的保护。对于什么是宗教信仰自由、如何保护公民的宗教信仰自由，当前社会尚存在分歧。有人认为，信仰作为思想精神本身已是自由的，法律不可能管到人们的精神思想，因此应该提"宗教自由"，即宗教结社、社会行为活动的自由。有人则认为，仍应坚持"宗教信仰自由"之说，因为宗教结社和社会行动受社会秩序、社会管理的制约，并没有绝对自由。但恰好是在社会结构、社会活动、社会管理层面，才是社会法律的制约、治理空间。二是宗教的社会定位。宗教是社会系统中的子系统，为社会结构的重要构成，并且会以宗教社团、宗教组织的形式在社会生活中呈现，由此而涉及对宗教社团及其成员的社会管理问题，以及宗教与社会建设、文化教育、慈善事业、经济发展等的关联。三是宗教与政治的关系。政教关系以宗教与国家政权的关系为主，同样也会关涉宗教与政党、宗教与政治上的各种主义等复杂关系。在"政教合一"或"政教分离"的国度中，都有着宗教与法律的关系和宗教法治问题。中国的国情则有中国的特色，其政教关系亦与众不同，值得专门分析研究。中国政教关系的特色会直接影响到宗教法治问题的处理。

这些研究在国际上已经蓬勃发展，每年也都有相对固定的专题研讨会召开，中国学界近年来亦有积极地参与，并在中国大陆组织了几次相关的宗教与法律国际研讨会。有一次越南社会科学院的学者参加北京的研讨会后也在河内组织了宗教与法律国际研讨会，结果引起了越共政治局的兴趣和参与。由此可见，当前仍称自己为社会主义国家的一些亚洲国家也在关注宗教与法律的关系问题，而且高度注意中国在这一领域的发展走向。目前中国已有少量的宗教与法律研究的专著出版，中国政法大学和中国人民大学法学院也相继成立了宗教与法律的研究中心，将会有力推动这一领域的发展。但总体来看，中国学术界在这一领域投入仍然不多，专家学者也太少。因此，宗教与法律的关系研究在我国仍然是一个较新的领域，有其方兴未艾、蓬勃发展的潜力及前景。在学科建设意义上，这种探讨属于多学科、跨学科领域，有着不同范畴及方法的交织，亦有不同问题意识和解决思路的相遇。宗教法治在我国学术上属于一种新的研究，存在许多研究空白，也有巨大潜力可挖。让我们共同努力，推动这一新兴学科及跨学科研究的发展。

（原载 2012 年 7 月《中国宗教》）

第三十一章

论宗教信仰

宗教信仰是人类信仰的重要组成部分，正确认识宗教信仰，处理好宗教问题，对于我们和谐社会的建设、社会主义核心价值观的落实、中国文化走出去，以及推动"一带一路"的积极发展，都具有非常重要的意义。为此，有必要对宗教信仰的意义及其与中国当代社会的关系加以阐述，从统一战线理论、群众工作角度分析中国宗教的现实处境及其基本定位，特别是要强调对宗教的积极引导，以充分发挥宗教在当代中国社会发展、文化建设、实现中华民族伟大复兴之"中国梦"的历史进程中的积极作用。

习近平总书记在2015年2月底明确提出了"人民有信仰，民族有希望、国家有力量"这一让人为之振奋的表述，对中国人有没有信仰、需不需要信仰做出了极为清楚的回答。这对我们正确认识信仰、积极评价信仰、主动弘扬信仰具有非常重大的指导意义和恰逢其时的现实意义。信仰是人类历史上相关民族发展的潜在精神力量，也是我们中国国家富强、可持续发展的内在动力。所以，我们应该高扬中华民族的信仰，对我们今天的信仰做出客观、冷静、清晰的分析，其中也必须正确认识和对待中国自己的宗教信仰，使之为我们的社会发展、民族振兴、人民和谐作出积极贡献。

信仰是人类基本性质的重要构成之一，反映出人类精神世界的丰富和独特。信仰作为人类精神文化的普遍现象，说明其乃"人们把握世界的方式",因此我们理应积极面对和客观承认这一悠久的、广远的民众精神生活及其习惯传统,因势利导、使之发挥积极作用,有利于人类进步、社会发展。这里,信仰是人的各种前瞻、憧憬,它面向未来、超越现实,充满人类的情感因素,甚至是其激情的充分发挥,因而虽基于理性却有别于理性,体现为人类认知中一种极为特别的思维方式,涵盖有大胆猜测、充分想象、预感未来、捕捉远景的思想因素,所以说具有情感思维、浪漫思想的色彩,表达出人类精神世界的丰富多彩、无拘无束、可以任思绪飞扬、令愿望驰骋。但这种极富浪漫特色的信仰思维却仍能张弛有度、依其思想积淀和文化传承,所以也可以溯源、能够追寻,从而仍然有着知识积累、精神延续的章法可循。理性和情感的交织,在信仰思维上达到了最高境界的表达。因此,这种信仰特质乃是人作为生命世界中不断告别却追忆着过去、永远开拓并走向未来之灵性存在的典型标记。可以说,信仰是永在途中的人类不可摆脱也不会舍弃的特性及符号,而各种信仰表达则是浓缩了这些精神习惯传承的标志或品牌。

这些丰富多姿的信仰现象,自然可以分成不同层面来理解,能够归为各自特异的类属。其中就可分为政治信仰、民族信仰、文化信仰、宗教信仰,甚至科学信仰、哲学信仰、大众信仰(对文艺、体育等方面出类拔萃之辈或其特异成就的崇信)等,大致涵括此岸、现世和彼岸、来世这两大层面。对于现世的信仰或信念,人们一般较为理解和接受,而对于旨归在彼岸、来世,寻找从俗世尘缘超越或生存处境超脱的宗教信仰,在今天中国社会的认知上则存在着明显的分歧。从当前处境来看,我们对宗教信仰有着更多的批评和负面看法,缺少一些必要的理解和同情,结果很不利于我们民族的团结及和谐社会的建设。因此,对于宗教信仰的理论认识问题,很有必要加以澄清和说明。

一 宗教信仰在共产党及主流意识形态中的地位与意义

当前一种看法认为宗教信仰与我们共产党及主流意识形态是完全对

立的，二者之间没有任何调和的余地或共存的可能。对此，我们首先需要对共产党的性质及其意识形态的特点作必要的分析和说明。共产党以马克思主义、共产主义理想作为自己的政治信仰，坚信共产主义社会在人类未来一定能实现。马克思主义基本上是19世纪西方政治文化的产物，代表着当时无产阶级对资产阶级的革命。从理论上来看，马克思主义的基本原理是历史唯物主义和辩证唯物主义，历史唯物主义强调社会存在决定社会意识，意识形态是社会存在的产物，反映这一存在并反作用于这一社会；而辩证唯物主义则坚持实事求是、辩证发展、与时俱进。在马克思主义产生和发展的那个时代，因为宗教信仰反映了资本主义社会的剥削和压迫，是从那个社会存在中出现的意识形态，故而受到相应的批评。尽管如此，马克思主义所强调的，仍然是社会批判、政治批判和法的批判，并在转入这类批判后明确宣布对宗教的批判已经结束。而我们今天中国是社会主义社会，中国当今宗教反映的是这一社会存在的意识形态，故不应该与我们今天的主流意识形态根本相脱节、相对立，否则其理论逻辑就没有了。从共产党的指导思想及理论原则来分析，得不出今天中国宗教势必会与共产党及其意识形态对立的结论。这是我们今天坚持马克思主义及其理论原则而必须认真思考和梳理的，切不可把我们自己的社会存在与意识形态相分离、造成人为的隔断和不符合历史及理论逻辑的现象。今天中国社会已经从无产阶级专政走向人民民主专政，已经有了约70年社会主义建设及发展的经验，把今天中国尤其是改革开放以来所发展的宗教仍视为"旧社会的残余"则更显荒唐和不可理喻。所以，今天中国共产党及主流意识形态正确处理好与宗教信仰的关系早已具备了其最为根本的社会基础。在此，我们共产党及主流意识形态在这种积极调整中应该发挥主动和引领作用，对之并不存在根本的理论障碍。

有人在此还谈到了唯物、唯心，以及无神、有神之争，视其乃不可调和的根本分歧，故而认为宗教信仰与共产主义信仰之间是完全不可调和的，是一种水、火不相容的对立关系。其实，在哲学认识史、思想史上，唯物、唯心的认识方式也是可以讨论、对话的，相关的哲学家包括马克思主义经典作家本身在这类认知上就曾发生过变化，而对唯物、唯心本身的理解亦随着科学认识及其发现的不断发展而发展，不会一成不变，故此并非彼此根本说不清、绝对相对立的禁区。至于对无神论的认识和评价，也不可绝对化；无神论并不是马克思主义最根本的原则和基点，这种原则和基点只能是历史唯物主义和辩证唯物主义的立场及方法，因为无神论也有很大的涵括、有复杂的历史变迁，其中就包括原始、朴素无神论，唯心或唯物的无神论，法国战斗的无神论，尼采的虚无主义无神论，科学无神论，以及当代欧美无神论等。在马克思主义经典作家的论述中，无神论只是限定在认识论范围内来阐说的；而在社会政治领域则对之定有非常谨慎、考虑周全的原则及限定。在此还必须提醒的是，马克思主义并没有把无神论"神化"，而是指出了无神论的局限。马克思、恩格斯没有宣称自己是"无神论者"，反而曾告诫鲍威尔等人"最好少炫耀'无神论'的招牌，而多向人们宣称哲学的内容"。恩格斯还特别指出，"在我们的时代唯一能替神帮点忙的事情，就是把无神论宣布为强制性的信仰象征。"有人曾引用马克思关于"无神论是对神的否定，并且正是通过这种否定而设定人的存在"这段话来说明马克思对无神论的支持和坚持。后来笔者专门查阅了马克思对此所论的原文和全文，发现将上述从句抽出来单独讲无神论的意义是有问题的，即可能导致对马克思主义的误读及误解。马克思这段话出自其《1844年经济学哲学手稿》，意在说明无神论与共产主义的关联及区别，以及共产主义对无神论思想的超越："共产主义是径直从无神论开始的，而无神论最初还根本不是共产主义；那种无神论主要还是一个抽象。——因此，无神论的博爱最初还只是哲学的、抽象的博爱，而共产主义的博爱则径直是现实的和直接追求实效的。"① 正是在这种比较中，马克思说了包括上述从句的这段话："无神论，作为对这种非实在性的否定，已不再有任何意义，因为无神论是对神的否定，并且正是通过这种否定而设定人的存在；但是，社会主义作为社会主义已经不再需要这样的中

---

① 参见《马克思恩格斯文集》第1卷，人民出版社2009年版，第186—187页。

介；它是把人和自然界看作本质这种理论上和实践上的感性意识开始的。社会主义是人的不再以宗教的扬弃为中介的积极的自我意识，正像现实生活是人的不再以私有财产的扬弃即共产主义为中介的积极的现实一样。"① 由此可见，马克思认为共产主义的理论已经超越了无神论的认识。如果我们今天仍然把马克思主义简单等同于无神论，实际上则会造成对马克思主义的贬低。当然，马克思承认无神论与共产主义的关联，肯定"无神论、共产主义才是人的本质的现实的生成，是人的本质对人来说的真正的实现"②。我们应从发展的观点更多地论述共产主义思想，而不是仅仅回到其初的无神论。在认识论意义上，无神论与有神论恰如一个硬币的两面而共同存在，完全可以在认识论层面展开充分、全面、持续的讨论，而没有必要将无神论视为批判、打压宗教的棍棒。正如恩格斯所指出的，"无神论只是表示一种否定，这一点我们自己早在40年前驳斥哲学家们的时候就已经说过了，但是我们补充说，无神论单只是作为对宗教的否定，它始终要涉及宗教，没有宗教，它本身也不存在，因此它本身还是一种宗教。"③ 在人类认识论发展上，无神论将与有神论并存，并没有其绝对的独特意义。

在国际共运、世界社会主义当代发展的现实层面上，相关国家共产党及其社会主义体制对宗教的态度、与宗教的关系已经发生了重要变化。如古巴共产党自20世纪70年代开始允许天主教徒入党；老挝共产党允许佛教徒入党；而越南共产党以前只允许越南传统宗教的信徒入党，但据说最近也可以让基督徒入党，而且这种放开的比重还比较大，引起了国际社会的极大关注。这种放开、这种变化对其党建、其政权的巩固之利弊究竟如何，仍值得观察研究和深刻思考。此外，也涉及这些国家的共产党是否已经改变了其政党性质的问题！苏联解体后，重组的俄罗斯共产党也已调整了其与宗教的关系，即允许东正教徒入党，据统

---

① 《马克思恩格斯文集》第1卷，人民出版社2009年版，第196—197页。
② 同上书，第216—217页。
③ 《马克思恩格斯选集》第4卷，人民出版社1995年版，第665页。

计今天俄罗斯共产党 15 万党员中约有三分之一即 5 万人是吸纳东正教徒加入的，为此其党的负责人久加诺夫等人也受到了各种批评。当然，必须看到我们中国与这些国家及其政党的关系也发生了许多变化，如我国与苏联、越南都发生过边界冲突即局部战争，各自民族、国家的利益是当前我们在这种双边关系中所共同的首选，故而已经早无以往那种社会主义国家之间、共产党之间的亲密关系。这种国际社会主义发展及其社会主义国家中执政的共产党之间的关系变化，是我们今天从世界眼光来研究国际共运历史与现状的一个大课题，应该引起我们的足够重视。我们没有必要向国外这些社会主义国家或其共产党对待宗教的态度看齐，而必须根据中国国情而保留我们自己的独立立场及理论特色。我们必须从政党建设、思想意识、组织纯洁及纪律等意义上强调不许党员信教，对信徒入党问题也必须慎之又慎，保持其特殊处理而不可扩大化。但对于我们当前是否要截然划清与宗教的界限、在思想精神上仍保持这种与宗教完全对立的立场态度，则需要认真观察、思考和研究。这些问题涉及我们的政治安全保障、国家社会稳定等考量，的确非常敏感、复杂，但能否科学、正确地将之梳理清楚，处理妥当，却会关系到中国未来政教关系的发展走向及其不同后果。

二　宗教信仰与社会主义核心价值观的关系

中国社会主义的核心价值观与宗教信仰是否有着关联，也是我们今天必须正视和认真研究的。习近平总书记在谈到这一核心价值观与中国文化的关系时指出，"培育和弘扬社会主义核心价值观必须立足中华优秀传统文化。牢固的核心价值观，都有其固有的根本。抛弃传统、丢掉根本，就等于割断了自己的精神命脉"。在博大精深的中华文化中，自然包括中国的宗教文化，这种信仰文化在中华民族的精神生活传统中占有非常重要的位置。中国宗教信仰体现出中国人的精神需求和灵性传统，反映了中国人的精神超越之境界和生命解脱之淡定。我们要发展中国今天的核心价值观，不可能、也不应该忽略中国古今的宗教信仰、对之要有合理、与时俱进的定位。

　　追溯中华文化核心价值的历史渊源，可以发现一些有着宗教色彩的信仰元素在其中得以凝聚、固化，形成中华民族的共同价值和公共准则。这与我们今天社会主义的核心价值观建设从历史沿革来看乃是一脉相承的，使之能接地气、有着传承，从而能以这种坚实厚重的精神文化积淀来继续并实现今天中华文化大厦的构建。实际上，中国宗教信仰已经形成了"中国根基"，其在中国历史上的顽强存在和发展延续已经在很大程度上代表着中国精神之文化遗产。世界上的"中国印象"也不可能与中国宗教分开。因此，对中国宗教信仰价值能否承认、如何吸纳，将考验着我们今天社会核心价值观的创建和维系。而对这种宗教信仰的包容和宽容，是对我们中华文化历史、精神发展的自我肯定及善待历史传统之"温情"的表达，这使我们不会失去自我，不会忘记历史，"不忘初心"，能够继承并发扬中华精神信仰的特色。历史是发展的见证，其历程反映出我们民族的成熟。对待中国宗教信仰不能搞历史虚无主义的否定，那种认为中国没有宗教信仰的历史是对中国精神及其价值的根本颠覆，也是不尊重我们自己悠久历史的极端表现。回顾我们的历史，中国的思想、精神、灵性多以宗教信仰的形式来汇聚、形成共构、达成一体。中国精神文化的共聚性带来了一些超越时空的共识，表现出其"永恒价值"，这其中就有宗教所倡导的一些基本信念，"如儒教的忠孝仁爱思想、佛教的平等慈悲情怀、道教的清静慈柔境界、基督教的博爱服务精神、伊斯兰教的和平吉祥愿景，都体现出其人间关爱之德。宗教对真、善、美的追求，对忠、信、爱的实践，以及对神圣、超越的向往，都可以构筑极为宜于培育和弘扬社会主义核心价值观的场景、氛围及话语体系"[①]。

　　要"使社会主义核心价值观成为人们日常工作生活的基本遵循"，则应该积极承认并有效运用宗教信仰价值中这些精神因素及其实践智慧。在当代开放社会，我们的社会主义核心价值观也应该是开放性的、

[①] 卓新平：《中国核心价值观与宗教信仰》，《宗教学研究》2014年第3期。

包容性的，必须体现出中华文化海纳百川、有容乃大的优秀传统。宗教信仰是许多中国老百姓的精神生活、灵性寄托，是其憧憬、向往的美好"梦境"。我们完全可以从尊重历史、承认现实的意义上来真情实意地看待民众"温梦""圆梦"的需求，而一旦我们今天社会主义核心价值观的践行能够彻底脱离以往那种给社会主义事业带来损害的假、大、空之运行轨迹，体现出广大人民群众的切身利益和精神追求，则会真正赢得社会上的普遍响应和发自内心的拥戴。

三　宗教信仰与和谐社会建设

宗教建构是我们整个社会建构的子系统，宗教信仰的存在反映出我们社会的真实存在。历史上有过宗教与社会不能和谐的经验教训，其结果或导致宗教迫害，或是引发宗教战争，使世界很不太平。曾经有人说中国历史上没有过宗教战争，这并不准确。仅从清朝那场"太平天国"运动来看，其宗教战争的色彩确实是很浓厚的。这场战争使中华大地硝烟弥漫、哪有"太平"？也正是在这种冲突、磨难、战争中，当时中国的财力耗尽、国运日下，使民族灾难更为沉重。总结世界宗教历史的经验教训，如果没有与宗教的和谐，就不可能有人类社会的真正和谐。面对今天世界宗教冲突、教派纷争而出现的乱局，我们必须珍惜、维护中国当今政教关系和谐、宗社关系融洽之"风景这边独好"的局面。我们要想真正完成和谐社会的建设，则必须使宗教信仰对之有积极参与，能使之与我们当前的社会结构及其思想文化体系真正和谐、真正融合、真正共处。其基本点就是把宗教信仰视为我们社会精神生活的正常现象，把广大信教群众看作我们的基本群众；也就是说，宗教是"自己"而不是"异己"现象，宗教存在应正常化而不是使之"异化"，要让宗教逐渐脱敏而不能让人总是觉得其敏感。

对于团结广大信教群众，中国共产党有着丰富的经验。其中特别值得弘扬的就是我们统一战线的理论及实践传统，毛泽东主席制定了团结绝大多数人、使我们的朋友越多越好的统战工作策略，而周恩来总理与宗教界人士平等相待、肝胆相照、广交朋友、礼遇尊重的风度则成为我们统战工作实践的完美典范。我们党这一笔宝贵精神财富，是今天我们必须继承弘扬的政治遗产。而宗教工作的基本思路，则是要坚持群众工作这一正确路线。把宗教信众看作我们的基本群众，一定要拉过来而不是推出去、一定要尊重而不是歧视。如果忘了群众工作这一根本，中国宗教发展势必走向歧途，甚至会出现失控、混乱局面。

在改革开放的新时期，中国共产党审时度势而制定了党的宗教工作基本方针，这就是"全面贯彻党的宗教信仰自由政策，依法管理宗教事务，坚持独立自主自办的原则，积极引导宗教与社会主义社会相适应"。应该说，这四个层面总结得非常精辟、全面，层层相扣，逻辑严谨，值得我们好好学习、认真领会。综观这一基本方针，我们丝毫看不到对宗教的任何否定或反感，所以当前社会上那种否定宗教、排拒宗教的思潮是完全站不住脚的，也是没有任何理论及政策依据的。对待宗教不是人们承认不承认、喜欢不喜欢的问题；宗教是客观存在，处理好宗教问题是政治智慧及执政能力的体现。这在党的宗教工作基本方针中已经讲得十分透彻。"全面贯彻党的宗教信仰自由政策"，就是要充分尊重公民的宗教信仰自由，而不能以任何理由或借口来歧视、敌视宗教信仰者。"依法管理宗教事务"，就是体现我们的宪法精神，对宗教事务要加以管理而不是放任自流，但这种管理必须依法，要健全我们的管理体系，搞好内涵式管理与外延式管理的有机结合，其内涵式管理关键在于爱党爱国爱教的宗教人士之培养，使之真正发挥作用、负起责任；而外延式管理则应把重点放在宗教立法问题的思考、宗教事务条例的完善、宗教管理干部的培训上岗等；总之，不能对宗教事务胡管、乱管，或按自己的好恶来随心所欲。"坚持独立自主自办的原则"，就是说中国的宗教体现中国特色，与境外的宗教是有区别、有不同的，包括我们的政治背景不同、社会制度不同、经济基础不同、意识形态不同、文化传统不同等，这些不同则提醒我们对中国的宗教要区别对待，意识到因其社会存在、经济基础的不同所决定的而与境外宗教的意识形态也明显不同，故此不能将今天中国宗教与境外宗教混同，这样才能有效坚持我们中国的宗教真正独立、自主自办。"积极引导宗教与社会主义社会相适应",这是我们对宗教的基本态度,而且是唯一正确的态度。党的宗教工作基本方针的重点和核心就是"积极引导",就是承认中国的宗教是完全可以与中国的社会主义社会相适应的。我们强调中国宗教要遵纪守法,要向党和政府靠拢,要与社会融洽,要积极与我们的社会主义制度、核心价值观相适应,但其成败与否并不能由宗教单方面来决定,主动权在于我们党和政府的积极引导,在于我们社会对宗教的承认、尊重、吸纳、接受和呵护。由此,宗教信仰则能够在这种双向互动中促进社会和谐、共构和谐社会。

四 宗教信仰与中国文化走出去

中国宗教信仰作为中华文化的精神资源和信仰传统,很容易与世界的宗教文化产生共鸣、达成共识。基本上世界所有国家都有宗教存在,任何民族都有宗教传承,中国也不例外。中国的宗教信仰文化使我们不会成为世界民族中的"另类",也让我们在世界宗教大家庭中有着牢固的存在地位。在今天中国实施文化走出去战略中,中国宗教信仰有着得天独厚的条件,可以在当代中外文化交流中起到先锋作用,达成其引领及先行的功效。

由于我们仍在回避宗教,不少人仍会谈宗色变,仍习惯以否定、负面、落后的评价来对待宗教,结果使我们宗教文化这一宝贵资源没有得到很好的开发,错失了不少让中国宗教及时走出去的好机会,影响到中华文化在当今世界的传播与弘扬。中国宗教之"道"是中华文化的瑰宝,也是世界仍然不知、仍在向往的东方精神之谜。真正能让世界折服、学习的中华"大道",实际上就是中国的宗教信仰传统。在近现代的发展中,我们从外"拿进来"太多,而真正"送出去"则太少。这就使世界未能真正了解、领略中国的文化软实力,也并不知道能够最为经典地表达这种文化软实力的正是中国宗教。在"中体西用"的百年变迁中,中国近现代实际上出现过"西体中用"乃至"西体西用""全盘西化"的极端趋势，使我们的文化传统消沉，令我们的文明精髓遁隐，让世界一度看不起中国、瞧不见中华文化的独特优杰之处。我们今天正经历着中华宗教文化的复兴，许多地方的宗教文化之重建可以与文艺复兴时期的欧洲媲美。所以，现在是时候走出这段"尘封"的历史，让中华宗教文化来发扬光大了。鉴于中国宗教所具有的宗教信仰之"普世性"及其传播之普遍性，中国宗教信仰文化会因为没有意识形态、价值观念、政治卷入的过多纠缠而顺利走出去，成为中华文化其他类型、模式之外传的先导和基础，为更大范围、更为全面的文化交流做好积极铺垫和充分准备。所以，对待中国宗教信仰，我们不能妄自菲薄，更不能自废武功。我们要珍惜自己的宗教文化资源，发掘中国宗教深刻的文化蕴涵。在此，儒、佛、道三教应是我们中国宗教传统的重中之重，我们理应主动放弃中国有无儒教之争这一假命题，看清中国宗教历史中曾有的儒教之位，让世界来体悟、珍视儒家的宗教蕴涵及信仰智慧，并看到、欣赏其信仰追求的现实维度及人间担当，而不要再纠缠于利玛窦留给中国的"儒教不是宗教"之说。儒家思想传统所表露的宗教意趣是许多西方传教士所没有弄懂的，故此利玛窦之争迄今在西方也没有完全结束。

道教之"道"乃中国宗教理解的神来之笔，由此让人追求中华之道的超然境界，启迪人们对中国宗教的真正感悟或领会。我们要以"言道""行道"来掀起当今开放世界中"问道""悟道"和"修道"的又一高潮，让今天中国能"道行天下"。佛教是中国文化开放、包容、吸纳、重构的象征，让我们理解外来宗教在中华文化中可以获得的理想处境和因其新生而给中华文化带来的变化与贡献。正是基于佛教在中国成功的实例，基督教、伊斯兰教等外来宗教在新时期的"中国化"进程才能有十足的底气、光辉的前景。而这些宗教的国际关联，又能促使我们中华文化积极融入世界文化，使我们社会中的宗教亦可与世界宗教有机共构。

五 宗教信仰与"一带一路"的发展

古代海陆丝绸之路有着"使者相望于道"的频仍来往，伴随政治、外交、商务活动的开展，文化交流亦逐渐开通，其中宗教信仰的交流在这种精神交流中也占有很大比重。中外政治、经济和文化交流的全面展开，成就了丝绸之路的辉煌历史。在前后两千多年的丝绸之路拓展历史中，各种宗教的传播和融合占有很大比重，成为丝绸之路上波澜壮阔的戏剧和史诗。在丝绸之路上，历史见证了佛教、琐罗亚斯德教、景教、摩尼教、犹太教、伊斯兰教、天主教、印度教等宗教的传播与交流，人们深感丝绸之路有着独特的宗教之魂。在今天"丝绸之路经济带"发展和"海上丝绸之路"重建中，我们应该洞观历史风云，探赜寻奥，梳理并反思宗教信仰在丝绸之路历史上的踪迹和影响，充分发挥其文化开拓及传播的作用，带给我们历史明鉴和思想警醒。

"一带一路"的提出及其发展战略的构设，体现出政治经济的睿智和卓见。但其成功与否则必须思考、评估宗教在其中所扮演的角色、产生的影响，特别是要看到佛教、基督教和伊斯兰教等所起的作用。"一带一路"战略奠基于政治、经济战略，但在深层面必须要有文化战略的跟进和补充。可以说，对这些宗教的科学了解和有效应对，将直接影响到"一带一路"是否能成功，以及其推行的质量和效益。而今天我们如何处理好与之相关国度的宗教问题，也与该战略的有效实施密切关联。在某种程度上，是否能及时协调好其宗教关系问题，会决定其政治经济活动的开展及其质量的高低。丝绸之路的西行，离不开与佛教、基督教和伊斯兰教这三大世界宗教的联系，而其东、南之行则不可避免与佛教、伊斯兰教、印度教等的相遇。科学、睿智地处理好与这些宗教信仰的关系问题，在"一带一路"的建设上会起到加分的作用，甚至能达事半功倍之效。相反，如果不了解这些宗教及其独特性、敏感性，则有可能走弯路、"交学费"，事倍功半或一事无成。所以，对这些宗教信仰的探索、研究是我们推动"一带一路"的必要思想准备和知识积累，亦是我们与之密切相随的精神之旅。在开发丝绸之路经济带、开拓海上丝绸之路的进程中，我们要认识其沿途及相关区域宗教信仰的存在状况及其社会影响，做到心中有数、未雨绸缪。

"一带一路"发展的考量与对人类命运共同体的思索关注相呼应。

政治、经济的共存需要相应的文化共存和精神共识，这种共同体意识使我们在探究人类政治、经济、社会等"生存共同体"的存在及发展时会注意到其文化共同体或精神共同体的意义与作用，找到使之得以有效维系和可持续发展所需要的精神纽带。而宗教信仰就可以用其宗教共同体或信仰共同体这类"精神共同体"的方式来帮助保障人类生存共同体或命运共同体的存活、延续和兴盛。所以，对待宗教自然有其因势利导、趋利避害的智慧选择。宗教信仰在古今社会中正、负功能之"双刃剑"作用，促使我们在今天中国走向世界、实现"中国梦"的进程中必须要学会充分发挥好信仰的力量和作用，这就是正确认识宗教、积极引导宗教。

（原载《西北民族大学学报》2015 年第 3 期）

第三十二章

民族主义、爱国主义与宗教信仰在中国

民族与宗教、民族主义或爱国主义与宗教信仰的关系，在当代世界上乃极为敏感亦非常重要的问题。在中国以社会主义制度实现其现代化的过程中，这一问题在中国理论家和宗教信仰者之中已引起了激烈讨论。中国共产党继续强调与宗教信仰者的政治联盟和统一战线，并且已发展出有关"宗教五性"的重要思想，即"宗教的群众性、民族性、国际性、复杂性和长期性"。但与此同时，人们要求宗教界在中国社会为人民服务，并为社会主义建设作出贡献。此即当前在中国宗教应与社会主义社会相适应的理论表述。以这种对宗教的理解，我们可以体悟中国处境中有关宗教信仰与民族主义或爱国主义之关系的现状及前景。

一 中国的民族与宗教

民族与宗教分属两个不同的范畴。民族源自远古氏族社会，由此演化而来，现在指在长期历史过程中通过共同生活而形成的稳定人群，有着共同的生存方式和共同的发展。一个民族有自己独特的文化传统和本真，从而与其他民族构成区别。宗教则意指某种基于其信仰的世界观和社会实践。宗教寻求真理和超越，属于人类精神生活和文化的范畴。尽管民族与宗教彼此有别，却有着互相包容的密切关系。所有民族都具有不同程度的宗教性，而所有宗教包括世界宗教也都具有一定的民族性。

简言之，宗教在世界上所有民族的形成过程中都起过重要作用。

论及中国与宗教的关系，曾有过不同观点。中国由 56 个民族所构成，其中汉族最大，约占整个中国人口的 92%，构成中国人的绝大多数。在 20 世纪初，有些中国知识分子强调哲学在中国文化中的意义和作用，对宗教则表示出某种轻视。在他们看来，哲学在中国人的精神发展中起了决定性的作用，而宗教则与中国的哲学发展关系不大。他们觉得中国文人重哲学而轻宗教乃是一种优良传统。例如，这些知识分子的代表之一梁启超就曾宣称，"吾国有特异于他国者一事，曰无宗教是也"。这即在许多中国学者中流行的一种著名表述：中国是一个"无宗教的国家"，中华民族是一个"无宗教的民族"。他们相信中国乃是世界上唯一对宗教兴趣不大的民族。而且，他们也坚持，儒家思想作为中国思想精神发展的主流是哲学而不是宗教，是人学而不是神学；宗教观念或许为外来思潮，它与中国文化的本质特征迥异。根据这种理解，一些中国人迄今仍坚持儒教不是宗教，而只是一种哲学或伦理教诲。然而，在事实上，儒教与世界上其他宗教有许多相似之处，儒教在中国社会也的确起过宗教的作用。现在许多中国学者由此而认为儒教是中华民族曾有过的一种特殊宗教，尤其是汉族曾有过的特殊宗教。这些学者在中国向世界开放后曾开展宗教比较研究，对宗教的认识亦得以拓宽。根据儒教在中国社会的深远影响，我们可以说中国绝非"无宗教的国家"，中华民族也绝非"无宗教的民族"。西方宗教现象学家伊利亚德曾论及宗教乃是一种"人类学常数"，这在中国亦不例外。

除了中国传统中的儒教和来自印度的佛教之外，中华民族也有其他本土宗教，其典型之例即道教。当然，宗教以组织形式的存在在中国仍是一种少数现象。在中国，宗教信仰者所占人口比例大约为 10%。不过，在中国人中亦明显存有宗教情感和宗教兴趣，表现出其宗教性的存在。中华民族包括 55 个少数民族，而在这 55 个少数民族中宗教信仰者的比例则较大。其中有 20 多个少数民族乃普遍相信某一宗教。例如，中国的穆斯林约为 1700 万人，包括普遍信仰伊斯兰教的 10 个少数民族：回族、维吾尔族、哈萨克族、塔塔尔族、塔吉克族、柯尔克孜族、乌孜别克族、东乡族、撒拉族和保安族。信仰藏传佛教的约有 700 万人，包括藏族、蒙古族、土族、裕固族、纳西族、普米族和门巴族等少数民族。信仰上座部南传佛教的约有 150 万人，主要包括生活在云南省等西南地区的少数民族，如傣族、布朗族、德昂族、佤族、阿昌族等。这些少数民族或是以某种宗教作为其民族性质的独特象征，或是与中国之外的其他民族有着某种宗教及民族关联。这使中国的民族与宗教问题极为敏感和复杂。在此，少数民族问题在某种程度上亦涉及宗教问题、政治问题或国际关注的问题。其政治的典型负面表现，即民族分裂主义与宗教极端主义的联姻。对此，我们必须高度警惕和严加防范。

中国五大宗教即佛教、道教、伊斯兰教、天主教和基督教（新教），其存在亦与民族有着密切关联。因其与不同民族、不同文化传统的独特联系，我们仍可观察出本土宗教与外来宗教之间的潜在区别。许多中国人认为道教与佛教属于传统中国文化，并与中华民族有着密切关系；当然，佛教乃经历了两千年之久的在华本色化进程，已成功地融入中国文化。伊斯兰教是许多少数民族信奉的宗教，尤其在西北少数民族地区中颇有影响。基督宗教则与西方民族关系密切，迄今仍面临着在华本色化或处境化的任务。这样，中国人强调宗教在中华各民族之社会团结或社会冲突中的作用，中国亦希望宗教能为中国社会的稳定和中华各民族的团结作出重大贡献。这是当代中国人看待政教关系的基本立场，是其理解和评价宗教在中国之意义和作用的基本出发点。在中国社会中，并无某一传统宗教曾享有某种特殊待遇或有过某种特殊地位；但就宗教信仰与中华民族的稳定和团结之关系而论，有些中国人的确认为源自中国传统的本土宗教乃维护中华民族团结及统一的重要因素，而某些外来宗教则有着在中国人中导致离心倾向的潜在可能。以这种对宗教的审视，他们指出宗教在中国社会既有正面功能、亦有负面功能，因为宗教不仅具有讲仁爱、宽容和恕道之特性，一般亦具有排他性之可能。在民族与宗教关系上，宗教的这种排他性有可能激化不同民族之间的矛盾和导致其疏远，增加解决民族与宗教问题的复杂性。

二 宗教与民族主义和爱国主义

民族主义和爱国主义实质上反映出某一民族或国家的民族精神。各民族的区别在本质上表现为不同民族文化的多样性。民族文化作为一种社会意识有其历史延续性，表达了其民族特性及本真。民族精神乃民族文化的核心内容，是其民族优秀成分的集中体现及其民族文化之精华所在。民族精神展示了相关民族的独特性格、情趣、境界和追求，代表了其民族文化之魂。而民族精神即包括民族主义和爱国主义。宗教在某种意义上亦属于相关民族所具有的民族精神。因此，宗教在民族主义和爱国主义中占有极为重要的地位。

如果某一宗教被视为某一民族的象征或精神依托，那么，在该宗教与其民族主义之间自然有着极为密切的关联，如犹太教与犹太民族的关系、神道教与日本民族的关系等，都充分说明了这一点。在此，爱国主义与宗教激情往往是等同的。不过，这种结合在其民族主义中既有其积极或正面功能，亦有其消极或负面功能。宗教在其社会中的正功能包括民族心理之调适、社会整合及控制、个体存在及行为的社会化、对其文化及习俗的认同或求同等。宗教由此可使其民族得以神圣化，提供一种为其民族献身的精神。这对于其民族的生存、稳定和发展都是至关重要的。但从其负面功能来看，宗教在某种程度上仍存有保守主义、宿命主义、基要主义和排外主义；这些负面因素鼓励狭隘民族主义，形成保守或极端的民粹主义，从而会妨碍其民族的发展，甚至可能给其民族带来灾难性后果。

与之相反，如果某一宗教被视为某一民族的异己因素或对抗力量，那么，这一宗教与相关民族的民族主义之关联则颇成问题、极为微妙。二者之间会存在某些问题和矛盾。而这一民族的群众可能担心在此类宗教中会存有潜在的分裂因素和离心倾向。因此，在此类宗教和上述民族主义之间肯定会出现一种张势，形成一种防范。例如，基督宗教在过去就曾被许多中国人视为这种异己性宗教，故此而有"多一个基督徒、少一个中国人"之说。由于种种原因，宗教在中国与民族主义和爱国主义之关系乃呈现多元之态，且极为复杂。

在中国历史上不曾有过国教，没有哪种宗教被公认为中华民族的灵魂或精神象征。尽管在儒教传统中有过敬天祭祖的礼仪，不少中国人对儒教作为宗教之定位仍抱怀疑态度。此外，中国过去的历史还记载了毁佛、灭道和禁止其他宗教的运动，我们在探究基督宗教与中华民族的关系时亦触及"礼仪之争"和"非基督教运动"。由于复杂的历史、政治等原因，中华民族可以友善接受所有宗教的外部氛围并非太理想。比较而言，佛教和道教在很大程度上已被公认为代表传统中国宗教；历史上有些中国皇帝曾成为其信徒，并支持其宗教活动。因此，在中国的某些历史时期，宗教在社会的地位曾较为显著。这一期间宗教因素与中国民族主义和爱国主义精神的结合亦较为直接。但总体来看，宗教与民族主义和爱国主义的直接关联在多民族、多宗教并存的中国社会与仅信奉某一宗教的民族国家相比，并不十分典型和明显。

三　中国的宗教信仰与爱国主义

任何宗教要想在中国社会生存和发展，都需关注其与国家的关系，尤其是与中国官方权力机构的关系。在中国的政教关系上，中国封建君主曾要求宗教服从并服务于中国政权及其社会。在这一时期，宗教在中国曾体会到其依靠国君以及适应并融入中国社会的必要性。例如，佛教在中国本土化的过程中，佛教徒曾总结出："不依国主，则法事难立。"只有深入研究这一历史，我们才可能更好地理解在中国近现代发展中宗教信仰与爱国主义之关系。

在中国宗教中，爱国主义占有重要地位。宗教信仰者的共识是"爱国爱教"。当然，"爱国"乃政治之态，而"爱教"则为灵性之态。在中国佛教发展中，宗教信仰与爱国主义曾有一定程度的结合。许多中国佛教徒在其宗教中找到了与中国文化之等同，他们强调自己既是中国人，又是佛教徒，其对国家之忠诚亦是其作为佛教徒的责任及使命。于是，在作为中国人和佛教徒之间并无矛盾或冲突。中国名僧弘一法师（俗名李叔同）曾提出"念佛不忘救国、救国不忘念佛"的著名口号，表达了二者的统一及协调。不过，在藏传佛教中，情况则颇为复杂。按照历史事实和文献记载，中国历来强调，西藏属于不可分割的中国领土，而藏族亦属于整个中华民族。若据此理解，藏传佛教徒既可维护国家统一、发扬爱国主义精神，又可坚持其宗教信仰及实践，因而在使二者协调一致上并无困难。他们中有些人虽然承认达赖喇嘛为其宗教领袖或精神领袖，但不承认其为政治领袖。因此，在其态度和立场上有着政教之间的明确区分。他们相信藏传佛教，但并不追随达赖喇嘛从事政治分裂活动。而问题的复杂性则在于有少数藏传佛教徒因受分裂势力的影响而形成了政治、民族及文化上的离心倾向，他们要把中国与西藏加以区分，要求西藏从中国分离和独立，这样就成为民族分裂分子。这些人将其政治态度与其佛教信仰相结合，把达赖喇嘛既视为其宗教领袖，又看作其政治领袖，于是就走向宗教偏激甚至极端发展。既然中国强调对西藏拥有不容置疑的主权、不允许外来势力干涉西藏事务，那么上述政治分裂主义与宗教信仰之结合则明显会给西藏带来问题和冲突。离心和分裂的企图势必破坏其历史上形成并流传至今的文化亲和力，导致民族认同感的弱化和汉藏关系的疏远，因此是对民族团结、国家安定的极大威胁。在目前政治形势下，这种民族分裂与佛教信仰之结合将不仅给藏族民众带来灾难，而且对其宗教信仰亦极为有害。

  道教在中国的政教关系上则无这种性质的问题和矛盾。在佛教传入中国的早期阶段，许多中国人已强烈感受到外来文化的冲击，有着获得一种土生土长之"中国宗教"的需求。可以说，道教之所以产生和形成于东汉时期，在一定程度上亦与佛教在中国的流传直接相关，在当时起着对佛教传播的回应和抗衡作用。道教在其形成之初即具有维系中国传统文化之性质。在道教这一中国土生土长的宗教中，其宗教信仰与爱国传统已达到一种有机结合。在当前文化战略和民族发展的讨论中，道教作为中国本土宗教对民族文化的维系和保护作用，正引起人们越来越多的关注和重视。

伊斯兰教既在中国内地，亦在边疆地区获得发展。伊斯兰教信仰与中国爱国主义之结合取决于伊斯兰教在中国本色化和结合、融入中国文化之程度，也就是说必须走"中国化"道路。就其教义本身而言，伊斯兰教《圣训》中曾论及"爱国是伊玛尼的一部分"，因而在原则上爱国主义并不与其信仰相悖。如上所述，伊斯兰教在中国主要是一些少数民族所信奉的宗教。伊斯兰教在这些少数民族的文化特性及习俗之形成过程中曾起过重要作用。不过，在伊斯兰教与这些少数民族之自我认同的结合中，其与汉族的关系及其作为中国人的自我意识，也曾有过波动，出现过向心和离心这两种倾向。一般而言，伊斯兰教在中国内地与少数民族的结合总体表现为向心倾向，有着对中国文化的积极认同和适应。但在个别边疆地区，如在南疆维吾尔族聚居地区，个别人因受外来分裂势力的影响而主张分离，即搞所谓"疆独"，形成"东突"分裂势力，从而构成一种离心发展之潜在危险。在此，文化的交融被搁置，文化的冲突被突出。当有人打着宗教旗号来搞民族分裂时，宗教与民族主义及爱国主义的关系则变得极为复杂。如上所述，南疆维吾尔族穆斯林中因个别人的分裂倾向而形成认知、行为上的分歧，在其理解和解释民族主义、爱国主义及其伊斯兰教信仰关系上乃有着明显的不同，结果造成这一地区民族、宗教问题的敏感性、复杂性。在这种情况下，政治上对边疆的巩固、经济上对西北的开发只有与其宗教文化的重建及民族关系的亲和相结合，才可能达到其理想效果。对待民族宗教问题，既要讲政治，也要讲文化。

基督宗教在中国迄今仍被理解为一种"洋教"，或确切而言，一种"西方宗教"。为了摆脱"洋教"或"西方宗教"之名，中国基督徒曾努力促使基督宗教的中国化，建立中国本色教会。在中国基督教（新教）的"三自爱国运动"和中国天主教的"爱国运动"中，我们可以清楚看出这一目的。在这些运动中，中国基督徒试图找出一条既为基督徒，又是中国人的理想之道。由此亦可察觉出基督宗教信仰在中国与民族主义、爱国主义的结合。20世纪中国基督宗教的发展既是宗教运动，也是政治运动，人们无法否认其政治意向，这在20世纪50年代以来尤

第三十二章　民族主义、爱国主义与宗教信仰在中国　333

为明显。当然，基督宗教按其本质并非民族宗教，而乃普世宗教，因此，有些问题仍需解决，如民族主义与国际主义、爱国主义与不分国度之博爱、本地化与普世化等关系问题。这里，尤其是中国的天主教徒正面临着极为复杂的形势。作为中国人，他们应该忠于其国家；但作为天主教徒，他们又应有对教宗的信仰忠诚和服从。既然是天主教徒，他们自然有其对天主教的基本理解和信仰认同。其特点不应被回避或忽视。然而，中国与梵蒂冈之间迄今仍未达成外交关系的正常化，中国天主教与罗马教廷之教务关系的中断亦延续至今。梵蒂冈不仅是教廷，而且又是一个独立国家。其政教合一之状和与中国外交的非正常化给中国天主教带来了极为困难的问题：爱国主义在此对中国天主教徒意味着什么？在这种状况下，大多数中国天主教徒的选择和决定只能如此：首先，他们从政治意义上考虑，强调自己的中国人身份；其次，他们才承认自己在宗教意义上是天主教徒。这就是说，在政治上，他们乃站在中国政府的立场上，以"爱国"即爱中国为首位；而在宗教信仰上，他们则保留其对教宗的忠诚和服从，以体现其"爱教"之信仰身份。不过，如果在中国与梵蒂冈之间、在中国政权与教宗之间出现矛盾和冲突，那么中国天主教徒就不得不做出政治上或宗教上的选择。正如在历史上"礼仪之争"，即梵蒂冈与中国政权、教宗与中国当时清朝皇帝康熙之间发生争议后所导致的结果那样，不仅政治关系中断，其教务关系亦难保。在中国近现代史上，中国天主教徒由于政治的原因而不得不一次又一次地做出困难的选择，吞下这一窘境所带来的苦果。这一问题迄今有了可能改变的迹象，值得观察和跟进。在中梵隔绝的状况下，那些只承认其对教宗忠诚和服从的中国天主教徒就可能会成为所谓"地下教会"的成员，会因其缺乏爱国主义而遭到中国社会公众的批判与谴责；中国的"爱国天主教徒"则因政治上与政府保持一致而与梵蒂冈关系困难，或与梵蒂冈毫无关系，他们也会因此被外界批评为对教宗不忠或对教会不忠，从而被指责为不符合"天主教徒"之名分。这种僵持给双方都带来了不利。对解决这一问题的基本共识是中梵外交关系的正常化。在现实社会中，宗教问题不可能与政治问题截然分开，而不少宗教问题的解决亦以政治问题的解决为前提。中梵关系的正常化可以为避免中国天主教徒的这种分裂之状提供机遇和希望。但要想实现这一目标、恢复中梵之间的一种理想关系，则仍然需要我们的共同努力和智慧。

（原载《宗教比较与对话》第二辑，社会科学文献出版社 2000 年版。）

第三十三章

践行统战理论，做好宗教工作

党的"统一战线"理论和实践位于我党取得革命胜利的"三大法宝"之首，其意义及作用的重大由此得以充分体现。从中国共产党的建立及党领导的军队创建以来，这一统战理论就不断得以贯彻并在革命实践中取得卓越成效，其在民族宗教工作中的践行更是我党理论与实践历史发展中的宝贵财富。在今天，中国社会主义得以建立，共产党成为执政党，但我们的民族宗教工作仍在延续，而党的统战理论当然也仍应该继续坚持。回顾和展望党在宗教工作领域对统战理论的践行，对于我们今天正确看待和处理中国所面对的宗教问题，有着深刻的理论意义和启迪作用。

中国共产党在宗教领域推动统一战线工作，是我党丰富和发展马克思主义宗教观的重要创新和有力举措。中国共产党一直主张与宗教界人士"政治上团结合作、信仰上相互尊重"，在社会主义革命和建设中与宗教界建立了良好的、和谐的合作关系，这一原则和实践至今未有任何改变。从我党领导人的理论表述来看，毛泽东同志早就认为"共产党员可以和某些唯心论者甚至宗教徒建立在政治行动上的反帝反封建的统一战线"[①]。周恩来同志也明确指出："我们认为，唯物论者同唯心论

[①]《毛泽东选集》第 2 卷，人民出版社 1991 年版，第 707 页。

者，在政治上可以合作，可以共存，应该相互尊重。"① 由此可见，中国共产党的老一辈革命家是把宗教界人士作为社会积极力量来引导和对待的，使之在维护民族团结、吸引信教群众参加革命、取得无产阶级革命成功上发挥了重要作用，取得了不少成就。在中华人民共和国成立后，党的统战理论仍然得到贯彻执行，特别是在世界全球化发展、中国改革开放的新形势下，中国共产党新一代领导人重申了与宗教界人士开展统一战线工作的重要性和必要性。邓小平同志强调，"我国各兄弟民族经过民主改革和社会主义改造，早已陆续走上社会主义道路，结成了社会主义的团结友爱、互助合作的新型民族关系。各民族的不同宗教的爱国人士有了很大的进步。"因此，"新时期统一战线和人民政协的任务，就是要调动一切积极因素，努力化消极因素为积极因素，团结一切可以团结的力量，同心同德，群策群力，维护和发展安定团结的政治局面，为把我国建设成为现代化的社会主义强国而奋斗。"② 显然，步入新时期发展的中国共产党再次强调了"巩固和发展党同宗教界的爱国统一战线"③，江泽民同志说："我们处理同宗教界朋友之间的关系的原则是政治上团结合作，思想信仰上互相尊重。这一点是永远不会变的。"④ 可以说，新时期中国共产党的统一战线理论和实践，是对推动马克思主义宗教观"中国化"的开拓性贡献，也是确保中国社会稳定、民族团结、宗教和顺、我党民族宗教工作不断创新发展的核心要素和强大动力。

在社会主义革命及建设的实践中，党的统战理论融入了革命历程，得到了很好的落实和创建性发展。毛主席在红军革命时期同基督徒、福音医院院长傅连暲建立了非常友好的关系，使他把福音医院改变为当时最大的红军医院，他本人也在毛主席的介绍下加入了中国共产党；这一时期在我党民族宗教政策和统一战线实践的感染下还有藏传佛教的小喇

---

① 《周恩来统一战线文选》，人民出版社1984年版，第184页。
② 《新时期宗教工作文献选编》，宗教文化出版社1995年版，第6、7页。
③ 《江泽民文选》第3卷，人民出版社2006年版，第396页。
④ 《新时期宗教工作文献选编》，宗教文化出版社1995年版，第210页。

嘛桑吉悦希参军入党,毛主席还专门为他取名为"天宝"。1936年5月25日,毛主席作为中华苏维埃人民共和国中央政府主席发布了《中华苏维埃中央政府对回族人民的宣言》,指出"我们根据信仰的绝对自由,保护清真寺,保护阿訇,担保回民信仰的绝对自由"。毛主席还在1940年9月专门为穆斯林题写了"清真寺"匾额。当时担任陕甘宁豫海县回民自治政府主席的马和福也光荣地加入了中国共产党。红军长征期间朱德同志九次与格达活佛见面谈话,使他成为红军和共产党的忠诚朋友,并且在红军走后仍然不顾个人安危挺身而出保护上百名红军伤病员,最终为西藏的解放献出了宝贵生命。受党的统一战线理论的感召,在革命最艰难的时刻,基督教牧师董健吾毅然在1928年加入中国共产党,此后他在上海不顾危险帮助抚养毛主席的两个儿子毛岸英和毛岸青,并以"王牧师"之名帮助数以百计的共产党员从上海转移到江西,他还于1936年介绍并协助美国记者埃德加·斯诺(Edgar Snow)到延安采访毛主席和中共其他领导人,斯诺由此所写的《红星照耀中国》影响了整个西方社会,使西方民众最早非常正面、积极地认识到中国共产党。冯玉祥的基督教牧师浦化人也是在1927年加入共产党的,此后他以牧师这一特殊身份而吸引基督徒参加革命,积极践行党的统一战线理论。据美国研究中国共产党史的著名学者斯特拉纳汗(Patricia Stranahan)在其专著《地下:上海共产党及其生存政治,1927—1937》[①]及其他文献记载,这一时期光上海基督教圣约翰大学师生参加革命、加入共产党的就有几十位。在党的统战理论感染下,广大宗教信徒积极参加革命,壮大了我党我军的力量。在红军时期有由土家族和苗族组成的红军队伍,在抗战时期有由穆斯林组成的抗日回民支队,在解放战争时期人民军队中也有由蒙古族等少数民族组成的内蒙古骑兵师,这些队伍中也有不少民族同志加入了共产党,他们为新中国的成立而流血牺牲、忘我贡献,建立了不朽丰碑。这种实例还非常之多,而党的统

[①] Patricia Stranahan: *Underground: The Shanghai Communist Party and the Politics of Survival, 1927 – 1937*, Lanham, Md.: Rowman & Littlefield, 1998.

战理论及实践在中华人民共和国成立后也得以保持和弘扬。今天中国宗教界许多宗教领袖如赵朴初、丁光训、傅铁山等人和广大宗教信徒紧跟中国共产党，建立爱国宗教组织，积极参与中国特色的社会主义建设事业，就是最好的明证。

党的统战理论是我党理论建设的传家宝，也是得到中国革命与建设实践检验的正确举措。研究、反思党的统战理论在今天有着非常及时的现实意义，起着"政策和策略是党的生命"这一重大作用，这也是检测我们今天宗教工作做得如何的基本依据，是对当前各种复杂问题的科学回答。现实中的国际国内形势空前复杂，我们面对着宗教信徒占绝大多数的全球化挑战，我们必须对正确开展中国的民族宗教工作做出决策。我们应该清醒地认识到，信教群众是我们的基本群众，宗教组织的社会存在有着不可避免的政治功能，单靠任何行政力量或举措不可能根本削弱宗教的存在及其社会力量；而疏远宗教、激化矛盾，人为树敌，只会给我们的社会添乱、干扰我们的前进行程，甚至带来严重的负面后果。目前非法地下宗教活动等乱象已经出现，危险正在加剧，我们对之要有敏锐的认识。因此，对待宗教，我们的工作选择只能是积极引导，加强管理，将信教群众团结到我们党和政府的身边，使宗教组织成为有利于我们中国特色社会主义发展的社会建构及政治力量。由此而言，我党统战理论对待宗教"政治上团结合作、信仰上相互尊重"这一基本思想和原则就恰如长鸣的警钟，带给我们及时的提醒和强大的忠告。

中共中央、国务院在21世纪关于加强宗教工作的决定中深刻指出，"宗教工作是党和国家工作中的重要组成部分，在党和国家事业发展的大局中有着重要地位。做好宗教工作，关系到加强党同人民群众的血肉联系，关系到推进两个文明建设，关系到加强民族团结、保持社会稳定、维护国家安全和祖国统一，关系到我国的对外关系和国际形象。"[①]我们今天中国特色社会主义宗教理论体系的建设，当然要以一种大统战的积极思维来看待、协调好与宗教关联的各种关系，这是党的统战理论

[①] 《中国特色社会主义宗教理论学习读本》，宗教文化出版社2013年版，第153页。

为这一建构顺利完成而提供的精髓和精华。从做好宗教工作的重要意义来看，习近平总书记特别指出宗教工作在党和国家工作全局中都具有特殊重要性，其工作的质量及成效会直接关系到中国特色社会主义事业发展，关系到党群联系、社会和谐、民族团结和国家昌盛。对待宗教故而不可随意而为、不能掉以轻心。全国宗教工作会议阐述了宗教关系包括宗教与党和政府的关系、宗教与社会的关系、国内不同宗教之间的关系、我国宗教与外国宗教的关系，以及信教群众与不信教群众的关系等。而要处理好这些多个层面、错综复杂的宗教关系，确保社会的和谐稳定，则只能继续坚持并发扬好党的统战理论与实践。所以，做好今天的宗教工作，我们迫切需要重温党的统战理论，践行党的统战实践。

（原载 2017 年 8 月 15 日《中国民族报》）

第三十四章

落实《宗教事务条例》，依法管理宗教事务

最近广泛征求意见后而加以修订的《宗教事务条例》得以颁布，这是当代中国依法管理宗教事务的重大进展，是当前宗教工作中值得关注的一件大事。宗教作为人类历史悠久的社会文化现象，不仅是思想信仰之精神层面的表现，也是社会活动之现实存在的展示。而宗教作为社会现实存在，其活动场所、社会组织、实践行为则与整个社会相关联，由此而与现实中的社会建构、社会秩序、社会规范、社会责任等有着密切关系。所以说，现实社会存在中的宗教不是不受社会法律、规章制度约束、监管的"世外桃源"或超越法治的"真空净土"，而必须在社会规制内合法有序地活动。

《宗教事务条例》的制定，旨在"保障公民宗教信仰自由，维护宗教和睦与社会和谐"。这里，其宗旨和目的涵括两大方面：一是要"保障公民宗教信仰自由"，这就包括信仰宗教或者不信仰宗教的自由，信仰不同宗教和改变或放弃某一宗教信仰的自由。而这种思想精神层面的宗教信仰自由，则需要得到社会法律法规及相关规章制度的保障。二是要"维护宗教和睦与社会和谐"，这就是要依法保护正常的宗教活动，包括维护宗教社团、宗教院校、宗教活动场所和信教公民的各种合法权益，从而在社会政治层面以政府的宗教事务管理来保护合法、制止非法、遏制极端、抵御渗透、打击犯罪、维系公道、遵守秩序，达到在宗

教社会存在上实现宗教和睦、各教平等，在宗教与社会的关系上确保社会稳定、民族团结、国家统一。因此，为了我国宗教的和谐共存、社会的稳定平安，需要根据国家宪法和相关法律法规精神来制定相应的宗教事务管理条例，使宗教有序发展，社会长治久安。《宗教事务条例》的修订颁布，符合我国国情和现状，体现出依法治国的基本精神，有着促进宗教平等和睦、社会公正和谐、确保中国社会平安且可持续发展的必要性和重要性。

宗教作为一种社会存在，有着复杂的社会关联，在一定程度上也会反映出相关宗教的政治态度或政治诉求，表现出其社会责任和担当。因此，在这种复杂、多变的社会存在处境中，对于宗教问题不可能仅仅从精神信仰上抽象来看，而也必须讲政治、讲法律、讲公义、讲责任，强调对宗教的积极引导和依法管理。我们建设中国特色的社会主义，正是意识到在复杂的国际政治氛围中，要面对、应对各种社会政治势力的挑战、干扰、渗透来坚持走我们的社会主义道路、发展出社会主义的强国。而处于不同国家利益的纠缠、博弈之中，我们更应该有明确的中华民族意识、维护祖国利益。恰恰是在这种状况中，宗教不可能"与世无争"或"与世无关"，不会是"属于另一世界"的"出世"或"超然"之在，而是有着真实且复杂的社会政治卷入和参与，有着对社会存在现实非常鲜活、生动的反映。在我们社会主义中国，要体现我国宗教与境外宗教的明显不同和根本区别，要彰显其中华主体和中国特色，则必须在引导和理解宗教、在执行好宗教政策和处理好宗教事务上有所作为，以保障我国宗教和睦、健康的生存与发展。

就目前现状而言，我们对中国宗教事务应该有如下三个方面的有效推动：

一是积极引导宗教与中国社会主义社会相适应。这种适应包括思想精神上的、核心价值观上的、政治立场上的、法律法规上的、公共道德上的、文化传统上的适应等层面，体现出党和政府及社会主流对宗教的积极引导，实现宗教在中国的社会政治认同和对中国社会多层次、全方位的整体适应。这种积极引导应该是我们新时期宗教工作的核心任务。

二是依法管理宗教，体现出宪法的权威、法律的尊严。任何宗教活动、宗教团体和宗教存在场所都必须服从法律法规，遵守社会规则、维护社会秩序。在一个法治的国度和社会中，不应该也不会允许任何法外宗教的存在，而乃违法必究、非法必惩。在此，既需要政府严格按照法律法规来科学管理，也需要宗教方面的积极回应，主动服从、认同、适应这种依法管理，自觉遵守《宗教事务条例》的各项规定，尤其是要使各宗教的教法教规服从国法政令，在法律法规允许的范围内开展其宗教活动、建构其宗教组织、体现其社会存在。

三是我国宗教坚持中国化方向。在中国境内的宗教自觉意识到其中国存在和中国身份、坚持中国化方向，是其健康发展的基本前提和保障。这种"中国化"自然就会要求我国宗教在政治、法律、思想、道德、文化等方面积极适应中国的社会存在和当前发展，既"入乡随俗"又"与时俱进"，使之真正成为中国社会的有机构成、中华文化的基本元素。

在当下社会转型时期，人们的认识变化迅速，社会团体出现了复杂发展，对宗教的理解已多种多样，宗教社团也卷入这种现实处境而呈现多元之状。我们应该冷静地认识到，对信仰问题要想在思想认知方面达到统一尚需要时日，而要对宗教的理解评价获得共识则更是很难一蹴而就的，仍然会有着漫长的道路要走，我们必须有足够的耐心，准备继续其长远的历程。但宗教的社会现实存在却时不我待，必须及时地、恰当地处理好随时都会涌现出的宗教问题，必须科学梳理、办理好宗教事务。所以，面对这种流变不定的宗教场景，及时贯彻落实根据新情况而新修订的《宗教事务条例》，做好依法管理宗教的工作，是当务之急、当行之业。

（原载《中国宗教》2017年第9期）

第三十五章

中国宗教现状和未来发展方向

宗教在当代中国近几十年来发展较快，影响较大，给人留下深刻印象。但宗教在当代中国的生存与发展尚有一些根本问题没有得到彻底解决，故其面临着新的困境，这是其现状之真实写照。不过，中国当前正处于社会转型的关键时刻，改革的必然深化因而也给中国宗教未来发展带来很大的希望，这也预示着其未来发展的方向，并且充满着变数。从其消极和不利处境来看，其现状所反映的困境，一是宗教在中国社会没有被普遍接受的存在名分，人们对其社会作用、功能的认识多元、评价不一；二是宗教在中国社会文化中的低卑处境，因其有"落后文化"之嫌而在文化建设发展中被边缘化；三是宗教在中国政治环境中的定位尴尬，中国的宗教领袖、教职人员及信教群众在宗教权威与政治权威之间的身份模糊；四是宗教在有神与无神之争张力下的认识差距，宗教有神论被视为与中国主流意识形态格格不入；五是宗教易被人们与"敌对势力""极端势力"和"暴恐势力"相关联，在人们防范、监督的眼神下步履维艰。而从中国当代社会转型带来的积极和有利前景来看，其未来发展方向所预示的希望，一是中国社会当前对传统文化的重新评价和肯定将涵括宗教，二是"中国梦"追求中对世界文明的开明态度使宗教的定位获得相对肯定，三是中华文化"多元通和"重提对宗教的包容，四是对宗教的积极引导使其价值评价和社会认知有着趋好的可能。除了这一国内环境，中国当代宗教的未来走向还取决于中国与国际关系的调适，取决于对人类命运共同体的综合认知，以及中国领导在顶层设计中对宗教的系统思考。以下将对之加以详述。

导 论

中国当代宗教状况如何，这是目前人们比较关注的热门话题之一。2013年，中国相关研究机构翻译刊登了美国皮尤研究中心2012年发表的关于2010年世界信教人数的报告。这一报告认为"中国大陆"目前有"基督徒6841万，穆斯林2469万，印度教2万，佛教2.44亿，民间宗教2.94亿，犹太教1万，其他宗教908万；共有宗教信仰者6.4亿；无宗教隶属7亿多人"。这些数字明显过于夸大，如果按照这一报告，中国似乎已经成为世界当代的宗教大国之一，其信教人数是美国总人口的两倍！在近五年左右的时间内，中国相关学术机构独立或联合，包括零点公司与美国贝勒大学的合作，也对当前中国大陆的信教人数进行了统计和研究，不同研究机构得出的比较接近的数据是，当前中国大陆信教人数已经超过3亿，也就是说，至少也比美国全国的总人口还要多！从这些数据来看，中国大陆似乎已经进入了宗教快速发展的时期。不过，中国国内的最近报道乃基于北京大学社会学调研，将中国信教人数总数锁定在接近2亿之说，中国社会舆论也并不希望把信教人数说得过多。在2018年4月3日中国政府最新颁布的《中国保障宗教信仰自由的政策和实践》白皮书也采用了当前中国宗教信徒大约2亿人这一说法，使之成为权威数据。记得前些年国外关于中国宗教信仰人数激增的说法，曾引起了激烈的回应，也使一些人产生过方方面面的担忧，这就特别包括对中国基督徒人数的说法。约十多年前美国来华记者大卫·艾克曼（David Aikman）写的《耶稣在北京》（*Jesus in Beijing*）一书论及，如果中国信仰基督教的人数能够达到中国总人口的约20%，那么"基督的羔羊"就最终会战胜"中国龙"，他并认为这是与"中国实现现代化"相关联的。艾克曼的说法引起不少中国人的震惊，并开始在中国大陆出现对基督教发展的担忧。而英国《每日电讯报》在2014年

4月25日的报道中又说,有旅美中国学者在接受该报采访时甚至宣称,到2025年时中国的基督教新教信众有可能达到1.6亿人左右,而到2030年时中国基督教徒的总数就将超过2.47亿人,届时中国将超过美国、巴西和墨西哥成为世界上基督徒最多的国家。这种耸人听闻的说法对中国大陆再次形成冲击,也进一步带来了中国人对基督教在华当代发展的高度警惕。为此,在涉及基督教在当代中国命运时,就有了是"中华归主"还是"主归中华"的相关讨论,在此"中华归主"意蕴着中国的"基督教化"即"西化"倾向,而"主归中华"则朝向基督教"中国化"的努力。从这些现象来看,中国当代宗教与过去相比的确有了比较强势的发展,但接着而来的则是这些宗教在中国当代社会的存在及认同问题,各种矛盾和危机正在从"潜伏"状况改变为逐渐露出地面,这当然也就引起了中国社会及理论界对宗教在华存在的评估和思考,其观点的分歧、讨论的激烈亦前所未有。这种现状如一面镜子,反映出中国当代宗教所面临的困境与可能的希望。

一　中国宗教现状及其所面临的困境

(一) 当代中国人需不需要宗教之争

在世界范围内,以及宗教研究学术界的共识,宗教存在一种"人类学常数",人与宗教相关联似乎是一个不争的事实。然而,中国当代社会多数人自认为是一个"世俗社会",今天与宗教无关,过去也与宗教无缘,甚至有人宣称中国历史中就没有宗教、中国的社会文化特质就是一种世俗的文化,没有思考所谓"神明"问题的空间,所以宗教在中国的将来仍然没有什么大量发展的希望。所谓"人类学常数"在中国就已经失效!按照中国当今的习惯说法,而且有着政府权威的依据,中国只有不到2亿人信教,其余的约12亿人并不信教,而且也没有感到有宗教信仰的需求。若依这种说法,好像全世界不信教的人都集中到了中国,中国成为世界上无宗教信仰的大国!于是,信教在中国被认为只是一种"边缘"现象,并不影响中国社会发展的主流。而中国社会对宗教信仰者给予了宪法的保障，这被不少人视为中国社会的大度、包容，在一些人那儿甚至对之露出了一种居高临下的"恩赐"的意蕴，即中国社会"给了"信教者"自由"，而不认为是信教者所"应得"。

20世纪初梁启超等人因为反对康有为复古的政治考虑，而在一段特定时间内公开宣称了中国乃"非宗教的国家"、中华民族是"非宗教的民族"之观点，认为中国"无宗教"，也"不需要宗教"。在此之前，梁启超的著作中多有儒佛道等中国"宗教"的表述，而此后他也转向了佛教等宗教，向中国人推荐可以选择信仰佛教，甚至也一度表露出承认孔教的态度。但令人不解的是，其否定中国有宗教存在及其必要的观点却流传下来，被人津津乐道，得以反复运用和论证，而其肯定、认可宗教的思想却故意被人所遮蔽。自"新文化运动"以来，宗教文化在中国现代社会被否定，视为"封建余孽"和已经过时的旧价值观、消极意识形态或境外渗透思想影响。"新文化运动"因为"救亡""图存"的需要创立了"破"字当头的"革命文化"，以"造反有理"而取得了改朝换代的巨大成就。但革命成功后这种"革命文化"的惯性很强，稳定政权、巩固新生社会的"和谐文化"并没有得到跟进，当时的中国人习惯于"破"而没有意识到"立"，从"新文化运动"到"文化大革命"都成了对传统文化的破坏、摧毁，使中国久远的传统文化在中国实施"改革开放"之前仅留下一片废墟、让人看到的是满目疮痍的惨景。这其中受害最深的领域之一，就是中国的宗教。过去近百年中国社会比较流行的观念是"唯物""唯实"，功利思想、实用主义占了上风，一切皆以"有用""有利"为基准，甚至宗教信仰也染上了这种功利主义的色彩，以是否"有效""灵验"为其信否之依据。"改革开放"的拨乱反正主要在政治、经济领域展开，而文化的缓慢跟进还很难顾及宗教。这时在"唯物""唯实"的标准内又加上了"唯钱"，丝毫认识不到还有"唯信"之维，纵令看到此维者也将之与"唯心"画等号。有一些不信宗教的人们干脆连信仰也不要了，信仰、信念和"举头三尺有神明"的古训被抛之脑后，朝"前"看变为朝"钱"看，在追求成为"土豪"的驱使下，"造假"、"涂毒"成为习惯之举，毫无恻隐之心，文化、教育等都只被视为可以"卖钱""赚钱"的"商品""产业"，结果对宗教的认知也是限于可不可以"上市""拍卖"，能否"招商引资"！于是表面的宗教"繁荣"也不过是为了寻找"商机"、异化为"金钱"之求，即所谓"宗教搭台，经济唱戏"。除此之外，多数人不知道是否需要宗教，不少人仍在贬损宗教。信仰宗教者被无形贴上"落后""愚昧""保守""不识时务""不合时宜"的精神标签，而有宗教灵性需求者在世俗大众社会的注目中则不得不转入"地下"，成为"秘密工作者"。在经济大潮的推动下，人们只想到向"钱"进，而不顾钱进肚囊、"灵魂出窍"。这些人觉得什么都可以靠钱来搞定，而不需要什么宗教，不顾及有无信仰，不少得到世俗社会的实惠者对待宗教则有着"沉舟侧畔千帆过，病树前头万木春"的自喜。因此，世俗化仍是社会的主流。

这种世情反映在理论圈，则出现了中国有无宗教、是否需要宗教、如何评价宗教之争。自 20 世纪 60 年代以来，中国理论界大致出现过三次关于宗教理解之争，隐藏在其后的则是对中国有无宗教、是否需要宗教、宗教是否落后的潜在问题。第一次是 20 世纪 60 年代关于宗教与迷信的区别及联系的争论，在此，迷信成为涵括宗教的大口袋，虽然有学者以"不是所有迷信都是宗教"来似乎"抬高"了宗教，但其"一切宗教都是迷信"的断言却又把宗教打回了价值判断的"死牢"。第二次是 20 世纪 80 年代即"改革开放"初期关于宗教是"鸦片"还是"文化"之争，双方势均力敌、不分伯仲，其较量仍在延续。第三次则是当前方兴未艾、激战犹酣的"讲宗教"还是"讲无神论"的争辩，"宗教学"在此被指责为"神学"而视为信仰宗教的"变体"，少数力主以"无神论"为独立学科者则投身到对"信仰"、对"宗教研究"的谴责和讨伐之中，而在其学科创建上却语焉不详。这些争论的实质仍然是中国需不需要宗教，如何评价宗教的问题。在这种氛围中，宗教信仰者在社会上显然有着压力，甚至宗教研究者也受到怀疑，成为在"雷区"步履蹒跚的敏感人群。在 2015 年初，习近平总书记明确指出"人民有信仰，民族有希望，国家有力量"之后，反对宗教信仰者不敢再公开反对信仰之说，于是一方面以"信仰"不同于"宗教"之措辞来继续其否定宗教的思想，另一方面却以"信仰乃宗教的本义"、政治信仰只是转义、借用之论述而实质上再次隐晦地否定了信仰。从整体来看，民众的信仰单薄仍比较普遍，这种信仰的缺失已经有着在许多方面的蔓延，当然也直接影响到中国社会的宗教信仰及其存在与发展。

（二）宗教文化是"落后"还是"优秀"之争

20世纪80年代宗教是"文化"的讨论曾对中国当代宗教理解起到"解放思想"的作用。谈宗教会让人敏感，而讲文化则可以"脱敏"。在20世纪90年代初，开始对"基督教"有了"基督教文化"等表述，旨在减少人们对其敏感和猜测。本来，宗教"文化论"希望能达到对宗教比较中性、客观的评价，把宗教从长期负面、否定的评价中解脱出来。不过，在评价包括宗教在内的传统文化时，仍有人认为，宗教纵令可被归入人类文化的范畴，也只能是代表以往历史阶段思想意识的旧文化，被定性为是落后的、守旧的、消极的、负面的，即属于封建主义、资本主义的文化范畴，而今天的宗教也不过就是过去文化的遗存，会随着新文化的发展而慢慢消失、消亡，并不可能出现随社会变迁而发生的文化转型、文明更新。因此，宗教作为文化也由于被贴上落后性、保守性的标签而只能表示着对过去传统的回忆，因此仍然面临着会被逐渐淘汰的命运，故而不可能与"先进文化"同日而语、共为一体。今天中国正在进行文化更新和文化创新，但在现代社会转型期间所倡导的全面文化建设中、在文化大发展和大繁荣的喻指中，却没有明确的宗教文化之定位，人们或是回避这一提法，而是干脆否定宗教有参与文化发展繁荣的可能。对一些人而言，宗教只能被引导来适应今天中国的社会主义社会，而对断定宗教也会参与社会主义社会的文化发展和繁荣则感到简直乃匪夷所思。

在意识形态上，宗教被定性为唯心主义；在价值观上，宗教被视为一种落后的、过时的价值体系；若把宗教作为一种唯心的、虚幻的信仰，其文化属性及文化功能也只能是负面的、消极的，其"唯心"性质使之与中国社会主义的主流意识形态、价值观念面前乃显得格格不入，甚至只能被看作一种对立的、对抗的存在。社会对宗教文化功能的态度因而也只能是防范的、抵御的，似要杜绝，至少是要减弱其"渗透"、影响。不少人坚持，当前中国社会建设的现代发展只能是一种"世俗化"的发展，对宗教文化而言是不断"祛魅"却绝不可能让其"复魅"。其结果，宗教文化被理解为只能是宗教场所内的文化、宗教范围的文化，其对现实社会的可能正面影响也仅限于其对恢复"非物质文化遗产"的某种帮助，因而乃是一种"申遗"文化、"博物馆"或"文物展览馆"中的文化，而其最大的利用也是被相关部门作为辅助经济发展的文化，即所谓"宗教搭台，经济唱戏"之用，但这种利用目前已经被彻底否定。

这种对宗教文化的否定，也较为典型地反映在对儒家思想的评价上。一种奇特的现象是，当对儒家抱有好感者在犹豫儒教是否可以被视为宗教时，否定宗教者则多会认为儒教就是宗教，并由此对儒家的现代复兴表示坚决反对。这造成了颇为尴尬的局面，一方面中国以"孔子学院"在海外推动中国文化传播时是以孔子为正面形象的，将之作为中华文化的一种象征表述；但另一方面孔子在中国却仍然"名不正，言不顺"，因定位不清而有着文化意义上的"无家可归"之窘境。随着中国历史博物馆北门孔子塑像被指责为"封建复辟"之举，孔子像再次深藏不露、不知所终。当代中国理论及舆论界对孔孟之道有着鲜明对立的两种不同看法，这种纠结显然也是与对中国宗教文化的认知及评价相关联的。

（三）宗教的政治定位之争

在中国近代发展进程中，宗教与政治形成了复杂的联系；特别是因为基督教随西方强权政治而得以传入，使其政治关联更为明显。对此，中国在"改革开放"前习惯上多用"文化侵略"来表示，而现在则会更多使用"宗教渗透"之说。其实，"渗透"一般是指政治层面的，因而这一表述的精确蕴涵乃是"利用宗教"进行"政治渗透"。这种宗与政治的纠缠思维可以追溯到"戊戌变法"失败之后的康、梁之争，两人流亡海外的经历使师徒从此分道扬镳。康有为看到西方基督教作为国教的强大作用而想在中国加以模仿，遂提出以孔教为国教之议；而梁启超在日本则接受了从西方刚刚传入的马克思主义，故坚决反对立孔教为国教的倒退之举，他一方面从日本将马克思主义传入中国而成为在华传播马克思主义的第一人，另一方面则以儒教非教、中国无宗教之说来杜绝其师创立国教的企图。所以，否定中国有宗教，最初也是出于一种政治的考量。迄今中国社会仍对宗教保持着高度的政治警惕和警醒，觉得宗教易于卷入政治、出现政治嬗变。这种宗教的"被政治化"使社会本应该有的对之积极引导在社会实践中往往会打折扣。各种宗教被看作不同政治势力的外在披戴，其内在力量实为政治所掌控，所以，普遍的共识即"宗教无小事"，对待宗教问题则必须"讲政治"。其实宗教的政治卷入也是极为复杂的，既可能会被敌对势力所利用，也可能加入我们反对敌对势力的阵营，归属于正面的政治参与及影响。由于过于注重对宗教的政治防范，在一定程度上，社会则可能会出现并不是积极引导宗教对其平和的适应，而是消极防范宗教可能造成的社会问题、避免出现其治理麻烦等倾向。在许多人的心理上，宗教仍然处于社会中的"隔都"，迄今对之仍有着很难逾越的精神障碍。

在中国历史中，政教关系有着"政主教从"的传统，中国历来是以政主教、以教辅政，就是曾被作为"国教"的儒教也不例外，其对皇权的服从和服务乃不言而喻的。这种现象与西方传统中的所谓"政教合一"或"政教分离"有着天壤之别，不可同日而语。其实中国历史上正常的宗教存在，对于执政者不仅没有什么危害，反而还有协助政府的功用。对此，我们现在也并没有想得太清楚。在许多国家、民族，都曾有过宗教高于王权或至少可与王权相争博弈的经历，这种传统在今天也仍在一些国家和地区得以保留。西方近现代的"政教分离"也只是相对而言，宗教对政治、对社会、对民心的巨大影响乃有目共睹。而中国社会则不曾出现过政教力量平等，或宗教可以抗衡政治的现象。自从远古颛顼实行"绝地天通"策略以来，中国政治就一直保持了对宗教的掌控和主导地位，这种政教关系延续至今，并无根本性改变。因此，在中国宗教从来就是依附于政治的，佛教意识到"不依国主，则法事难立"之后方才改变了其与中国政治的关系，放弃了"佛法大于王法""沙门不拜国王"的印度佛教传统，实现了其"中国化"的质变。而有着强大西方政治支撑的基督教传入中国后对此却颇不甘心，故而导致"中国礼仪之争"的对抗，但基督教在华并没有占得上风，而是被打入另类，这一历史阴影至今尚未消散。西方列强以"不平等条约"来压制清廷对基督教全面放开，但种种"教案"的发生、基督教被戴上"洋教"之帽，且在1949年之后被边缘化，说明西方宗教在华的这种政治博弈也未占得上风。但问题是西方对此很不甘心，基督教之中也有不少人还想与中国政治继续较量，由此遂产生了所谓中国"宗教自由""人权"等议题，约十多年前有梵蒂冈搞"封圣"，前几年香港则有"占中"之举。但这种"基督教占领中国"之梦只会加剧其在华的政教冲突，而不可能占得上风。中国宗教无论是"土生"的，还是"传入"的，都是在中国政治统领之下的生存与发展，应该说中国的所有宗教都基本上保持了这种政教关系，服从政权、服务政权。中国社会从1949年前"造反""夺权"的政治革命的角度对宗教的重要批评之一，就是指责宗教是为统治阶级服务的，对维系其社会统治起了"牧师"的作用，对民众接受这种统治有着精神安慰和"麻醉"功能。但问题是1949年后的中国政治起了重大变化，革命胜利使革命党执了政，由其一统天下。然而，过去革命党推翻旧政治体制时对宗教的负面政治评价却在革命党夺得政权后仍然延续下来，结果今天仍有不少人还在认为，宗教仍然在服务于被推翻的统治集团、听命于被赶跑的外国势力，从而出现了时空的错位。这种认知忘记了中国政教关系中教依附于政的历史传统，顽固坚持宗教与政治的关联是与那种业已"消失"之政治的关联，似乎与现今政治水土不服、格格不入，从而把宗教主要是作为与当今中国政治主流相对立、相抗衡和相抵触的力量来看待，让当今执政者对宗教必须警惕、防范，而不认为宗教是当今政治可以信赖和利用的力量。于是，对宗教的使用也只能是一种防范性、掌控性的使用，其"政治安排"亦与众不同，仅认为"宗教是一种政治设施"。在此，对宗教的理解必须服从对政治的理解，而执政者也必须对宗教加强掌控，深感绝不能"失控"。不过，如果把宗教只是视为过去"旧政治"的传统反映和精神符号，却又让之必须服从、适应今天的"新政治"，这种关系则是非常扭曲的、根本矛盾的，政教双方也势必感到非常别扭。中国政治格局已变，而对宗教的政治定位认识却依旧，宗教势必陷入两难的窘境。服从政府的爱国爱教团体在其公开生存中有许多掣肘，难以有效发挥其积极作用；而不服从政府的宗教力量则也以彼此相异、根本对立为理由转入地下，躲避政权及法律的管理和规制，成为社会安定的隐患，甚至最终不得不通过战争形式来解决，这在中国历史上同样有其实例。所以，积极引导宗教，在政治层面正确看待宗教乃至关重要，否则中国宗教的"政治异化"会带来其自身发展的嬗变和畸形，在宗教"繁荣"的景象中也会出现种种乱象。

（四）宗教的意识形态及价值观意义之争

按照习惯，通常会把宗教视为"有神论""唯心主义"，因为宗教相信灵魂不灭、鬼神存在、超然来世和彼岸世界，而中国的执政党则是坚持"无神论"和"唯物主义"的政党，由此使宗教与执政党的主流意识形态、认识论和价值观体系格格不入，水火不容。20世纪下半叶曾有东西方文化的对话、宗教与社会主义的对话，以及基督教与马克思主义的对话，从而曾出现基督教社会主义思潮、拉美解放神学思想、西方马克思主义等，似乎可以在这种意识形态对峙中另辟蹊径，看到其柳暗花明的和解前景。但苏联的解体，国际社会主义思潮的波折，使中国担起了坚持社会主义的重任。在中国大陆有一种说法，即20世纪50年代只有社会主义才能救中国，20世纪90年代只有中国才能救社会主义。而"后冷战"时期的文明冲突，以及占了上风的西方政治对社会主义的打压和对中国主流意识形态的敌视，使中国社会理论界不得不重新开始评估宗教的意识形态及价值观定位，进而强调执政党主流意识与宗教思想在认识论及社会观之间的根本界限和不可逾越的底线，由此有着一道无形的鸿沟将二者相隔。就目前的理论认知发展来看,这一问题短时期内很难出现根本的突破,因此,宗教与社会主义社会、宗教与共产主义政党,在思想认识上尚难整合或统一,故而增加了其社会的变数。显然,这种精神思想的分离势必会影响到其社会层面的共在,也不可能真正理想地实现二者"政治上团结合作,信仰上相互尊重",其内在或潜意识的分殊使彼此之间有着无形的隔阂,甚至让人感到不可逾越。为此,在宗教是"鸦片"还是"文化"之争平息多年后,对宗教的意识形态批评仍会不断反弹,理论界坚持有神与无神的争论也不可能停止,于是,双方根本无法对话之观点者日渐增多,使宗教界努力去积极适应者逐渐失望,甚至出现绝望情绪,令一些人开始考虑要另辟蹊径、改弦易辙。这是一个非常危险的信号,我们对之要高度警惕,且要尽早止住这种想法及发展。而更令人遗憾的,则是这种认知已经引起了在学术界的争论,如对宗教知识的客观描述、历史介绍和学术研究也都被视为是"学术宣教""文化传教"而遭到指责和批评,自称为"战斗的无神论者"在坚决抵制"信仰中国"之说,并告诫执政者要警惕、制止宗教进了"国家公办"的高校、研究机构的蔓延、"渗透"之势,甚至要求对宗教的积极评价和积极引导也得重新加以"审视和斟酌"。这种理论批评虽然表面上专门针对的是学术界,提醒的是政界,但其打击的要害却还是宗教的核心价值体系和信仰本质所在,因而对宗教界的内心震动更大。批评者好似不愿触动宗教团体,而把目标对准比较弱势的学术界及其"温和的无神论",但其批评锋芒所指、其核心意蕴所在,最根本的还是对宗教核心信仰体系的冲击,"城门失火,殃及池鱼",最终感到失望甚至绝望的还是宗教界。

让宗教与中国社会相和谐,从目前的主流政治观念来看,这种"和谐"只有"社会"意义,并不涉及思想和意识形态领域。按此推理,宗教基本上只能达到"社会表层和谐",而主流意识对之必须保留"思想深层区分",对宗教在思想、精神、价值观上似乎没有什么"和谐"可谈,甚至并无对话空间,只有着根本性区分;也就是说,共产主义思想意识不可能与宗教有神论唯心思想体系有任何关联,不值得也没有必要与之对话。这样，强调这种"无神论"性质则使宗教有神论与中国当今主流意识形态上的对立及张力不会消失、不可克服。当然，这种思考也有其国内外背景，西方社会对中国的意识形态敌视仍然存在，世界宗教领域也仍保持着对"无神论""唯物论"的指责，中国宗教因此被夹在其中，处境颇为困难：如果放弃其有神论则不再是宗教，如果坚持有神论则与无神论形成对抗、无调和的余地。所以说，这种状况的根本改变在目前看来是不可能的，而其求同存异则在于中国国内对待宗教之社会政治和思想认识上的环境改善，也基于世界和平发展、多元对话的走势，以及人类命运共同体的共建。对此，大家至少应该共同努力。

值得一提的是，中国理论界、学术界的上述思考及其引发的争论，忽略了其指导思想中的一个最基本原理，即马克思主义在方法论、认识论上都强调社会存在决定其意识形态，经济基础决定其上层建筑。而今天中国的社会存在、经济基础已与1949年之前截然不同，本质有别，现在中国的宗教徒绝大多数乃"生在新社会，长在红旗下"，是在"社会主义制度"中生成的一代；这一社会存在及其结构上极为关键的本质特征必须被放在考虑之内。如果仍然把他们的宗教信仰看作"旧社会的残留"、认定是"旧制度"的存在反映，则在相当程度上违背了马克思主义的基本原理，因为在这种认知中的中国宗教实际上被理解为存在与意识相脱节、经济基础与上层建筑相分离。而按照其内在逻辑的思路，对宗教价值、积极因素的肯定似乎会伤及我们主流意识形态的说法也出现了存在与意识的脱节，而否定中国今天的宗教意识实际上也否定了我们今天自己的社会存在及社会发展。那种认为宗教在价值观、伦理观上对群众的正面、积极影响是与社会主流意识形态"争夺群众"的看法，反而会使我们自己脱离广大信教群众，放弃对他们的积极引导。如果坚持认为宗教在根本上是与我们执政党的主流意识形态、核心价值观相对抗、相对立的，那么也就很难真正让宗教做到与"爱教"同时的"爱国"和"爱党"，结果会导致信教群众与我们渐行渐远。否定宗教者指责学术界按照社会存在决定社会意识、社会意识反映社会存在之原理所得出的所谓"好社会产生好宗教"的结论是错误的，那按其潜在的思维逻辑就是"好社会也只能产生坏宗教"，殊不知，这样也就把"好社会"本身也彻底否定了。可以说，目前中国社会在宗教与主流意识形态及核心价值观的关系上仍然处于说不清、理还乱的复杂局面，宗教界和参与争论的学术界因此也都有着"迷茫"之感。

（五）宗教与"敌对势力""极端主义""暴恐思想"的关系之争

目前中国和西方仍抱着"敌对"观念来看待对方，中国民族宗教内出现的问题及其境外关联也加深了中国社会民众对宗教的困惑及对立思想。宗教问题的起因或被扩大，或遭歪曲报道，这往往都有着与外在势力千丝万缕的联系，而境外反华势力或宗教极端势力对之推波助澜也是确有其事，因此导致局面的复杂化。所以，不少中国人对宗教的负面印象似乎事出有因。例如，当今中国比较担心的是基督教代表西方精神对中国社会及其文化精神的挑战。美中政治关系的紧张亦加剧了中国人对基督教文化渗透的担忧。有基督教信仰背景的美国总统参选人多在其竞选时指责中国、攻击中国，这使中国人很不舒服、非常反感。尽管他们在竞选成功后多少会改善与华关系，但其惯常做法本身已让中国人意识到美国社会也有着对华并不友好的气场，尽管美国总统竞选人攻击中国往往也是为了讨好一些美国选民的"媚俗"之举。一些美国基督教政治家反复表达了要"扳倒中国"（take China down）的意蕴，这自然使中国感到此乃"仇华"的"敌对势力"，而且顺势也将之与基督教等相关宗教挂上钩来。西方政治界和宗教界（特别是基督教界）这类针对中国的言论，以及在中国国内揭露出来的来自境外宗教及其具有政治内容的渗透，使中国人很容易感到宗教好像就是敌对势力、境外反华势力的天然联盟，觉得宗教可能常会扮演被这些势力所操纵的渗透、分裂、破坏和颠覆中国的角色。这种对抗或冷战思维使中国宗教界尤其是基督教界感到很无奈。此外，一些伊斯兰教国家在宗教问题上亦与中国关系微妙，人们甚至担心朝觐归来的中国穆斯林会变得保守、离心，出现所谓"沙化"或"阿化"趋向；特别是沙特阿拉伯前些年宣布"无神论"为恐怖主义也使中国社会颇感惊讶,形成巨大反差。新疆以前发生的"暴恐"事件受到境外宗教极端势力媒体、网络的影响,而藏传佛教、南传佛教中也因其境外联系出现过分裂、异化事件,这都让中国社会增加了对宗教不能放心的意向。鉴于这种较为普遍的民众心境,以及不利于宗教认知的社会舆论,中国当代宗教想取得社会的可靠信任也很难,教外老百姓对宗教多为提防、远离的心态,而社会组织机构在涉及宗教的种种考虑上也倾向于与维稳、防渗透、反分裂等国家安全的需要相联系。

从中国社会整体上和历史发展趋势上来看,在中国改革开放几十年的发展中,必须承认宗教在中国的社会处境已经得到很大的改善,宗教的发展也相当迅猛,这在全世界当前宗教发展中都是非常典型、颇为明显的。应该说,宗教信仰自由的国策基于宪法的保障在整体上得到了很好的贯彻落实,中国政府的宗教工作也取得了巨大成效,现实生活中的宗教似乎已不再那么敏感,其脱敏的速度在加快,社会也更加能够善待宗教。但在理论观念深层次的认知、理解和评价上,在涉及一些核心价值和意识形态问题的对比上,仍有许多现实问题让中国宗教界感到困扰,没能真正走出困境,且尚不知路在何方。今天中国社会在宗教问题上仍有不少思想障碍没有得到根本解决,这些理论难题在当前的学术界也令人纠结,很难达成共识,而社会因此也仍在以颇为敏感的神经、过多负面否定的心境来观察、评价及对待宗教。宗教与中国社会关系的理顺、通畅,看似仍有较长的路要走。

二 中国宗教未来发展的方向及所具有的希望

(一) 重新认识中国优秀传统文化对宗教带来的希望

在今天中国的文化发展中,人们开始重新认识中国传统文化,对中国传统文化的自我意识和自知,势必涉及对中国宗教传统如何分析、怎样评价的问题。中国宗教有着博大精深的文化蕴涵,体现出中国古代社会的核心价值。过去百余年的中国对自己的历史变迁有过复杂的反思,其后遗症包括中国大陆今天对宗教的基本认知仍然存在着否定宗教的现象,把宗教视为中国社会的异化,并认为是中国落后、挨打的精神原因之一。当前中国社会的拨乱反正,就包括对中国宗教的重新认识,如明确承认儒、释、道就是以宗教形式及其宗教精神而存在于中国传统文化之中,恰似"三足鼎立"、缺一不可,其"三教"并立之"教"既有"教化"意义,更有"宗教"意蕴,它们的宗教性甚至在今天中国社会中仍得以保留和延续。中华文明史如果除去宗教的内容则会大为逊色,难以支撑。虽然今天中国大陆宗教中没有儒教之位,但儒家思想的表达方式在世界主流观点看来则正是一种宗教的表达,当前也有越来越多的中国人意识到并且承认儒家的宗教蕴涵,这或许不能带来儒家宗教形态的恢复,却可以增加人们对儒家宗教层面的审视。过去五四运动"打倒孔家店"和"文化大革命""批林批孔"曾使儒家身败名裂,孔子形象也在贬损、辱骂的意义上被定格为"丧家犬"。但现在则有对孔子及儒家许多正面的描述、积极的肯定,如习近平总书记最近在"纪念孔子诞辰 2565 周年国际学术研讨会"上所说,"孔子创立的儒家学说以及在此基础上发展起来的儒家思想,对中华文明产生了深刻影响,是中国传统文化的重要组成部分。儒家思想同中华民族形成和发展过程中所产生的其他思想文化一道,记载了中华民族自古以来在建设家园的奋斗中开展的精神活动、进行的理性思维、创造的文化成果,反映了中华民族的精神追求,是中华民族生生不息、发展壮大的重要滋养"[①]。道教则为最典型的中国本土宗教,它以追求中华之道的超然境界而"修道之谓教","以行道的实践和言道的理论来反映出问道、悟道和修道的宗教意境及情趣,道之言为哲、道之行为德、道之敬为教",形成了丰富的中国"道"文化。而佛教在中国形成其与印度本土根本不同的中国特色,通过政治上的"依国主"和文化上的创"禅宗"等变迁而"化"为中国宗教,甚至源自域外的伊斯兰教、基督教等宗教在传入中

[①] 《习近平在纪念孔子诞辰 2565 周年国际学术研讨会暨国际儒学联合会第五届会员大会开幕会上的讲话》(2014 年 9 月 24 日),《人民日报》2014 年 9 月 25 日。

国之后上千年的历史中也在一定程度上濡染了中国特色，形成其中国化的发展。因此，中国传统文化中的宗教占有突出位置，体现出其文化精髓。这样，在弘扬中华优秀传统文化的现代文化大势中，中国当代宗教的文化意义也有了获得社会肯定的希望。宗教人数的增长、宗教灵性的复苏，在社会基层及民间社团已有充分的展现，这代表着中国宗教未来发展的一种趋势，中国社会也正在完成对之因势利导的准备。

（二）争取实现"中国梦"给中国宗教带来的希望

"中国梦"诗意地表达出了中国人的文化信仰，包括宗教文化在内的中国优秀传统文化是中华民族的宝贵精神遗产和思想文化财富，也是今天中国文化发展繁荣的基础。在理解和诠释"中国梦"中，有着回首和前瞻，追根溯源、慎终思远则涵括对宗教的历史记忆和对其价值的评估回忆。习近平总书记指出，"不忘本来才能开辟未来，善于继承才能更好创新。对历史文化特别是先人传承下来的价值理念和道德规范，要坚持古为今用、推陈出新，有鉴别地加以对待，有扬弃地予以继承，努力用中华民族创造的一切精神财富来以文化人、以文育人"。这种思想开启了当代中国对其宗教传统的反思和体认，人们也希望通过重新评价宗教来"讲清楚中华优秀传统文化的历史渊源、发展脉络、基本走向，讲清楚中华文化的独特创造、价值理念、鲜明特色，增强文化自信和价值观自信"。以此来"认真汲取中华优秀传统文化的思想精华和道德精髓"。[①] 这种有利的文化氛围使当代中国得以从文化传播、文明传承的意义上来重新认识、叙说佛教、基督教、伊斯兰教等宗教中追求神圣、达到人性升华的信仰之梦，并将之与"中国梦"的蕴涵及实施相联系。可以说，"中国梦"这种文化信仰的表述带来了对宗教信仰的宽松氛围，使宗教梦寻得到一定程度的理解和包容。

"中国梦"的前瞻、憧憬，基于其对过往中华精神文化历史的回忆、反思、提炼和传承，梦境诗化，这本身就是充满灵性的表述。由此

[①] 《习近平谈治国理政》，外文出版社2014年版，第164页。

而使中国宗教亦得到客观、公正的看待。在文明比较、文化开明、社会开放的发展中，中国宗教面向未来从希望的憧憬而得到了守望自我的定心及信心。因此，中国宗教的未来发展也将会与中华文化的复兴、繁荣同步共进。

（三）"多元通和"、文明对话给中国宗教带来的希望

中国的改革开放是中国当前发展的成功之道，这是绝大多数中国人的共识。尽管最近也有人开始指责这种改革开放导致了中国的贫富悬殊、两极分化，甚至认为由此已经实质上引起了国家性质和制度的变化，成为一个以"社会主义"为"名"、以"资本主义"为"实"的国家，由此浮现出一股思想逆流，但这种观念被"中国特色社会主义理论"所驳斥，而且大多数中国人都认为中国不能走回头路、必须继续对外开放。

这种"改革开放"则要求文化、文明意义上的开放性，而在文明对话、文化交流中，中国宗教作为中国文化"软实力"则有了用武之地。在"全球化"的时代氛围中，现代开放性的中国社会需要"多元通和"，对外也至少争取"不同而和"。习近平总书记提出了合作共建人类命运共同体的构想，并且以"一带一路"的发掘、开拓来在亚洲命运共同体的建设中付诸实践。这就需要对外开放、对外学习、展开对话和交流的基本态度。习近平总书记为此也号召当代中国人"睁眼看世界，了解世界上不同民族的历史文化，去其糟粕，取其精华，从中获得启发，为我所用"[1]。宗教可以体现人类精神层面的融合交汇，故此在这种发展中可以当仁不让，发展其优势，体现其积极作用。在过去几十年的发展中，人们逐渐看到了宗教在文化交流中的独特优势，如宗教对话可以作为政治对话的探路之行甚至是破冰之旅。如在中国海峡两岸的沟通过程中，"三通"未通，宗教先通，"妈祖"信仰有力推动了海峡两岸的交往等。这些事例令人兴奋不已。中国作为一个在国际舞台上

---

[1] 《习近平谈治国理政》，外文出版社2014年版，第406页。

发挥越来越多作用的国家，需要一种涵括广泛的共识，为了人类生存共同体的构建，也需要具有一种文化精神共同体的发展平台。丝绸之路历史上的宗教文化交流是其政治经济交流的基础和保障。在其悠久的历史之中，中日之间也形成过"一衣带水"的文化来往和民众友谊。在这种面向世界、走向全球的发展中，中国宗教作为文化的载体看到了其发挥作用的空间，有了被人理解和正视的巨大希望。

（四）社会政治的"积极引导"对宗教带来的希望

中国共产党在历史上形成了其"统一战线"的理论与实践，而在今天又提出了"积极引导宗教与社会主义社会相适应"的任务。宗教在古今中外都与多种政治相关联、相适应，而不同的政治也曾出于不同目的及需求而"利用"或"结合"过宗教，这是不争的历史事实。当代中国执政者意识到正确的政治应是积极扩大同盟者、减少敌对者的"统战"政治。这就是中国统战理论中常说的"信仰上相互尊重，政治上团结合作"。在依法治国的中国社会治理中，中国执政者也在强调德治的意义，提出"礼法并用，德主刑辅"。这就使宗教的社会存在有了新的可能和发展空间。让宗教在其社会是成为"动荡"或"动乱"因素，还是起到"稳定""凝聚"作用，这是对执政党执政能力和智慧的考验。在一个和谐的社会中，宗教应该起到的是"向心"作用而不是"离心"作用，宗教在历史上曾发挥过的"辅政"功能，在当代社会仍然颇为有用。中国今天的执政党也在起相似的"治理"或"统领"作用，同样也会需要宗教的"帮助"和"维护"。因此，最佳选择应该是把宗教"拉过来"，而不是"推出去"。

中国的社会是一个"大一统"的社会，而中国宗教的主要特点则表现出对这种传统的维系，从而帮助中国社会成为整个世界政治史中极为典型的超稳态、持久型的"大一统"社会模式。中国传统所强调的"大一统"政治文化延续数千年，迄今仍是中国政治的主导思想，这乃是中国"反分裂"的民族及文化根源。当然，中国"大一统"的形成及维系，就需要中国社会自古至今所持守的"海纳百川""多元通和"

的圆融、共构精神，这为今天社会政体所倡导的"和谐文化"奠定了基础。在这种"大一统"中，则必须有多元共在、和而不同，就理应各美其美、美人之美、美美与共。在文化层面上，中国的"大一统"还必须处理好政治文化与宗教文化、精英文化与大众文化、政治理念与民俗信仰等关系。

宗教不只是人们头脑中的精神存在，也是生动鲜活的社会存在，是人类各族的民族生活、社会生活。在漫长的历史岁月中，这种生活形成了民族的传统和风俗习惯，其顽强的历史积淀不是一朝一夕就能取消或清除的。而且，这种传统还会继往开来，不断更新和创新，带来当今的体验。今天的中国是传统的扬弃与更新，其继承和发扬都很明显。中国当今社会、政治、经济、文化的发展，需要前人的智慧、需要历史的传承，也需要对外的借鉴，这就使人们认识到对宗教可以改革，但不可能取消，其宗教会转型，但不会在近期就消亡。现在正有更多的人认识到，今天中国的宗教评价，包括其政治评价和意识形态评价，都是为了呵护、建设中国自己的和谐社会，是使其执政党有尽可能多的朋友和同盟军，而不是制造分歧、挑起矛盾，让社会陷入内乱。这种认识有助于消解与宗教在意识形态上的张力，有助于中国社会和谐，政治稳定。而这种环境则可以使中国宗教体悟并体验到其积极适应中国当今社会、发挥其建设性作用的希望。

2015年5月中旬，习近平总书记在中共中央统战工作会议上提出民族、宗教工作是全局性工作，宗教工作的本质是群众工作，要全面贯彻党的宗教信仰自由政策，依法管理宗教事务，坚持独立自主自办原则，积极引导宗教与社会主义社会相适应；而且强调积极引导宗教与社会主义社会相适应就必须坚持中国化方向，必须提高宗教工作法治化水平，必须辩证看待宗教的社会作用，必须重视发挥宗教界人士作用，引导宗教努力为促进经济发展、社会和谐、文化繁荣、民族团结、祖国统一服务。这些表述再次明确了中国社会政治对宗教"积极引导"的态度，而基于这一方针，中国宗教的未来发展则得以确保其光明的前景。

在当前错综复杂的国际形势中，中国感到了来自境外的巨大压力。

当前国际环境对于中国而言并不很乐观，中国社会意识到要想有效地在世界立足，首先必须自我强身，巩固我们自己的内部，拧成一股绳，形成凝聚力。因此，我们如果不希望内斗、自乱，其中对宗教的态度就非常关键。如果以和谐为立意来看待宗教，则应主要用对话、沟通的方法。诚然，宗教中也有不和谐的因素，宗教之间的冲突、纷争乃不争的事实，而且宗教也与境外有着千丝万缕的联系，不能否认其中也包含着外界渗透的意向和实践，但我们在处理这些问题时，其目的却不是扩大矛盾，增加纷争，激化冲突，把宗教推向对立面，而是应该尽量化解矛盾、消除纷争，平息冲突，理顺关系，使宗教界保持为中国社会的基本群众而不是被边缘的"另类"，对我们为向心力量而不是离心分化的动因。所以，中国应以包括宗教在内的有机整合体系来面对国际社会，走向世界发展。共产党作为中国执政党的重要任务之一，是在稳定自己社会大局这一前提下，睿智地在政治、社会、思想、文化各方面都把宗教纳入自己的有机体系，使之成为中国社会构建、思想文化的内在组成部分，即让宗教作为中国社会的正能量、文化的软实力来发挥积极作用。这种愿景的可能实现，一要靠中国执政者顶层设计的睿智；二则有待于中外关系，尤其是以美国为主的中西关系的良性改善；三还需要中国宗教界的积极适应和其社会对之包容、吸纳。对于中国宗教未来这种良性、积极的发展，我们充满希望，也充满信心。

（原载张志刚、金勋主编《世界宗教评论》第一辑，宗教文化出版社2014年版，本文有补充。）

第三十六章

宗教工作对民族地区社会发展的现实意义

进入 21 世纪不久，中共中央、国务院审时度势，在《中共中央、国务院关于加强宗教工作的决定》中指出，"宗教工作是党和国家工作中的重要组成部分，在党和国家事业发展的大局中有着重要地位。做好宗教工作，关系到加强党同人民群众的血肉联系，关系到推进'两个文明'建设，关系到加强民族团结、保持社会稳定、维护国家安全和祖国统一，关系到我国的对外关系和国际形象。"[1] 这里专门论及了宗教工作与民族团结的密切关联，意义独特。民族团结是中国社会可持续发展、尽早实现中华民族伟大复兴之"中国梦"的根本保障，具有中华文明绵延不绝、历久弥新的生命线意义，而其中宗教工作则是搞好民族团结的关键之处，是民族地区社会和谐发展不可或缺的核心因素之一。

目前国内外有一种舆论，认为中国历史文化中没有宗教，只有"祖先崇拜"之类的原始崇拜、巫术或"原始宗教"现象，而没有发展出如基督教、伊斯兰教那样具有成熟文明类型的高端宗教。因此，在其看来，宗教似乎在中国人的社会及精神生活中作用不大，而当今中国发展中的知识重建、道德重建和社会重建在根本上也与宗教无关，中国人

---

[1]《中国特色社会主义宗教理论学习读本》，宗教文化出版社 2013 年版，第 153 页。

把哲学视为宗教，所以没有宗教的诉求。这些表述好像是在褒扬中国的文化与思想，也让我们听到了20世纪初梁启超等人关于中国人"贵疑"之哲学风格而"轻""信"之抛弃宗教等宏论的回声。但是，历史唯物主义和辩证唯物主义告诫我们要依据事实、冷静分析、科学判断、准确结论。这样，我们就有必要对中华民族的文化史、思想史、精神或心灵史加以客观分析，并结合人类文明历史的发展及与中国的交流来做出判断。

首先，宗教在人类文明中占有很大比重，其影响迄今在世界范围都有着强劲的展现，中国并不与人类文明的发展相割裂，而乃其有机组成部分，所以，中国并非人类宗教文化中被排斥的另类。其次，中国有着悠久的宗教文化传统，宗教精神的发展并没有停滞在所谓"原始"阶段，其宗教精神的高度发展有目共睹，不容忽视，所以，否认中国存在成熟发展的宗教文化实质是对中国文化精神的根本否定。最后，我国各族人民共同创造的中华文化也涵括宗教文化，许多少数民族的主要文化都是以宗教文化的形式来呈现，迄今这些民族的绝大多数群众都仍信仰其相应的宗教，而汉族中具有代表性的儒家文化传统中同样有着重要的宗教因素；有些学者写有中国儒教历史的鸿篇巨著，却对认为儒家是抵制宗教的主要世俗文化的观点默认无语，其学术纠结及逻辑矛盾似无法解释。此外，世界宗教与中国宗教有着交融互渗的关系，一些世界宗教传入并融入了中国文化，构成中外交通史的重要内容，这在我们今天谈论"一带一路"文化交流现象时尤为明显；而相关的中国宗教也早就走向了世界，成为国际宗教现象中的普遍景观。因此，做好宗教工作的基本前提首先就是要承认并正视中国宗教的存在，这在民族地区尤其如此。

不少民族地区宗教的普遍存在，是历史发展与积淀的结果，已在其社会存在及结构中凝固，并影响到其社会有序发展和团结稳定，因此不可掉以轻心。这种现实存在需要我们将宗教工作作为民族地区社会发展的重要工作和关键抓手。对于这些民族数百年、上千年来所形成的宗教文化传统及宗教社会习俗，并不是简单地靠行政命令和政治手段短时间内就可消解的，若操之过急只会适得其反，激化矛盾而造成乱局，反而不利于其社会稳定和民族团结，更谈不上其良性发展与进步。我们对此必须要有清醒的认识。基于这一特点，民族地区社会发展的一项重要任务就是科学地做好宗教工作。这不仅关涉其民族地区本身的稳定和发展，而且直接会影响我们的祖国统一及国际形象。不少民族地区的宗教从历史及现实来看都有着复杂的国际关联，会制约相关国际关系的保持及发展。这些宗教既可以成为各民族和谐、维系及发展国际友好关系的重要元素，也可能嬗变为民族动乱、国际关系破裂或境外势力介入的潜在根源。所以，宗教工作直接面对宗教的"五性"（民族性、国际性、长期性、群众性、复杂性），牵一发而动全身。

根据这种情况，民族地区的宗教工作有着其上线和底线，上线即"发展是硬道理"：按照马克思主义的观点，社会发展成熟是解决宗教问题的根本所在，但这是一个漫长而渐进的过程，我们必须要有足够的准备和充分的耐心，致力于社会全面发展，"撸起袖子加油干"。底线即"稳定压倒一切"：没有社会稳定，谈不上任何发展，因此我们一定要想尽办法维护社会稳定，消除一切破坏社会稳定、带来社会不安和动荡的因素。在此，必要的举措必须采取，把动荡、动乱的因素在其萌芽状况即加以稳妥而根本性解决。但这种防范举措也应该张弛有度、辩证把握，体现出其科学性及合理性，尤其要依法治理。

而民族地区之宗教工作的理论原则，则应该坚持我党统一战线理论所长期持守的对宗教界"政治上团结合作、信仰上相互尊重"这一重要思想。从政治上来看，宗教在人类历史发展中自古至今就是一种政治力量，在世界政治史上发挥着巨大作用，占有很大比重，迄今国际政治舞台上的许多戏剧都仍然是由宗教所唱主角。宗教在世界政治中所起的作用既有积极的，也有消极的，既有正面的、也有负面的，既曾推动了社会发展，也曾妨碍过历史进步，故而不可一概而论、简单结论，而必须将之置于相关的社会政治处境及语境中来具体分析评判。在相关宗教与相关民族融合的进程中，也有着种种复杂原因，不可简单而言，其中既有民族团结融合的善缘，也有民族征服压迫的恶果，而其宗教性与世俗性也有着复杂交织，在相关历史事件及变迁中很难彻底，根本说清什么是宗教的、哪些为世俗的。当代国际社会的世俗化发展，同样不离宗教本身的演化变动。所以，在社会政治层面对宗教的认识必须是政治的，必须"讲政治"，宗教的这些历史及现实参与和世界政治的演进发展并无本质区别，而且不同宗教在不同时空处境中也会与不同的政治势力结盟，参与到对抗或反对某些政治力量的斗争中去。例如，国际反华政治中就有相关宗教的明显参与，而我们的国际友人中同样也有相关的宗教人士。对宗教的政治选边、排队现象必须一分为二地客观分析，不可简单地认为某种宗教就是我们的必然联盟，另一些宗教则是我们的天然敌人，其辩证变化也是错综复杂的。

宗教的社会史实质上也是一部政治参与史，宗教与其他政治社团及活动一样有着刀光剑影、不离其纵横捭阖。在当前中国所处的国际环境中，我们对宗教就应该采取"在政治上团结合作"的策略，使相关宗教成为我们可以依靠或信任的基本政治力量，而防范防止其成为反对我们的政治力量，为此对这些宗教应该积极地拉过来成为"我方"，切不可不负责任地把相关宗教推出去变为"敌方"。宗教的政治站队不是必然的而有其或然性，在许多情况下乃事在人为。不同势力对宗教的"拉锯战"时时刻刻都在展开，我们当然要理直气壮地参与其内。在中国革命时期，尤其在民族地区，当时处于弱势的中国共产党和革命力量正因为政策正确、举措得当而赢得了民族领袖和宗教人士的同情、理解及支持，他们明知敌强我弱而仍然坚定不移地站在共产党一边，甚至不惜以牺牲生命为代价。其实这其中也体现出了相关宗教的超越审视和不以成败论英雄、不怕死亡的舍身参与。对此的清醒认识可告诫我们今天在民族地区所开展的宗教工作，虽然共产党已经具有执政党的地位，对宗教界"政治上团结合作"这一基本原则却不可丢失或放弃。否则在民族地区会麻烦不断、后患无穷，造成强弱局势的变动，甚至人心向背的局面。而这种"政治上团结合作"则包括政治、法治等层面的重视、掌控、管理、治理、教育、培养、培训等，落实三个"离不开"，搞好各民族团结，有序、科学地促进民族和睦、交流及融合，使各民族人民都具有国家主人翁的意识，为祖国的繁荣发展、国防强大而自豪，自觉维护民族团结、社会稳定、国家统一。其宗教则应成为这种民族团结合作的润滑剂、黏合剂。可以说，任何疏远宗教、排拒宗教，甚至反对宗教的举措，从当前的国际国内环境来看在政治上都只能是下策。

至于对宗教信仰本身，虽然宗教在认识论上具有有神论、唯心论的性质，与我们主流意识形态所坚持的无神论、唯物论本质有别，却仍应该本着马克思主义科学无神论和辩证唯物史观的立场方法来正确对待，不可持历史虚无主义和现实主观主义之态。按照马克思主义的思想认知，有神论的消失、唯心论的改变乃一个漫长的历史过程，在今天不可能一蹴而就。其首要任务是要逐渐消除产生有神论、唯心论的社会根源、经济基础，由此方可促成上层建筑、意识形态的根本改变。而在认识论上坚持并促进科学无神论的发展，在民族地区的重点也应该是在党团政治教育、社会公共教育、民众通识教育领域，其中也包括对宗教历史，特别是与相关民族联系密切的宗教发展演变的客观介绍和科学分析。而对于信教群众及其民族发展长期形成的宗教信仰及相关思想、传统、习俗等，我们面对的正确方式则只能是"信仰上相互尊重"，而不可自以为是地对之颐指气使、谴责批驳。思想教育、知识改进只能采取春风化雨、润物无声的方式，坚持"长期性"的耐心及耐力。而这种"信仰上相互尊重"也正是为了"政治上团结合作"这一现实任务及需求。如果仅仅因为信仰上的不同、观念上的分歧而与宗教截然划界，将之在本质上加以否定和排斥，则可能导致从根本上无法实现政治上团结合作的结果。这种把宗教彻底推出去的想法只能引起宗教界的反感和离心倾向，从而使民族分裂、社会动乱的可能性加大，而宗教治理的成本也会提高很多，增加政府的负担，制约经济的发展，有百害而无一利。所以说，如何在信仰层面正确对待宗教，实际上是在考验我们的执政能力和智慧。在此，我们千万不可丢了我党统战理论及实践这一长期以来行之有效、事半功倍的法宝。特别是在民族地区，相关宗教信仰千百年来已经形成其民族文化之魂和其个人生存的精神依托，这种文化习性、心理积淀、精神传统状况并不是短时期就能彻底改变的，而靠强迫或压力也不能解决根本问题,反而会使信教群众更加强烈地奋力维护其信仰,而对教外的社会公众则会封闭其心扉,让其信仰活动及宗教发展转入地下,从而增大我们了解及掌控的难度。可以说,离开经济发展和社会建设这一要务,仅仅以思想精神的方式来尝试解决宗教信仰问题,其结果只能是得不偿失、适得其反。

若深入发掘"信仰上相互尊重"的蕴涵,我们则还可以从人类精神文明发展的意义上来对宗教信仰及其思想有相应的肯定和承认。一方面,宗教信仰给人们带来了丰富的精神审视和生活经验,铸就了相关民族文化的特色;另一方面,宗教也并非永远处于其原初婴儿阶段,而是不断改革、更新、与时俱进。虽然其传统形式得到一定程度的部分保留,但其内容及表达方式本身也是与时俱进的。我们应该带着一种童趣来看待人类及其精神的以往发展,而不要对我们本身所经历过的童年、青年和成年冷嘲热讽、无视或轻视。人们在现代世俗社会不相信鬼神,但对人类艰辛而伟大的发展过程及其精神积淀却必须持敬畏之心,对此筚路蓝缕、披荆斩棘的经历和成就有着感情、待以温情。无论是从世界精神文明,还是从民族精神文化发展的视角来看,对待宗教信仰都不可全盘否定,否则也就否定了人类精神存在及其历史发展本身。对无限宇宙和人类自我的认识是一个延续的过程,今天科学依然没有穷尽这种认识而仍在途中。对于仍旧未知的世界,虽然不能有不可知的消极,却也不可持断定一切的武断,而理应有着相对论的含蓄和开放,留有思想认知的足够余地。宗教文化作为信仰文化的一种,当然可以得到相对的肯定,这种态度也代表着对人类信仰和认识探求的尊重,在民族地区更是体现出对民族文化及其精神传统的尊重,是做好民族工作的必要氛围及必需条件。这也是我们做好宗教工作所必须考虑的。恩格斯曾强调,不可全盘否定或永远忘记宗教的历史,因为其蕴含"人类本质的永恒规定性"[1]。在一个绝大多数民众仍然信仰宗教的世界,我们需要的是尊重、对话、沟通的态度,而对宗教的断然否定或决然排拒则只可能导致

---

[1] 《马克思恩格斯全集》第 3 卷,人民出版社 2002 年版,第 520—521 页。

我们自己的孤立、失去在世界国际舞台的话语权。况且，若仔细分析我国民族地区的宗教信仰，绝大多数人是纯属信仰传统使然，即把宗教信仰作为其民族传统及文化传统来在认识论意义上保留或坚持，并不持有任何政治上抗拒的因素，为此，我们对之也应该坚持周恩来总理所强调的，"我们只把宗教信仰肯定为人民的思想信仰问题，而不涉及政治问题。"[①] 对待宗教，特别是在民族地区的宗教，我们在认知上应该宽容、包容，在管理上则需加强、严格，张弛必须有度，举措一定科学。不能不作为、切忌胡作为，全力推动效果好、可持续的科学作为。如果人为地把本来简单的信仰问题上纲上线为政治问题，则会导致本不该有的混乱。如果只以为本民族的世俗文化才是最高级的，进而在潜意识、深层次上否定其他民族的精神生活及信仰传统，则会重陷夜郎自大的窘境。如果我们纠结于这种脱离现实的认知怪圈，则不可能轻装上阵、奋力前进。今天，民族地区的宗教问题如何认识，我们的宗教工作如何进行，既是老话题，也确为新问题。在这种复杂迷茫之中，如何积极做好民族地区的宗教工作，确保社会发展和民族团结，马克思主义经典作家和中国共产党领导人的智慧，是我们特别应该吸收的无穷宝藏。

（本文为在2017年8月18—21日由中央社会主义学院举办的"民族地区社会治理理论与实践创新"高端论坛上的发言）

---

① 《周恩来统一战线文选》，人民出版社1984年版，第383页。

第三十七章

"走出去"文化战略与中国宗教的先行作用

中国宗教是中华文化的重要精神资源，在世界文化中亦具有独特的地位。综观全球，没有哪个国家没有宗教存在，也没有任何民族没有宗教传承。宗教在不同国家之间、不同民族之间、不同社会之间可以起到非常有效的交流和沟通作用，中国宗教于此乃为中外文化交流通达、顺畅不可替代的桥梁。

由于当今中国社会仍然缺失普遍性的对宗教的正确理解，不少人仍会谈"宗"色变，回避宗教、不碰宗教，无视宗教潜在的正能量，在论及宗教时亦习惯于一种否定、负面性审视的眼神和语调，把认识论层面的分歧延伸到社会层面，因而对中国宗教这一独特精神文化资源视而不见、见而不解、解而不言，使这一资源并没有得到充分的发掘、很好的运用，错失了不少让世界改变对中国的印象、让中国影响世界发展趋势的难得机会。在对待宗教的问题上，今天中国仍然处于一种犹豫、徘徊之状，致使中国宗教不能很好地"走出去"。这种对宗教怀疑的心态、姿态实际上造成了严重后果。中国人强调自己是凸显哲理智慧的民族，但在过去百年对待宗教上却似乎缺少一种本来应有的睿智，还自以为世界皆醉唯我独醒。作为起着"智库"作用的学者，我们不得不仍然要疾呼让宗教在中国脱敏、回归其正常状态，不要再以轻蔑宗教的态度让世界他族见笑。如果较好解决了宗教脱敏问题，中国宗教"走出去"才可能真正畅通无阻。在前不久成都召开的道教文化会议上，我在总结自己在首场高端论坛上的讲话时曾说，"中华文化'走出去'，我们的'大道'须先行"。这一"大道"实际上就是中国精神之道，就是中国的宗教信仰传统。我们今天谈中国的文化软实力，谈我们的文化"走出去"战略，殊不知，最为经典地表达这种文化软实力的正是中国宗教。而文化"走出去"最易迈步、最好实施、最可能成功的，则正是中国宗教的"走出去"。在目前多元发展的世界中，中国宗教乃是我们"走出去"文化战略的最佳先行者。

其实，我们早已发现，以中国宗教为引领，我们中华文化"走出去"会一顺百顺、自然流畅。相比之下，并非我们本有之"国粹"的意识形态在争夺当今世界话语权上却会处处受阻、步履维艰。在国难当头、社会危机之时，我们曾是善于"引进来"的民族，由此而摆脱了困境。但今天中国国运畅通，我们的文化已经到了"走出去"的最好时机。而境外世界率先接受，且最容易吸纳的则是我们的宗教文化。

为什么中国宗教在中华文化"走出去"的战略实施中可以为最佳先行者呢？我们至少可以论及如下三大理由：

一　中国宗教的文化底蕴

最能代表中华文化深厚、久远之本体的是中国宗教。中国宗教有着深刻的文化蕴涵，反映出中国人精神生活的核心之所在。我们谈论中华文化，如果离开了其宗教传统，则会显得单薄、贫乏、空虚。所以说，中国改革开放以来在宗教问题上思想解放所迈出的一大步，就是回到承认宗教是文化这一常识。于是，我们今天谈论中国宗教"走出去"，亦主要基于中国宗教乃中华文化的重要表征、典型体现这一立足点。真正能充分代表比较典型的中华传统先进文化的，应该就是儒、佛、道三教。今天中国大陆宗教中没有儒教之位，但儒家思想的表达方式在世界主流观点看来则正是一种宗教的表达。或许我们中国人自己身在庐山之中而不识庐山真面目，而值得庆幸的是世界人民却懂得儒家的宗教蕴涵，不再纠缠于利玛窦留给中国的"儒教不是宗教"之假命题。

当孔子学院最初"走出去"时是以教汉语为主，国际上曾因为这种语言教学性质的学院有体无魂而对之批评，从而使改进的孔子学院增加了中华文化意识，注重了对孔子精神的体现。孔子及其学派以《四书五经》而贯通中华文明上下五千年，认识到大千世界有变易亦有和谐，其认知之维主要显现出宗教的境界。孔子的形象在中国迄今仍处于争辩、博弈之中，前不久孔子塑像经历了在天安门东侧站立仅百天就被"轰走"之尴尬，但最近却又受到近千人进入人民大会堂隆重纪念孔子诞辰2565周年、习近平总书记亲自出席纪念大会并作重要讲话之殊荣！无论是哲学之孔子，还是宗教之孔子，都是中华民族文化精神之魂的经典表述。

道教追求中华之道的超然境界，则正是以行道的实践和言道的理论来反映出问道、悟道和修道的宗教意境及情趣，道之言为哲、道之行为德，道之敬为教，这种精神执着以丰富的道文化支撑而可实现"道行天下"的"中国梦"。

佛教则展示了中华文化的海纳百川和改革创新，使我们看到外来宗教可在中华文化中获得凤凰涅槃般的新生，同时也极大地丰富了中华文化的蕴藏和内涵。中国宗教的这种深厚文化底蕴可以让我们如此表述：谁不懂宗教，也就没有文化。

二　中国宗教的国际关联

中国宗教的历史发展并非一种封闭之道，而是不断开放、不断吸纳的文化进程。今天存在的中国宗教大多都有着各种国际关联，与世界宗教有机共构。在今天所言的中国"五大宗教"中，除道教之外其余都是由外传进，这些宗教融入了中国宗教，亦丰富了中华文化。

回顾历史，正是这些宗教的传入使世界有了繁忙、热闹的丝绸之路和海上丝绸之路，有了中国"自然宗教"的西传和欧美世界的"中国热"，以及国际汉学的兴盛。在这一历史大道上，可以说中国宗教主要是和平的使者、沟通的桥梁，是使中国与世界得以交往、连接的重要纽带。具体而言，我们可以清晰地梳理出基督教、天主教与西方文化的关联，伊斯兰教对阿拉伯、波斯文化和东南亚文化的联结、共构作用，以及佛教在中国与东方各国如印度、尼泊尔、缅甸、斯里兰卡、日本、朝鲜半岛、越南、老挝、柬埔寨等东南亚国家之间的合作所起到的促进及和谐作用，甚至中国的道教在漫长的发展岁月中亦形成了其独特的国际性，起到了中华弘道、道育世界的积极作用。中国宗教可以超越国与国之间的政治界限或思想意识形态界限，达到相应的文化共存和精神共识，并因这些国际关联而使之能够更好地展开国际沟通、实现国际关系的良性共构和国际社会的共同发展、共同富裕。今天人类"生存共同体"需要精神纽带来维系，中国宗教可以其"精神共同体"的方式来帮助这种"生存共同体"的延续、鲜活。尤其在"全球化""地球村"的处境中，中国宗教因其广泛的国际关联而既是中国的，也属于全世界。

三　中国宗教的世界影响

中国文化在世界舞台上有着独特的魅力，闪现出异样的光彩，令世人羡慕和向往。而其中的奥秘及奥妙，则正是在于中国宗教之魂，在于中国信仰的灵性精神境界。在中外交通史上，儒教曾为西方世界所神往，西方传教士东来传教，却带回更多的儒教思想；耶稣会士正因为与儒教的沟通和对儒教的认识才成就了其中西文化的拓展，奠立了其开创国际汉学的地位。今天全世界对儒家思想的景仰，恰是这历史之音的久远回声。

道教亦曾以中华之道来启迪世界、吸引世界。18世纪的法国索隐派开始从《易经》《道德经》上悟道，20世纪以来的李约瑟、汤川秀树等人曾惊讶"道"所表达的超越性和浪漫潇洒，海德格尔则将"道"与"在"相对比，并以几十年的经历从"老子的诗化思想"中体认这"湍急的"和"几微畅然"之道，以其存在主义本体论的方式来"开道""论道"。以"道"对世界的影响,实可"道通世界""道化全球",让"天下有道"。

佛教则以其在印度、中华之间的行走、串联而不断创新、不断超越,给世人带来感慨和敬佩。佛教在传入中国得到新生后又回报世界,让世界有禅修、得宁静,使人心远离浮躁和焦虑。

同理,由外传入的基督宗教、伊斯兰教则通过在华的"中国化"而得以华丽转身,让世界在其全新面貌前折服。在今天充满动乱的国际社会中,人们对这两大世界宗教的敬羡已经转向中国,意识到其作为"和平之教""和谐之教"的真正所属。

在步入改革开放以来的新时代之后,中国宗教非常活跃,如中国佛教组织的世界佛教论坛尝试推动"从心开始"的"和谐世界"之"众缘和合""同愿同行""利乐有情"。道教组织的道教论坛和道德经论坛则使"道不远人""理无分殊"。中国民间宗教使海峡两岸得以"三通"未通、"妈祖"先通,让世界华人三教合一、五教有德。此外,尼山世界文明论坛、太湖世界文化论坛等,也有着基督宗教、伊斯兰教等活跃、能动的身影。中国宗教在国际舞台的参与及相关表演活动,使"文化中国""信仰中国"的印象在世界上得以鲜活起来,让世界各国人民真正体会到中华文化的精华及精髓所在,令世界掀起了"中国风",形成了"中国热",给不少人留下了"中国情结"。

从上述三个层面来看,中国宗教已为中华文化"走出去"的战略做好了充分准备、蓄积了巨大能量。中国宗教的"走出去"没有社会政治制度、价值观念及意识形态等方面的障碍和束缚,因此更容易走向世界、融入国际社会,共建"全球化"的文化。其实,当国际上基本上已经达到宗教与其文化价值观和政治意识形态协调之际,我们没有必要过分强调宗教与我们主流意识形态的不同或分歧,而应该看到中国宗教在社会主义制度下的存在与发展,积极引导其与我们的价值观和意识形态的可协调性、可包容性,着力于团结合作、相互尊重。我们不应该消极、被动地防守境外宗教的传入或对我们的政治"渗透",而已经到了正视我们宗教的正常存在,有效、有序、有规律地让中国宗教作为我们的文化软实力全面"走出去"的时代。我们应该以中国宗教文化"走出去"的积极攻势来取代对境外渗透的被动防范，与其消极地防止"中华归主"的可能发生，远不如积极地促进"世界行道"。中国宗教如今已经在自发地率先走出去影响世界、感动世界，但这仍然过于零散、不成气势。新一代中国领导人已经吹响了中华文化进军世界的"集结号"，我们中国宗教应以中华优秀传统文化的身姿来向全世界证道、弘道，让"中国梦"早日实现，让天下真实体认"中华之道"。

（原载蒋坚永、徐以骅主编《中国宗教走出去战略论集》，宗教文化出版社2015年版。）

第三十八章

从宗教和谐角度推动社会发展

对于宗教和谐与社会发展的关系问题，我们应该基于全球视野来思考。世界上信教人群的规模，目前还没有精确的统计，但总的来说，宗教信仰无论在其地域还是人群的分布上都是非常广泛的。客观而论，宗教确实是一个非常重要的人类文明现象和存在方式。

根据美国皮尤中心关于2010年世界信教人数的报告统计，全球232个国家和地区（也有统计认为世界政区单位约有290个，一般统计为224个国家和地区，其中主权国家193个，地区31个）约68.9亿人口中，各种宗教信徒约有57.7亿，占世界总人口的约84%，无宗教归属人数约11.26亿人。其中，基督徒为21.73亿人，占世界总人口的32%；伊斯兰教徒16亿人，占世界总人口的23%；印度教徒10亿人，占世界总人口的15%；佛教徒4.88亿人，占世界总人口的7%；犹太教徒1400万人，占世界总人口的0.2%；其他宗教徒5800万人，占世界总人口的1%；另外还有世界不同地区的民间宗教信徒约4.05亿人，占世界总人口的6%。由于皮尤中心也发布其他许多领域的数据，故在国际社会有一定影响。

这一报告还宣称在中国大陆现有基督教徒6841万人，穆斯林2469万人，印度教徒2万人，佛教徒2.44亿人，民间宗教2.94亿人，犹太教1万人，其他宗教908万人；即共有宗教信仰者6.4亿人，无宗教隶属7亿多人。这种说法显然过于夸大中国宗教信仰者人数，并无事实根据和统计依据，但因其数据是向全世界发布，故有必要以我国发布的权威数据来以正视听。

根据 2018 年中国宗教白皮书的统计，在我国目前 13 亿人口中，各种宗教信徒约近 2 亿人，宗教教职人员 38 万余人，其中佛教教职人员 22 万多人；道教教职人员 4 万多人；10 个多数人信仰伊斯兰教的少数民族总人口 2000 多万人，伊斯兰教教职人员 5.7 万人；天主教信徒约 600 万人，宗教教职人员约 0.8 万人；基督教（新教）信徒 3800 万人，宗教教职人员约 5.7 万人；此外还有多种民间信仰的存在。中国宗教团体约 5500 个，其中全国性宗教团体 7 个，包括中国佛教协会、中国道教协会、中国伊斯兰教协会、中国天主教爱国会、中国天主教主教团、中国基督教三自爱国运动委员会、中国基督教协会。目前依法登记的宗教活动场所 14.4 万处，包括佛教寺院 3.35 万座，其中汉传佛教 2.8 万余座、藏传佛教 3800 余座、南传佛教 1700 余座；道教宫观 9000 余座；伊斯兰教清真寺 3.5 万余处；天主教教区 98 个，教堂和活动堂点 6000 余处；基督教教堂和聚会点约 6 万处。目前藏传佛教年印经卷约 6.3 万种，伊斯兰教经典等读物已编辑发行 176 万余册，基督教已经为世界 100 多个国家和地区印刷超过 100 语种的 1.6 亿多册《圣经》，其中为中国教会印刷约 8000 万册，包括汉语和 11 种少数民族文字以及盲文版。目前中国大陆有宗教院校 91 所，包括佛教 41 所，道教 10 所，伊斯兰教 10 所，天主教 9 所，基督教 21 所。其中全国性宗教院校 6 所，即中国佛学院、中国藏语系高级佛学院、中国道教学院、中国伊斯兰教经学院、中国天主教神哲学院、金陵协和神学院。这些宗教院校在校学生共 1 万余人，累计已毕业 4.7 万余人。这些最新数据可以反映中国宗教现状的概貌。

目前世界宗教发展呈现多元状况，极不平衡，如中东地区民族、宗教的情况就颇为复杂，其中涉及民族冲突的有犹太人与阿拉伯人、波斯人的冲突，库尔德人、土库曼人、土耳其人等民族亦不同程度地卷入到相关冲突之中；而涉及宗教的则包括犹太教、伊斯兰教和基督教的冲突，以及伊斯兰教内部教派如逊尼派与什叶派的冲突，近年来发展迅猛的基地组织、"伊斯兰国"等也有复杂的教派背景，这不仅使中东地区战乱频繁，也让整个世界难以安宁。中国不曾发生类似中东地区那种大规模的宗教冲突，在广大内地，人民群众对宗教的感受也是比较平和的。这和我国目前比较科学有力的宗教管理也是分不开的。

但是，我们不可忽视宗教问题可能也会给我们带来巨大的潜在影响，即会影响到我们的社会稳定和国家安全。概括而言，宗教问题可能在以下几个方面影响到我国的政治社会安全。一是跨境民族的民族宗教认同意识可能减弱对中华民族的向心力，值得特别注意。尽管有学者不同意有"跨境民族"之说，但边界地区越界而居的相同民族乃不争事实。二是以宗教作为民族核心价值及民族文化的民族可能会增强对其宗教发源地的凝聚力，处理不好就可能出现离心和异化迹象。三是民族分裂势力会以民族、宗教方式加强对我相关民族地区的渗透，民族分裂亦可能以其民族宗教信仰为掩护或借口，这方面比较突出的，如在一些信奉伊斯兰教、藏传佛教、南传佛教的民族地区，应该高度警惕。四是民族分裂、宗教离心发展会得到境外相同民族或相同宗教的国度或地区相关势力或明或暗的支持，特别要关注的是包括来自中亚、南亚、中东等地的渗透及影响；这在我国新疆、西藏等地区也有典型表现，因而使民族宗教问题的妥善解决与国家的统一、民族的团结密切关联，也使得这些地区反渗透、反分裂的任务更为艰巨。另外，民族宗教问题的发生及恶化之中会有大国的干预及推波助澜，如历史上中东问题、南亚问题（印巴冲突、斯里兰卡问题等），以及中国的西藏问题都与英国的殖民历史及其遗留问题相关；而大国插手干涉则会以所谓民族独立、宗教自由、保护人权等为借口。我们切记不可给境外势力提供任何干涉、干预的口实。

自美国"9·11"暴恐袭击以来，伊斯兰教似乎正承受着某种不好的名声，人们对之出现了各种误解。加上亨廷顿的"文明冲突论"直指伊斯兰教，西方出现各种民粹主义及其排外浪潮，也主要担心穆斯林的高生育率及其移民，因而把伊斯兰教推至风口浪尖上，甚至已经影响到普通中国人对伊斯兰教的看法。其实，伊斯兰的本义为"和平""顺从"，教徒通称为"穆斯林"，而穆斯林本来也指"顺服者"。伊斯兰教在我国旧称为回教、天方教或清真教。所以说，伊斯兰教并非天然就是主张暴力者，其"中道思想""中间主义"乃是主流，但国际媒体、舆论却往往忘记或故意忽略这一"沉默的大多数"，故使人们发出"谁代表伊斯兰教"的疑问。

实际上，宗教极端主义在其他宗教中也不鲜见，比如基督教也有原教旨主义，甚至被普遍认为非常和平、与世无争的佛教也有极端主义和暴力现象，比如近些年在斯里兰卡、缅甸等地出现的民族宗教冲突也使佛教卷入其中，而且同样也运用了暴力手段。伊斯兰极端势力之所以如此受人关注，同它形成的全球影响恐怕脱不开干系。其中的宗教极端主义集中表现为所谓"圣战"以及"泛伊斯兰主义""泛突厥主义"等现象，并与民族分裂主义相结合，甚至出现了"伊斯兰国"这样的具有类国家结构的极端组织。这些极端势力通过恐怖袭击和暴力冲突表达诉求，并造成极大的国际影响，由此导致的世界局势之恶化使得伊斯兰教的突出问题受到了来自全球的特殊关注。

虽然人们关注的焦点是中东，但最近几百年来伊斯兰教的迅猛发展已经突破阿拉伯民族的范围，而向世界广大地区不断扩散。现在穆斯林最多的国家已经不是阿拉伯国家，而是印度尼西亚（约有2亿穆斯林），其次是印度（约1.7亿）、巴基斯坦（约1.6亿），以及孟加拉国（约1.3亿）。此外，穆斯林人口在现代欧美国家也有较大增长。但这些人绝大部分是爱好和平的。

大约在7世纪，伊斯兰教传入中国唐朝。宋朝以来，其相继从陆地和海洋两路传入中国，使伊斯兰教加入了丝绸之路的漫游及迁徙，如广州的怀圣寺就是中国最早的清真寺，这一支穆斯林群体可能是从海路进入中国的。到了元代，形成了所谓"回回遍天下"的局面，说明伊斯兰教在中国的分布已更加广泛。但伊斯兰教进入中国后，也同中国文化进行了有机融合，并没有完全封闭。比如，其中国化发展曾形成"门宦"制度，为伊斯兰教神秘主义与中国封建宗法制度的复杂结合；另外还有王岱舆、刘智等人将伊斯兰教义结合儒家的"中道"思想而形成"回儒"等发展。目前，中国伊斯兰教主要分布在回、维吾尔、哈萨克、塔塔尔、塔吉克、柯尔克孜、乌孜别克、东乡、撒拉、保安这十个民族之中，约有2100万人，大多数属于逊尼派，其中塔吉克族与什叶派曾有着历史关联。

对中国来说，所要关注的不只是伊斯兰极端主义，更要重点防范"泛突厥主义"。"泛突厥主义"这个概念是19世纪末土耳其国王阿布都里米提二世提出来的，到1913年被具体化为"突厥语的维吾尔族、哈萨克族、柯尔克孜族、乌孜别克族、塔塔尔族、阿塞拜疆族等都应该成为一个突厥民族国家"。此即所谓"东突"主义的出现。在第一次世界大战期间，我国新疆的伊犁、乌鲁木齐、喀什等地就曾出现"东突"思潮，20世纪30年代南疆又出现了分裂活动，如1933年沙比提大毛拉曾经要在喀什建立所谓"东突厥斯坦伊斯兰共和国"，但其分裂势力最终被回族武装所消灭。中华人民共和国成立以来，"东突"思潮依然时隐时现，并和境外敌对势力有某种联合。这种强调以突厥民族主义为主、伊斯兰宗教为辅的分裂思潮更值得我们要高度警惕和坚决制止。

要保持宗教的和谐发展，则应注意到宗教存在的不同分布及其定位。目前中国宗教存在有三大"板块"，分别是"护持型"的"核心"板块，主要是佛教、道教、基督教、天主教、伊斯兰教五大宗教；"自发型"的"新生"板块，也就是五大宗教之外的宗教和教派；"模糊型"的"边缘"板块，主要包括大众信仰、民间信仰、神灵崇拜、英雄及领袖崇拜等，这方面的表现形式特别多样化，如民间崇拜财神爷、灶王爷、关公、妈祖，甚至还有对古代孝贤、对当代解放军战士的崇拜等，与非物质文化遗产、当地文化及革命传统等有着复杂交织。

对于"护持型"的"核心"板块，由于它们是获得国家政治支持的宗教，其存在合法性有明确的政治确认，可以说它们实际上代表着准"国家宗教"的形象，虽有五教之多却体现出统一的"国家"意识，在强调政府权威的"一体多元"中有其正统性和合法性。在国家的"护持"和"帮助"下，这些宗教体态完备、组织严密、网络齐全，在宗教地缘中占据着核心板块位置。在一定程度上，这一板块应归属于我们的政体，在中国宗教发展中起到引领作用。故而实际上也是代表着宗教上的"中国形象"。不过，也正因为其合法存在，在社会公众视野中也十分显眼，因此对其管理、约束就极为直接和严格，有时乃首当其冲地面对着社会的压力和误解。所以说，其和谐发展首先就需要对之减压、脱敏。

"自发型"的"新生"板块，则是在中国改革开放以来，除了获得政府合法登记的五大宗教之外出现的其他宗教或其教派，其中有一些处于"灰色"甚至"黑色"的宗教形态，不居合法地位。其特点是板块分散，问题繁多，而其所谓"自发"也只是相应中国政体来说的，实质上却有复杂的外界关联、掌控和渗透。在全球化时代，这些新生板块往往反而会成为世界关注的核心和热点，被当作中国的宗教问题来放大，甚至成为其他国家干涉我国内政的"突破口"。这些宗教有着分散性、演变性、隐蔽性等特点，在本土化与去中国化、宗教化与政治化、公开化与隐秘化、民族化与国际化，甚至"友"或"敌"之间扑朔迷离，深浅难测，成为当今中国社会宗教领域的一块"盲区"，其与政府"捉迷藏""打游击"方式的生存与发展，实际上因为相关部门之间的互不相属反而使他们得到了非法的"自由"，成为社会的隐患，为此我们对之应实施有效管理，或必须依法加以收编或整合。

"模糊型"的"边缘"板块所涉及的"宗教"既有认识上的模糊，亦有实践中的模糊。例如，当今中国社会的大众信仰、民间信仰、神灵崇拜、英雄崇拜、领袖崇拜究竟是否算"宗教"或"宗教意识"，应该怎样去认识和处理，都无定论。人们在对"宗教"及"宗教性"的认识上难以达成共识，因此对之不称民间宗教而以"民间信仰"这一模糊表述来代之，从而使得对这一板块的管理也存在分歧和困难。

中国宗教治理的关键问题，是要解决对宗教的认识问题，宗教的定位清楚了，宗教治理才有可能有效开展。习近平总书记曾经说："宗教不仅是一种社会意识形态，还是一种特殊的文化现象，比如，浩如烟海的宗教典籍，丰富了传统历史文化宝库；智慧深邃的宗教哲学，影响着民族文化精神；深刻完备的宗教伦理，强化了某些道德规范的功能；异彩纷呈的宗教艺术,装点了千姿百态的艺术殿堂;风景秀丽的宗教圣地,积淀为旅游文化的重要资源;内涵丰富的宗教礼仪,演变为民族风情的习俗文化。"① 这段话说得非常好,用散文诗一样的语言,对宗教的社会、文化功能做出了极高的评价。马克思主义虽然主张共产党员应该是无神论者,但也指出宗教的消亡需要一个很长的历史过程,所以应该致力于对宗教的积极引导。马克思本人就是从基督教徒转变为共产主义者的,研究犹太教、基督教的早期历史,可以觅见其间的思想连线,这说明宗教信仰和共产主义理想之间也并非完全对立、绝对不可转化的。

宗教信仰在我国不仅是重要的社会存在,更具有重大的政治、社会,甚至国际影响。没有宗教的和谐,也难有世界的和谐。这种宗教和谐乃是社会发展的动力和保障。而与宗教的沟通与对话,也可能带来或推动社会的和谐。这在国际社会更有必要。我记得2008年北京奥运会火炬传递过程中,在海外遇到了各种各样的干扰。罗马教宗本笃十六世在此关键时刻在会见中国人的一次公开活动(中国艺术家在梵蒂冈组织的一场音乐会)中却表达了对北京奥运会的祝福,他希望每个人"本着真正的奥林匹克精神"竭尽所能使北京奥运会取得圆满成功。教宗的表态使西方抵制中国奥运会火炬传递的行为被明显否定。北京也最终举办了一届令人难忘的世界体育盛会。目前新教宗方济各也对中国释放了善意、表达了友好,中梵关系正出现明显改善。特别是在当前的"一带一路"建设中,无论陆上还是海上,都面临复杂的宗教问题,回避宗教问题是没有出路的,而妥善解决宗教问题则会给"一带一路"合作发展带来巨大的、实质性的帮助。所以说,宗教在意识形态对话上也可以是桥梁而不是死结,是我们在国际舞台上可以打活、打赢的一张"活牌""好牌",我们不应该有牌不出手,而应以此来盘活全局。

我国当前正面临着"文化强国"战略建设的新机遇,其核心应该

---

① 习近平:《干在实处,走在前列——推进浙江新发展的思考与实践》,中共中央党校出版社2006年版,第264页。

是弘扬文化精神，关键在于找回中华文化之魂，而在中华文化精神因素中，宗教文化显然占有举足轻重的显著地位。我们难以想象，在中国的传统文化当中，剔除掉儒、释、道的宗教文化，还有多少剩余。宗教文化所特有的社会凝聚力和信仰感染力，是任何其他文化层面所难以取代的。所以说，我们完全可以从促成宗教和谐的角度来推动社会同心、文化和谐。

在此基础上，这里想提出来的一个基本的思路，就是希望我们在宗教治理的"整合"中能够实现"一体多元""主次协调"，使宗教在政治层面积极适应，发挥正能量；在社会层面参与社会服务，作出自己的贡献；在文化层面则能够将中国传统文化承上启下、发扬光大；而在信仰层面，也能够返璞归真、保持其信仰上的纯洁。

（原为《中国社会科学报》记者采访稿，参见 2015 年 12 月 10 日《中国社会科学报》。）

第三十九章

以中华优秀传统文化为引领，推进我国宗教工作发展

在中西比较中，我们发现西方文化是二元分殊，这种二分式的思维方式导致它进入现代以来产生很多现代性精神困境，基督教跟伊斯兰教这两种价值体系方面的冲突即是这一问题的具体体现。而中华文化海纳百川，是圆融和谐、共构整体的一种文化，中国文化的思维是整体思维。二元分殊会导致一种张力、一种对抗，西方历史上尤其有过政、教对抗。但中国社会体制中的宗教却从来都是属于从辅地位的，而我们的政权、政府则处于主导的地位。从这方面来讲，中国的宗教工作思路首先要正确，要认清这种世界少有的政教关系。我们党的十九大精神提出坚持对我国宗教中国化方向的积极引导，这一积极引导的工作主要是党和政府来做的。这里，坚持我国宗教中国化方向，即是说要彰显中国优秀传统文化，而且需要跟当前社会主义核心价值观有机结合，这是中国宗教未来的发展方向。对此有必要深化其理论阐述。

一　宗教在我国历史中的地位、特点及其背后的深层逻辑

自古至今，我国在宗教与政治、社会的关系上不同于其他国家，这一点非常突出。

西方社会以及阿拉伯世界在很长一段时间有政教合一的传统，宗教

在其中起主导作用，而政治往往起为辅的作用。伴随着近代世俗化的过程，宗教的主导地位逐渐下降，世俗政权、世俗力量逐渐得到加强。现代西方尽管世俗化的过程走得比较远，但是依然保有历史上政教关系的痕迹。例如美国是强调政教分离并做得最彻底最明显的国家，但是美国的总统和议员就任时还是要手按《圣经》进行宣誓，这与之前宗教的强大影响是密切相关联的。尤其是基督教和伊斯兰教都是绝对一神教，在信仰中间排他因素比较强，对其他宗教包容性较弱。虽然这在现代发展中有所改观，约翰·洛克等西方思想家也转而强调宗教宽容，但其自我意识仍很突出。总体来讲，基督教在西方世界、伊斯兰教在阿拉伯世界的影响力强于其他宗教。

中国则不同。中国宗教在远古时期是民间自发型的，颛顼"绝地天通"之后，宗教事务就由统治者出面进行管理，于是体现出一种政主教从的政教关系，政治政权一直为主，宗教为辅。在中国历史上，没有任何一种宗教能够驾驭政治或政权之上而起绝对引导的作用。历史上儒教曾经起过国教的作用，但是儒教的首领无法影响皇帝的抉择。又如佛教传入以后，有些皇帝个人信仰佛教，但是在宗教治理问题上还是基于政治考虑来抉择。政主教从是中国政教关系的特点，它是否合理、是否符合现代社会结构或者时代关系可以探讨，但这一点是鲜明的现实。美国一些研究中国问题的专家认为我主张政主教从，事实上我是通过分析中国历史而得出政主教从这个结论，并非个人主张。在政主教从的特点下，中国的宗教就呈现出一种包容性，亦即不是一教独大，而是儒、释、道三教并立，它们的关系在不断地发展和调整。在我国鼎盛时期——唐朝，除了儒、释、道三教之外，各种外来宗教进入我国，多种宗教并存，并且人们有宗教信仰的自由。而且我国在政府层面也有包容宗教的特点，例如对宗教团体、宗教界人士给予补助，在场所建构、经济、精神等方面给予相应的支持，元朝时候皇帝还给欧洲来的天主教传教士发放津贴。

这种有独特性、创造性的政治和宗教关系背后的深层逻辑，与中国的文化特点紧密相关。中国哲学思维具有一种"整体论"，中国文化的思维是整体思维，其特点是"海纳百川，有容乃大"，追求和合、和谐，体现为一种共构、圆融。其中最典型的特点就是它是一种太极文化的态势，太极图是阴阳共构，而且是阴中有阳、阳中有阴，没有截然分开。中国古代有一个词语叫"玄同"，意即不同而同。在"玄同"中，会有一种差异和张力，于是又有"和而不同"的说法。"和"是一种共在，但是特殊性与分歧依然保留，所以又有一种表达即"求同存异"，尽量地增加同、减少异。也就是说，"玄同"就是承认差异和矛盾的存在，允许多样性的存在，更要认识到万紫千红才是美，反之清一色就毫无价值，从而共构我们美丽多彩的整体图景，这就是和谐共构。这是中国思维、中国文化的特点。

与此相反的是，西方文化是二元分殊的思维方式。天上与人间，上帝与个人是绝对分开的，二者之间没有任何可以沟通之处。从人的思维发展来讲，最早人的认知是一种客体认知，没有自我意识，自我消解在客体之中；西方的二元分殊一开始彰显的是一种主体的认知，这种主体认知以我为主，主体性非常强，于是形成一种差异和张力。二分式的思维导致西方进入现代以来产生很多现代性精神困境，从宗教上来看，在西方社会引起的最大冲突就是基督教跟伊斯兰教这两种价值体系的冲突。例如在所谓"难民"问题上，修隔离墙等表现就有着排斥异己的明显意向，这其实是想维系自己传统文化的核心和精髓，防范一种异化和他化，这就是二元分殊的最典型表现。一方面，西方也强调宗教对话，从人道主义的角度接纳难民，并且给予援助；但另一方面，由于思维惯性还在，文明的冲突并没有解决，这已经与政治没有关系了。这种思维不是将对方融入进来，这也导致一些移民到了西方国家以后，即使经过几十年，依然认为自己还是在异国他乡，这里不是自己的祖国——起码在文化上不是。这也是移民的第二代、第三代很容易被挑唆去参加暴恐活动的原因之一。这种社会心态和文化氛围就是西方二元分殊的弊病。

习近平总书记在党的十九大的报告是现代辩证整体论的创新表述，涵括方方面面，进而实现圆融共构。更重要的是，中国文化的思维是整体思维，中国哲学的整体论在今天的全球化当中也表现为一种整体认识，而人类现在已经进入一个整体思维的时代。大家都是地球村的村民，你中有我，我中有你，所以我们必须要有整体思维，避免二元分殊导致的张力与对抗。如果完全强调分殊，要分裂开来，这就变成了西方思维模式，其效果显然是负面的。这也是中国现在能够脱颖而出的原因，全球化便是中国思维大放异彩的时机。习近平总书记很多精辟的思想博得全球喝彩，也正是因为这些思想是应运而生的，其特点正顺应了这个时代的发展要求。

因此，我们千万不要拾西方或者其他传统的牙慧，不要走它们的老路。国内很多人认为西方思维好，这与中国过去一百多年来被动挨打的遭遇有关，这一认识的转变需要一个过程。我们从自己的文化中生长出这样博大的体系，正可以为今天的世界作出重大贡献。今天是弘扬优秀传统文化的大好时机，从这一方面来讲，我们也要有文化自信，文化自信不是虚的，要有实实在在的内容，而中国拥有极其丰富的历史积淀，加上改革开放四十年在社会、政治、经济等方方面面的大发展，有着充足的底蕴和准备，可以说到了给世界作更大贡献的时候。但我们仍然要保持谦虚谨慎之态，保持头脑清醒冷静。我们实际上已经走到了世界的中心，反之英国、美国都在自觉不自觉地往边缘化走，而中国也就自然成为世界关注的焦点，会站在风口浪尖上了。在这种情况下，我们一定要把思路厘清，对自己文化的特点要有精确的把握和展示，有新的与时俱进的梳理和建构来重新体系化。这一点非常重要。

二 我国宗教的发展态势及推进之处

马克思主义经典著作的基本思想是社会存在决定社会意识，社会存在是第一性的。那么，宗教作为一种社会意识，是社会存在的一种反映，今天我们中国的宗教，是反映我们社会主义社会还是反映西方资本主义社会，抑或是反映1949年以前半殖民半封建社会甚至古代封建社会？这是常识性问题。很多人不顾这种常识就想当然，进而否定我们社会的宗教。这种错误是必须纠正的。宗教文化是中国文化建设的重要部分，落实宗教政策以来，五大宗教在党的领导下整体上表现出较好的发展态势。中国宗教界绝大多数信教群众是拥护共产党和社会主义制度的，并在党和政府领导下一起参加中国特色社会主义建设，为实现中华民族伟大复兴的中国梦而努力，这是总体的态势。从大方向来讲，我们要充分意识到这一点，一定要强调绝大多数信教群众是与我们党保持高度一致的。

当然在这种情况下也应该看到，一方面，我们的政策方面还没有达到尽善尽美，也有不尽如人意的地方；另一方面，宗教自身革新发展也存在一些复杂的问题和变化，可能遇到阻力，境外势力的影响也是客观存在的，但这些都是支流而非主流。就此而言，相应的管理、疏通、引导需要加强，这对宗教工作提出了更高的要求。宗教界自身也需要有一个将各方面关系协调好的过程，但如果单靠宗教自身的协调，或许时间很长，阻力很大，而政府的作用则非常重要，如果有党和政府积极参与，那形势就会大不一样。

近些年，五大宗教在发展中都遇到了一些问题和困难：道教很多宫观尚未落实、人才比较稀缺；佛道教和民间信仰的烧香烧纸等行为被一些地方视为污染环境和迷信而受到批评；基督教有些信徒显得不虔诚而热衷政治，把宗教看作政治，等等。这些现象既有宗教发展过程中自身调试所产生的问题，也有政府宗教管理方面的问题。

首先是宗教自身发展中的某些问题。我们要有意识地培养宗教方面的人才来继承与发展宗教文化，引导宗教往正确方向发展，与国家保持更紧密的联系，学术界也要积极作出相应贡献。

例如道教是中国五大宗教中唯一土生土长的宗教，中华文化的底蕴在道教中有很多体现。道教的发展有两个层面：第一个层面就是"道"的宇宙观、世界观。这种对于整体的把握，对物质原初的理解，与现在自然科学的很多最新发展比较吻合。尽管它是基于宏观把握来提出一种模糊的说法，而自然科学则是通过实验观察来得出精确的结论，但是二者中间是有共鸣的。西方很多思想家（如海德格尔等人）就痴迷于中国的道哲学,很多有识之士都阅读《道德经》,《道德经》据说是译成外文种类仅次于《圣经》的著作。事实上直至今日,它的哲学蕴涵尚未得到很好的发掘。道教缺乏这方面的人才,需要重点加以培养。因为道教"道"的层面没有得到充分发扬,显得更凸显"术"这一方面,所以有些人觉得它与迷信接近,反而隐藏了它的哲学真谛。但这是道教的一个传统,它在得到逐渐发展中会自我扬弃,形成一种新的习俗。要允许它自我发展、自我调适的过程。第二个层面就是道教对于生命的理解,它强调对生命的敬畏和回到自然生态的生活方式。这种生活方式在今天工业化畸形发展的时候极其必要,这也是道教的思维与文化可以为世界作贡献之处。在这两个层面,道教都要有为,而不能片面理解"清净无为"。我曾经跟中国道教协会第六任会长闵智亭道长交流,向他请教为何土生土长的道教却是中国五大宗教中信教人数最少的,他的回答是道教讲"道法自然"而不刻意传教。某种意义上讲这是道教的一大优点,然而当今世界竞争状况激烈,我们还是需要有意识地弘扬和彰显道教的优秀文化。

又如一些人出于功利思想来信仰宗教,这不仅仅是宗教信仰上的问题,而是大环境的问题,亦即整个文化建设层面的问题。本着信则灵,灵则信的心态去求神拜佛,这是一种实用主义、功利主义的思想,与古代中国是不同的,传统的宗教信仰是"举头三尺有神明",所以人们自觉自律。正如康德所讲:"世界上只有两样东西让我敬畏,一个是我头顶上的灿烂星空,一个是我心中永恒的道德法则。"在一个世俗化、功利化的大环境中,人们更多是从功利主义、个人需求的角度来考虑问题,个人主义泛滥,社会公德就出现了很多问题,但实际上我们原本有很好的集体主义观念。我们对此要深刻反思,这是整体文化都需要提升的重大问题。

宗教在自身发展过程中会发生改革,例如在是否独身的问题上,各个宗教都有不同。道教中有两派,一派保持独身(全真道),另一派则可以结婚(正一道)。天主教同样如此,天主教的神职人员最早是可以结婚的,但由于出现了神职人员将教会财产变为自家的财产,将自己的孩子提拔为教会接班人等问题，故才开始出现与之针锋相对的出家修道的制度。也就是说，神职人员如果要做教会的事业，就需要出家而不能结婚，以整个教会为"大家"而不能有小家的观念。这都是宗教自身发展改革的结果，而不是从古到今便如此规定的。

所以，我们需要用发展的眼光来看待这些问题。这些都是宗教自身发展传承过程中共有的问题。全世界的宗教发展都遇到类似的困境，并非中国所独有。至于宗教是否需要改革，这需要它自身内部的调适。总的来讲，要从两个层面来认识：第一，在思想认识上，全民文化都要提升发展，宗教界当然也包括在内；第二，如果宗教体制或制度必须改革，那就需要它自身逐渐适应时代发展，与时俱进地进行改革，外部没有必要过多干预。

其次是需要加强宗教基层管理的一些问题。党和政府在任何工作方面和引导的作用，党的领导是涵括全面、不存在死角和空白的，整个管理系统就如"天网恢恢，疏而不漏"，基层党组织非常重要，哪个地方有空白体和疏漏就说明工作没做到位。具体到宗教工作，这是一个系统工程，涵括于党的领导、社会主义制度这一最宏观的系统工程。要特别关注和坚持在基层对宗教团体的管理和引导，使宗教场所和信教群众的宗教活动确保正常、合法；积极引导宗教与社会主义社会相适应，尤其要在基层落到实处。一定要加强相关的属地管理，基层管理要跟上，很多问题就是因为基层管理没跟上才出现的。

更重要的一点是，我们的社会是一个需要共同构建的有机公共整体，绝不能把宗教及其作用和党领导的整个社会体系分离开来。宗教是我们社会文化体系中重要的有机部分，信教群众是我们的基本群众，党和政府密切联系广大群众当然包括信教群众；宗教在道德建构、公益事业、慈善活动、精神安慰等方面发挥积极作用，没有党和政府的领导和支持是做不了的，这些成果实则正是我们党积极引导的成果，而不要认为这是宗教与我们党和政府"争夺"群众。宗教的基层组织与我们党和政府在基层社会的建构是有关系的，我们应把这些爱国、合法的宗教社团看作是我们自己的体系，其团结信教群众是我们党和政府关涉全局之工作的有机构成。

另外，系统工程难免存在局部问题，改革发展还不是尽善尽美，现实中的很多问题是因为出现了与基层管理的脱节，上传下达的渠道不很畅通。我们需要在顶层设计上指明方向，然后不断加强属地管理、基层管理，实现综合治理，其中基层管理是政权稳固的关键所在。在宗教问题上，一些宗教乱象也说明基层管理的不到位，必须加强基层管理、综合治理，保障宗教的有序发展。我们必须明确认识到，宗教活动分为正常的宗教活动和以宗教为名的非法活动两种，对后者要严厉取缔。

宗教事务的管理体制需要进一步健全和落实。例如，落实宗教政策是民宗局、民宗委的任务，打击邪教则是原来中央"610办公室"、"打邪办"的任务，相关专门机构的工作要具体落实。一些宗教活动如果破坏了社会治安，要按照相应的法律法规去管理；如果破坏了环境，要按照《环保法》来管治。现在很多宗教场所都是指定烧符合环保要求的香，这就是规范化的管理。

总之，对待宗教要做好两点工作：一是积极引导，二是加强管理。引导和管理有机结合，宗教工作必然会走上正道。现在出现的一些问题，无非就是在积极引导的问题上没有认识到和解决好，或者在管理方面有某些漏洞没有及时处理。如果把这两方面都做好，就不会有任何的问题。

三　"新时代"我国宗教的发展之路

我们社会的上线是"发展是硬道理"，所谓发展包括全民族政治、经济、社会、文化等发展，这是解决包括宗教在内的所有问题的根本之途，我们要共同为达成这个上线而尽量努力。同时还有一个底线就是"稳定压倒一切"，中国社会的大好环境来之不易，社会一定要保持稳定，要果断采取相应的举措来保障稳定。做好宗教工作也是如此，亦即上线是积极发展，底线是有效防范。

党的十九大报告涉及宗教的话语不多，但都是点睛之笔，把党的宗教政策、宗教工作基本方针都说得非常清楚，没有任何模糊之处，为今后进一步做好宗教工作指明了道路。展望今后中国宗教的发展，那就是党的十九大报告指出的"坚持我国宗教的中国化方向，积极引导宗教与社会主义社会相适应"，同时严密防范和坚决打击各种宗教极端活动。与此相应，最新的党章则表述为"全面贯彻党的宗教工作基本方针，团结信教群众为经济社会发展作贡献"。

首先，在政治层面，我国宗教要拥护支持中国共产党的领导和中国特色社会主义道路。这是宗教中国化在政治层面的典型体现，是重中之重，是引导中国宗教发展的方向。要加强党对宗教工作的领导、对宗教界的积极引导，在宗教界加强法律法规、政策条例、国情世情方面的学习和爱国主义教育，真正培养一批爱国爱教、与我们党和社会主义制度保持高度一致的宗教精英、宗教领袖。所谓"中国化"，就说明宗教在中国就有中国的特点，例如由于社会基础的不同，中国的基督教与美国的基督教就不同。从这一方面来讲，应该突出中国社会的政治特色，而宗教虽然不是政治，但它作为一种社会存在，会有它的政治选择，那么政治便是首位的，我们在宗教工作、宗教文化上一定要讲政治，亦即在政治上要有重要的引导。

其次，在文化方面，习近平总书记多次论及弘扬中国优秀传统文化，党的十九大报告中也有很多内容强调这一点。而坚持我国宗教中国化方向也就是需要彰显中国优秀传统文化，并且跟当前社会主义核心价值观有机结合，凸显中国文化的文化自信。也就是说，中国优秀传统文化是宗教中国化的重要因素。

弘扬中华优秀传统文化不是一句空话，要有宏观规划，要做很多具体的事情，在相关的理论政策方面还须进一步下功夫。文化自信的前提是要有文化自知和文化自觉，对自己的文化要有基本的考量和评价，要坚持中华文化的道统。"道"的观念在全世界是独一无二的，更是中国文化对世界的最大贡献。中国文化自古至今都不是封闭性发展，而是具有极强的包容性，它之所以能够不断地丰富发展，就是因为吸纳世界上一切文明的优秀元素来充实自我，特别是吸纳马克思主义作为我们现在的指导思想，这典型体现了中国文化的包容性。圆融共构、和谐合作就是中国思维的特色所在，也是中国文化的自信所在。无论是对内还是走向世界，我们都需要提升软实力，需要有圆融共构、和谐合作的大思路，而宗教在其中则是非常重要的因素。

尤其在全球化的今天，我们不是关在国门之内讲中国化，而是要向整个世界弘扬中华文化、中华精神，宗教便是其中举足轻重的软实力。我们在国外办了很多孔子学院，却被西方某些人士看作一种政府行为、政治渗透，从而对之百般刁难和抵制。但人们信仰宗教则是自然而然的民间形式，中国宗教走向世界也不会被视为文化渗透。在当前这种形势下，中国文化需要主动"走出去"，特别是道教和佛教以其民间身份自然而然地走向世界，已经做了很多的工作，世界各地有很多外国人信仰道教和佛教，扩大了中华文化的影响。中国的基督宗教和伊斯兰教也可以走出去，这都是彰显我们中华优秀文化。例如道教音乐、佛教音乐、包括儒家的音乐，在外界都具有很强的吸引力和感染力。而少林寺在世界各地开办少林武馆，发展得如火如荼，练中国武术的人慢慢就可能成为中国文化的拥护者，甚至可能是中国政治的支持者。2000年在联合国总部召开世界宗教和精神领袖大会，每一个国家、每一种宗教都可以在那里展示自身特长，时任中国道教协会会长的闵智亭道长打了一套太极拳，使很多人深深折服。正如当前印度大力推广瑜伽那样，有着深藏的文化蕴涵，瑜伽表面上是健身，其深层就是一种文化。而我们的太极文化，在武的一面有太极拳、太极剑，在文的一面就是一种圆融共构的精神，这种圆融思想、整体哲学、太极文化都是中国智慧的体现，是一个博大精深的体系，对世界具有巨大的吸引力。我们完全可以组织力量对之进行研习和推广，在世界行之有效地弘扬中华文化。

再次，在时代精神方面，文化需要传承和更新，中国优秀传统文化也不能故步自封，而需要与时俱进、全新发展。在"新时代"如何进行中国文化的更新，建构起"新时代"的中国文化，这是一项极其重大的建设，其中有很多的任务要去完成，也包括对中国宗教精神文化的发掘和理解。

综上所述，中国化方向是我国宗教的未来道路，有政治层面、文化层面和时代精神这三重蕴涵，而接下来就是贯彻落实，在具体政策举措上体现出来。今天新的社会形势是一个开放的场景，中国文化建构也需要吸纳包括宗教在内的全人类优秀成果来巩固，正如列宁那句名言所说："只有了解人类创造的一切财富以丰富自己的头脑，才能成为共产主义者。"[①]

（原载《中央社会主义学院学报》2017 年第 6 期）

[①] 《列宁全集》第 39 卷，人民出版社 1986 年版，第 299 页。

第四十章

以科学发展观研究新兴宗教

19世纪末,特别是自进入20世纪以来,在全球范围内涌现出一些不同于传统宗教的"新兴宗教"。这种异军突起的"新兴宗教"现象立意不同、形态各异、变化多样、影响复杂,为宗教研究者提供了一个重要且必要的全新研究课题。为此,在中国当代语境中,应以科学发展观为指导思想来研究新兴宗教。这主要表现为,第一,应该从社会、时代的发展来看"新兴宗教"的产生及其展示的"新"特色。第二,应该从人们精神生活的普遍性及其"神圣"或"神秘"表达的独特性来观察、区分不同宗教的共性和特性。第三,应该从人类丰富多元的精神及社会生活来看待"新兴宗教"反映、适应、回应这种生活的形式及效果,论及其张力与和谐、正面与负面、消极与积极。这里尝试对之加以探究。

不少中外学者顺着雅思贝尔斯关于宗教涌现、思想精神活跃之"轴心时代"的思路而将20世纪末21世纪初出现的宗教更新、各种灵性思潮全面发展称为"新轴心时代"的典型景象。而当代著名的宗教社会学家贝格尔也修正了自己几十年前关于世界信仰已经"祛魅"之说而承认当今世界重又进入了宗教"复魅"的时代。在当代各种宗教复杂、多样的发展中,人们在19世纪末,特别是自进入20世纪以来,开始观察并注意到一些不同于传统宗教的"新兴宗教"之涌现。于是,研究这些"新兴宗教"在中外学者的宗教研究中就逐渐占有越来越大的比重。

　　这种异军突起的"新兴宗教"现象立意不同、形态各异、变化多样、影响复杂。其中一些"新兴宗教"与传统宗教仍有着千丝万缕、若即若离的关联，表现为这些传统宗教的复杂嬗变和根本异化；一些"新兴宗教"则为多种宗教的因素综合而成，并重新构建为完全的另一体，不再承认与传统宗教有着任何直接的传承关系；还有些"新兴宗教"显然代表着现代社会的全新发展，其社会构建、组织形态已与以往的宗教发展迥异，有着全然不同的呈现。在 20 世纪"新兴宗教"的形成及发展过程中，对人们精神生活及社会团契颇有影响的"神智学""心灵学"以及"新时代"运动的各种思潮也不同程度地在相关"新兴宗教"的形体上打下了烙印。这样，"新兴宗教"的多元走向、复杂影响已在现代人类生活中亮相，并为宗教研究者提供了一个重要且必要的全新研究课题。

　　据统计，目前全世界"新兴宗教"的信徒已有上亿人之多，其影响几乎已遍布全球各大洲。① 为此，我们有必要加大对"新兴宗教"研究的力度，追踪、探究其最新动向，并应该积极开展在这一研究领域中广泛的国际合作。根据宗教及人类精神生活在当代出现的新动向、新变化，我们感到对"新兴宗教"的关注和研究不可忽视如下一些方面：

　　第一，应该从社会、时代的发展来看"新兴宗教"的产生及其展示的"新"特色。"新兴宗教"对我们而言是针对现代社会及当代社会变迁中涌现的"宗教"现象，有着鲜明的时代和社会烙印。自人类步入现代发展以来，其社会结构发生了多元变化，社会阶层出现新的重组，社会交往有了不同形式，社会反应也展示了更为复杂的多样表达。现代社会的一大特点，即传统宗教面对"世俗化"的挑战及其随之出

---

① 参见美国期刊 *International Bulletin of Missionary Research*, Vol. 26, No. 1, Jannary 2002。其中第 23 页"Status of Global Mission, 2002, in Context of 20th and 21st Centuries"图表第 187 页"New – Religionists (Neoreligionists)"指出，至 2002 年中期，其信徒人数为 10428000 人。

现的相关应对。这种现代意义上的关联及交流使宗教更广泛、更深入地融入现代社会及其大众生活之中，而人们在这种宗教观念及其社会存在与现代生活的复杂交织中亦出现了新的宗教感、宗教性和宗教表达，这包括新的宗教精神、灵性体验、思想运动、修行方式，以及社会构建和存在方式等。这种宗教与社会的互动，使"新兴宗教"对神圣的理解与把握、对灵性的体会与修炼、对民众的精神诉求与表达、对团契组建的方式与活动，以及对社会的回应与参与等都出现了"新"的景观和异于往常的发展动向。而我们的时代特色则是"全球化""信息化""共时化"，人们宗教体验及交往的表达不再是封闭的、区域的、滞后的，宗教灵性借助于现代传媒手段尤其是电子网络等而可以"同步"传播，"在场"影响；"新兴宗教"的扩散性、跨区域性、跨宗教性、全球性乃前所未有，它对社会生活贴得更紧，与基层民众联系更密；大凡比较成功的"新兴宗教"一般都有"全球"意义，都会成为现代意义上的"世界宗教"，故其不愿用"新兴宗教"之名而宁愿自称为"世界宗教"；而"新兴宗教"的正面或负面影响也不再是局部的、区域的，多为全球影响、会产生出世界"新闻"。因此，认识"新兴宗教"，必须首先认识我们现在所处社会、时代之"新"。这种认知若不"与时俱进"、不立于"当下社会"，则会出现偏差、失误。既然社会发展已经"换了人间"，那么我们的观察视域、认知范式也就必须同步跟进，相应改进，摆脱传统认知和已经过时的陈旧看法之束缚，从现实存在、现实社会来看现代宗教，这样才能真正洞观"新兴宗教"的产生与发展，说清其"新"在何处。

第二，应该从人们精神生活的普遍性及其"神圣"或"神秘"表达的独特性来观察、区分不同宗教的共性和特性。如何理解人类"宗教"，对"宗教"定性、定义、定位，是我们区分宗教现象与其他思想文化及社会现象的关键。它们当然有人类"文化"的共性，但宗教在其"灵性"表达上则显然也有其独特之处，并不完全等同于一般的"世俗性"文化形态。在此基础上，我们则可进而分析"传统宗教"与"新兴宗教"之不同。"新兴宗教"不可能凭空产生，因而有必要对其精神传承、象征标志、语言符号、社会生存方式等加以溯源性和还原性探究。将"新兴宗教"与"传统宗教"截然分开则不可能真正弄清"新兴宗教"的来龙去脉，以及其神统、教理的脉络神髓。这种梳理功夫是我们研究"新兴宗教"不可疏忽、不可省略的。应该说，研究宗教是一个大的系统工程，而研究"新兴宗教"则是这一系统工程中的一个部分，即其有机构成。"传统"与"新兴"都只是相对而言，这只是对之观察者、研究者的主体视域，是其相应定位的主体表达。人类与其宗教都处在一个动态的发展过程之中，有着不停的流变，谈其"旧"与"新"、"邪"与"正"只是相对定位在某一时间段上、某一种政治或社会判断上来说才能得以成立。因此，认识宗教及"新兴宗教"不能绝对化、僵硬化、静止化，而必须持有一种科学发展观和辩证相对论的视野和方法。

　　第三，应该从人类丰富多元的精神及社会生活来看待"新兴宗教"反映、适应、回应这种生活的形式及效果，论及其张力与和谐、正面与负面、消极与积极。宗教是人的思想修炼、生活方式的选择和表达，但这种表达，无论是个人的，还是团体的，显然都是在社会中进行。这样，宗教与社会势必有其相应或相关的双向互动。一方面，"新兴宗教"本身之产生就是对相关社会或相关宗教的存在式"表达"，"新兴宗教"与社会及其政治、经济之间、与"传统"宗教之间，甚至与其他"新兴宗教"之间的互动会影响到其自身的存在与发展，也必然会对其互动的对方产生影响。其复杂性至少应从其信仰的"神圣"层面〔即其神明（神）、教主（圣）系统〕、"礼仪"层面（即其崇拜、仪式活动）、"文化"层面（即其神学，思想、教育、艺术等探究）、"修炼"层面（即其个人或团体修行、训练实践）、"社会"层面（即其组织形态、团契方式、人际关系等社会存在），也就是说，应从这五个层面的有机共构来分析、比较，观其统一或分殊。其实，这种观察也可简化到宗教的"观念"与"实践"这两大层面，由此则可厘清其价值取向及在其实践、实现中的伦理表述。"新兴宗教"的存在无论是其精神求同还是社会共处，都表达为一种"场有"，故有其"气场"效应即辐射、扩散的可能。另一方面,"现代社会"对于"新兴宗教"的产生与发展并非被动、消极的,"社会"对"宗教"的"态度"是宗教回应的重要一环,甚至起着决定作用。宗教与社会有着普遍关联,因此,社会体制、法律、规范、政治、策略、传统、习俗等,都会因其不同而引起宗教的不同反应。"宗教"不可能完全脱离社会的政治、经济,"新兴宗教"亦然。故此,社会层面对宗教的审视和处理不得不要"讲政治"。正是在这一意义上,社会对宗教的"积极引导"应不断摸索、调适,达到最佳效果,真正起到"积极"作用、体现"积极"意义。"和谐社会"不是现成的、坐等的,而必须靠"构建"、靠"创立",而且是社会、宗教双方的"共识"、"共创"和"共构"。所以,社会政策的制定者应该清醒、冷静,洞观宗教"更新"或"新兴"的真实性、客观性,即实事求是地看待其社会存在和功能,引导其发挥积极作用,作出有利贡献,并警惕、防范、避免其反向性的异化、嬗变,消除其负面影响,或将这种影响所造成的社会损失尽量降低、减少到最小限度。社会的主导性、引导性不可能"不作为",但绝不可"乱作为"。尤其是社会政府的宗教政策不能有"随意性",而必须体现其"科学性",最大限度地发挥其积极效益。

理解包括"新兴宗教"在内的"宗教"的一个重要方面,就是从其观察主体和被认知的客体双方,都要看到人之存在及其认识的"相对性""流变性",宗教中的神圣理解和神秘性努力正是认识到并想突破这种"相对性"的特殊表现,且其认知、突破一直都处于"正在进行时",所以其变化、发展乃是必然的。而探索、认识宗教者对其"相对性"的克服、扬弃,则是不断开拓、前进,以一种开放性、开明性、前瞻性的态度来更新观念,取消定式,改进方法,不以自己的见解或选择为"绝对真理",在认识其"相对"之际不断突破自我的认知局限,即在与时俱进中来超越自我、止于至善。看待宗教及"新兴宗教"应持一种平常心,对普罗大众丰富多样的宗教灵性诉求和表现应有一种精神生活正常性的基本审视态度。精英意识及其境界在社会中毕竟只是少数,要允许普通群众、基层民众的信仰表达、精神生活的多样性和差异性；在这一意义上，世界不是"平"的，而是"弯"的，自然有其曲折回环、跌宕起伏。只有在这种多元和多样之中，"积极引导"和"科学疏导"、"主旋律"的"领唱"和"弘扬"，才能够真正体现其突出意义和"先进""榜样"作用。

　　在研究新兴宗教的进程中，有着宗教实践者与研究者之间的对话，当然还要加上与宗教事务管理者的对话，这种多层面对话可以促进传统观念与现代视域的交流，有利于营造和谐的气氛。存在认知上的分歧、观点上的多元，这是很自然的，表现出人类世界的丰富多彩。而我们的对话和沟通既是认识对方，亦是超越自我。从西方哲人苏格拉底那儿得来的灵感告诉我们：既要认识自己，也要认识对方；从中国智慧中获得的启迪提醒我们：海纳百川，才能和而不同；反之亦然：和而不同，才能海纳百川。在这种交流中，我们可以逾越神圣与世俗之间的鸿沟或灵知与常理沟通之间的障碍，洞观宗教存在与社会存在发生关联和相互影响的奥秘，使我们的社会生活回归真实、让我们的精神存在返璞归真，并努力走向人类所追求的神圣。

（原载《世界宗教文化》2011 年第 1 期）

第四十一章

发展中国特色的宗教学

——学习习近平在哲学社会科学工作座谈会重要讲话有感

2016年5月17日上午，习近平总书记在哲学社会科学工作座谈会上发表了重要讲话。笔者有幸参加会议，在现场聆听了这一重要讲话，深受启发和鼓舞。习近平总书记在讲话中指出，"要加快完善对哲学社会科学具有支撑作用的学科，如哲学、历史学、经济学、政治学、法学、社会学、民族学、新闻学、人口学、宗教学、心理学等，打造具有中国特色和普遍意义的学科体系。"习近平总书记在这些具有支撑作用的重要学科中专门提到了宗教学，这是对我们长期从事宗教学研究、致力于这一学科发展的明确肯定，也为我们努力创建具有中国特色的宗教学指明了方向，提供了动力。

一 以中国特色社会主义宗教理论来指导中国宗教学的建设

习近平总书记指出，"坚持马克思主义为指导，是当代中国哲学社会科学区别于其他哲学社会科学的根本标志，必须旗帜鲜明加以坚持。"中国宗教学的发展建设当然也要以马克思主义为指导，具体而言，就是坚持马克思主义宗教观的指导。对此，我们首先必须回到马克思主义经典作家的原典进行认真、系统的研习，弄清马克思主义经典作家之所言；其次是要分析研究这些经典作家论宗教的时空背景，明白他们为何言；最后则是对其基本原理和方法加以提炼，将之运用到当代中国实践之中。从这一意义而言，马克思主义宗教观的中国化是我们所必须关注的，由此亦可体悟我们党的宗教工作基本方针之精神蕴涵和现实意义。在这一基础上，我们的当下任务则是发展中国特色社会主义宗教理论，有我们中国共产党与时俱进、适应当代形势发展的宗教工作理论体系，而这也是我们今天建设中国宗教学学科体系所必须思考和构建的。

中国特色社会主义宗教理论将为我们建设中国宗教学提供指导思想和研究方法，这一理论的中国特色就体现在我们党关于积极引导中国宗教与社会主义社会相适应的基本方针。中国宗教学首先要思考、研究中国的宗教问题，分析中国宗教的特点，找出妥善处理宗教问题的最佳方案。这样才有中国特色、中国学派可言。中国宗教学应该基于中国宗教的真实情况，搜集研究中国的宗教资料来推动其有序、科学的发展。

中国特色社会主义宗教理论自然应该积极保持和发挥马克思主义宗教观中的社会学、经济学、政治学、历史学、人类学、心理学和哲学等视域，对中国社会历史及现状与宗教的关联做深入的分析、透彻的了解。中国特色社会主义宗教理论的一个侧重，就是用社会主义核心价值观来积极引领和耐心教育宗教界人士及信教群众，使其拥护中国共产党领导和中国社会主义制度，其中就有社会、政治、经济、文化、思想等层面的考量。此外，中国特色社会主义宗教理论也应正视并肯定中华优秀传统文化，注意中国的信仰特点和宗教传承，从而使其理论能够接地气、有针对性和充分运用的空间。这些内容也都是在建构中国宗教学整全体系时所不可或缺的。中国宗教学的发展可以与中国特色社会主义宗教理论的建设积极互动，既以这一理论作为自己学科的指导思想，又可以其学科发展来不断充实这一理论的科学内容。

二 不断拓展中国特色宗教学体系的广度和深度

习近平总书记在强调完善这些具有支撑作用的学科时特别提出，要使之具有中国特色和普遍意义。因此，中国宗教学不仅要凸显其中国特色，也要展示其普遍意义，这样才能使我们的学术真正"走出去"，获得国际话语权。中国特色意味着具有对中华优秀思想文化的"继承性"，从而高扬了我们的"民族性"；而普遍意义则指出其具有更为广阔的视域、有着更大的涵括。

习近平总书记指出，"哲学社会科学研究范畴很广，不同学科有自己的知识体系和研究方法。对一切有益的知识体系和研究方法，我们都要研究借鉴，不能采取不加分析、一概排斥的态度。"同理，宗教学也有其历史渊源和知识传承，其学科体系乃特色鲜明、关联极广。其起源涉及世界近代学术史上比较语言学、比较神话学、人类学、考古学、文献学、社会学、心理学、宗教哲学、神学等学科的发展变迁，其形成则为这些学科跨学科的共聚，起着"科际整合"的作用。这些学科体系及其理论方法为此后的宗教学奠定了基础，使之体现出开放性、互渗性的发展态势，由此而具有了普遍意义和涵容性的学术气质。

特别值得指出的是，马克思主义宗教观在宗教学的形成过程中也有重要影响。其一，马克思主义的社会学关注在其宗教观上有着充分展示，故在宗教学历史上曾有人将马克思主义宗教观视为宗教学早期非常重要的宗教社会学流派，特别肯定马克思、韦伯和杜尔凯姆等人对宗教社会学得以形成的巨大贡献；其二，马克思主义对当时人类学最新成果的描述和运用，与宗教学的历史人类学和文化人类学考量有着密切联系，而这方面的人类学发展正是宗教学诞生的最初起因或动力之一，在一定程度上最早的宗教学就曾被视为宗教人类学；其三，马克思主义与德国杜宾根学派的关联使之直接参与了宗教学理论、方法及其问题意识的构设，如马克思对犹太人及犹太教的研究，恩格斯对早期基督教、德国农民战争和宗教改革运动，尤其是对圣经新约等的相关研究，都为早期宗教学的形成提供了重要思路和方法；其中杜宾根学派的圣经评断学后来亦成为宗教史学、宗教文献学研究的重要范例，为宗教学提供了宝贵的研究视域及研究方法。

从这一历史沿革来看，中国特色的宗教学乃是对之继承和发扬，而不是与之完全脱节，这种"研究借鉴"今天仍然有其价值和意义。所以，中国特色的宗教学体系理应海纳百川、博采众长，既保持、延续其学术传承，又不断开拓创新，使之具有"普遍意义"，体现出学术思考、学科研究的广度和深度，有着观察和研究的敏锐及创见，从而使中国宗教学成为国际宗教学领域中一支异军突起的劲旅，有其强有力的学术地位和充分的学术话语权。

三　中国特色的宗教学必须研究和解决中国问题

习近平总书记在论及中国哲学社会科学学术发展时要求我们"解决中国的问题，提出解决人类问题的中国方案，要坚持中国人的世界观、方法论"。这实际上是号召我们学术界在推动哲学社会科学发展时要有"独创性""原创性""时代性"和"主体性"。习近平总书记在此指出了当前我国哲学社会科学领域存在的一些不足之处，认为其作用还没有充分发挥出来，因而还对我们发出了殷切期望，号召"一切有理想、有抱负的哲学社会科学工作者都应该立时代之潮流、通古今之变化、发思想之先声，积极为党和人民述学立论、建言献策，担负起历史赋予的光荣使命"。这在宗教学尤其如此。

由于宗教学在中国起步较晚，对于宗教的认知亦有巨大分歧，所以宗教学从建立到如今在中国学术界内仍然是一个敏感学科，有着"险学"之称。如何发展中国特色的宗教学，并使之具有创新性和开拓性，中国宗教学界的学者们乃任重道远，并在经历着筚路蓝缕之艰辛。但为了繁荣中国哲学社会科学事业、积极响应习近平总书记和党中央的号召，我们宗教学者必须义不容辞、勇往直前，努力使中国宗教学由"险学"发展为"显学"。

宗教学的中国特色之体现，首先就要集中精力关注和研究中国宗教的现实问题，对之从理论和实践上加以科学说明及合理解读；这种"立潮头""发先声"之"述学立论"显然是有风险的，故而需要我们既要有思想上的勇气，也要有学识上的实力，做到理论有据、科学建言、据理力争、逻辑清晰。当然，这也需要社会舆论对学者探索的充分理解和尊重，需要营造一种百花齐放、百家争鸣的宽松学术环境，关爱和保护勇于探究的专家学者。其次，中国特色的宗教学必须鼓励和支持我国宗教坚持中国化方向，并将其蕴含的中国文化要素和思想精华充分展示出来；在让中国宗教对世界文明积极因素开放、吸纳的情况下，更要努力帮助宗教界把宗教教义同中华文化相结合，协助其对之做出符合中华优秀传统文化的阐释。再次，中国特色的宗教学必须积极参与努力促成宗教与中国社会主义社会相适应，使中国宗教在今天中国社会文化的建设中不断自我革新、前进和发展，做到与时俱进。最后，中国特色的宗教学还应该辩证地、积极地评价中国宗教，对之应该以积极引导为主、加强管理为辅，以真正实现其中国化为目的。在中国社会主义社会，宗教学的研究应该使宗教能够不断增加正能量，最大限度发挥积极作用、克服消极因素；这种趋利避乱、防微杜渐，有效维护民族团结、社会稳定、宗教和谐，是宗教学应有的学术智慧和现实功能。

总之，随着全国宗教工作会议和哲学社会科学工作座谈会的召开，中国特色社会主义宗教理论的建设和中国特色的宗教学发展一起迎来了在中国现代历史上最好的黄金时代，我们一定要把握机会、努力工作，不辜负习近平总书记、党中央的期望和时代的召唤，使中国特色的宗教学成长壮大，枝繁叶茂，成为国际宗教学领域中独树一帜的奇葩。

(原载《中国社会科学报》2016年8月16日第4版)